JN059349

歴史愛好家のための日本の歴史
～平安時代～

目次

「歴史愛好家のための日本の歴史～平安時代～」発刊にあたって

大宰　観

歴史とは想像力を無限（∞）に広げる導線である。

この本を手に取って頂いた読者の多くは私と同じで歴史の話題になると、時間を忘れて何時間でも歴史を語り尽くしたいと考える人ではないだろうか。題名を見ればわかる話だが、この本はそう想える仲間達を広げる為の導線になればと願う一冊である。

歴史が好きな人には大きく分けると二つある。歴史を仕事としている研究者（史家）と私の様に普段は一般社会で職業を持ち、仕事の合間の通勤時間や休日を使って、歴史を扱った書籍、雑誌、小説、漫画本を貪る様に読み、時に車や交通機関、脚力を活かして史跡巡りに時間を費やす歴史愛好家である。厳密に云えば研究者も歴史愛好家と云えるが、私の仲間達の間では歴史を仕事としていない歴史好きを歴史愛好家と呼称しているので本書においてもそうさせていただく。この歴史愛好家がおそらく歴史が好きな人の割合で考えると九十九％近いのではないだろうか。断言してもいい。私自身、フェイスブックで歴史愛好家による歴史サークル【歴史ＭＩＮＤ】（メンバー数：約二七〇〇名）を運営しているが、その中に研究者（史家）は皆無と云ってよく、ほぼ全員が歴史愛好家に分類される人達である。研究者（史家）がなぜいないかと云えば研究者（史家）は職業であるため、業界の柵（ルール）に従う義務があり、根拠のない発言を自粛しており、【史料⬇推論⬇史料実証】の流れに基づいた発言に限定している。我々の様な愛好家が集まる歴史サークルに気軽に入り、想像力を利かした異論・異説を唱える事を遠慮せざるを得ないため、多くの研究者（史家）が歴史愛好家の前で講演する事はあっても史料を逸脱した妄想、実際はこうだったのではないかと云う歴史推理【史料⬇推論⬇実社会的検証】をおいそれと語ってくれないのである。

それが愛好家と史家の違いと云える。ヘロドトス、司馬遷の時代から史家の役割が知的材料の提供に限定されていったのと同じ理と云える。

ならば、元々の歴史学が過去に起きた現象に対して考察を加えて分析を行う学問であるから、愛好家である我々はその結果を踏まえて我々の現実社会で起きる様々な社会課題に対して、未来を想像して成功を得るための知恵（温故知新）として、研究者が丹念に集めてくれた史料を種に、様々な課題がある社会と云う広大な田地にその種を撒き、実を結ぶ役割を担うべきと思い、私の仲間達は歴史の啓蒙活動の一環として、遡る事、五年前の二〇一九年から年に一冊のペースで、日本史の人物達にスポットを当てた歴史本を出版している。これまでに扱ってきたテーマを紹介すると「反吾妻鑑」（鎌倉時代初期）、「反太平記」（室町時代初期）、「反戦国武将列伝」、「反関ヶ原合戦」、「家康考」（安土桃山時代）と時代別に本を出している。

今回、本年の大河ドラマ「光る君へ」の主人公である紫式部が生きた平安時代に焦点を当て、十人の歴史愛好家達の協力を仰ぎ、「歴史愛好家のための日本の歴史～平安時代～」のお題で本書を発刊するに至った次第である。

本書のテーマである「平安時代」は、それまで文化的に後進国であった我が国が最先端の文化・知識・政治体制を持つ中国王朝に「遣隋使」「遣唐使」と呼ばれる外交使節を盛んに送り、知識吸収に貪欲であった前時代の習わしを見直し、日本独自の文化・知識・政治体制の醸成に舵をきった国風文化が全盛期となる時代であった。史家と歴史愛好家の共通認識と云える。それは顧みると今の我が国が明治維新後、科学技術が発達した欧米文化圏の知識修得に熱心であった時代から現在の欧米文化圏の知識修得に飽き、自国文化や韓流といったアジア文化圏本来の良さを再認識している時代と重なるところがある。

古代ギリシャの歴史家ツキジデスは「歴史は繰り返す」との言葉を残している。我が国は今、規制や思想を設けては諸外国に強いる欧米至上主義を見直す時期がきている様に思える。これは歴史の必然だが平安時代の日本人がそれまで模範とした中国王朝の衰退を肌で感じて離れていった様に、欧米諸国が強かった時代が過ぎ、他のアジア諸国と共に日本独自の文化知識に立脚した新しい時代が求められている様に感じる。その歴史の分岐点に我々は立っており、この「平安時代」をテーマとした書籍を発刊するのは大河ドラマの製作者側の意図と同じであるかはわからないが時宜を得た歴史本だと考えている。本書は平安時代を彩る様々な人物達の足跡をご一読頂く事で「平安時代」がどんな時代であったか、令和の時代に生きる我々にどの様な影響を与えているのか、時代観と合わせて学びが得られる一冊だと思われる。ぜひ、ご購入頂いた暁には末尾に書かれたメールアドレスにご感想の弁を頂戴できれば幸いである。

最後に本書発行にあたって、ご執筆に協力頂いた著者の方々と出版編集部、我々が発行する書籍発刊をご購入・ご支援いただく歴史ＭＩＮＤの愛好家諸氏、そして日頃から我々に気さくに接し、歴活を暖かく見守ってくれる歴史小説家の伊東潤先生に心より感謝の念を申し上げる次第である。

令和六年二月　大宰　観

年　表

784年	桓武天皇による長岡京遷都
785年	藤原種継(遷都責任者、桓武天皇側近)の暗殺事件
794年	桓武天皇による平安京遷都
797年	桓武天皇が坂上田村麻呂を征夷大将軍に任命
801年	桓武朝　第三次蝦夷征討始まる
802年	胆沢城造営、坂上田村麻呂が阿弖利爲に勝利
804年	最澄・空海、菅原清公が遣唐使として派遣される
805年	最澄、天台宗をはじめる、桓武天皇の徳政相論
806年	空海、真言宗をはじめる
810年	薬子の変
811年	坂上田村麻呂　世を去る
822年	最澄　入滅
835年	空海　入定
845年	菅原道真　誕生
858年	藤原良房　摂政就任
866年	応天門の変
880年	藤原基経　関白就任（執政職を任される）
888年	阿衡事件
891年	宇多天皇の親政「寛平の治」国風王朝政治体制始まる
894年	遣唐使の廃止
899年	菅原道真　右大臣就任
901年	昌泰の変　右大臣・菅原道真が太宰府左遷
903年	菅原道真　太宰府で世を去る、平将門　誕生
907年	唐王朝滅亡
919年	太宰府天満宮（安楽寺天満宮）　創祀
930年	清涼殿落雷事件（菅原道真の怨霊伝説が広まる）
938年	天慶の出羽俘囚の乱
939年	承平の乱（平将門の乱）天慶の乱（藤原純友の乱）
940年	平将門　討死(平貞盛と藤原秀郷の討伐軍に敗れる)
948年	源頼光　誕生

年　表

958年	藤原保昌（平井 保昌。和泉式部の夫）　誕生
966年	藤原道長　誕生、清少納言　誕生
969年	安和の変
970年	紫式部　誕生
978年	和泉式部　誕生
986年	寛和の変
995年	藤原道長　内覧宣旨
996年	長徳の変
1008年	「源氏物語」文献初出
1016年	後一条天皇即位し、藤原道長摂政就任
1019年	刀伊の入寇、安倍貞任　誕生
1021年	源頼光　世を去る
1028年	藤原道長　世を去る、平忠常の乱
1051年	前九年の役
1056年	藤原清衡　誕生、阿久利川事件
1062年	安倍貞任　討死
1068年	後三条天皇即位　親政開始、藤原摂関政治が終焉
1083年	後三年の役
1086年	白河上皇の院政　始まる
1096年	源義親の乱(乱を鎮圧した伊勢平氏の台頭)
1098年	源義家　昇殿許される
1128年	川崎大師(金剛山平間寺建立、平間兼乗が開基)
1129年	後鳥羽法皇　院政開始
1156年	保元平治の乱
1167年	平清盛　太政大臣に就任
1177年	鹿ケ谷の陰謀
1180年	治承・寿永の乱（源平争乱）
1181年	平清盛　世を去る
1185年	壇ノ浦の戦いで平家滅亡　源頼朝、諸国に守護地頭設置
1192年	源頼朝　征夷大将軍に就任

第一章　東アジアの中の平安京　～千年の都の生い立ち～

鈴木　淳

第一章　東アジアの中の平安京
～千年の都の生い立ち～

鈴木　淳

はじめに

「……鳴くよウグイス平安京……」。

読者諸兄の大半を含め、昭和の半ばからこっち、凡そ我が国に住まいする巷の受験生たちは、入試対策の棒暗記といいつつも、鶯の美しい囀りが、梅の香が馥郁と漂う都大路に響き渡る早春のイメージを連想しながらこの語呂合わせで平安時代幕開けの年号を暗記したのではないだろうか。

ウィットと学識に富んだ和歌の贈答や日記、物語の隆盛、色彩豊かな十二単衣をまとった女官たちなど国風文化の花開くイメージ形成に知らず知らず一役買っているとも思われる雅やかな響きのこのフレーズでイメージされる平安京は造営された八世紀末から江戸時代初期／江戸幕府三代将軍家光の頃まで少なくとも制度上の「首都」であり続け、それ以降も日本の君主としての天皇家が物理的に東京へ遷座を行うまでは、貴賤を問わず大多数の人々が「都」として認識していたはず。

しかし、「千年の都」という触れ込みとは裏腹に、中世以降の度重なる大火や時代の転換で形や役割を大きく変え現代に至っている。

では、平安時代の幕開けを飾る古代平安京はどのような背景で誕生し、どんな特徴をそなえていたのだろうか。本章ではこれを、東アジア世界を含めて俯瞰して追ってみたい。

言うまでも無い事だが、日本列島は東アジアの一部である。日本海／東シナ海で隔てられているとはいえユーラシア大陸で起こる大きな潮流とは無関係ではいられない。

四世紀頃には河内～大和盆地を中心に畿内、西日本から関東、北陸や東北地方南部までを傘下に治めていたとみられる大和王権／倭国の祭政の拠り所としての「宮」だが、大王の代替りと共に移動、造営していたそれは六世紀に至り飛鳥の地に収斂してゆく。

折しも大陸では魏晋南北朝の混沌が鮮卑系王朝の北周にルーツを持つ隋の南進で終焉を迎え、中華世界を統一して膨張を続ける。

圧倒的な超大国の出現に刺激され、或いは危機に直面した周辺地域では、自然に国力向上と近代化を目指して挙国一致体制を指向していた。

当時最新の成功事例は他ならぬ大唐帝国が運用している律令に裏打ちされた統治システムやこれを下支えする文化に他ならず、この最先端技術を周辺各国は先を争って導入しており、大和政権もこの例外ではない。

かくて、大和の王権も中国大陸と韓半島からの法体系や学術センター、官僚組織導入の「器」としての施設の造営に取り組みを始める。

一．都城建設の黎明～平安京誕生まであと二〇〇年～

平安京造営に遡ることおよそ二〇〇年、当時現役の大王だった崇峻が暗殺されるという異常事態の後、六世紀に本貫地の橿原市／曽我地域から飛鳥方面へ進出して急速に勢力を拡大した蘇我氏の強大なバックアップの下に政権を引き継いだ推古女帝／厩戸皇子は、推古の即位した豊浦宮から新たに小墾田宮を造営、現在の明日香村 雷丘付近の遺構がその比定地として有力視されている。

この小墾田宮、具体的な遺構の全体像は考古学的なアプローチではまだはっきりした全体像が明らかになっていないのだが、七世紀から八世紀を通じて文献にその存在が現れ、南門を備えた回廊を巡らし官僚の政務が行われる庁の並ぶ朝庭を経て、さらに大門で区画し、大王の座所である「大殿」に至るという大まかな構造が記されていることから、群臣への指示や裁可を朝礼を通じて通達する「朝庭」が大王の私的空間である殿舎から分離された後世の宮都中枢の原型ではないか、と目されている。

また、「波斯」という姓名から中央アジア由来のペルシャ系民族出身ではないかとの推測もある朝鮮半島の百済から渡来した工人たちが、小墾田宮南庭を整備したという日本書紀の記述があり、「呉橋」、つまり中国南朝江南風の特徴を備えた橋や池、須弥山と呼ばれる造形物を海外の技術者を招いて築造を試みた様子が窺え、明治期に石神遺跡から出土した巨大な須弥山石は現在、飛鳥資料館でそのユニークな姿を見ることができる。

この時期、遣隋使の往来で隋帝国／東アジア世界における政権運営のスタンダードとの大幅な隔差を思い知らされた推古政権のスタッフが十七条憲法、冠位制や朝礼の制定など法令整備に躍起になって取り掛かっていて、それと軌を一にして造営されたこの小墾田宮を筆頭に、前後して難波津（大阪市中央区とみられる）でリニューアルされた外交施設「難波館《なにわのむろつみ》」、河内から飛鳥への幹線道路として太子道、その中間に斑鳩宮などが相次いで建設され、七世紀後半に蘇我氏により既に建立されていた飛鳥寺の瓦葺の五重塔や金堂をもヴィスタに包含した情景が難波津から飛鳥小墾田宮に至る道程に出現していた。

実際に文帝の遣わした隋使 裴世清はこれらの施設に滞在、利用、或いは目撃しながら飛鳥に来ている筈である。

宮の建設を含めた一連のインフラ整備は、法制の整備と歩調を合わせた産業振興や通信交通網構築の必要性ももちろんあっただろうが、それにも増して、先進国隋使一行に対して急速に近代化を指向する大和王権下倭国のモダニズムを肉眼で見せ、印象付ける事を強く意識したものだったであろうことは想像に難くない。

小墾田宮に顕現した新たな宮都の萌芽は緊迫の度を深める極東

情勢のうねりの中でおよそ一〇〇年に渡って広義の飛鳥の地を中心に引き継がれ、そしてこれ以降、大王の生活と祭政が混然となっていた「宮」は、徐々に集権的でシンボリックな「宮都」へと変貌してゆく。

さて、三十六年の長きに渡り政権の座にあった推古女帝の崩御を受け、政争を経て即位した舒明天皇が舒明二年（六三〇年）新たに造営したのが飛鳥岡本宮である。

現在の国指定史跡 飛鳥宮跡がその比定地として確実視されており、舒明の造営した岡本宮はその最下層、第Ⅰ期の遺構にあたるのだが、これ以降七〇年足らずの内に折り重なるように造営された宮を中心に、南北八〇〇メートル、東西一二〇〇メートル程度の平地しか持たない飛鳥地域に次々建設される建物群により我が国で初めて都市的な空間が出現する。

飛鳥宮都変遷概念図に示した飛鳥宮の変遷は、我が国屈指の変革期に直面した時代を映して変わりゆく。

概念図に現れている最下層の第Ⅰ期／舒明の造営した飛鳥岡本宮（六三〇～六三六年）が第Ⅱ期／飛鳥板蓋宮飛鳥岡本宮（六四三～六四五・六五五年）以降の遺構に較べ東西南北の正方位で約二八度南西に傾いているのには気付かれているだろうか。

地形の傾斜に沿って造営された第Ⅰ期と、大規模な造成で整地をして宮殿の建築に正方位を取り入れた第Ⅱ期以降には着想に大きな隔たりがあるのがはっきりわかる。

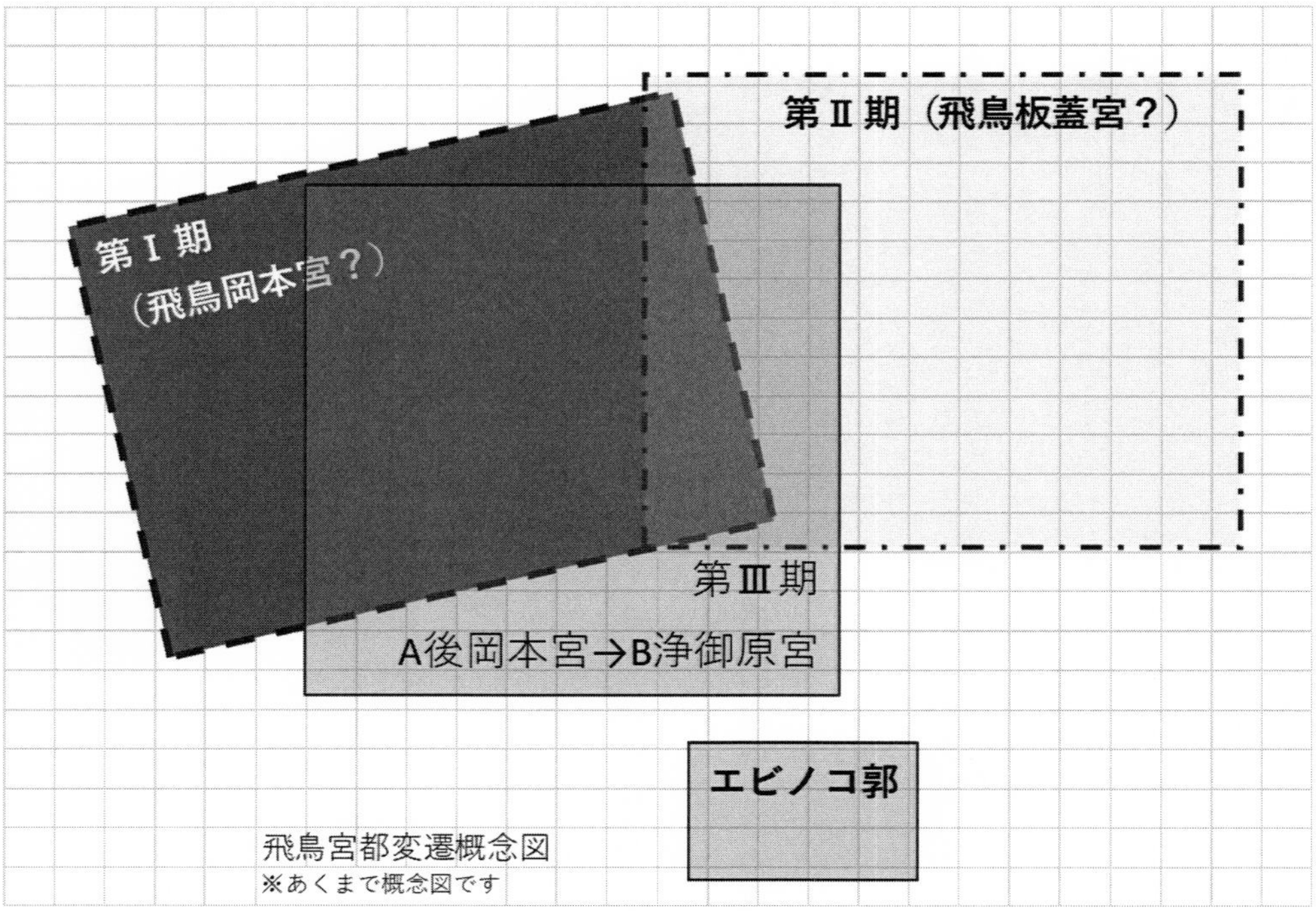

飛鳥宮都変遷概念図

岡本宮が火災により焼失した後、舒明はどうやら蘇我本宗家の過度の介入を嫌ったのか仮宮を経て飛鳥宮故地から北東二キロメートルほど離れた磐余地域（現在の橿原／桜井市境付近。父と祖父の宮が所在したのも同じ地域）に百済宮を造営する。

この後、大和王権～朝廷では有力豪族の影響力排除を目的のひとつとしたような政庁移転の動きが大規模な「遷都」という形で繰り返されるが、その端緒のようで興味深いのは蘇我氏との血縁のない舒明天皇の取ったこの行動で、史料の少ない彼の事蹟が国史跡 吉備池廃寺の調査結果から垣間見えてきた。

文献に見える舒明の造営した百済宮は「百済大寺」という巨大寺院と並列していたとされるが、二十一世紀に入ってから国史跡指定を受けたこの吉備池廃寺跡は約一五六メートル四方の回廊を配した南北軸に正方位をとる大伽藍に巨大な金堂と仏塔の基壇を内包していたことが判明し、東西約三十七メートル×南北約二十八メートルと復元推定される仏塔の基壇は一〇〇メートル近い高さの塔が屹立していたことを示唆している。

書紀に記され、吉備寺廃寺跡遺跡から現代に再び姿を現した壮大な百済大寺の雄姿は、その後移転や災害で高市大寺、大官大寺と名前やロケーションを変えながら平城京の大安寺へ天皇家の寺として引き継がれ、平安期末に後白河法皇が法勝寺に九重塔を建立するまで国内に比肩する物のない古代アジアトップクラスの高層建築をこの時期に舒明と政権スタッフが構想し実行に移したの

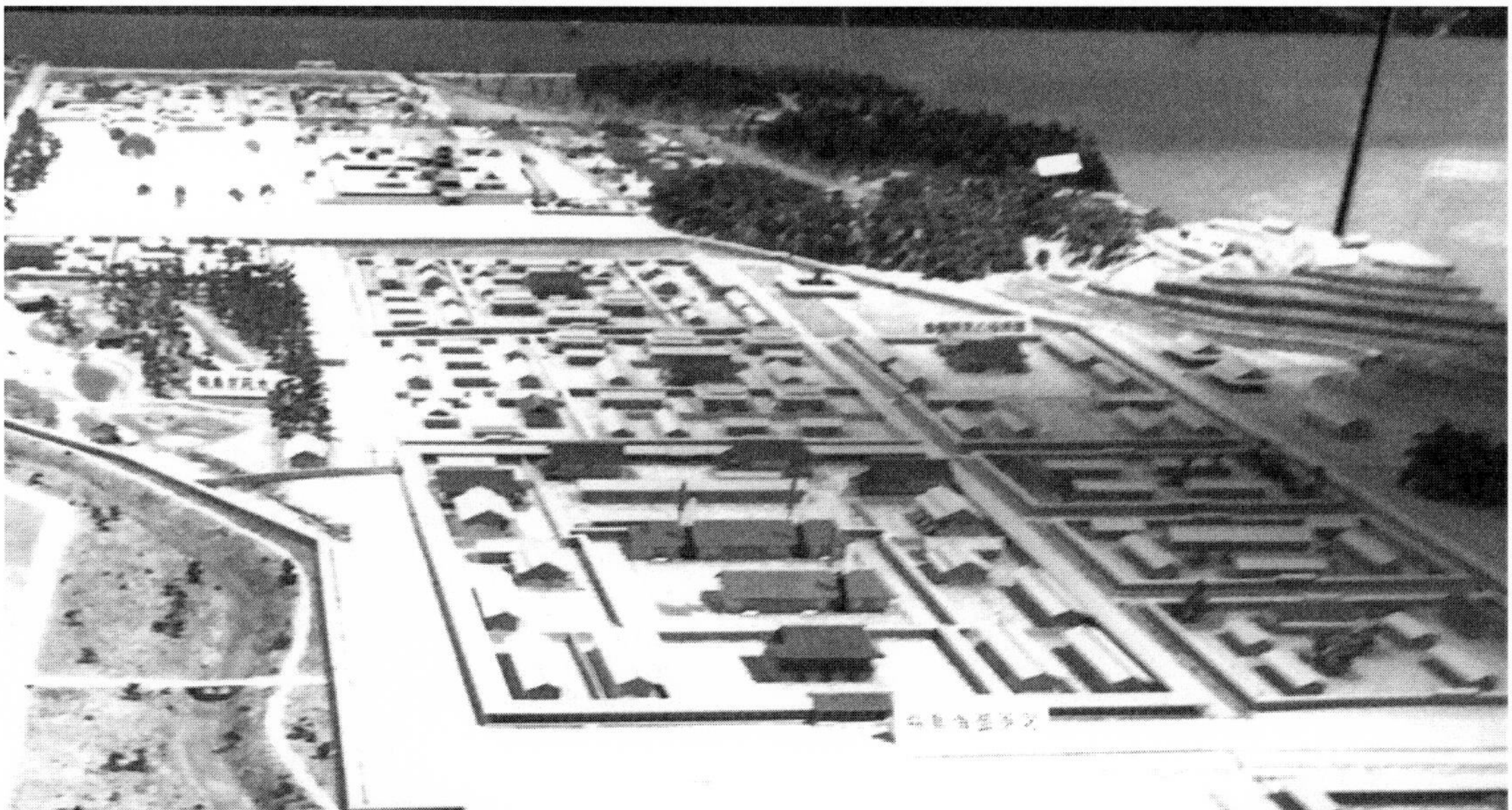

飛鳥倭京の復元模型を南から見たところ

は驚きである。

それまで飛鳥の地にあって王宮とセットで文化の象徴となっていた飛鳥寺（法興寺）を大きく上回る規模感は王権の主たる天皇の存在感をビジュアルで広く知らしめるものでもあったろう。

また七世紀前半は百済の益山弥勒寺や新羅の皇龍寺なども大伽藍と高層の仏塔が相次いで王宮とセットで建設されていて、舒明もまたそうした東アジア世界の潮流を把握し積極的に追随しようと努めた諸国の王たちのひとりだったと言える。

飛鳥宮跡遺跡の地は、舒明の没後に後継の女帝となった皇極天皇が岡本宮の焼失した故地に再び飛鳥板蓋宮を造営し、彼女と、同母弟の孝徳、舒明の実子にあたる天智、壬申の乱を挟んで天武、持統の代に引き継がれ、難波宮という巨大な実験の時期を挟んで施設の造営と利用が進められることになる。

その様子が上図の飛鳥資料館に展示されている復元縮小模型により再現されているが、大和盆地を南北に縦断するよう整備された古代の街道のうち、「中ツ道」「下ツ道」と東西の大道「横大路」や「山田道」を軸線に平行に区画された飛鳥にびっしりと官衙が造営されている有様は、現代の明日香村に広がる牧歌的な田園風景とのあまりのギャップに呆然となるほどで、未見の読者には是非一見をお薦めしたい。

飛鳥宮都の造営の過程については、遺跡北西側の飛鳥苑池遺構や内郭の北方に検出した大型建物の遺構など今世紀に入ってからも新たな知見や分析が積み重なり、ゆっくりだが、まさに現在進行形でその姿を現しつつある様子は私などにはもう興奮の極みである。

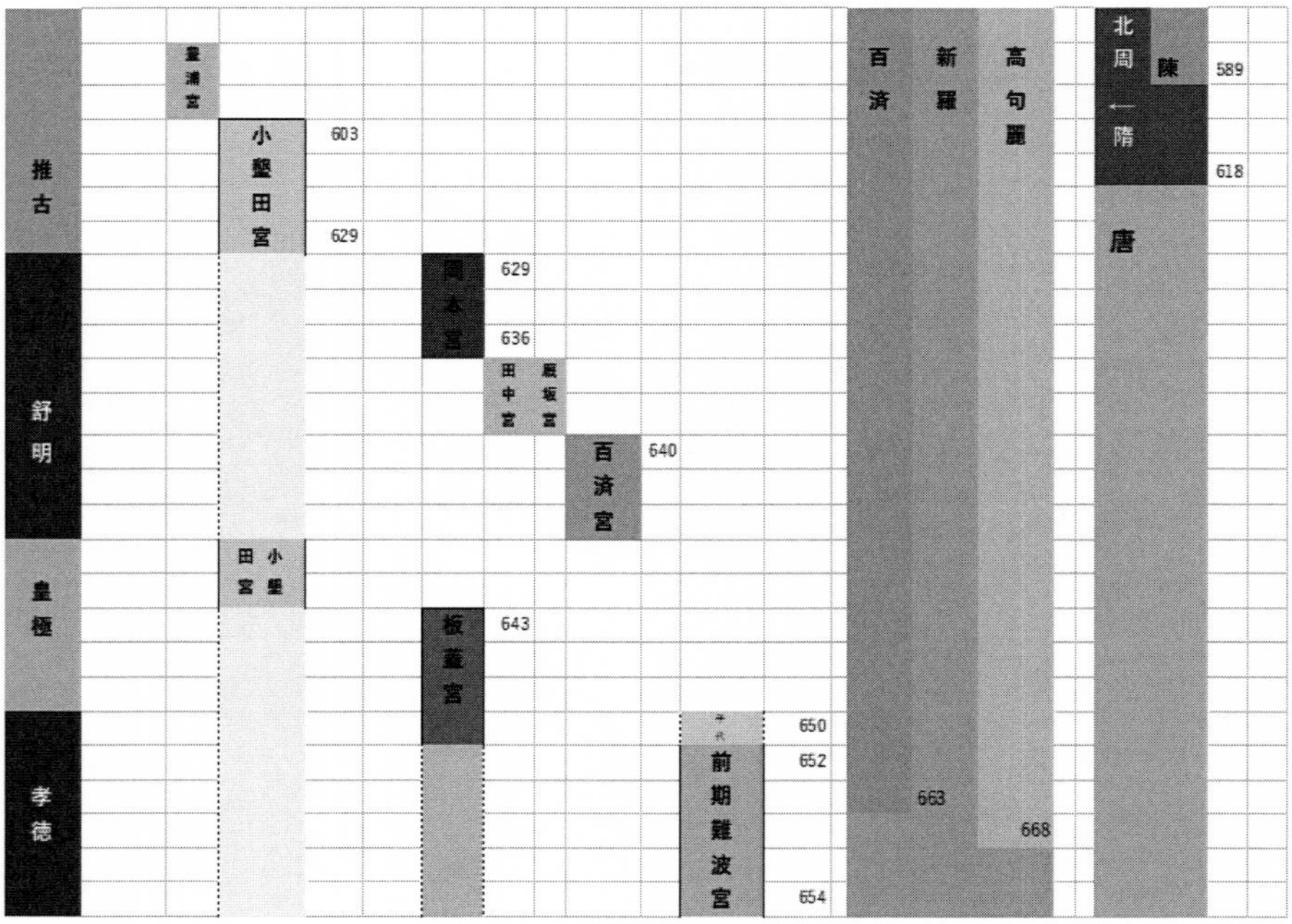

ここで改めて七世紀における我が国の宮都の変遷と東アジアの動乱の経緯を時系列で見比べてみよう。

五八九年、江南の南朝最後の王朝、陳を滅ぼしておよそ三〇〇年振りに中国全土を統一した隋は東方へ膨張を続け遼西地域で契丹、奚などの民族国家支配を巡り高句麗と衝突、隋が六世紀末から七世紀初頭にかけて四度に亘り大軍を以て侵攻し、高句麗は存亡の危機を迎える。

大和王権が遣隋使を派遣して大陸の情勢を窺い、宮を始めとする国内の法制度やインフラの整備のピッチが上がるのがこの頃である。

隋の大軍による侵略を四度まで凌いだ高句麗だったが、七世紀初めにあっけなく滅亡した隋に代わり中華を版図に収めた唐が北方の脅威だった突厥をモンゴルから追い、高昌国《トルファン》に進駐して勢力圏に組み込んで西域の経営が一段落した七世紀半ばより本格的に東方の高句麗へ版図拡大に乗り出す。

隋・唐の巨大な圧力に必死に抗う極東の朝鮮半島諸国や倭国／大和王権では、上図をご参照いただければわかりやすいが、「近代化」の為の権力集中を求めて、六四〇～六五〇年代に粛清やクーデターの嵐が同時多発的に吹き荒れるのが興味深い。

倭国では、山背大兄王家の粛清とそれに続く「乙巳の変」がそれにあたる。

クーデターの後、政権は皇極から禅譲で大王位に就いた軽皇子＝孝徳大王（私自身は中大兄皇子らより軽皇子が寧ろ蘇我本宗家弑逆の首謀的立場だったと愚考している）の代に替り、緊迫する国際関係を触媒とした化学反応を起こしたかの如く大和王権の政庁はいったん大和地域を離れることになる。

孝徳大王の野心作「長柄豊崎宮」、足掛け六年を経て造営された前期難波宮の誕生である。

二、揺れる王宮のデザイン～平安京誕生まであと一五〇年～

孝徳は、僧旻、南淵請安ら隋～唐への変革期に大陸留学して隋↓唐の王朝交代の動乱と中華世界の変貌をリアルタイムで体験していたブレーンや海外から来日した知識層を動員して制度改革を実施するのと並行して、大陸の情勢に迅速に対応できる国際港／大阪湾口の上町台地上に新たな宮の造営を諸国に動員を掛けて開始し、完成を待たずして難波遷都を断行することとなる。

それまでの大王家の政庁＝「宮」から、日本列島を中心とした国家の「宮都」へと脱皮を図るジャイアントステップを記したともいえる長柄豊崎宮＝前期難波宮の革新性を表す特徴は以下の通り。

・宮の巨大化と都市空間たる「難波京」への指向

廂付の大垣に囲繞され東西南北の正方位をとる宮域は南北が未確定ながら四方が少なくとも六五〇メートルを超えたと推定さ

640	唐	西域の高昌国征服、安西都護府設置
642	高句麗	政府高官の泉蓋蘇文らが栄留王と貴族180人殺害、宝蔵王を擁立
642	百済	義慈王が王子余豊彰と貴族40人余りを日本へ追放
642	百済	義慈王、高句麗と結び新羅へ侵攻
	新羅	唐へ救援要請
		【毗曇の乱】善徳女王を巡り親唐自立派と依存派が対立
643	日本	蘇我入鹿らにより山背大兄皇子一族粛清
645	日本	【乙巳の変】蘇我蝦夷・入鹿ら蘇我本宗家滅亡
		孝徳、飛鳥板蓋宮から難波子代宮へ。長柄豊崎宮造営の詔
651	日本	孝徳、長柄豊崎宮へ遷都
660	百済	唐、新羅の要請に応え遼東より渡海して百済に出兵
	新羅	唐に呼応し百済へ侵攻
	百済	首都陥落、百済王、長安に連行され滅亡。故地に熊津都督府を置く
661	百済	鬼室福信ら百済遺臣蜂起、唐軍を泗沘に包囲
	日本	大和王権の百済王子余豊璋送還と第一次朝鮮派兵
	日本	斉明、筑紫朝倉宮へ遷宮、前線へ
	新羅	百済に唐救援軍を派遣
662	日本	斉明、筑紫で客死、中大兄皇子代行
	百済	余豊璋、鬼室福信を粛清
	日本	第二次朝鮮派兵
663		白村江にて唐・新羅と大和王権が会戦、大和王権軍敗北し撤退
		百済王子余豊璋、高句麗へ脱出
667	日本	天智、近江大津京へ遷都
668	唐	高句麗に出兵
	高句麗	高句麗滅亡
	唐	平壌に安東都護府設置
	新羅	旧高句麗領へ侵攻、唐と開戦
	唐	日本へ救援要請

主な出来事

れ、飛鳥岡本宮が東西二〇〇メートル×南北一五〇メートル程度だったのと比較すると圧倒的に大きい。

その要因のひとつに、後の朝堂院に相当する区画の巨大化が挙げられる。

大王が群臣に重要な政務案件について口頭で直接決裁を申し渡す場である朝堂院は、中央の広場を挟んで東西に七（八）棟、合わせて十四（十六）棟あったとされる朝堂を備え、その広さは東西二三〇メートル、南北二六〇メートルを超え、この規模の朝堂院は実に四〇年後の藤原京造営まで現れない。

官司ごとに朝堂に定められた座に伺候し、毎朝大王の裁可を承る官人らが待機したのだろうと想像すると、現代風に言えば総理官邸に詰めて首長の下問や直接指示に短時間で応える各省官僚たちの執務室の充実が求められた時代背景が感じられてならない。

もうひとつ、前殿、後殿と呼ばれる大規模な建造物の区画が内裏と朝堂院の間に設けられた点も見逃せない。

大王の私的生活空間である内裏と朝堂院の間を連結するように高さ一メートル以上、東西約三十六メートル×南北約十八メートルを超え化粧板の施された基壇に建つ「前殿」は前期難波宮遺構で検出された建物遺構では今のところ最大規模の殿舎であり、後代の宮で大王・天皇が高御座から群臣を睥睨する大極殿の原型ではないかと考えられている。

また、朝堂院と内裏を区画する巨大な南門は我が国の都城では他に類を見ない八角形の基壇を持つ東西に八角形の楼閣を配して前殿区画への通路を扼し、朝堂院に参集した群臣や地方豪族、外国使節など仰ぎ見る者たちに倭国の主たる大王の権力をまざまざと見せつけ威圧する効果を発揮したことだろう。

さらに、宮の南端に穿たれた朱雀門からは南へ難波大道（朱雀大路）が南の四天王寺門前をかすめて現在のＪＲ環状線寺田町付近の推定羅城門遺構まで一〇キロメートル以上に及ぶメインス

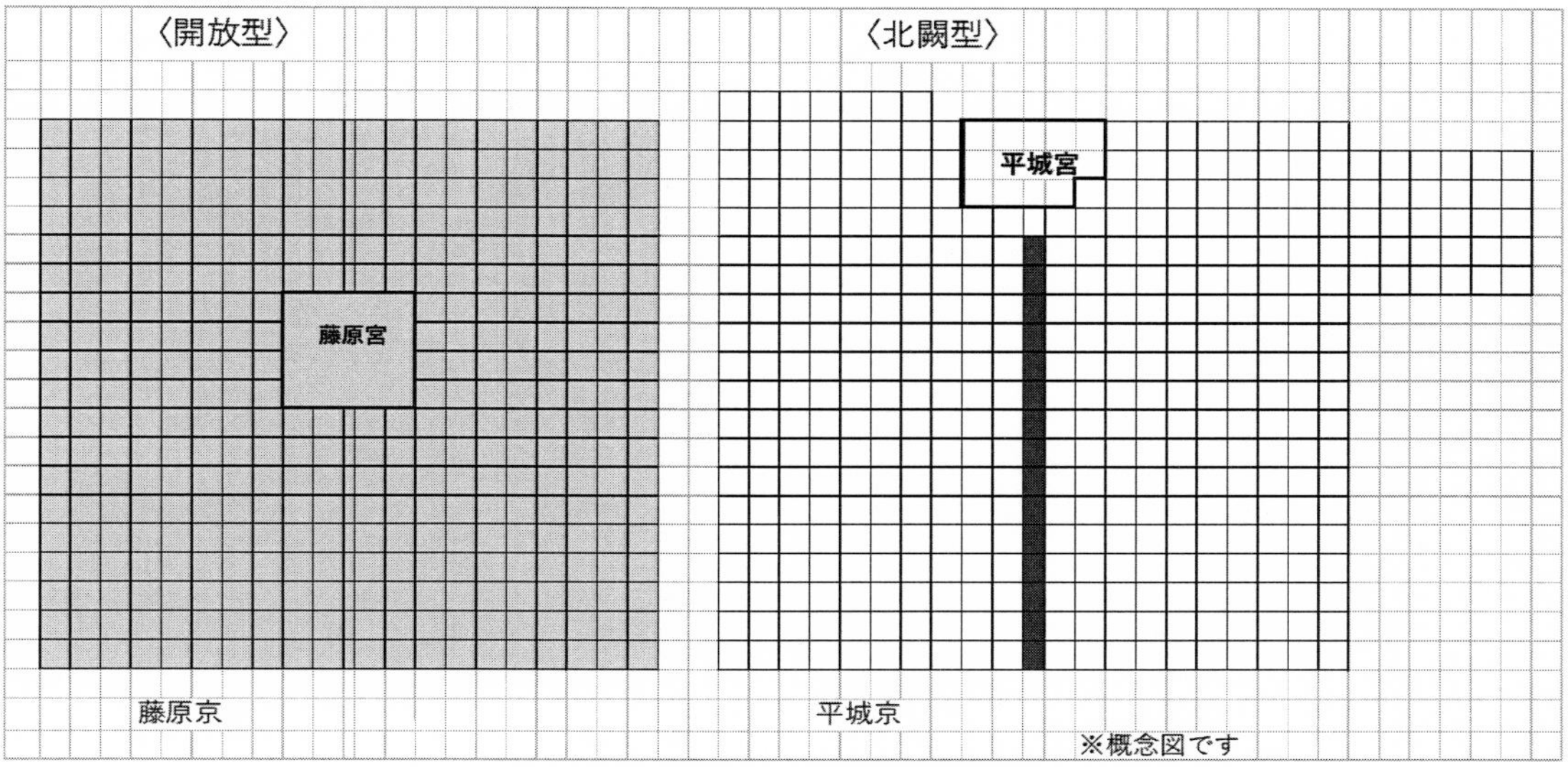

都城デザインの違い／開放型と北闕型

トリートを形成し、これを中軸線として宮の近隣東西に官衙とみられる建築群をブロックを並べるように大垣で区画して幾何学的に配置された様子は政府機能の中心をそれぞれの職掌の役人宅から宮の中枢附近へのオフィスの集約を加速させる孝徳政権の意思を体現するようだ。

　こうして南北の大路を中軸に東西の左右対称を強く意識して配されていた難波宮周辺の様子は、後代の平安京の始祖とも言えるスタイルになっているのがお分かりいただけるはずだ。

・隋、唐の都城との構造的な類似性

　従前の宮より大幅に拡大されて造営した大極殿前殿、朝庭、朝堂院を包含した広大な宮と北苑を京域の最北に置き、楼門を備えたと思われる朱雀門から南方の四天王寺へ南北正方位をとる大路を引いて中軸を定め官衙を配置するのは「北闕型」と呼ばれる都城の特徴で、平城京以降にも採用されるこの設計が我が国で初めて採用された例だと考えられている。

　設計にあたりモデルではないかと考えられているのが、北魏の洛陽城、隋の大興城で採用されているいわゆる「北闕型」都城の傑作、大唐帝国の首都 長安城である。

　都城の最北に位置する庭園と皇帝の私的空間／太極宮に政務の場として太極殿《たいきょくでん》がT字状に連結する構図から「逆凸字型」と呼ばれているが、この構造が難波宮の内裏と前殿区画と酷似している

ことと、王宮の南に正門を設け南北に中軸となる大道を敷いて都城形成の脊椎とし、条坊を敷設して京域を東西対称に京域を設定する手法が共通している。

個人的には、この難波津や法円坂を中心とする地域が古代から平安前期に至るまで常に国際外交の中心だったこともこの選択に大きく関係したのではないかとも考えている。

いずれにしても、超大国ではあるがこの時点ではまだまだ新興の王朝だった唐の首都設計を前期難波宮造営に携わった孝徳と政権スタッフが積極的に取り入れ、政治運営や機能を唐風に変換しようとする強い意図をもって新都造営を試みたことは明らかで、この前期難波宮の段階で既に平城京、平安京に匹敵する「難波京」の体裁とスケール感をもった新都の構想であったという考え方が有力である。

しかし、この長柄豊﨑宮における政権運営はこの後、中大兄皇子らの無血クーデターともいえる飛鳥還都により僅か二年で頓挫してしまう。

群臣が住み慣れた父祖の地から引き離され、政治改革と同時進行で負担を強いられる遷都の難しさを象徴するような出来事だが、同時に、政権内部での親唐派（孝徳）と自立志向派（中大兄、間人、斉明）の外交姿勢を巡る対立も恐らく背景にあったのではないだろうか。

難波宮の建築群はこの後も利用されたようだが、白雉四年（六五三年）、重祚して再び皇位についた斉明が前述の飛鳥宮跡へ戻り飛鳥板蓋宮にて政務をとることになる。

飛鳥に戻ったばかりの新政権では斉明の板蓋宮が放火で全焼、その後造営された飛鳥宮遺跡第Ⅲ期遺構にあたる後岡本宮でもボヤが起こったりしている点から見て、遷都や中央集権化を進める政権へ向けられた反発は相当なものだったようだ。

そうした中でも、前代までに既に開発の進んでいた飛鳥の地は、「石の女帝」斉明によりこの時期整備が進み、飛鳥苑池や周辺建築、辺境民族や外交施設饗応の場だった石神遺跡や漏刻（水時計）の存在で知られる水落遺跡、運河、酒船石など謎多き石造物群、山肌を覆う切石積の城壁、運河など飛鳥地域にみられる石を多用した遺跡の多くが建設されるのがこの時期であり、斉明政権により飛鳥は「倭京」と呼ばれる都市空間へと変貌を遂げ、海外からの文物を取り入れつつ王宮周辺やインフラを整備すると共に阿倍比羅夫らによる東北方面への出兵と版図拡大が画策されるなど内政安定の試みが続く。

しかし、建設ラッシュの斉明朝に青天の霹靂とも言える大事件が発生する。

百済が突然滅亡し、朝鮮半島で勢力を拮抗させていた高句麗、百済、新羅の三国鼎立が崩壊し、極東のパワーバランスが激変したのである。

三、戦時下の王宮～平安京誕生まであと一三〇年～

英主太宗治世下の大唐帝国は、懸案の高句麗攻略へのステップとして六六〇年、新羅と結んで冊封国であるはずの百済に突如として出兵、腹背に新羅と唐との二正面作戦を強いられた百済の王都泗沘城は敢え無く陥落する。

義慈王と王族は長安へ連行され、百済故地は唐が羈縻政策の一環として設置した熊津都護府の管理下に入り百済は事実上ここに滅亡する。

背景には、高句麗と百済の協調で窮地に陥っていた新羅が劣勢を挽回すべく打った唐への献策があり、難航する高句麗攻略への糸口を模索していた太宗の思惑に見事に合致させた新羅の外交的な勝利による大逆転とも言える。

一方、百済・新羅と慎重に外交を展開し唐とも通交して友好を図っていた日本列島の大和政権には激震が走る。

折しも六五三年と六五四年に相次いで渡海した第三回、第四回遣唐使の一行は皇帝への面会に時間がかかった上、讒訴を受けて長安で軟禁されたりして帰国が遅れるなど、唐により百済征討の情報が日本の大和王権に漏れるのを封鎖する意図が明らかに汲み取れ、「百済の次は我が国かも知れない」と危機感を募らせる政権の実質的なトップ中大兄皇子は斉明を奉じて朝鮮半島により近い筑紫朝倉宮（現在の福岡県朝倉市）の行宮へ移動し諸国に動員を掛ける。

時を同じくして百済王族で遺臣の鬼室福信らが百済の故地で蜂起して大和王権へ救援の要請を発信する。

筑紫で高齢の斉明が客死してしまう中、遺された中大兄皇子ら大和王権首脳は、唐の朝鮮半島におけるプレゼンス増大を百済残党のバックアップをすることで何とか押し留めよう画策したようだ。

幸い、前記の通り追放同然で大和王権の許にいた百済王子余豊璋を派兵の旗印として立て六六〇～六六三年に掛け三度にわたり百済復興へ都合四万人を超える大規模な派兵と大量の軍需物資供与に踏み切る。

朝鮮半島西部へ進駐して高句麗を狙う唐軍と衝突して仮想敵とみなされる可能性のある、文字通り乾坤一擲の決定だったはずだが、六六三年八月の白村江会戦での大敗で派遣軍は壊滅、余豊璋は高句麗へ逃亡、各地の百済復興勢力も翌六六四年にはほぼ鎮圧されるに至り、中大兄皇子首班の大和王権は一転して唐と干戈を交えた敗戦国の立場に立つ事となってしまう。

敗残兵と亡命百済人の収容、翌六六四年から六六五年にかけては旧百済／熊津都督府からおそらく敗戦処理交渉と降伏勧告にやって来たと思われる唐使郭務悰一行の二度に亘る来日の応接など戦後処理で筑紫に留まっていた中大兄皇子と政権首脳が飛鳥に戻ったのがようやく六六八年のこと。

積極策が裏目に出て朝鮮半島で戦力の大半を消耗してしまった

為、それこそ滅亡の危機に瀕した大和王権は、唐が攻略の矛先を高句麗に転じて大和との外交交渉に移行する間隙を利用し、那津の筑紫太宰は内陸に移動し巨大な水城と朝鮮式山城を築造して朝倉宮方面への街道を遮断、さらに対馬・壱岐など東シナ海の最前線から山陽道を繋いで大和に至る烽火台や、故国滅亡で大量に発生した亡命百済人を利用して北九州一円から長門／伊予／讃岐／吉備／播磨／河内の要所に造営し、大和の本拠である飛鳥倭京に留守司を置いて近江国大津へと遷都を断行する。

現在の大津市錦織地区で遺構が検出されている大津宮／大津京跡は琵琶湖を望む景勝の微高地にあり、全体像は未だ明らかになっていないが、検出された遺構や地形から推測されるスケールは前期難波宮／難波京などより若干小さく、前期難波宮の縮小モデルの可能性や直前の王宮である飛鳥後岡本宮との類似を指摘する意見もあるものの、未だその全体像は不明なままである。

水城

ただ、想定される大津京域周辺にみられる正方位の条里制痕跡や錦織遺跡の推定内裏南門付近から南北に走る古代北陸道の存在から、これを京域のメインストリート、朱雀大路としての大津京建設構想を中大兄＝天智が育んでいたのではないかという印象を強く受ける。

また、大津京域設定の根拠のひとつに、大津宮造営と同時期に

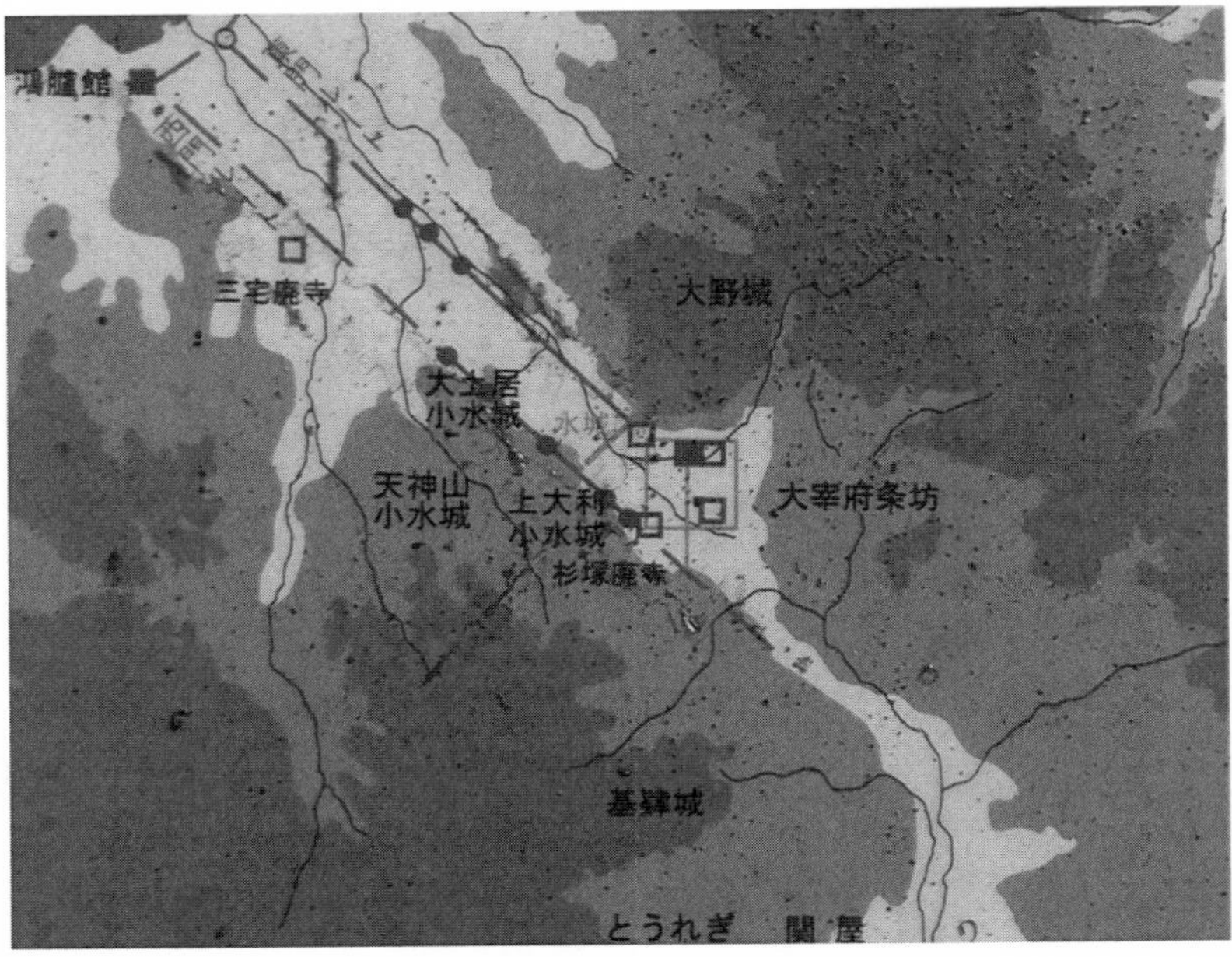

水城の防衛ラインと位置関係

建立／整備されたとみられる古代廃寺群（穴太廃寺、園城寺前身寺院、崇福寺など）が大津京の境界に在って軍事的防衛施設を兼務するものとする見方があるが、数年前に現地で礎石の残る崇福寺跡を踏査してみた時には、想定大津京域に繋がる街道を扼して急峻な切岸状地形の上に造営された遺構は良好な見晴らしと相増して「大津京の城砦」というイメージを強く想起した（山岳寺院や山林の古代廃寺では立地や構造から城郭への転用、利用が珍しい事ではないのは多くの城郭ファンはご存じだとは思うが）ことが思い出される。

いずれにしても、唐と通交し敵対していたわけではなかった百済が唐の政策の必要性から彼らに滅ぼされた今、今度は唐による日本列島への侵攻が高い確率で起こり得るとの認識で天智の政権の中枢が東方へ後退したであろうという事は、調べを進めるに従い私にはヒリヒリとした実感を以て感じられるようになった。

前世紀の第二次大戦で我が国が甚大な被害を負った際、外地に出征して損耗した将兵・軍属だけでも全人口のおよそ二パーセントで復興に多大な労力を費やしたことは孫や曽孫の世代にあたる現代の我々にも記憶に新しいところだ。

これを飛鳥時代に当てはめて考えてみると、大和王権領域の推定人口が四〇〇～五〇〇万人と推定すれば百済復興出征失敗で負った人的損失は全人口の一パーセントとなり、当時の日本列島周辺に大規模な戦闘が発生する頻度が低い事を考慮すれば弩や刀剣をふんだんに装備し集団戦の訓練を受けた兵団が大量に準備出来ていたか甚だ疑問である事から、白村江敗戦後の大和王権側が、その後予想される唐、新羅の侵攻に対抗することは極めて困難だったであろうことは塑像に難くない。

敗戦した政権指導部の中枢にいた中大兄皇子＝天智には当然責任を問う声も上がっていたかも知れず、政権の基盤は必ずしも盤石ではないので反体制派に転じる恐れのある大豪族たちを本貫地のある大和から引き離して戦時体制を固めたい政権側にはむしろプラスに作用するという見方もある一方、大宰府や飛鳥倭京を明け渡すよう唐から要求された結果ではないかとみる研究者もいるのである。

唐使郭務悰が六六四年に七か月も滞在し、翌六六五年には二五〇余名の随員を引き連れて来日、さらに六七一年には捕虜交換の名目で二〇〇〇名を超える随員を従え筑紫に駐留する構えを見せたと伝わるところをみると、唐から突き付けられた要求には、大和にも都督府を設置するという内容が含まれていたのではないかというのだが、六六八年に内紛により政権の求心力の落ちた高句麗が唐・新羅の猛攻の前に遂に滅亡すると、朝鮮半島の地図は安東都護府（旧高句麗）、熊津都督府（旧百済）、鶏林州都督府（新羅、但し実態を備えて活動は出来なかったと思われる）の行政区分に三分された唐の羈縻政策領域となってしまっており、史料検討の結果「日本にも一時、筑紫に都督府設置が準備され大唐帝国の支配下に入った時期があった」とする見解の研究者が居るのも不思議ではない、それほど切迫した状況が大津遷都の背景にはあったのである。

しかし、そんな中、再び時代の潮目は大きく変わる。

チベット高原に勃興する吐蕃が青海から西域へ進出し、六七〇年には安西都護府の置かれたタリム盆地のオアシス都市亀茲《トルファン》が陥落、唐支配下の天山南路を奪って尚も西進する勢いを現す。

このタリム盆地全域に拡大する戦火に対応するべく西に大兵を振り向けた唐の状況を観望して、朝鮮半島で高句麗遺民の蜂起や唐の直接統治方針に反発した新羅の蠢動が始まる。

唐の戦力と関心が西方へ向くのを見越した新羅は六六九年唐と戦端を開き、翌六七〇年唐の旧百済地域支配の拠点となっていた熊津都督府を攻撃、ここから足掛け七年を掛けて朝鮮半島の統一戦争（羅唐戦争）を始める。

南の大和王権への対応はさらに巧妙で、白村江会戦の後、新羅から大和王権への遣使は六六六年以降急増し、高句麗征討戦に唐と協働している最中の六六八年には新羅王からの調を持参した高級官僚が朝貢という形で大和へ派遣されて友好関係の修復に努め、大和王権側も朝貢用の船一隻を進呈する形で応じている。

この年、中大兄皇子はようやく近江大津宮で即位し、またこの年初めに中大兄の腹心で後の近江朝左大臣、蘇我赤兄が筑紫太宰として赴任しているのも、事態のこの後の進展を暗示しているようで興味深い。

大和王権側にとっては敗戦後の大陸情勢について唐側のインサイドを垣間見る貴重な機会でもあり、新羅との関係修復は歓迎すべき状況の変化だが、新羅としてはポスト高句麗滅亡後を観望して、唐と戦端を開いた場合に背後を脅かされない為の布石だったのだろう。

六七一年に至り、唐が二〇〇〇名の兵員を筑紫に上陸させた際の目的にも唐から大和王権への半島出兵要請があったようだが、交渉は日本側への捕虜返還と引き換えに物資の供給が実現した程度で唐の思惑は実を結ばず、この後六七八年には平壌の安東都護府も新羅の攻勢に抗しきれず遼寧へ撤退を余儀なくされ、新羅による朝鮮半島統一と唐勢力の駆逐が達成されたことで、依然戦時体制の下ではあるが、大和王権は唐の一州に組み込まれる危機をひとまず脱する。

この年、暮れに天智は大津宮にて波瀾の生涯を閉じ、筑紫に駐留していた郭務悰と唐軍も交渉の不利や不穏な空気を読んだのか翌年早々に本国へ引き揚げる。

そして我が国では、皇太子大友皇子が近江大津宮で新政権を引き継ぐ中、累積した現政権への不満分子を糾合した皇太弟大海人皇子が挙兵し、日本古代史上最大の内戦の幕が上がる。

世に云う壬申の乱の勃発である。

四．藤原京／フォーマルな装いの机上の都
〜平安京誕生まであと一〇〇年〜

九州から関東甲信越にまで波及した壬申の大乱は、飛鳥の倭京や難波宮の争奪を経て近江大津宮陥落と大友をはじめとする大津京政権首班たちの処断で決着する。

勝者の大海人皇子は凱旋した飛鳥の嶋宮に入り、父祖の政庁だった後岡本宮（飛鳥概念図の第Ⅲ期遺構）を大幅に整備増築、面目を一新し新装成った飛鳥浄御原宮において即位する。

時に六七三年、天武政権の発足である。

政権の主が代わったとは言え、天武とスタッフの政策は依然として緊張状態の極東のパワーバランスの影響下で中央集権化を強く指向したものになるという点は、実は打倒したはずの兄の天智の着手していたそれと基本的には変わらない。

隋・唐に豊潤な財政と強大な軍事力をもたらした大陸風の法治の形を我が国に導入する流れは大津政権の近江令から天武の浄御原令へと引き継がれてゆく訳だが、舞台装置である政庁は政権の目指す統治機構のサイズと理念に沿って尚も揺れ動く。

天武政権が当面の運営を行うにあたって改築した浄御原宮は飛鳥宮跡史跡に繰り返し造営された殿舎の最終型とも言えるもので、大きな特徴のひとつに新たに追加造営された東南郭、いわゆる「エビノコ郭」の存在がある。

概念図の下部に唐突に現れるこの区画には、天武の叔父、孝徳が前節で触れた前期難波宮で造営したあの前殿のサイズの東西だけをやや縮小した巨大な殿舎の遺構が検出されている。

この場所こそ、日本書紀に記録される大極殿、新たな政権が進める政策運営の場としては遂に手狭になった飛鳥の宮殿群を補完するものとしてピースを埋め込むように造営された巨大な建築で、壬申の乱を挟んでの断絶をみることのない地続き感があって非常に興味深いが、天武にとってここはあくまで急造の都であったことが次第に明らかになる。

東西に大兵を振り向けざるを得ない状況の大唐帝国は朝鮮半島で新羅や高句麗遺臣と押し合い動きが取れず、新羅は日本に向け朝貢使を派遣してまで南方からの脅威を押えようと画策する環境変化で息つく暇を得た天武麾下の執行部は、国内政策を矢継ぎ早に施行する傍らで天武の両親や叔父、兄らが手探りで試みた宮や京域へのアプローチの経験に新たな理念を盛り込んだ理想的な都城のプロトタイプの建設を目論み、これを「新益京《あらましのみやこ》」と呼んで六七六年、造営を宣言した天武は、飛鳥倭京の北方に隣接する地域を視察し造成の準備に取り掛かる。

現在の奈良県橿原市中央部、古代の街道 横大路を北辺、山田道を南辺、中ツ道と下ツ道を東西の辺として区画され、五・三キロメートル四方に及ぶ正方形の京域を有する「藤原京」がそれである。

平安京に至るまでの我が国の古代都城では最大の面積規模を誇り、耳成山を頂点に畝傍山／香久山を結ぶ線を底辺として二等辺

三角形を構成する大和三山が十条十坊に区画された市街を包み込むように鎮座する様子は藤原京以降の都城には見る事の出来ない神聖さを演出している。

都城の中枢である内裏／宮の殿舎が京域の中央に配置されているのは藤原京のデザインが他の都城と大きく異なる特徴だが、モデルとなっているのが隋・唐の流れを汲む「北闕型」ではなく、春秋戦国以来の伝統を継承する中国江南の南朝が建設した建康城のような「開放型」の環状都市の設計、或いは、これと同じく開放型の特徴を有する新羅の慶州・月城をも参考にして設計されたという考え方がよく知られている。

まずは藤原京造営の時点での天武政権都城設計スタッフの立場に成り代わって想像してみよう。

・唐帝国と言えども前代の五胡十六国南北朝の長き動乱で興亡した王朝群の延長線上にあり、七世紀初めに中華を統一して四隣を震撼させた隋もまた極めて短命な王朝に終わった。

・従って、新たな都城の基本設計は中華の長い伝統に則って南朝の都城に求めるべきだと考えるべきなのではないか。

・具体的には、北魏／洛陽城~隋／大興（長安）城~唐／長安城に引き継がれ、天武の叔父、孝徳が憧れを以て前期難波宮／難波京で採用したアバンギャルドで斬新な北朝系都市計画に倣うのではなく、長く盤石の政権を保つための礎となる新たな宮都は先進地帯中華の政治理念に則った、よりフォーマルなものであるべきだ。

本格的な宮都の新たなプランを机上に練る天武と政権スタッフの熱意が伝わってくるように感じられはしまいか。

戦国時代末に成立したとされる聖典のひとつ『周礼』の儒教的世界観に則り、地理的な制約や人の世のしがらみを超越して王宮が市街の中心に鎮座し、周囲に均等に街区が広がるようにするというこの考え方には、新たな都城建設に儒教による理論武装を施すことで、東アジア世界のどこから見ても神聖かつ正統な設計思想に基づく恒久的な都城を建設しようとする強い意図を感じ取ることが出来ると思う。

恒久を指向する点としてはもうひとつ、大極殿を始めとする政庁の主だった殿舎が前代までの掘立柱＋檜皮葺／板葺から礎石建築＋瓦葺へと初めて移行している点である。

これは、この地における政権と宮都の永続性を具現化している訳だが、同時に我が国の国家的なプロジェクトにおいて、寺院の伽藍と同時進行で大規模な殿舎や回廊を瓦で葺くだけの生産性や経済力が高まって来ている証左でもある。

さらに特筆すべきは、天武が藤原京造営に取り掛かった三年後の六七九年には難波豊碕宮（前期難波宮）に「羅城」の築造を命じたこと、そして六八三年には「複都」を目指す旨を宣言、翌六八四年には何と信濃へ複都の好適地を求めて実際に遣使していることが挙げられる。

続く六八五年には信濃において行宮の造営を命じる詔を出している天武はどうやら本気で大和を中心に西に摂津、東に信濃というスケールの大きな複都の連係を構想していたようだが、六八六年正月、難波宮が火災で焼失、さらに同年九月、天武の崩御を受けて中止となり、幻に終わる。

しかし、藤原京造営は天武と文字通り苦楽を共にした后、鸕野讃良皇女が六九〇年に持統天皇として即位し政権を引き継いで夫・天武の忘れ物とも言える新京の造営を再開する。

六九一年には都城内への移住が義務化された官人への宅地割当/供給がスタートし六九二年には街路が概ね完成、六九四年には大工事の大極殿造営などを積み残しながら遷都が行われ、天皇家の寺、元薬師寺の建立も為され、また前節で紹介した百済大寺も九重塔という巨大なモニュメントと共に宮の近郊に移築、高市大寺と改称され、新都のランドマークとなった。

また、京域全体には南北方位に街路を巡らせる条坊が敷かれる為大規模な整地が行われ、域内に所在した多くの横穴墓や古墳が削平されている。

そうして地上から消えてしまった古墳が検出された四条遺跡の調査に携わる奈良県立橿原考古学研究所のご厚意で、私は二〇一七~二〇一九年の調査に少しだけお邪魔させていただいた事があった。

藤原宮の西側、右京四条六坊にあたると推定される四条遺跡の調査現場では、路面幅十四メートル余りで南北に側溝を伴う四条大路と路面幅五メートル余りの西六坊坊間道が交わる現場を見学することが出来たが、条坊施行で整地された面の下からは墳丘長五〇メートルを越え二重の周濠を伴う推定五世紀末築造の前方後方墳、四条一号墳が真っ平らに削平され墳丘と周濠の綺麗な平面形だけが痕跡として残った状態で藤原京の下層面から検出されているのも目の当たりにすることが出来た。

墳丘など全く残らない徹底ぶりに改めて驚いたが、この四条一号墳をはじめ近隣に点在する円墳や方墳のほとんどはこの整地の際に綺麗に地上から姿を消してしまっている。

また、畝傍山麓に程近い神武陵、綏靖陵など大和王権創世伝説の帝王たちのものと伝わる陵がこうした整地作業から外れているのは、書紀編纂の時期でもある天武~持統政権が国家プロジェクトとして行う新都のインフラ整備と並行して国史の内容にマッチさせるべくチョイスして残したのではないかという見方もあり、これらの小円墳(或いは小山)が意図的に外され政治的に利用されたのではないかとする観測には強い説得力があると感じた。

一方、藤原宮は東西南北の正方位を取って京の条坊の中心に収まり、瓦葺の大垣と周濠をめぐらして一辺約九〇〇メートルオーバーの広大な正方形状の平面形を呈し、それぞれの辺に三か所の門が取り付き、大極殿~朝堂院~朱雀門~朱雀大路に通じる軸線は几帳面なばかりに左右対称で誠にシンプルそのもの。飛鳥を訪れる機会があれば、出来れば北方の藤原宮史跡を訪れて、大和三山の優美なシルエットを借景に春には蓮華、夏にはホテイアオイ、秋にはコスモスの咲き乱れる広大な史跡公園となっている現地で在りし日の大藤原京の姿を脳内に再現してみて頂きたいものだ。

人口二万～三万と推定される本邦原初の条坊を備えた都城として、大藤原京は六九八年頃には大極殿も含めほぼ完成していたものとみられる。

机上だけでみれば確かに東アジアでも出色の均整の取れた幾何学的な美しさを備えた藤原京だが、しかし実際に天皇家の政庁として運用が始まると様々な欠点が生まれてきたようだ。

よく指摘されるのは、南から北へ緩やかに下る地形的な特性で、排水能力のキャパ不足により生活汚水が滞留して衛生環境に支障を来したというもの。

但し、排水のインフラ整備だけで考えればこれは国家プロジェクトなので予算とヒトを投下すれば解決し切れない問題ではないのだが、元々水鳥が集いヒルが跳梁する低湿地だったというこの地の地盤の弱さに伴う大規模建築のメンテナンスの難しさについては看過できないウイークポイントだったようだ。

現代も発掘調査が進められている藤原宮跡だが、本邦初の瓦葺屋根を載せた宮の東大垣の調査の際、基礎の乗った地盤が弱いために掘立柱の柱穴の深さがマチマチになっている部分があることが明らかになり、瓦葺という重量物を積んだ大垣を含む建築物に過荷重により損傷が出ていた可能性があると考えられていて、こういった事態の打開に向けて、抜本的な対策が求められていた事は確かだ。

また、大和の豪族の子弟が多く採用されている官人たちは京内に宅地の供給を受けたもののそこに居住せず近隣の本拠から通うことが多く、有力豪族を地元から引き離しきれなかったことなどが挙げられる。

藤原宮　大極殿院南門遺構から耳成山を望む

だが、このあと政権が落成したばかりの藤原京を捨ててまで遷都に踏み切る要因になった出来事がある。

それは七〇二年に出立し翌々七〇四年に帰国した第七回遣唐使、粟田真人からもたらされた。

五．伝統の確立した京、平城京

～平安京誕生まであと九〇年～

粟田真人の第七回遣唐使は、白村江の敗戦処理にまつわる遣使以降三〇年の中断を経て久しぶりに唐と通交し、捕虜の送還や

「倭」から「日本」への国号の変更伝達など、唐との関係修復の実績で知られているが、彼が朝廷にもたらした帰朝報告の中に、武則天による政権奪取で唐の国号が「大周」に変わっていることを知り驚愕した旨が記されている。

　七世紀末から八世紀にかけての当時、大陸の情報は日本に朝貢使を派遣している新羅を通じてもたらされていた為、これは新羅により意図的に日本側への情報の遮断が行われていたと解釈するのが妥当であり、これ以降大和の朝廷が再び唐へ向けて遣使し大陸からの文物摂取や情報収集など外交関係を通じて強化し発展させようという機運を醸成する契機になったのではないかと考えられる。

　粟田真人が武則天に謁見した長安城の設計プランは日本で造営がほぼ完了していた藤原京ではなく七世紀の半ばに孝徳が採用し前期難波宮でトライした「北闕型」の宮都だった。

　「北闕型」と呼ばれる都城形式には、王都の中心が偏っている為に起こりやすい中軸のブレを強化する為の設計上の工夫が施されることが多い。

　長安城の場合も、最北に国主のプライベートな空間と連結して政庁の建物を配置するに当って、「高所から見下ろす」「政庁への通路である門（朱雀門）から繋がる南北の軸線を強化して視覚的効果を強める」という手法を取り入れて、藤原京のような開放型都城に比べ希薄な王宮の求心力を、劇場の舞台装置のような設

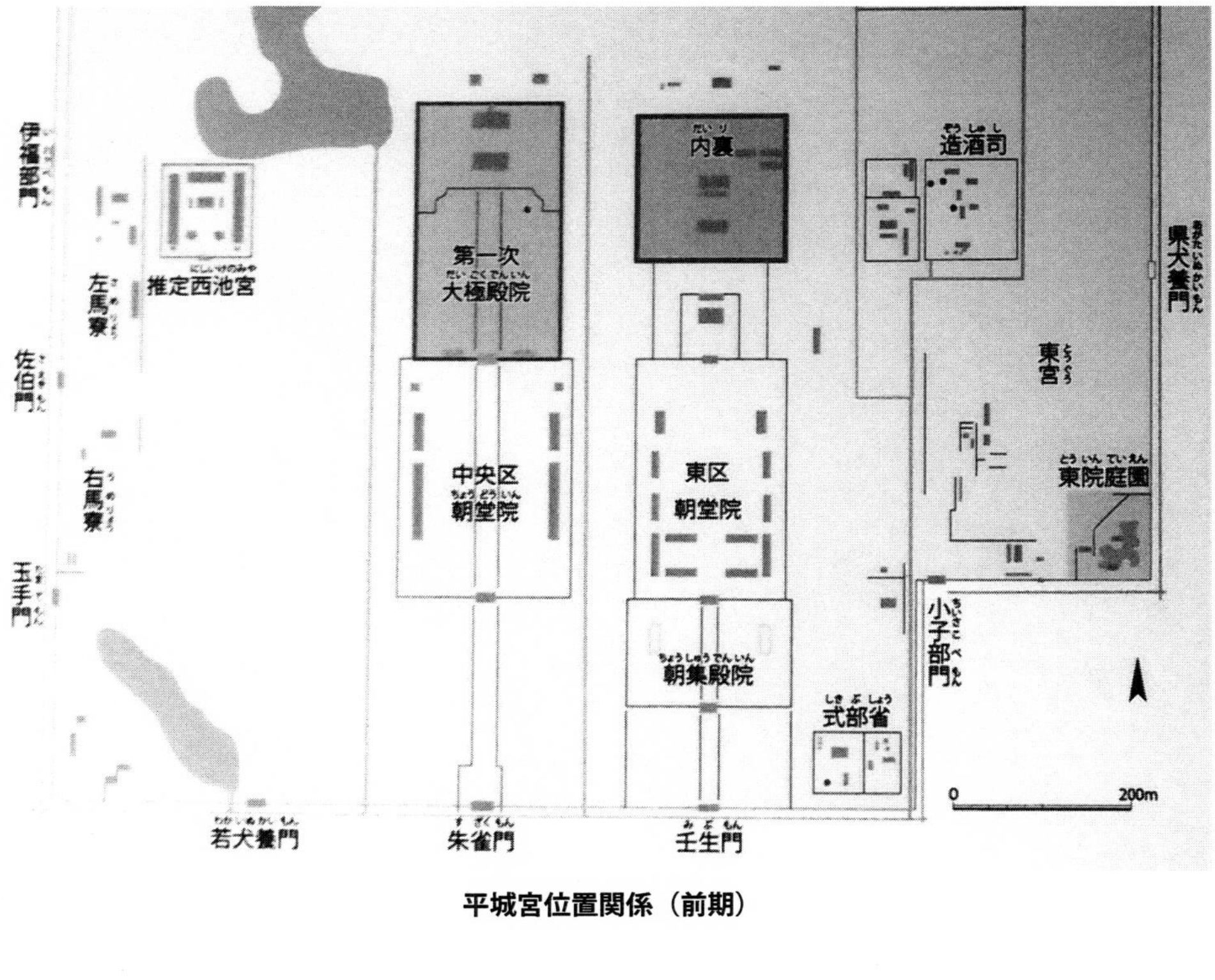

平城宮位置関係（前期）

計の工夫を用いて補完している。

旧唐書／日本伝の描写にも優れた人物像の片鱗を覗かせている粟田真人が帰朝後に行った報告においては、女帝武則天との謁見の際に目にした長安城南端の羅城、明徳門から皇宮の朱雀門まで道幅約一五〇メートルもある朱雀大路が五キロメートルに渡って真っ直ぐ延伸し、さらに高さ約一五メートルの高みに聳える太極宮に皇帝を仰ぎ見る視覚効果のもたらす示威が、時の元明天皇と藤原不比等ら政権首脳に語られたことだろう。

来訪した他国・異民族の使節に自国の国力をビジュアルで見せつけることに机上の図面や談話だけで伝達出来ない有効性があるのを、恐らく高級官僚である粟田真人自身の体験を通じて確認したと思われる元明の政権スタッフは、旧来の礼法や朝鮮半島渡来の知識による都城の在り方に則った大藤原京の都市計画を一擲して、宮都の中軸を朱雀大路の桁外れの巨大化による劇場効果で演出する新たな都城の造営に取り掛かることとなる。

七〇七年、持統女帝を継いで皇位に在った文武の詔により遷都の意図が示され、急死した文武の後継となった元明女帝治世下の七〇八年に造営が始まった平城京は、大きく前期と後期に分かれてその姿を変えている。

飛鳥～藤原京時代に進んだ律令制の法制／官制整備に伴い増加する役職や収納する官衙の増加を受けて拡大を指向する京域は藤原京の北方、奈良山丘陵麓の菅原集落付近に北から南へ緩やかに下る平

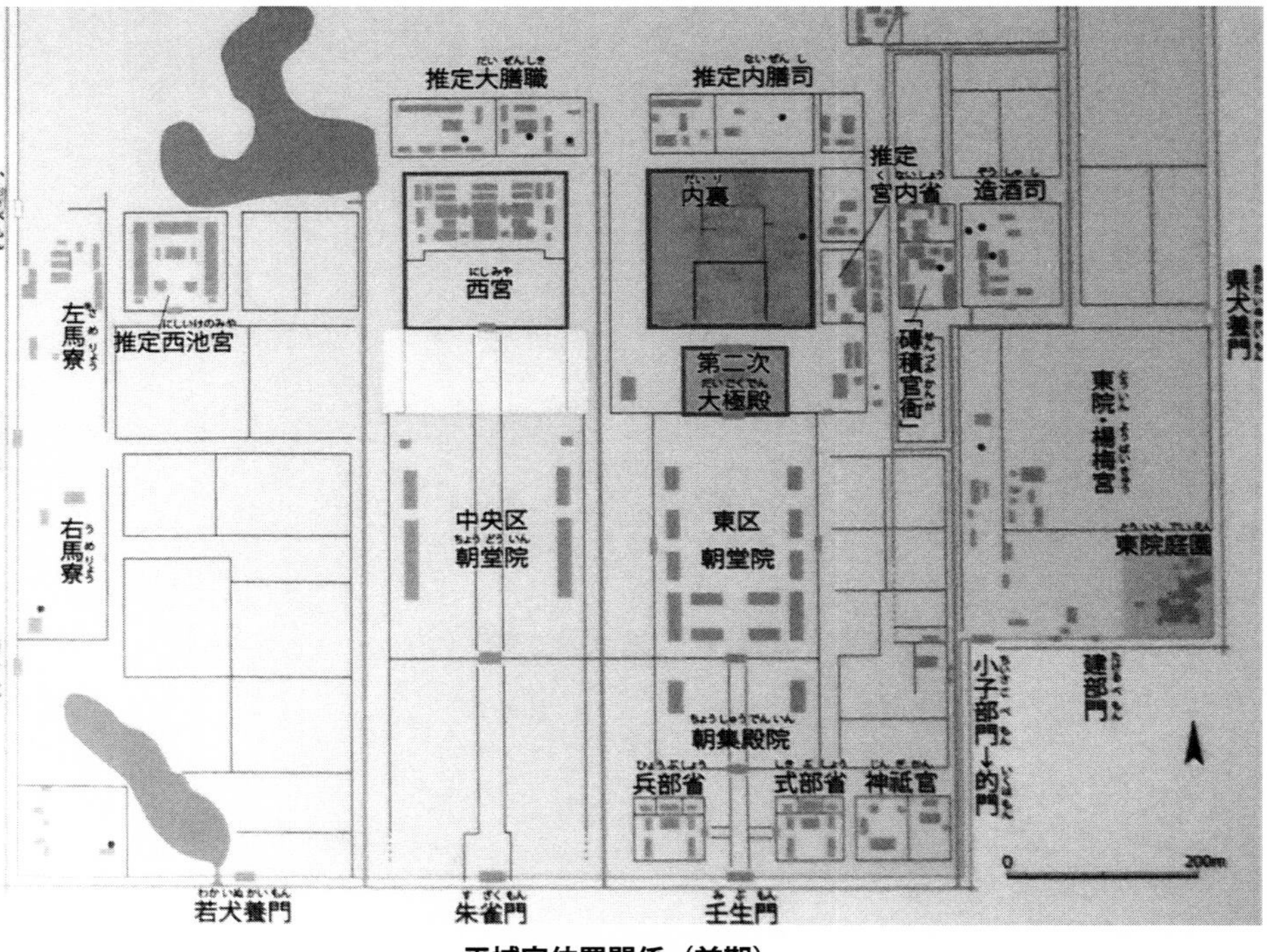

平城宮位置関係（前期）

野部に十条十坊の条坊を敷いた北闕型の都城として設計される。

元明の下した遷都の詔は、かつて隋の文帝が長安に都した際のそれを明白に下敷きにしていることから、元明～元正～聖武へと継承される次代の平城京が初めから中国北朝系の流れを汲む「北闕型」都城、ひいては同時代の長安城に強い影響下にあるのがはっきり分かる。

立地の条件については、政権の実力者である不比等に代表される藤原一門が自家の影響力が強く及ぶ場所を選定するよう主導した、という説もあるが、元明の詔にある「四神相応」という基準はともかく、整地すれば条坊制を施せる広闊な平地が確保出来ることはもちろんだが、従来の飛鳥倭京／藤原京に連結する水運の路が大和川水系一本だったのに対して平城京は北方の奈良坂・歌姫越を介して至近に木津川／淀川水系の港湾 泉津が控えていることが大きい。

水量が豊富な大河である木津川は、東は伊賀・伊勢へ、北は山城から宇治川水系に入って近江・琵琶湖から北陸へ、或いは桂川水系から丹波へ、また西は摂津を越えて国際港難波津のある大阪湾を経て瀬戸内方面と繋がり、旧来の大和川水系も加えると物資の集積や人の移動の利便性は飛躍的に向上する。

次に、平城宮／平城京のスタイルを見てゆこう。

まず平城京全体のサイズだが、外京を除く本体部分は南北五キロメートル以上（十条とした場合）×東西約四・三キロメートル、この本体の東辺から東西一・六キロメートル×南北二キロメートル余の外京が東の春日山塊に向けて張り出した部分も含めて古代の宮都としては藤原京に次ぐ面積の広大な京域に条坊が施されている。

平面図で見ると、北端の中央に内裏を内包する平城宮が位置し、縦長の方形部分は長安城に比べ約五十六パーセント、東西約四十四パーセントとなっている。

よく言われる、長安城の東西をぴったり半分に切り詰めて九〇度回転させたようだ、という表現は分かりやすい。

京域内は南北十条（後に九条）×東西各四坊、五条大路より北で東へ京域を広げる外京がさらに四坊で整然と区画され、京域には飛鳥／藤原京から移築された元興寺（↓飛鳥法興寺）、薬師寺、大安寺（↓大官大寺）、興福寺（↓川原寺／弘福寺の替り？）の四大寺のほか、後期には盧舎那仏を擁する全国の国分寺の頂点東大寺を東に、孝謙上皇発願の大伽藍を擁する西大寺を西に配し、西ノ京の唐招提寺を加えて「南都七大寺」と称される国家鎮護と学術の研究センターや国立の教育機関とも言える伽藍群が京域に建ち並ぶのは平城京の特色のひとつだ。

都市設計上の特色はまず京域南端の羅城門から平城宮朱雀門へ真っ直ぐ北上する朱雀大路で、道幅だけでなんと八十四メートル（藤原京朱雀大路は二十四メートルしかない）、両サイドに幅三・六メートルの側溝を従えて六メートルを超える瓦葺の築地塀が三・七キロメートルにわたって宮の正門たる南面の朱雀門まで走る。

　高さ六メートルを越えたとみられる築地塀に視界を遮断されて右京や左京の景観は見えず、また大路に沿いの築地には門を築造することが無かった為、この朱雀大路を歩む者の視線は自然と正面に向かい、はるか平城宮南面で楼閣を東西に従えた巨大な朱雀門に収斂する劇場的な視覚効果を生んで、宮都の中心に存在する政庁の主の強大な権力を否応なく実感させる。

　現代の平城宮跡歴史公園には当時の朱雀大路を道幅と側溝、それに東側の築地塀をも再現してあるのだが、訪れる観光客の殆どはここがただの広場だと思っているのは実に残念。

　本書の読者には是非、大極殿へ帝との謁見に赴く新羅の朝貢使や蝦夷、隼人の族長の気持ちに成り代わって北へ歩みを進めて欲しいものだ。

　朱雀大路を北へ進み大路と二条通りが交差する平城宮の南面で頭上に覆いかぶさるように迫る朱雀門を仰ぎ見る。

平城京復元朱雀大路を朱雀門に向かって歩む

この場所から右を向いて東の外京方向へ眼を転じると、三笠の山波と共に、興福寺や東大寺大仏殿の甍が視界に飛び込んでくる。

　ここからの風景は平城遷都後五〇年ほど経った平城京治世の後期までに生まれる景色なのだが、後でこの視座が重要になって来るのでちょっとご記憶をいただきたい。

　政権の中枢である平城宮そのものにもユニークな特徴がある。京域南端の羅城門から朱雀大路の終点、朱雀門、その先の朝堂院、南門を経て大極殿の屹立する大極殿院へ通じる中軸線が平城京の権威を高めるヴィスタの工夫である事を縷々と述べてきたが、肝心の平城宮内にはこの朝堂院から大極殿に南北に繋がるのと似た構造の区画が東にもう一か所存在する（二十四頁の図参照）。

　現在、復元されているのは通称「第一次大極殿」と呼ばれているが、東側に基壇と礎石列で示されている「第二次大極殿」と呼ばれる遺構の区画がそれである。

　さらにその東側には「東宮」、つまり皇太子のための殿舎と空間が東院として用意されていて、宮そのものが大まかに三つの区画を含んだ構造になっているようだ。

　復元された「第一次大極殿」の大極殿院と朝堂院のある区画は平城京全体から見て中心なので中央区、その東側の双子を東区と呼ぶことにする。

　平城宮そのものは大きく分けて四回の改修が行われているよう

だが、さらに解りやすくざっくり奈良時代前半と後半に分類すると宮の構造は図示した通りである。

奈良時代前半の東区画は宮南面に開いた壬生門から朝集堂院～朝堂院～大安殿（正殿）～内裏が南から北上し連結する区画で、配置や構造が前代の藤原京や後代の平安宮中枢と類似が多くみられる為、どうやら内政に関する主要な日常の政務はこの東区で行われたのではないかという意見が支配的である。

一方、中央区は甍葺の建築群が左右対称でシンプルに配置された広闊な空間が広がる東アジア世界のスタンダードを体現したような生真面目な儀礼的区画で、東区の建造物の大半が掘立柱と檜皮葺の建築なのに対し、中央区は回廊も含めて荘重な瓦葺の礎石建物である。

この二種類の似て非なる区画がほぼ同じ比率で平城宮の面積を占有し共存している遺構の状況は、元明／元正から聖武へ繋がる治世下の世相が、斉明・天智・天武ら父母世代が直面していた亡国の危機から和戦両端を持するデタントの時期へと潮目が変わってきていることを暗示しているように思えてならない。この後平城宮の双子の区画は前半と後半でその姿と役回りを大きく変えることになる。

平城京復元第一次大極殿

画期となったのは七四〇年、藤原広嗣の乱の最中に聖武が打ち出した複都構想と恭仁京への遷都である。

聖武が祖父母の天武／持統の夢の結晶である藤原京から移築し受け継いだ巨大な大極殿は、平城宮中央区のみならず平城宮全体の中心となる欠くべからざるアイコンだが、聖武はこの外交儀礼に欠かせない舞台装置を新たな宮都として選定した南山城の恭仁京へと移築し、跡地は西宮として改めて整備された後、称徳や平城など太上天皇の政庁が所在する区画として機能を改めたと推測されている。

東地区の方には元正と聖武の平城還都の際に正殿に第二次大極殿が新たに造営され、七四五年以降にも現役の天皇の政庁が置かれたとみられる事から、宮の構造が天皇の政府官邸と太上天皇の官邸、さらに東の張り出し部にある皇位継承者たる東宮の政庁、と三か所に分立していた様子が明らかになった。

平城京　第二次大極殿

平城宮における東宮は創建当初、首皇子（後の聖武天皇）の宮殿として造営されたものだが、同じく皇親の重鎮として政権で重きを為していた長屋王の邸宅と規模や空間構成が酷似していることが発掘調査から明らかになっており、奈良朝における政権の構造においては天皇と太上天皇、皇位継承者や主要な皇親それぞれの権力が並び立つものであったことを示しているようだ。

近年、長屋王の変は、藤原一門による政敵排除という単純な見方から、中央集権化の過程で大きすぎる皇親の勢力を削ぐ為の政権全体の動きという捉え方に変わってきているが、平城宮内部に東宮や太上天皇の座所ごと取り込もうとする過渡期そのものを遺構の変遷から見て取れるもので大変興味深い。

ともあれ、羅城門から朱雀門に至る朱雀大路を軸とした平城京のヴィスタの要である第一次大極殿を移築した聖武は、これに代わる強烈なランドマークを八世紀半ばから造営し始めている。

再び朱雀門前に立って天平人の気分で頭を右に転じれば外京を東に向けて貫く二条通の突当り、御蓋山麓に鎮座する東大寺の大伽藍群が東西の七重塔を従えて視界に飛び込んでくるはず。この東大寺こそ聖武が新たに都の象徴に据えたモニュメントである。

八世紀初め、新たな首都を代表するアイコンとして選ばれたのが大陸的/権威主義的な大極殿であったのに対し、半世紀近くを経て天皇の還御を迎えた頃には律令を用いた法治浸透の先にある民心の鎮静化と社会秩序の安定を求めて仏法の全国への普及と教育研究の一大拠点を宮都の象徴として選んだのは、おそらく侵略の危機が相対的に下がり政権の課題の比重が外交軍事から内政充実と産業振興へ傾いた事と無縁ではないと、そう思える。

先進と伝統を取り込んで融合の過程にある平城京は、権力の輻輳を宮の中枢の二重構造という形で解決しスタンダードとした点で、日本の宮都のトラッドスタイルの祖といえる存在と定義出来そうな気がする。

さて、平城遷都の後、天智・天武・持統の子孫たちには、継承しやり遂げるべき課題がもうひとつあった。

六、木津川水系を巡る宮都〜平安京誕生まであと三〇年〜

聖武天皇にとって祖父母の世代から懸案になっている複都構想への取組が具体化してきたのは、七四〇年の恭仁京遷都の詔に先立つこと十四年前、七二六年に始まる後期難波宮/難波京造営への着手が端緒と言えるだろう。

七三一年頃にはほぼ完成していたとみられる難波宮では京域での官人への宅地班給も始まり天武治世下以来の整備が施されてゆく。

聖武の複都構想のベースにあるのはこれまでも触れてきたように中華の統一王朝における複都のトレンドであることは言うまでもない。

隋の複都制を継承した唐が長安、洛陽、太原の三か所に複都を構えて繁栄を謳歌した要諦のひとつに、軍事拠点としての強みを持つ長安と、経済と流通に長けた洛陽という役割分担だったという見方がある。

日本の古代において構想された複都の在り方を考える上で必要不可欠なピースは何といっても木津・淀川水系である。

大和王権が飛鳥から平城京へと遷都して得られるメリットのひとつがその木津・淀川水系の流通路に近接している事であるのを前節でも挙げたが、聖武と政権スタッフが志向した天武以来の複

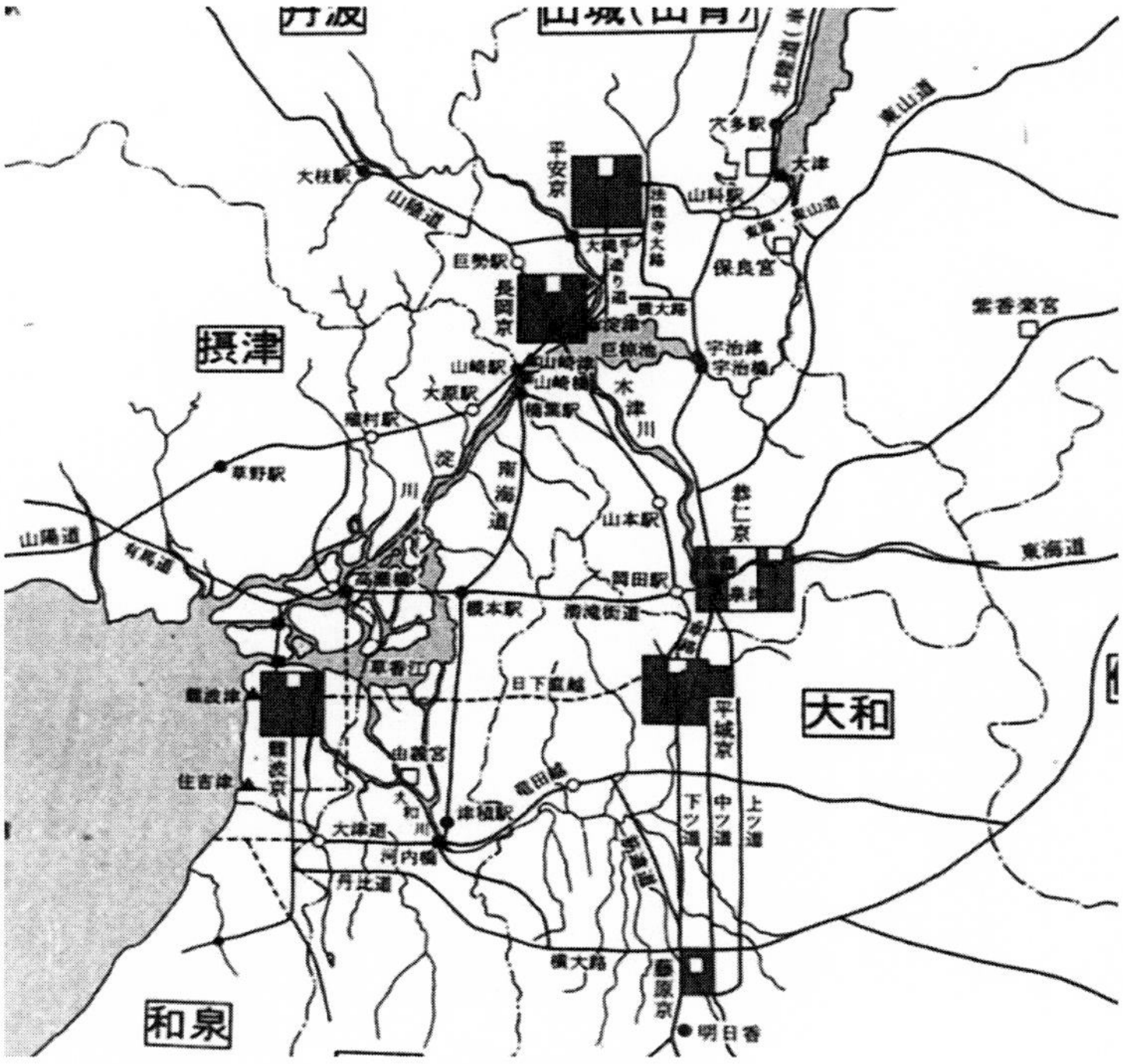

複都の拡がり

都構想はさらにその延長線上にあったようだ。

大阪湾口の台地上というロケーションを活かして伝統的に海外との折衝の舞台となっている難波津と難波宮は前記の聖武朝での再建整備を受けて大極殿の造営や官衙の再建、京域の開発が進んだとみられ、現在大阪歴史博物館に再現されたディオラマや、博物館東南に整備されている難波宮史跡公園の大極殿基壇や復元回廊が後期難波宮の在りし日の姿を偲ばせるので未見の方は是非訪っていただきたい。

早くに再建に着手した後期難波宮が平城京との首都並立を早々に実現に向かわせる一方、九州での藤原広嗣の乱が終息に向かうのを見越したように七四〇年十月、長い行幸に出発した聖武は平城京の外港である木津川南岸の泉津を包含し木津川両岸に跨る野心的なデザインの宮都を開発造営に取り掛かる。

前節で触れた平城宮大極殿は解体されて恭仁京左京の恭仁宮推定地に大垣と共に移築されており、藤原京からずっと外交の舞台装置を務めてきたこの巨大な建物は聖武の遷都構想への強い意志に付き合って二度目の引っ越しでこの地にやって来た恰好である。

一方、大極殿という宮都のシンボルを移築されてしまった平城宮の方だが、移築跡地は早速しっかりと大垣で区画整備されて、廃都というような雰囲気は微塵も感じられず、同時期に出土する木簡から遷都の時期も平城京の官衙では通常の業務が滞りなくお

こなわれていた様子だったことが分かっている。

私自身は、恭仁京と平城京で大和北部と南山城の国境を跨いだ首都圏を形成してしまおうとするのが聖武政権の目論む遷都構想の要諦だったに違いないと強く感じている。

また、発掘調査の積み重ねで次第に明らかになっている恭仁宮で近年、大極殿の北に内裏とみられる区画が東西に分かれて二つ見つかっているのだが、これも遷都を主導して当地へ先に乗り込んだ聖武の内裏と、整備が進んで後からやってきた元正が入った内裏がひとつの宮の中に分かれて存在したものと解釈されている。

政庁の中に現役の天皇と太上天皇の内裏が別々の容れ物を用意するという二重の構造がここでも見られて、中央部の朝集殿～朝堂院～大極殿の中枢部の北に東西二つの内裏が配置される恭仁宮の有りようは、時代により少しずつ移り変わる権力の在り方を宮都の仕様から考える材料となって興味の尽きない所でもある。

さて、七四二年八月に至り、聖武は恭仁宮と平城宮に留守司を任命して近江国の紫香楽宮へ、「東北道」を通って行幸を行う。

この東北道は恭仁京から和束町経由で峠越えの近江方面へ抜ける街道で、恭仁京から紫香楽へのルートとして以前から開削されたものと思われる。

聖武はこの年末、恭仁宮での元日朝賀という国家的なイベントを控えた時期に二回目、翌七四三年四月と七月にも三回目と四回目の行幸を実施、特に四回目の行幸は滞在が四か月の長きに及び、この間に紫香楽での盧舎那大仏造立の詔が出されている。

紫香楽には甲賀寺が建立され行基の教団の尽力を得て盧舎那仏の造立を試みた聖武には唐の複都洛陽郊外に国家鎮護を願う磨崖の盧舎那仏が造立されているのを我が国でも実現したいという思惑があったのではないかとの見方もある。

きらびやかな行幸の道行きを準備したり留守京の実務を支えたのは左大臣橘諸兄だった。

紫香楽宮は現在の滋賀県甲賀市信楽町の宮町地区に宮の中枢が所在した場所とみられ、平成に入ってから史跡指定範囲が広がるなど近年ようやく全体像が見えてきた遺構である。

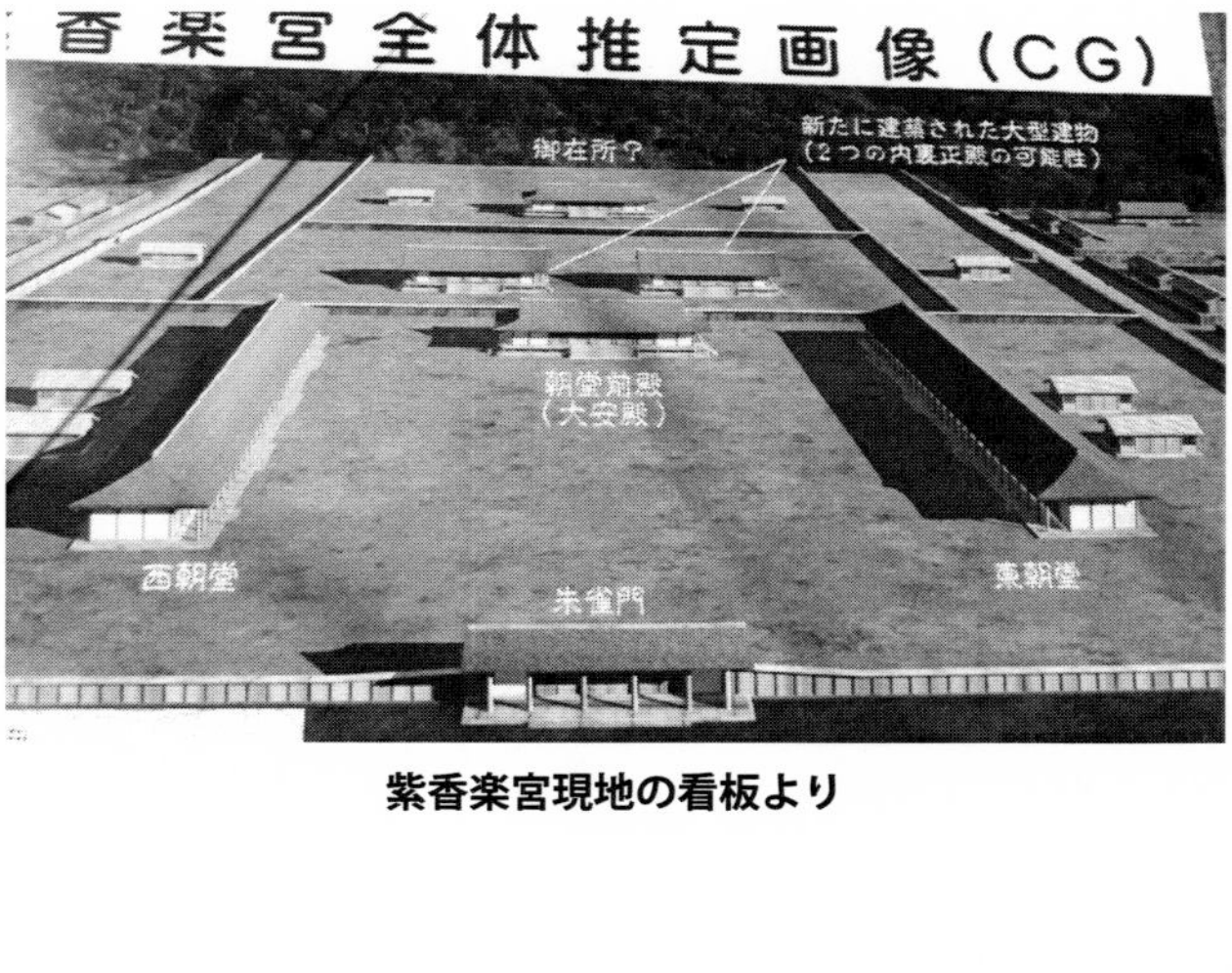

紫香楽宮現地の看板より

甲賀宮とも呼ばれることになるこの宮都は琵琶湖とは野洲川水系で連結して美濃方面と繋がり陸路では伊賀から伊勢を経て東海

地方に臨むロケーションにある為、東国を強く意識した陪都としての機能を期待されていたのではないかと思われ、やはり隋・唐の統治体制のトレンドである複都制を念頭に置いている印象を受ける。

紫香楽宮、大仏造立が軌道に乗せられると共に大極殿移築の終わったばかりの恭仁京へのインフラ整備は停止され、七四三～七四四年には西国からの税収が難波宮、東国からのそれが紫香楽宮へと収められた記録が残るところから、紫香楽と難波が東西の政務を管掌する構想を進めていたとみることが出来る。

しかし、七四五年にかけては地震が発生した上、紫香楽宮付近での不審火や怪現象の目撃など民意の反発を反映した事件が頻発し、甲賀寺での盧舎那仏造立と新都の維持を断念した聖武は叔母の元正と共に平城宮へ還都。

山背国境に拡大した「大首都構想」も恭仁京造営中止により実現せず、恭仁宮大極殿は山城国分寺へ転用されて聖武の構想した唐風の複都ネットワークによる新たな地方統治の形は平城と難波の二都に大幅に縮小されてピリオドを打たれることとなる。

平城京に還都した聖武は東大寺造営に情熱を傾け七四九年には孝謙に譲位して皇位を退くのだが、一連の複都構想の頓挫により、政府機構の拡大よりも行基教団とタッグを組んでの民心の安定の方が国家の運営にとって重要だと悟ったのだろうか。

真実は泉下の聖武天皇の胸下三寸にあり、しかし、野心的な改革が頓挫した聖武が行基の力を借りて民心のメンタルに訴える方向へ舵を切ったように感じられてならない。

七．山背へのシフトチェンジ～平安京誕生まで一〇年～

長岡京は桓武天皇により急いでいたようだ。

天智天皇の孫世代だった父の白壁王は、奈良朝後期の陰惨な政争圏外に居たおかげでライバルたちの脱落の結果席順がどんどん繰り上がり称徳女帝崩御を受けて光仁天皇として即位出来たという経歴の持ち主で、即位時の年齢は六十二歳と歴代最高齢であった。

父と共に藤原仲麻呂の乱で武功を挙げ、以降官僚として着実に実績を挙げていた子息の山部王は皇位継承者として俄然脚光を浴び、藤原式家のバックアップの中七八一年に光仁からの譲位を受け桓武天皇として即位する。

同年暮に父の光仁が逝去すると、氷上真人ら天武系皇族の謀反が発覚するなど、事の経緯の真偽は兎も角、皇親と上級貴族たちの策謀が蔓延する政権そのものの構造的な改革を指向するのは自然の成り行きだったのではないだろうか。

現代の企業では定期的に人事異動や勤務地の変更を行い組織の停滞を防ぐのが日常だが、非効率が許容範囲を超えると容れ物となる組織そのものを大きく改変することもある。

皇位を継承した桓武の念頭にも現代の我々と同じようにそうし

た思いがあったようだが、遣り手の官僚出身だった彼は容れ物の宮都ごと変革してしまおうとしたようだ。

そんな中、桓武と側近の想いの中で浮上してきたのが山背の長岡だったようだ。

飛鳥～奈良朝で歴代の政権が注目し重要性を増していた木津川・淀川水系は聖武政権でも複都構想の舞台となったが、長岡の地は淀川と西海道が近傍で物流や通信のアクセスは抜群。

さらに、平城京からみると「恭仁京より遠いが甲賀や大津、難波より近い」と移住を強制される官人層の容認のハードルが比較的低いであろう距離感も絶妙に感じる。

さらに、政権を下支えする百済王《くだらのこにきし》氏や藤原百川縁者の秦氏など現地に地縁のあるスタッフにより情報収集も容易だったと推測される。

南都に本貫地の近い反対勢力からの妨害を矮小化する狙いで隠密裏に練られた遷都計画が始動するのは七八三年のこと。

長岡宮復元模型

三月、桓武腹心の和気清麻呂を難波宮と周辺地域を統括する摂津職《せっつしき》の責任者に就けて淀川水系下流一帯の機関をコントロール下に置き三国川開削を始めとする淀川河口付近の整備を進め、海洋航路と河川交通の連係を高めて長岡京最大の特徴である物流拠点／ハヴ港湾としての利便性をさらに向上させると、十月には側近と長岡対岸の交野に行幸、翌七八四年五月には難波宮での怪異情報流布を画策すると共に巨大建築造営のエキスパートとして知られる佐伯今毛人らを長岡の検地に向かわせ、六月に藤原種継、佐伯今毛人、紀船守ら造長岡宮使を任命して宮と京域の

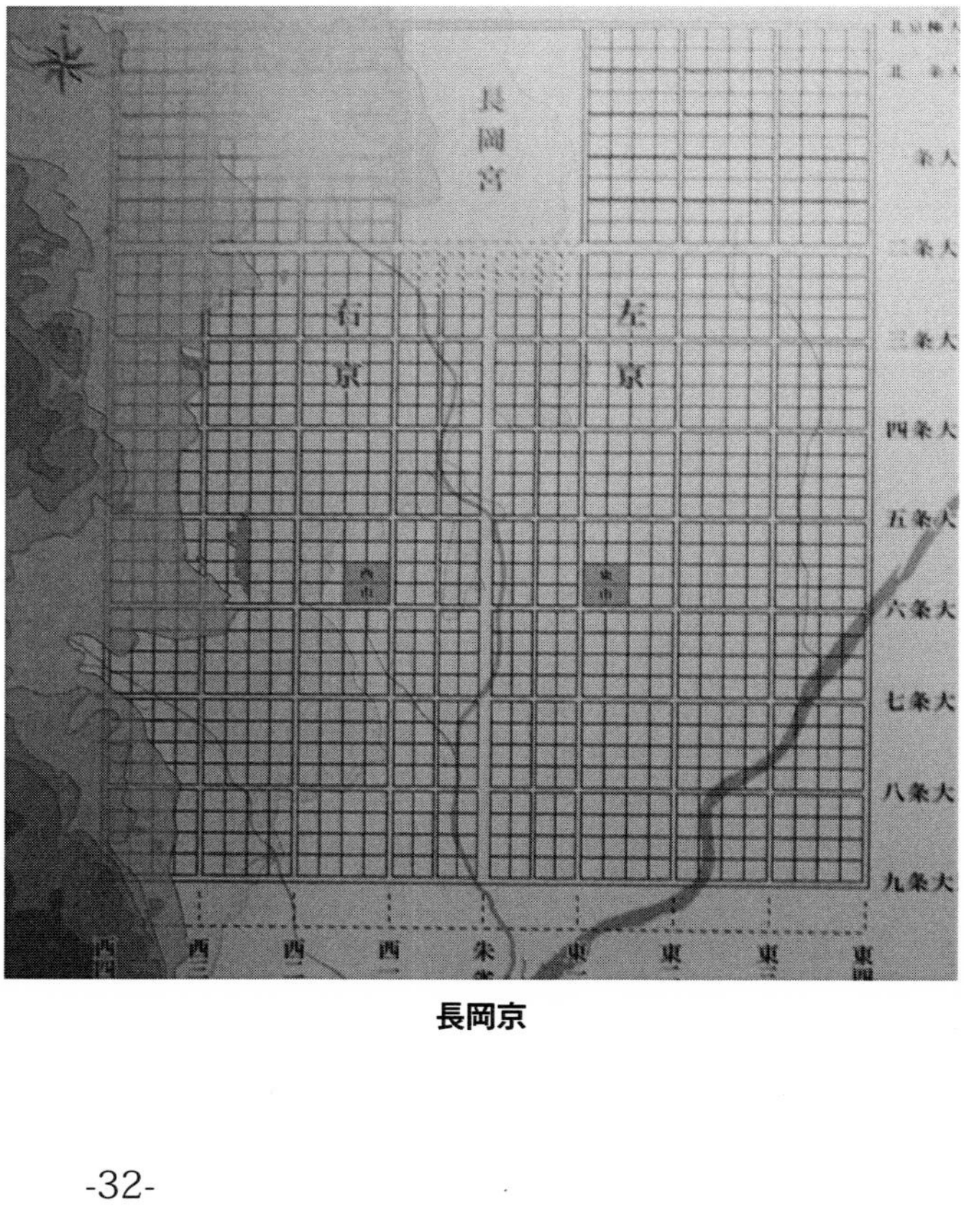

長岡京

造営に着手し、十一月には桓武自身が平城宮内裏を離れて長岡宮へ移動し七八五年の元日朝賀を完成となった大極殿で受けるという驚くべき早業であった。

造営にあたっては、大極殿と回廊、朝堂院にあたる太政官院、内裏など宮中枢を構成する建築の多くが難波宮を解体して移築されていること、それらが淀川水系で直結して搬送が容易であることが驚異的な工期のスピードアップに寄与して大きい。

新京造営の最中に責任者の藤原種継が射殺されるという過激な妨害で皇太弟が関与を疑われ連座するという大事件もあったものの、桓武と側近が周到に画策し電光石火の如く推進した遷都事業そのものは抵抗勢力が大きく動く暇も与えず概ね目論見通り進行してゆく。

京域は東南を淀川が洗う為イレギュラーではあるものの、概ね東西四・三キロメートル×南北五・三キロメートルと、平城京や平安京と比較しても遜色ない広大な条坊が敷かれ、新たな宮都造営に向けての桓武の並々ならぬ意欲が伝わってくるようだ。

中枢にあたる宮は「長岡」の名の由来でもある向日丘陵の突端に造営され、古代日本の帝王らの恐怖と憧憬の対象だった唐・長安の宮殿のように高低差を付けた立地が印象的で、桓武のヤル気が強く伝わってくる気がする。

他方、丘陵上という立地は政庁の構成に大きな制約を強いていて、前記のビジュアル重視により朝堂院と大極殿院を丘陵上に置くことをとにかく優先した事と引き換えに本来朝堂院の南面に配置すべき朝集殿の敷地が確保できていない。

また内裏も大極殿院の北方に谷が入り込んでいてセオリー通りには敷地が確保できず、第一次内裏の「西院」、さらに饗応施設として西院を使用する為、第二次内裏「東院」を大極殿院西の一段低くなったエリアに増設して内裏そのものを移転せざるを得なくなるなどコンパクトであるが故の使い勝手の悪さを露呈している。

平城京や東大寺、難波京などがかなり大規模な土地造成と改変を行っているのに対し、短い移転準備期間の限界が生んだ弊害が出てしまっているのかも知れない。

これに関連して、私にはもうひとつ、気になる点がある。

平城京には、後期難波京という複都が海外の使節を応接、饗応するという主たる役割を担って存在していたが、桓武の長岡京には、建築物の多くを移築して廃都となった難波京に代わるほどの外交施設がない上、長岡宮自体にもそうした儀礼的な空間という色彩がかなり希薄である。

その為、西院を饗応施設として転用したとしても付け焼刃の雰囲気は拭えない。

結果から見て一〇年しか稼働しなかった長岡京が短命に終わった理由については、もともと副都（「複都」ではない）、或いは平安京造都までのツナギの都だった、洪水に弱かった、或いは不幸や凶兆を忌避したなどとも言われているが、近年長岡京左京の東南部での発掘調査では長岡京時代に大きな冠水被害が出た形跡は実はあまり見つかっていないようなのでウイークポイントの肝はそこではない。

おそらく桓武は、造営の過程で次第に明らかになった条坊計画の齟齬や先ほど述べた宮の抱えた構造的な欠陥から新たな宮都の造営に踏み切ったと見るのが妥当なようだ。

現在の大阪府枚方市や交野市、吹田市、京都市の伏見区など畿内の各地で新都の候補地を調査した結果、桓武は七九三年、山背国葛野郡に側近の藤原小黒麻呂らを派遣し新宮と新京へ遷都する準備を始める。

八．精緻なる宮都の到達点～そして平安京誕生～

七九一年、おそらく前年の内に新都の設計を進めていたとみられる桓武は平城宮あった諸門の解体を始めた。

翌七九二年、葛野へ遊猟に訪れた桓武は側近と現調を行っていたとみられ、七九三年から本格化した平安京造営は長岡宮の解体と並行して進められ、六月には平安宮の新宮諸門の造営が始まった。

先年解体した平城宮の資材はおそらくいったん長岡京に運ばれたのち、このタイミングで予め決められていたプランに沿って計画的に搬入され利用されたのだろう。七九四年六月には中枢である平安宮の大半が完成し七月には京域の東西市が開設、十月には長岡京東院にいた桓武の新京遷都が成る。

新造成った平安京全体の条坊は正方位からの誤差が僅かに〇・一四度、これは藤原京や平城京から引き継がれる古代測量技術の驚異的な正確さだが、条坊の地割や大路小路、坊間道も完全に規格化され齟齬をきたしていない設計がなされているのは平安京の特徴といっていい。

平安京大極殿跡

平安宮のシンボル、大極殿は七九六年竣工、軒先や棟には緑釉瓦を配し、東西十一間×南北四間、四面廂の巨大な建築であった。また、朝堂院は大極殿の翌年、豊楽殿は平城宮第二次大極殿の移築が翌翌年に完了して、七九八年までには平安宮の中枢部造営は完成をみたと思われる。

造営が二年に満たない短期間で完了したのは遷都で培われた官僚たちの経験と共に、都市周辺で建築の雇用に応じる生活者が増加して需要を満たしたことも大きかったのではないかと推測される。

孝徳、聖武が目指した宮都と同じく長安城を模した「北闕型」

の構造を成す平安京は廃都となった平城京のように大伽藍で京中を賑わすことなく代わりに右京と左京にシンメトリーに東寺、西寺を配し、また中軸に置かれる幅約七十二メートルの朱雀大路と両サイドの築地塀が羅城門から正面の朱雀門と大極殿へ視界を誘導し視覚効果を高める工夫はそのまま受け継いでいる。海外からの使節はここをパレード宜しく通って天皇に謁見する訳だが、彼らの京域内での宿舎が朱雀大路沿いに用意された東西の鴻臚館である。

　そもそもこの朱雀大路自体が、彼ら鴻臚館に逗留する海外からの賓客向けの歓迎パレードと大嘗祭など公式行事、セレモニーの巨大な舞台装置である。

　ここまでみてきた宮都の成り立ちに常に影響を及ぼして来ていた東アジア世界との関わりは、どうなったのか。このあと、それに触れたい。

平安宮出土緑釉瓦

九．宮都の役割とは

　第三節から五節にかけて触れた唐・新羅との緊張関係の中、六六三年の白村江での大敗を画期に北部九州は俄かに臨戦態勢に入り、それまで那津など海外の使節が入国する際の便宜を図り大陸からの情報や文物の受信地ともなっていた福岡市一帯は長大な水城と山々を巡る朝鮮式山城や烽火施設が築造されるなど一時戦時体制一色に染まる。

　その後、北の高句麗が滅び新羅が朝鮮半島を統一して唐との対決姿勢が明確になってくると、新羅は一転して日本へ朝貢使を送ってくるようになり、服属の姿勢を示すようになる。

　もちろん、それは日本が唐と共に新羅へ矛先を向けないようにする為の外交上の駆け引きではある。

　一方、唐とはその後徐々に関係性が回復に向かい、遣使の往復も始まる。

　そうした中、誕生したばかりの律令国家である日本は唐の外交政策や姿勢を模倣して、中華帝国以外の国々との付き合いの形を大陸のスタイルにすることで自らの文明化を相手にアピールする必要に迫られる。

　日本という唐風の政府機構と法制度を整え礼法を身に付けた小帝国には、周辺の諸蕃は朝貢し服属せよという外交姿勢を取るのが時代のトレンド、そしてそれに見合った唐のような舞台装置が必要である、というわけである。

その一つが、海外から訪れた外交使節を迎え、唐の行っているような冊封国を集めての元旦朝賀が唐と同様に行い得るような建築と、相手国の使者が一目置くような規模感の首都と宮殿である。

大極殿を備えた宮殿と長安を連想させる程のパレードを行える規模の大路がある時期から日本の宮都のスタンダードとなっているのにはこうした理由があった。

もう一つは、到着した使節をみだりに国内に入れず留め置き、応接、交渉する為の水際の施設で、例えば新羅、百済、高句麗などの施設は難波館や難波宮で、八世紀以降に来航した高句麗遺民の国、渤海の使者は北陸の松原客館で、下って統一新羅や唐、さらに後代の宋使の随員は筑前の鴻臚館でまずは留め置かれるという措置が取られたのだが、周辺国を威圧する国威発揚の装置としての側面を求められなくなった後代の平安京では、渤海使の来航しなくなった一〇世紀以降にはろくに整備されず耕地や無宿人の小屋が傍らに林立する広場と化していたようだ。

宮都の役割と時代の変遷が京の朱雀大路の姿の移り変わりに垣間見られるようで、興味深い。

おわりに

以上、我が国における宮都の黎明から精緻な完成品となった平安京誕生までの経緯について語って来た。長いようにも思えるが、掘立柱の遷宮から都市空間が誕生するまで二〇〇年足らず、よくもこの高みにまで辿り着いたとも感じるし、それまでの経験の積み重ねが在って精緻な平安京が生まれたとも言える。

個人的に印象に残るのはアバンギャルドな試みを行った孝徳の前期難波宮と、聖武天皇の構想した恭仁＝平城大首都構想だが、皆さんは如何だったろうか。

参考文献

（一）「古代の都城と東アジア」（著　積山洋、清文社、二〇一三年）
（二）「シリーズ古代史をひらく／古代の都」（著　吉村武彦、吉川真司、川尻秋生、岩波書店、二〇一九年）
（三）「日本古代交流史入門」（著　鈴木靖民、金子修一、田中史生、李成市、勉誠出版、二〇一七年）
（四）「聖武天皇が造った都」（著　小笠原好彦、吉川弘文館、二〇一二年）
（五）「日本古代の歴史（4）平安京の時代」（著　佐々木恵介、吉川弘文館、二〇一三年）

平安時代の仏教（前半）

―奈良仏教との離別と密教への依存―

小山　泰利

桓武天皇が平安京に遷都したことで始まり、源頼朝が鎌倉に幕府を起こしたおよそ四〇〇年間が『平安時代』と呼ばれているのだが、この時代の前半と後半では様子がだいぶ変わってきた。政治面では武士の台頭があげられるが、宗教面では仏教がその様相をかなり変化させた。

奈良時代は仏教の力で国を守る政策（聖武天皇による東大寺の大仏建立や全国での国分寺・国分尼寺の建立等）がとられ、国家鎮護の役割により大きな権力を握って政治に関与していたので、仏教界の影響力は非常に強いものであり、『道鏡の事件』のようなことも起こり得たのである。そのような影響下から抜け出したかった桓武天皇は、あたかも、ふた昔前の豪農の跡取りが口うるさい親戚や村のしきたりやしがらみが煩わしくて、自由を求めて都会に出るように新しい何かを求めて都を平安京に遷都した。そして、奈良の仏教勢力との距離を置くために新しい国家鎮護の仏教の担い手として、唐で新鋭の仏教を学んだ空海と最澄の二人を新体制に迎え入れたのである。

空海は唐で密教を学び正式な密教の継承者と認められ、それを日本に伝え真言宗を開き、『即身成仏』の教えを説いた。『即身成仏』とは「密教の教えを信じて修行して悟りを開けば、生きているうちに仏の境地に至ることが出来る」と言う考え方であり、そのためには密教の修行がとても大切であるとされた。

一方、最澄は密教と顕教の両方を学び、顕教・密教・座禅・戒律・念仏等の仏教の各分野を融合しこれを実践すると言う宗派の天台宗を開き、『法華一乗』を基本理念とした。『法華一乗』とは「万民全てが身分に関係なく死後に一つの大きな乗り物で仏の世界へ導かれる」と言う考え方である。このことから、天台宗は仏教の総合学府のような形態を成していった（次の時代の鎌倉仏教の宗祖たちが皆天台宗で学んだことから仏教の母山と呼ばれている）。

そして、この二人が持ち込んだ『密教』とはどのようなものかと言うと、仏教の中で釈迦の教えを言葉ではっきり伝えることを『顕教』と呼び、言葉だけでは言い表せない物事の真理を心や身体の全感覚を使って体得する教えを『密教』と呼んだ。例えば、自転車や一輪車に乗るバランス感覚のコツや、鉄棒で逆上がりをするときのような体重移動のコツのような理論だけでは説明しきれない感覚を修行によって師匠から弟子に伝えることのように思われる。なので、密教とはこういうものであるとは一般人が簡単に説明できるものではない。しかし、わずかに垣間見られる修行（千日回峰行・何日も穴の中にこもって読経する行・不眠不休で念仏を唱えながらお堂の中をぐるぐる回る行等）の様子から想像すると、人間の気力・体力の限界まで追い込んだその果ての研ぎ澄まされた感覚には、仏との一体感や悟りの境地のような物が得られるのであろうかと思われる。今風に言うと脳内にアドレナリンが放出されてマラソンで言うランナーズハイの状態になるようなことの、もっと高尚なものかもしれない。また、密教は釈迦の入滅後一〇〇〇年以上たってからインドで誕生し、チベットを経由で中国に伝播し、さらに日本に伝わり、その伝播の間に各地の民俗宗教の影響を受けた。呪術的な要素も多分に含まれており、特にインドのヒンドゥー教と中国の道教の摩訶不思議な部分が取り入れられているようである。そして、その摩訶不思議な部分が政祭一致の政治を行う貴族の間で重宝されたのである。

当時の政治は、その中心にいるのが天皇と言う存在である。天皇とは古事記の時代より天からつかわされて日本を統治しに天下った神様の子孫で貴族はその時に付き従って仕えた者の子孫であるとされている。だから、貴族の仕事は天皇と言う神様に仕えてその意思を下々に伝える、つまり、政治（祭りごと）を行うことであった。後の時代の武士がその権力の基盤を武力に置いていたのに対して、神や仏に祈りその絶大な宗教的影響力を背景にしたものを権力の基盤としていたのである。そういう訳で加持祈祷などの神仏に祈る行事は盛んにおこなわれ、例えば、平安京の中心部近くあった神泉苑と言う池の周りで行われた『御霊会』と呼ばれる疫病退散の行事があげられるが（この行事は現代では『祇園祭』として京都で受け継がれている）、そんな中に密教の僧が深くかかわって行ったのである。この加持祈祷が国家安泰や疫病退散等の公的な目的で行われているうちは良かったのだが、怨敵退散や心願成就のような個人的な目的で行われ出すとライバルを貶めるために利用されるようになり、いわゆる呪詛の掛け合いが横行するようになった。これには一部の密教僧だけでなく摩訶不思議な術を扱う一部の陰陽師や一部の修験道の行者たちが入り乱れての呪詛合戦であった。そして、この争いに敗れた方が恨みや無念を抱えて亡くなると今度は怨霊となって勝ち残ったはずの方に災いをもたらすと言う出来事があちこちで起こったと語られている。有名なのが『日本三大怨霊』（菅原道真・平将門・崇徳天皇）と呼ばれる存在が皆この時代の話であり、当時の世間を恐怖に陥れ、人々はその恨みを鎮めるためにそれぞれを神として神社にまつるようになった。神仏を私的な目的などに安易に利用したことで怨霊を産み出し、疫病の流行や自然災害もあいまって世間の情勢や自らの精神状態を不安定なものにしてしまった。このことは多くの伝説などで都は妖怪怨霊が巣食う魔都として語られている（後半に続く）。

平安時代の仏教（後半）——末法思想からの脱出——

平安時代の中頃（おおよそ藤原道長が活躍した頃）になると当時の社会情勢を反映してか『末法思想』がささやかれるようになる。『末法思想』とは簡単に言うと、釈迦の教えも二〇〇〇年後には正確に伝わらなくなって、悟りに至る正確な方法や意味があやふやになり、ついには廃れてしまうと言う思想である。このことでよく引き合いに出されるのが伝言ゲームなのだが、このゲームは伝える行程が長くなればなるほど最初の人が言った内容とは全く違うものになってしまう現象が起きる。まして長い年月をかけ広大な地域を民族的にも異なる人々の間を伝播してきた仏教においては、その変化が甚だしいものになることは容易に想像できる。また、このようなことを釈迦はすでに危惧していたと仏教経典には書いてあると言う。だから、日本における『末法思想』の出所は当時の相当な仏教の知識人であったのではなかろうかと考えられる。先行きが見えず不安を募らせるような時代に人々の不安をさらに助長するような物言いをするのはいかがなものであろうか。宗教者であるのなら人々の心の安定を促すのが本業ではないかと思う。

そこで、その末法の時代に怯え不安を抱える人々に何とか救いの手を差し伸べようと力を尽くした二人の僧侶がこの時代に登場するのである。一人は空也上人、もう一人は恵心僧都源信と呼ばれる僧侶である。彼らが膨大な仏教の経典の中から探し出した救いの主は『阿弥陀如来』である。仏教の経典の中で書かれている『阿弥陀如来』とは仏の教えが届かなくて救いようがない世界の人々（末法の時代に生きる人々）を死後に極楽浄土に導いて教化して救うことを自らの本願（主たる願い）とした仏とされている。

空也は奈良仏教の諸宗派や天台・真言の大寺院にいても国家の安泰ばかりで人々の救済が出来ないと考え所属する宗派を離れ独自の活動を始めた。彼は京の市街地や近郊で庶民の願いや悩みを聞き入れ、口に「南無阿弥陀仏」と唱えながら貧困者の救済・野さらしの遺体の火葬・疫病患者の介護などの福祉事業や、寄付を募って道路整備・橋の建設・井戸の掘削などの公共事業を進めるかたわら阿弥陀如来への信仰である念仏の普及につとめた。そして、彼は宗派の枠を超えて、当時の貧困層から貴族に至るまでの幅広い層の支持を集めることにより一大ムーブメントを巻き起こし『市聖』と呼ばれた。

一方、源信は天台宗の宗派の中に身を置きながら、たくさんの仏教の経典の中から彼もまた『阿弥陀如来』の存在に注目し、どのようにすれば阿弥陀如来の力にすがって極楽浄土に往生できるかと言うマニュアル本『往生要集』を著した。おおまかな内容はインド以来の地獄極楽観を体系的に記述してあり、阿弥陀如来の姿をイメージし一心に念仏を唱えれば、死の間際に極楽浄土より阿弥陀如来が大勢の菩薩や天女と共に飛来して極楽浄土にいざなわれると言ったものである。だから、呪詛合戦や権謀術策で追い落としたライバルの恨みを買った者たちが、悪行に手を染めた者であっても救ってくれる阿弥陀如来に一心不乱に祈ったのであろう。特に当時の貴族の間で仏像を作りお堂を建てて阿弥陀如来を信仰することが盛んに行われ、代表的なものとして藤原頼通による宇治の平等院鳳凰堂はこのための壮大な装置であったと言える。このように、空也は行動で源信は理論で阿弥陀如来への信仰を広め、共に日本の浄土信仰の先駆者として、末法の時代に怯える人々の不安にこたえ救済の手をさしのべたことにより、この時代の仏教が為政者のための仏教から生活者のための仏教へと変化していったと考えられ人々に精神の安定をもたらしたと言える。

こののち、様々なアプローチで人々の心の救済を目指す者が現れ、次の時代に鎌倉仏教と呼ばれる新しい宗派を起こしていくのである。現在においても一般的な仏教の宗派のほとんどは、この流れを踏襲する宗派なのである。

第二章　仏教論争　～立ち戻るべき「真理」はあるか～

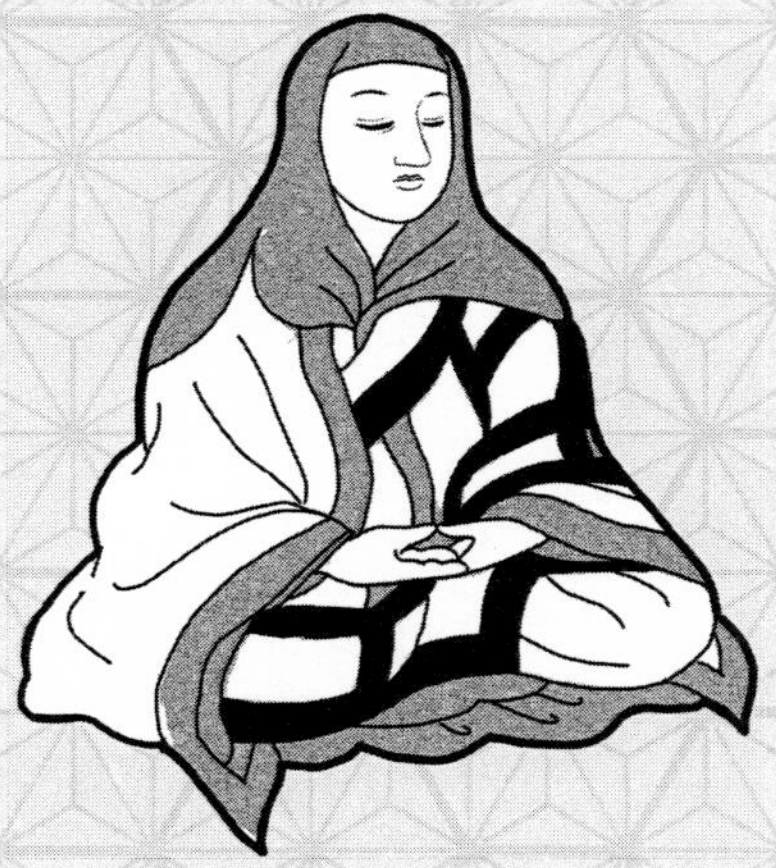

正本　景造

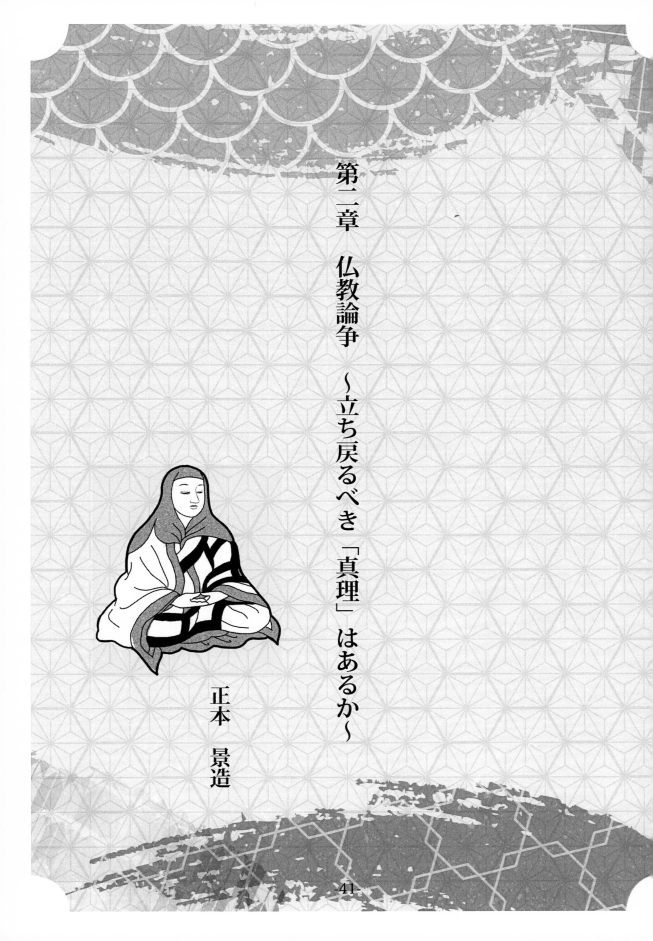

第二章　仏教論争
～立ち戻るべき「真理」はあるか～

正本　景造

はじめに

大丈夫だと思っていたものが、音を立てて崩れる様を、私たちはこの十年間で嫌と言うほど見てきた。

九・一一のテロ、東日本大震災、新型コロナウイルスまん延、有名企業の倒産、スキャンダル、元首相襲撃……。

挙げればきりがないほど、たくさんの「ありえない」が起きていることを、著者自身列挙しながら実感している。ライフスタイルや生活の様相、人生観の変化を体験した人はもちろんのこと、「Aだと思っていたことがBだった」という実態を目の当たりにした人も多いだろう。教養、哲学、パーパス、リスキリング、ウェルビーイング等々、この先に必要だ（とされている）概念が多々注目され、多様な価値観が入り乱れたこの社会を、後世の人類はどう評するのだろうか。少なくても今この時を生きている人類は、私の目から見て何か「安心」できるものを模索しているように見える。

本来であれば、その「安心」の拠り所になるのは宗教の役割であったろう。古来より日本に根付いていた神道はもちろん、古代日本に伝わってきた仏教は、天災や政治不安、価値観変容に振りまわされていた日本人の心の支えとして存在し続けた。たとえそれに再現性（エビデンス）がなくても、その時心を落ち着かせることができれば次への活力となる。「安心」は日本人が絶望せず現世に留まり続けたがための大切なキーパーツだ。

ただ、その宗教も多様化すると、宗派同士の対立が現れるようになる。特に仏教は源流が同じである（とされている）ことが全宗派自明であるがゆえに、創始者・ブッダの教えをどう捉えたか、の分岐点が議論の焦点となる。その一方で、この議論は「読む力」「覚える力」「整理する力」そして「信じる力」が壇上に立つ者に求められた。特に「覚える力」が高ければ高いほど優位に立つとされた。膨大な経典に、その答えがあるからだ。

平安時代初期、日本仏教の大きな分岐点とされる天台宗・真言宗の隆盛時に、一つの論争が行われた。壇上に立つは、法相宗の僧侶・徳一と天台宗の祖である最澄。

俗にいう「三一権実論争」だ（「三乗一乗権実諍論」「法華権実論争」とも言われる）。二人の間だけでは終わらず、一五〇年に渡り続いていくこの論争から、古代日本が規定していた「教養」「真理」の在り様を本稿で見ていこうと思う。

一．新旧宗派対立

国家を形成するには、論理（ロジック）が必要である。

古代朝廷でして拡張し、既存勢力の物部氏はそれまでの神道を根幹に置いた豪族による連合政権を形成していたが、朝鮮・中国より伝わってきた仏教は、日本の価値観を大きく変えていく。

仏教はこの世と人間が用いる悩みや苦しみに関して、その内実（種類）を明確に規定し、その根拠をロジカルに説明できる完成度の高い思想体系だったことで、この文脈を国家形成に実装しようという勢力が現れる。蘇我馬子などで有名な蘇我氏は仏教と仏教や新技術、素材（鉄など）を伝来させた渡来人を重宝することで、新興勢力として拡張し、既存勢力の物部氏と対立していく。

そして蘇我氏は物部氏との戦いに勝利し、新たな国家像を打ち建てていく。ここに中国から伝わる律令制を国家基盤に導入することで、古代朝廷はその後の日本国家像の基礎を形成していく。

仏教は当初、国家形成のための理論体系として、朝廷の管理統制のもとで用いられていたが、次第にその役割は「信仰」の拠り所として、国民へも広がっていく。

これを外面（政治や仕組みづくり）ではなく、内面（救い、癒しなど）から国家を鎮護することへの象徴として、東大寺の大仏をはじめとした仏閣・仏像づくりを国家事業で進めていく流れへつながっていくのだが、内面に進出していった仏教は、天皇はもちろん、時の権力者である藤原氏に現実的保護をされていくことで、次第に政治にも影響力を及ぼしていくようになる。さらに、仏教の教えを説いたり、教えを広めることは国家の許可制になっていたこともあり、この時代の僧は今でいう国家公務員的な位置づけになっていたことが、僧の公的な社会進出を促進させていた、という現象を生み出している。天皇になろうとした、と後世まで言われている道鏡は、この構造の中だからこそ、日本のトップになりかけた、と言えるだろう。

国家認可制の中で日本の仏教界は発展し、法相宗や華厳宗などの宗派が大きな地位を占めた。いわゆる南都六宗である。南都六宗はそれぞれの特色こそあれども、政治に大きな影響を与える集団として、奈良時代中期以降無視できない勢力となっていた。聖武天皇による鎮護国家事業以降、現実的な政策やその効果で行き詰まり感が漂う朝廷の有識者たちにとって、南都六宗からの脱却が大きなテーマになっていったのは、ある意味必然だったと言えるだろう。

そして、都を移すことで、政教一新を図ったのが、桓武天皇だ。桓武天皇は平城京から平安京（その前に長岡京）に遷都することで、新たな国家像を打ち建てようとしたのだ。この試みは、既存勢力の反発を招き、桓武天皇の政治を支えた者たちの怪死から祟りや呪いの風潮が広がるなどの影響があったが、平安京での政治運営が確立していくと、南都六宗は奈良に置き去りにされる格好となる。

さらに、桓武天皇により見出された最澄が、新たな仏教の宗派として表舞台に現れる。平安京の鬼門である北側を守護する存在として、比叡山で修業し、その場所に寺院（当初は今でいう事務所程度のものだったらしいが）を設けていたことが、桓武天皇の目に留まったのだ。
最澄の宗派である天台宗は、東大寺大仏建立に寄与した鑑真和上によって典籍が数多く日本に輸入されたことがきっかけと言われているが、宗派としては日本の南都六宗よりも成立が古く、決して新しく斬新な考えを持っていたわけではない。しかし最澄は、天台宗はもちろん、それまで日本に招来された大量の仏典を書写し研究することで、相対的な教義（宗派としての意義や理論）を習得したとされている。天台宗という宗派ではあるが、その教義の厚みが増したことで、総合的かつ普遍的な意味合いを内包したものになっていたのだ。

南都六宗に対抗できる教義と可能性を最澄（天台宗）にある、と感じた桓武天皇は新たなる国家宗派への道を最澄に提示する。天台宗の神髄とその立証物となる経典を得るために、最澄を唐へ派遣したのだ。最澄は遣唐使船で唐へ渡り、天台宗の神髄たる訓戒を受けて帰国する。

但し、当時日本で注目されていた密教については、亜流を学ぶことしかできず、本流を学び経典を得て帰国した僧・空海に劣る、という評価をされることになる。さらに南都六宗による試験や許可がなければ、僧としての活動ができないルール体系はいまだ健在であったため、最澄の天台宗は南都六宗とは異なる、独立した宗派として確立したにも関わらず、弟子たちは試験に挑んでも南都宗派から認可を得ることができなかった。天台宗は学ぶ者は増えていっても正式な僧が誕生しない、それどころか南都宗派へ鞍替えする（そうせざるを得なかった者を含め）僧もいたため、なかなか拡張することができず、最澄は天台宗の教えを広めることが進められなかった。最澄を庇護した天武天皇が崩御したことも、最澄の苦悩を深くした。

一方で、密教の本流を会得した空海は、国家認定の正式な唐への留学生ではなく、さらに滞在期間を破っての帰国だったにも関わらず許され、その密教のクオリティの高さを証明することで、国家認定の新たな宗派＝真言宗として認められていくことになる。またときの天皇・嵯峨天皇と空海の関係性が非常に良好だったことも、真言宗の隆盛を後押しした。最澄は空海に弟子入りし、密教の神髄を会得しようとするが、天台宗の運用をしながら真言宗の修行をするその姿勢が空海から反感を買い、後に関係は悪化することになる。

なかなか弟子たちが国家僧として認めてもらえない最澄ではあったが、布教と支援者募集のため、東方へ足を運ぶ。その遠征先で、最澄は徳一と論争を繰り広げることになるのである。

二、空有の論争

最澄が論争相手とした徳一とは何者であったのかは、よくわかっていない。ただ、彼の信教は法相宗であり、この宗派自体は、奈良の仏教勢力・南都六宗の中心であった。つまり、最澄の天台宗と対立関係にあった宗派の僧であったことが、論争の根底にある。

徳一は京都にいた時期もあるものの、東国で活動していた地方僧であったようだ。とはいえ、法相宗は当時の日本の中で最も情報（知識）・権威の高い宗派であり、そこで学んでいた徳一はそれ相応の（仏教における）教養を身に着けていたことが想像される。そして、東国の活動は最澄よりも早かったことが記録に残っている。つまりキャリアからしても、仏教界における格からしても、最澄が後発組である、という意識があったであろう。徳一と最澄との間で始まった論争は、本人同士の関係でいくと、関東における布教の勢力争いという要素が端緒にあった。

ただ、法相宗と天台宗という枠組みで見ると、両者が争うことは必然性があった。法相宗は唯識（＝「有」）思想を宗旨とする宗派で、天台宗の宗旨にあるのは「空」の思想で、「有」か「空」の違いが鮮明に打ち出されている。そのため、両者の論争を「空有の論争」と呼ぶ。

そして、両者共に、標榜している思想に「論証式」がある。思想を証明している経典があり、それによって打ち出している思想が証明されているため、自分たちの宗派は正しいのだ、としているのだ。見方を変えれば、この論証に矛盾が生じている（そしてそれが証明される）ことがあれば、宗派の優劣が確定してしまう、ということになる。

「空有の論争」は最澄と徳一との間で始まったことではなかった。その始まりは諸説あるが。七〇〇年代（平城京時代）に検証がされていた、とされている。

議題となっているのは経典「大仏頂経」にて「あらゆる存在が空である」ことを証明されている論証式が書かれていることだ。もしこれに間違いがなければ「有」の宗派の宗教的価値が激減する。

これに対し、「有」の宗派はこの論証式とほぼ同じことが書かれている別の経典「大乗掌珍論」においては、論証式に矛盾（瑕疵）があることから、「空」の論証は証明されていない、という主張をしている。つまり、この論争は論証式の解釈を巡る攻防、ということになる。

「空」と「有」の論争は「仏性（ブッダになるための素質）」の論証をも巻き込んだものへと拡がっていき、双方の複雑な思想体系を浮き彫りにしていくことになる。そして、この対立を含めた教義を双方の僧たちは引き継いでいく。「空」を打ち出した三論宗に連なる天台宗の最澄は、法相宗批判を結果的に継承していくことになるのである。

但し、膨大な経典を読み、その内容を理解し諳んじることができたとされる最澄は、幅広い観点を持って「空有の論争」に向き合っていた。それは、この対立している宗派は優劣をつけるのではなく、視点の違いから生じている「真理」探究の両輪関係である、という立場を表明したのだ。そしてそれは当時の朝廷の考えとも近かったとされている。

最澄が活躍していた時期は、この論争が過熱しすぎて、それを管理する（実際には管理しきれていなかったと言われているが）朝廷は、対立をやめるよう詔勅《みことのり》を数度出していた。朝廷側はこの論争によって宗派の僧数バランスが崩れ、国家運営に支障をきたしている、とした上で、両者の目指している「真理」は同じである、という全体像を規定している。そして、「真理」が一つであっても、そこにたどり着く道が一つである必要はない、宗派は優劣ではなく併存を目指すべきだ、としている。天皇の名で出しているところに、朝廷の問題意識の高さが伺える。最澄は、朝廷の意向を反映させながらも、自らの目線を一段高く設定することができたことが、この流れからも伺える。ただ、最澄は三論宗の流れを汲んでいても、天台宗と三論宗との区別をしていた形跡もあり、（天台宗の）講義を依頼された際に三論宗を批判している記録が残っている。バランスを取ろうとする最澄ですら自らの宗派の優位性を主張しているのだから、論争が止むわけがなかった。詔勅は大きな効果を発揮することなく、徳一と最澄の論争に向かっていくことになるのである。

三．三乗か一乗か

弘仁八年（八一七年）から十二年にかけて、徳一と最澄は争論を繰り広げた。現代の裁判やディベートのように両者が顔を合わせたわけではなく、双方の著作の応酬をした、という点が特徴的だ。とはいえ、残っている資料は最澄側のものが多く、徳一側の主張を本人周辺の主張や証言から類推するしかない（もっとも最澄側の資料も取捨選択した形跡があるため、信頼しきるのも危険である）。ただ、前述した通り、二人の主張の背景にあるのは、論証性を伴った論理的解釈の論争があり、二人それぞれの主張と合わせることで、複雑なやりとりの中に一定の共通項を見出すことができる。どちらの主張が立証されているか、原典（釈迦・ブッダ）の意図に沿っているか、の点に加え、「三乗」と「一乗」の教えという論点があり、膨大な情報と論拠が二人の間で行きかっている。

争論は徳一が著した『仏性抄』に対して最澄が応答したことから始まったとされる。最澄は自らが著した『照権実鏡』にて「『仏性抄』が『法華経』（天台宗の根幹に位置する経典）を仮の教えであると判定している」と記載している。

ここで出てくる「仮の教え」とは「方便（ブッダが本意を隠して説いたもの）」を指す。天台宗ではどんな人でも悟りを得られ、そこへ導くもの（＝「乗」）は一つである、という「一乗」の教えを標榜しているのだが、徳一はその「乗」の考え方は非常に限定的・閉鎖的であり、そこから零れ落ちる者への救済を伴っていない、と批判したのだ。徳一が学んだ法相宗はそれぞれたどり着く「悟り」が異なる三つの「乗」があるとする「三乗」を唱えており、「三乗」の構造こそ根幹であり「一乗」は「方便」である、と主張した。まさにブッダが本当に言いたかったことを巡る攻防である。

これは前述した通り、二人の歴史上、議題にのぼり続けていたことであり、二人が解決する自体が非常に困難な論争でありながら、歴史上にこの論争が特殊な位置づけをされているのは、二人の背景にある多様な仏法への解釈を巡る探究が、一端の問題点や課題を明示したという点である。

「一乗」か「三乗」どちらが真実か、という問いはブッダに直接聞けば済む話である（もちろん聞けないから争っているのだが）。それができないが故に、ある一定の段位を越えると「水かけ論」になってしまうのは自明と言える。これが現代であればある意味究極の「推し」論とも取れるだろうか。

こうなると、これは「決め方」の問題になる。根拠が解釈問題になれば立証は難しくなるからだ。

仏教で広く用いられている方法が「教証」と「理証」である。「教証」はブッダの言葉を引用して、主張の正しさを証明するもので「理証」はブッダが残した様々な言葉を整理調整して、合理的な解釈をすることを指す。

どちらも共通しているのは「ブッダの残した教えを公理（前提・不変の真理）とする」という暗黙のルールがあるということで、仏教相論は多くの点においてこのルール内で争われる。

ブッダは教えを残したが、その解釈は難解なものが多く、どう捉えるかは、弟子たちの命題とされてきた。弟子たちは「理解できている自信はないが、ブッダの唱えたことは正しいことを確信していた」からこそ、長きにわたる探究と研究が続いてきたと言える。そしてその教えの捉え方は解像度の高い多様性となって多くの宗派が生まれた。経典（教え）はただ一つと規定したキリスト教やイスラム教とは根本的に違う構造だ。

但し、ブッダが残した言葉はすべてに整合性がとられているわけではない。少なくても「法華経」と反対のことを言ったブッダの言葉も残っており、同じブッダの教え、とするならこの矛盾を「教証」だけでは説明できない（引用したブッダの言葉の実在性を疑う、という選択肢がありそうなものだが、前提の定理を揺るがすため採用されない）。

宗派が増え、その正当性（純粋性）を争う事態になると、その論争方法は「理証」になっていくのだが、こうなると「理証」に必要な要素は、膨大な情報と視点が必要になる。

例えば僧の服装が「片方の肩を出さねばならない」というブッダの教えがあったとして、その言葉の論証をする場合は、その教えを唱えた時代背景や場所、聞き取った弟子のプロフィールなどを分析する。すると古代には状況（気温や民族のしきたり）に応じた服装があり、肩を出していないケースもあることがわかる。その一方で重厚な（重々しい）服装や儀礼的・非実用的な服装は避けてきた、という傾向が見えてきたら、この場合、ブッダの教えは「動きやすい服装で活動すべき」ということが本当は言いたかったことで、「片方の肩を出す」という表記はたとえ話でしかない、という結論が導出せる、といった流れだ。「理証」はブッダの表部分より真意を読み取ろうとする試みであり、メタな視点で物事を捉える哲学的観点ともいえるだろう。

ただ「理証」は可視化できるブッダの言葉に捉われない柔軟さを持つ反面、その試みが個人や宗派の主体から生み出される危険性をも孕んでいる。事実仏教が誕生してから今日に至るまで、ブッダの教えを巡る解釈は宗派の多様性を生み出した反面、正統性から遠ざかった宗派が活性化することで、「仏教」違いの思想が後世に残ることも起きている（仏教原理主義や大乗仏教、といった思想もこの流れで生まれている）。

最澄と徳一の論争は、己の信奉する教えの正統性を証明するために、ブッダの教えを捉え直す営みの中で起きていたもの、ともいうことができるだろう。

まとめると、徳一と最澄の論争は、どちらかが根本的に否定することではなく、ブッダの教えを最も理解しているのはどちらか、という点で起きている。そしてその点はブッダの考える「悟り」のプロセスにおいてどちらの教理が根本を捉えているか、の証明で示すことができるという「理証」の応酬だった。徳一は法相宗の教えが根本であって天台宗（法華経）はバリエーションの一つにすぎない、だから宗派の格も法相宗が勝る、として、最澄は徳一の主張の反論を通じて、天台宗の教理は揺るがない、とした。今でいうディベートをイメージするとわかりやすいだろうか。

ただし、最澄の反論は「貴方（徳一）の主張しているブッダの教え（理論）はどこに書かれたものですか？　私が知る限りそれはどこにも書かれていない」や「その翻訳は原典を適切に訳していない。あなたは原典まで目を通したのですか？」という反論がみられる点で、非常に古代日本の教養の在り様を象徴している。徳一がどちらかというと自らが学んだ教理を入り口にした解釈寄りの論理展開をしていることに対し、これまでの多様な経典を読んで暗記している最澄からすれば、ブッダの教え（教証）への解像度が低いことそのものが、徳一の主張の弱さである、と認識していたのだろう（最澄は徳一への指摘をするために該当する原典や訳文全てをわざわざ書き写して送り付けている）。

現代でいれば非常に「ウザい」最澄の行動は、徳一の発言には彼の個人としての「思惑」「真意」があることを最澄が見て取っていることを想起させる。いわゆる「貴方の解釈ですよね？」的視点だ。この論争は個人の主義主張を提示する場ではなく「どちらがブッダの教えを正確に理解しているか」の争いであることを、最澄は認知していたからこそ、精密さにこだわっていると言える。ただ、それはブッダの教えを公理にするのなら、それを徹底的に読み込むことが前提であるという最澄の真面目さと勤勉性があることも見逃せない。

さらに別の視点を取り入れると、最澄の戦略的な一面も透けて見えてくる。それは自分たちの争論が、単なる個人間の言い争いではなく、それぞれの信念・思想の吐露が「教証」と「理証」を通じて痕跡として残り続けることの意義だ。

仏教における主義主張は当事者のみで完結することはない。それは前述した通り、ブッダから今に連なる歩みの流れを自らが担っているからだ。相手が同じ仏教思想の持ち主なら、相手も同じ歩みの同伴者であることが前提であり、全否定し存在を亡き者にする必要はないのだ。相手がいるから自らの主義主張が明らかになり、正当性をより多くの人に示すことができる、それは仏教貢献に直結する行為なのだ。

もっとも最澄と徳一の応答は、言いっぱなしや己の主張を押し出しすぎて、常に問答形式が成立していたかどうかは疑わしい点はある（記録の散逸があるため断定はできない）ものの、この応酬が彼らの生誕前から続いている問題解決に大きく寄与するほどの情報量があったことは間違いない。事実、最澄は「一乗」側の立場として「三乗」側の徳一と争った、とみることがわかりやすい反面、内容を見れば「ブッダの真意に一番近い段階の教えはどちらだ」という点に重きが置かれており、宗派の優位性という重大要素こそあれ、双方が双方の主張を否定してはいない（最澄は「一乗」側に位置しながら「一目の網では鳥を捕まえることはできない」という仏教観を打ち出していることからも、その思想の多様性を見て取ることができる）。

最澄は、「三乗か一乗か」の問題と、それに紐づかれた構造的仏教争論が自分の代で解決せずとも、次代以降への贈与意識を持って取り組んでいた。それはこの争論が最澄側の資料が整理され残っていること、そして最澄の弟子たちが引き続きこの問題に取り組んでいたことからも察せられる。

言葉の上では争っているが意図は同じ

これを信じられるから、矛盾するブッダの教えや、同じ仏教でありながら相容れない考え方の調停を目指すことが、仏教信奉者に求められた姿勢だったのだ。

おわりに～その論争の果て～

最澄と徳一の論争は、明確な決着がなされることなく終わった。最澄は没し、徳一は論争後の消息が不明であるため、どちらかからの返答が来なかった段階で終結してしまった、というのが実態だったと言われている。仏教史に残る争論、と語られ続けているそのインパクトを考えるといささかあっさりとしている感は否めないが、前述した通り、そもそもこの争論は、仏教がその多様性を認めて拡張したが故の課題の一環であり、彼らだけで解決するものではなかった。

最澄以後の天台宗は、円仁・円珍ら優れた後継者たちが、最澄の悲願であった密教化を進め、それまでの仏教学も学べる総合大学的な広がりを作り出していく。平安時代以降の仏教（浄土宗や日蓮宗など）が天台宗の高野山を経由して生まれ、最澄から連なる歩みが高野山という場所を通じて、日本仏教の基盤たる存在となって現在に至る。これに対し、法相宗は天台宗や真言宗、それ以降の新興勢力と対するほどの魅力や理論を提示することができず、次第に衰退していく。引き継がれたものへの探求が続いたものと、引き継がれたものが細かったものとの違いは、積み上げたものの違いとして一五〇年後に現れることになる。

応和三年（九六三年）法相宗の法蔵と天台宗の良源との間で、再び「三乗」と「一乗」の争論が行われた（今回は直に顔を合わせたものとなった）。これは「応和宗論」と呼ばれ、記録上は良源が法蔵を論破し、その段階の日本仏教界の見解として「一乗」が最もブッダの教えに近い理論となった。そして、良源の弟子である源信はその結果を紀元前から続く一連の論争の終着地と位置付け『一乗要決』を著した。

日本における仏教の命題に大きな着地はこうして見出された。そして仏教が長年にわたって向き合い続けた争論の技法は今もなお日本人の価値観に息づいている。

参考文献

（一）「古代東国の仏教」（著　内山純子、青史出版、二〇一九年）
（二）「徳一と勝常寺」（著　白岩孝一、歴史春秋出版、二〇一六年）
（三）「最澄と徳一」（著　師茂樹、岩波書店、二〇二一年）
（四）「最澄と空海」（著　梅原猛、小学館、二〇〇五年）
（五）「最澄と空海」（著　立川武蔵、ＫＡＤＯＫＡＷＡ、二〇一六年）
（六）「徳一と最澄」（著　高橋富雄、中央公論一九九〇年））
（七）「徳一と法相唯識」（著　白岩孝一、長崎出版二〇一一年）

征夷大将軍・坂上田村麻呂の墓を訪ねて

大宰　観

その墓を訪れたのは小雨が時折、降っては止んでを繰り返す曇り空が印象的な梅雨の気配が漂う一日であった。

私は午前中に仕事で京都の会社を車で訪れ、正午に商談を済ませた後、足早に帰路についた。車で片道六時間の行程であった為、小腹が空いていたがゆるりと味自慢の店に立ち寄るのは避け、コンビニで昼食を買う事にした。帰路で立ち寄ったのは京都市の山科地区にあるコンビニであった。ここは古来から京都を訪れる東国の来訪者が必ず立ち寄る玄関口にあたる位置にあり、もし東から敵が京都へ侵入するなら避けては通れぬ要衝の地でもあった。私がそのコンビニの駐車場に車を停めるとカーナビに「坂上田村麻呂の墓」との表示があった。帰路を急いではいたが元来、歴史愛好家である私は当然、その墓に目を奪われ、コンビニで軽食を買った後、少しくらいの寄り道くらいはいいだろうと車でその墓へと向かった。歴史愛好家という人種は、征夷大将軍様が私を誘うのだから、それを無視するのは無礼にあたると自身を正当化させる思考的習慣があり、その習慣に従うのが常である。その日も私はその習慣に抗う事ができず、「坂上田村麻呂の墓」へと迷う事なく車を走らせていた。

坂上田村麻呂は平安時代に大和朝廷に仕えた武官で最終的に公卿（高級官僚）にまで登り詰めた人物である。

歴史愛好家の間では「征夷大将軍」として知られた日本史の重要人物である。坂上氏の元々の姓は「忌寸」で後漢王朝（現中国にあった王朝）の霊帝の曽孫阿智王を祖にもつ漢系渡来系氏族であった。渡来系氏族の多くが一芸によって大和朝廷に仕えた様に、坂上氏も当時、大陸で発展していた騎射術（騎乗による弓矢の射撃術）に長けていた事から、その腕を買われて一族は代々、大和朝廷において天皇を護る武官として仕えていた。

坂上氏が急速に朝廷内で地位を高めたのは田村麻呂の祖父である坂上犬養が聖武《しょうむ》天皇の寵愛を受けた頃からである。犬養は聖武天皇の寵愛を受け、正五位上と武官として出世していく。犬養は忠誠心だけでなく、現状に満足せず、上を目指す野心家だと想像するが聖武天皇の崩御後、その墓守をしたいと次代の天皇である孝謙天皇に願い出た事でその誠実さを認められ、更に位階を進めていく。この辺の機微を見極めて行動に移す人はいつの時代も上から愛され、出世を重ねるものである。その後、播磨守《はりまのかみ》等の要職を務め、「橘奈良麻呂の乱」を鎮圧する武功を挙げ、大和守正四位上にまで登り詰め、一族繁栄の基礎を固めていった。その跡を継いだ田村麻呂の父である坂上苅田麻呂も犬養の資質を受け継ぎ、一族の地位を更に上昇させている。武官として天平宝字元年（七五七年）の「橘奈良麻呂の乱」鎮圧、天平宝字八年（七六四年）「藤原仲麻呂の乱」では奪われた皇権の象徴である「玉璽《ぎょくじ》」の奪回に成功して、正六位上から従四位下と異例の五階級昇進を果たし、「大忌寸」（忌寸氏長者の意味）の姓まで孝謙天皇から賜っている。この政変鎮圧の大功により、朝廷内で坂上氏は「将種・坂上氏」と云う家風（ブランディング）を決定づけ、その家風を受け継ぐ形で、田村麻呂とその兄弟は幼い頃から武芸の英才教育を受けた様である。才は身を助けると云うが、才によって家を興す事が坂上の家に生まれた者の宿命であり、命題であったのだと思われる。田村麻呂はその命題を疑う事なく、幼少時から武芸鍛錬と兵法の修得に人生の全てを賭けていたのだと推測する。

田村麻呂が歴史にその名を著し始めたのは二十三歳になった宝亀十一年（七八〇年）であった。最初は近衛府の将監職（武官）に就く。その後、渡来系氏族を祖先に持つ桓武天皇が即位した事が追い風となり田村麻呂の父である苅田麻呂は天皇に願い出て、「宿禰《すくね》」姓への改姓を許され、坂上氏は嫡流であった事で「大宿禰」を称する。桓武帝の後押しを受けて田村麻呂は順調に武官として出世していく。彼がその名を広く歴史に名を留める事になったのが延暦十三年（七九四年）の第二次蝦夷征討時の征夷軍全軍の副官としての活躍、延暦二〇年（八〇一年）の「征夷大将軍」に任ぜられて後に行われた第三次蝦夷《えみし》征討での活躍である。彼はこの第三次蝦夷征討の翌年、蝦夷の族長で叛乱を指揮した宿敵・阿弖利為を降伏させ、彼を都に護送している。田村麻呂は阿弖利為を認め、その助命嘆願を朝廷に願い出たが公卿諸氏と桓武帝が阿弖利為の処刑を望んだ為、その嘆願は却下されて処刑されている。その後も田村麻呂は征夷大将軍の称号を得たままで参議、中納言、兵部卿を兼任し、父である苅田麻呂以上の位階・正三位大納言にまで出世している。

弘仁二年五月二十三日（八一一年六月十七日）、田村麻呂は病にかかった事が原因で五十四歳で亡くなる。死後、嵯峨天皇の勅でその遺体は、御所の東に向けて甲冑・剣や弓矢を具した立身姿で棺に納められたそうである。嵯峨天皇は田村麻呂の人柄をこよなく愛し、深く信頼していたのだろう。翌年一月に平安京と天皇家の守護神「高座田村大明神」として彼を神格化して神社を建てている。更に田村麻呂の遺剣は朝廷守護の宝剣「坂家宝剣」として嵯峨天皇が大事に扱って以後、天皇家の「御剣《ぎょけん》」、朝廷守護の宝剣として皇位継承の印となっていく。私個人の印象だが天に愛される心を持った人であったのだろう。最後に私が墓を訪ねた日はくしくも田村麻呂の命日である六月十七日であった。墓を訪ねたのは私一人であったが京都の天候は田村麻呂の人柄を今も語り継ぐ様に私が墓を立ち去る頃にまた雨が降り出していた。

第三章　空海、その足跡と後世にもたらしたもの

中田　学

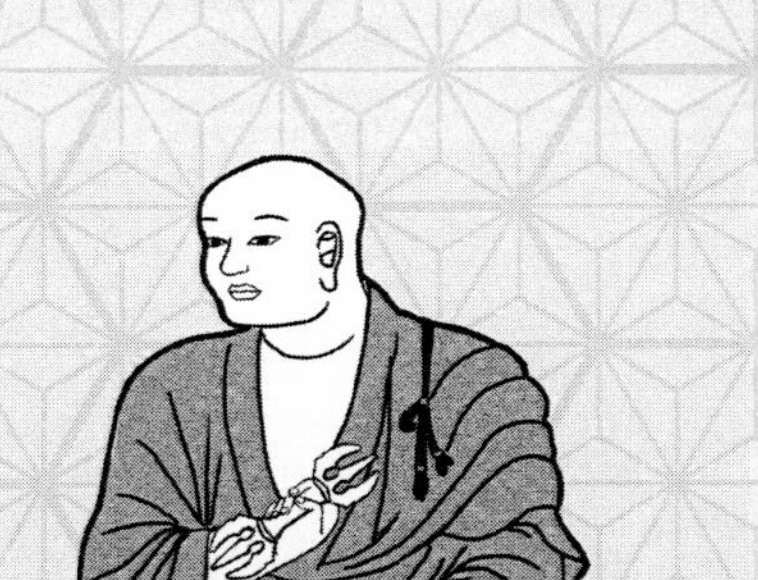

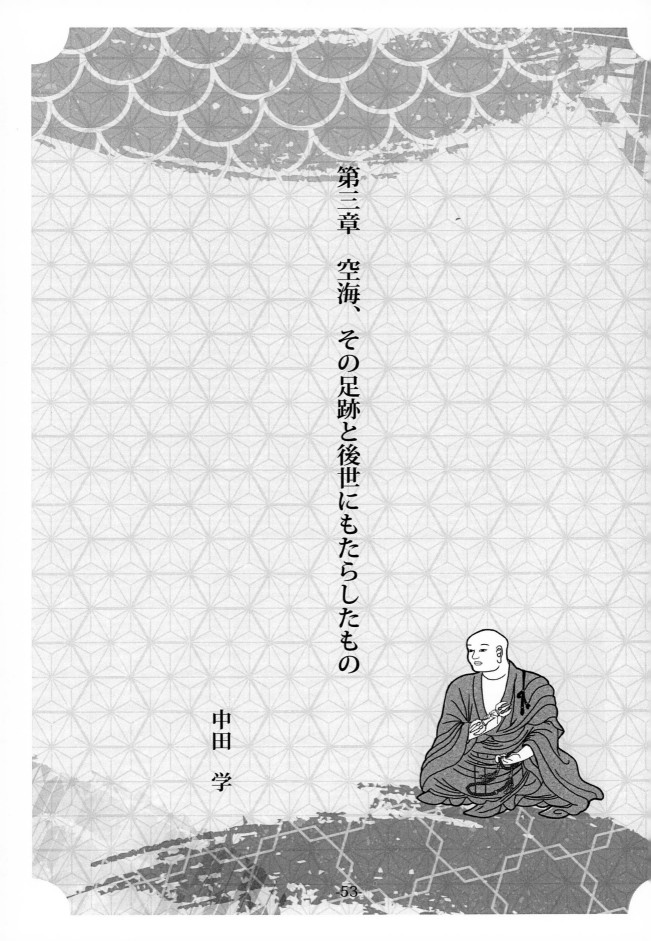

第三章　空海、その足跡と後世にもたらしたもの

中田　学

はじめに

奈良時代から平安時代への変遷は奈良仏教から平安仏教への変遷と言っても言い過ぎではないと思う。平安仏教を牽引してきたのは二大巨頭である最澄と空海である。

本章では空海の足跡を追いながら、平安時代は空海を何故必要とし、空海は平安時代ひいてはその後に何をもたらしたのかを考察したい。

一．誕生、家系

空海は、七七四年、現在の香川県善通寺《ぜんつうじ》市である讃岐国、多度郡屏風浦《たどのこおりびょうぶがうら》に生まれた。当時の日本の首都である平城京(奈良)で生まれたという説もあるが、今回は讃岐国誕生説で話を進めたい。苗字あるいは姓は佐伯《さえき》、幼名は真魚《まお》である。つまり佐伯真魚である。苗字を名乗っているということは、相当の身分の家であるということがわかる。佐伯氏は当時讃岐国の一郡である多度郡の郡司をつとめる家柄だった。最近は度重なる市町村合併により、郡部が減少の一途を辿っているが、郡は律令制の六十六か国（時代により増減あり）のころから存在している。廃藩置県ののち、藩が県となり、明治二二年（一八八九年）に施行された市町村制により、はじめて市というものが誕生した。それまでは県の下に郡が、群の下に町・村が存在した。郡は県に次ぐ、行政区域であり、町・村を従えており、郡庁というものがあった。従って郡庁のトップが郡司であるため、郡司というのは当時の相当な有力者ということが言える。

母親の家系は阿刀《あと》氏であり、奈良の都を本拠としていた学問の家柄である。母親の兄である伯父の阿刀大足《あとのおおたり》は桓武天皇の第四子である伊予親王の文学を務めた儒家であった。当時は通い婚が一般的である為、空海は母親の実家つまり奈良の都で養育された可能性が高い。十五歳になると伯父の阿刀大足のもとで本格的に学問に打ち込むことになった。その目的は当時日本に一つしかない大学に受験する為である。大学とは国家の官吏《かんり》になる為の養成機関であり、学生の大部分が上級公家のご子息である。ある程度の身分、具体的には従五位以上の身分でないと入学できない。阿刀大足の英才教育に加え、空海自身の努力も相まって非常に狭き門を通過して無事大学に合格することができた。両親と親戚の期待を一身に背負い大学へ通い始めた。大学では儒学が主で卒業した後には国の役人（官吏）になるという一生安泰に暮らせる立場が保証されたのも同然の為、両親もそのような安定した人生を送ってくれることを期待した。

大学での生活が始まったわけだが、空海に疑問が湧いた。大学と言うところは、上級公家のご子息が多く在籍しており、いかに

して安泰な人生を送れるかを考える処世術について関心の深い人たちばかりであった。何をきっかけに仏教を知ったのかは定かではないが、人生安泰の生活を捨てて、大学を辞めてしまった。仏教の道に進むことを決めたのである。

　当時の仏教は、南都七大寺と言う奈良にある七つの大寺を中心とした学びの場であった。そういう意味では、今まで通っていた大学の学問と当時の仏教の学問と何が違うのか、不確かである。空海が仏教に傾倒した理由は、仏教の本来の目的である「いかに幸せな人生を送るか」を追求する為であったのだろうと考える。安泰な人生が幸せな人生とは考えなかったのだろう。

二．修行時代

　この項では、仏道に邁進する為、寺院に入り、山岳修行をし、自分が目指すべき方向性を見極め、その目的の為には唐（中国）に渡る必要性が生じ、唐に渡る決意（入唐）をする辺りまでを述べたい。

　まず、空海は南都七大寺の一つである大安寺に籍をおいた。当時の大安寺は仏教の総合学問所的な役割を担っていたため、仏教について一通り学ぶことができた。籍をおいたといっても正式な僧侶ではない私度僧《しどそう》であった。当時正式な僧侶は官僧と呼ばれ、国が認めた寺院で得度をする必要があったが、誰もが得度できるわけではなかった為、私度僧が僧侶の大多数であった。

　山岳修行の最中、ある僧侶に出会い、虚空蔵求聞持法《こくうぞうぐもんじほう》の存在を知った。虚空蔵求聞持法とは、虚空蔵菩薩の真言を百日で百万回唱えると記憶力が飛躍的に向上するというものだ。空海はこの虚空蔵求聞持法に挑戦した。ちょうど百万回を唱えた瞬間、遠くに見える明《あ》けの明星《みょうじょう》（金星）が近づき、空海の口に飛び込んだ。明けの明星とは虚空蔵菩薩の象徴である。この瞬間、虚空蔵求聞持法を体得したのである。体得した場所は御厨人窟《みくろど》という高知県室戸岬にある洞窟で、その洞窟からの景色が「空」と「海」だったので「空海」と名乗った、あるいは空海も度々名前を変えており、如空、教海と名乗っていた時期があり、如空の「空」と教海の「海」をそれぞれ取って「空海」と名乗ったという説もある。

　二十四歳になった空海は三教指帰《さんごうしいき》という著書を執筆した。三教指帰とは日本における最初の比較思想論と言われる。三教とは文字通り三つの教え、道教・儒教・仏教のことであり、この中で仏教が最も優れているということを述べた著作である。なぜ、この時期にこのような著作を執筆したかというと、両親そして親戚の期待を背負ってせっかく狭き門の大学に入学したにもかかわらず、中退してしまったことへの弁解の書と考えられる。大学で学んだ道教・儒教よりも仏教が学ぶに値するものであると伝えたかったのだろうと考えられる。

　奈良にある久米寺に行った際に大日経というお経に出会った。大日経は密教の経典の一つである。大日経は非常に難解で、狭き門の大学に合格できた優れた能力を所持し、虚空蔵求聞持法を体得することでさらに能力を高めた空海を持ってしても独学では完全に理解することができなかった。自分が目指す仏道の第一歩はこの大日経を完全に理解することだと考え、山岳修行の合間、各寺院に赴き、僧侶などに訊き、大日経を理解している人物をくまなく探した。ついにわかったことは、この大日経を理解している人物はこの日本には存在しないということである。では、どうすればよいか。それは唐の国に行って学ぶことであるということがわかった。空海が入唐を試みた理由は大日経を本格的に学ぶためなのである。空海、三十一歳の頃である。

当時、遣唐使という制度があり、近々遣唐使船が出航するという情報を知った。少し前に遣唐使船が出航を試みたのだが、天候の影響で一旦、遣唐使の派遣は中止になった。再度、遣唐使を派遣することが復活し、欠員が出たため、幸運にも空海に遣唐使船に乗れるという機会が舞い込んできた。ただし、留学僧《るがくそう》としての欠員である。留学僧とは、二〇年間、唐に滞在することが条件である。二〇年間のすべての費用は自身が負担しなければならない。

空海は父に会いに行き、仏道で身を立てる決心をしたこと、大日経を完全に理解したいが日本では無理で唐に行かなければならないこと、近々遣唐使船が出ること、ただし二〇年間留学僧として唐に滞在しなければならないこと、などを話し、経済的な援助を求めた。父は経済的な援助を承諾した。空海は父親に生涯感謝したことだろう。因みに空海がのちに開宗した真言宗の分派である善通寺派の総本山善通寺の善通は、空海の父親の諱である善通《よしみち》から命名した。空海の父親に対する並々ならぬ感謝・御恩がこの寺の創建に関わっていることは想像に難くない。

三．入唐

無事、遣唐使船に乗ることができた訳だが、この直前に東大寺で得度し、正式な僧侶になることができた。遣唐使船に乗り込むに際し、私度僧では体裁が悪かったのだろう。この時の遣唐使船は四隻出航したのだが、空海は遣唐大使が乗っている第一船に乗ることができた。この理由はいくつか考えられる。空海は語学が堪能であるという期待から遣唐大使である藤原葛麻呂《ふじわらのかどのまろ》の通訳としての役割があったのだろう。因みに最澄は第二船に乗っていた。第三船、第四船は天候が原因なのか、唐にはたどり着くことができなかった。第二船は順調に目的の唐の港である明州《みょうしゅう》に到着することができたが、第一船は嵐に巻き込まれ、目的港である明州には到着できず、南方へ大きく漂流し、福州港に到着した。嵐により船の痛みは酷く、衣服などもボロボロだったため、福州港の管理者に遣唐使船ということを信じてもらえず海賊と疑われ、中々上陸することが許されなかった。その時に遣唐大使は空海に港の管理者を説得する文書の作成を命じ、文書を提出したところ、その文書があまりに素晴らしく、文字も美しかったため、港の管理者は遣唐使船であることを認め、上陸することができた。三筆として名高い空海の片鱗を遣唐大使自ら実感したことであろう。

空海は長安を目指した。長安の青龍寺に恵果《けいか》という唐で随一の密教の高僧がいることを知ったからである。密教には、金剛頂経系と大日経系の二つの密教体系があり、恵果はこの二つを一身に受けた唯一の伝承者である。恵果は空海に会うなり、「貴方(空海)が自分を訪ねに来ることを待ちわびており、寿命もそろそろ尽きそうなので、早く密教のすべてを授けたい」と言った。空海は恵果の期待に応え、密教のすべてを授かった。密教を授かることを灌頂と呼ぶ。その時に恵果から命名された灌頂名が遍照金剛《へんじょうこんごう》である。真言宗で南無大師遍照金剛と唱えるのは、ここから来ている。

その年の十二月、恵果は入滅した。空海と恵果との関わりは半年足らずだった。恵果は空海に密教のすべてを伝授するためだけに少しばかり長生きしたのか、非常に不思議な出会いである。また、恵果は密教を一日も早く日本に持ち帰って広めて欲しいとも言っていたので、空海はその言いつけを守り、入唐から二年ほどで帰国した。本来二〇年滞在の約束を二年ほどで切り上げたのである。

四．帰国

空海は日本に無事に帰国することができた。空海は、早く日本の人々にこの素晴らしい密教を伝えたくてしょうがなかった。しかしながら、二〇年の滞在を約束の上で唐に渡ったため、二年で帰国するという事は、大変な重罪であった。また、不幸にも、遣唐使の派遣を後押しした桓武天皇は少し前に崩御しており、平城《へいぜい》天皇が即位していた。平城天皇は、桓武天皇の息子であるが、奈良の都、平城京を愛した天皇であるため、平城天皇、別称を奈良天皇と呼ばれている。病気がちであったこともあり、あまり天皇の仕事に対して積極的ではなかった。海外の文化にも関心を示さなかった。したがって、平城天皇から見た空海は、二〇年の約束を破って二年で帰ってきたとんでもない僧に映った。そのような平城朝の元であるため、空海は平安京に入ることを許されず、しばらく太宰府の観世音寺に留め置かれた。空海は自分が何故大罪を犯してまで早く帰国したのか、ということを理解してもらうため、御請来目録を奏上した。御請来目録とは日本に大変役に立つであろう密教を正式に学び、日本には存在しない密教の貴重な経典・法具等を持ち帰ったことをリスト化した目録である。しかし平城天皇はこれに理解を示さなかった。ただ、御請来目録の奏上は無駄でなかった。御請来目録を見て大いに関心を示した人物がいた。その人物とは最澄である。最澄は桓武天皇に重用されたことで頭角を現し、桓武天皇のお墨付きで遣唐使船に乗ることができ、唐で天台教学を学ぶことができた人物である。また、最澄は外国からの書物を検閲する立場であったため、いち早く御請来目録を見ることができた。最澄は桓武天皇から奈良の仏教勢力に対抗できるような教えである天台教学を学ぶ勅命を帯びて唐に渡った。天台教学とは四宗兼学と言われており、円（天台）、密（真言）、禅（禅定）、念（念仏）を併せ持った総合仏教的な教学である。そのため、全てを満遍なく学ぶことができたが、最澄が学んだ密教は、空海が恵果から授かった超一流の密教には程遠いものだった。最澄も密教がこれからの日本には不可欠なものであり、自ら再び唐に渡ってでも本格的に学びたいと考えていたくらいなので、まずは空海から密教を学びたいと考えており、今後この空海をサポートすることが密教を学ぶ近道だと考えていた。

五．最澄と嵯峨《さが》天皇との関係

空海にとってなくてはならない存在である最澄と嵯峨天皇について述べたい。平城天皇は病弱を理由にわずか三年あまりで弟の神野親王に譲位した。神野親王は嵯峨天皇として即位した。最澄は嵯峨天皇に空海を平安京に入れることを奏上した。空海の事績を知り、嵯峨天皇は空海に大変興味を持ち、平安京に入ることを認めた。最澄はまず空海を高雄山寺に招き入れた。高雄山寺はのちに高雄山神護寺と名前を変えている。

神護寺は非常に興味深い寺院である。まず、神護寺は和気清麻呂が創建した寺院である。和気清麻呂は、奈良時代、道鏡の皇位簒奪を阻止した英雄である。道鏡とは前代未聞の法王という地位まで上り詰め、政界ならびに仏教界に君臨した人物である。和気清麻呂は十円札の肖像としても有名であり、戦前は誰もが知っている人物だった。和気清麻呂の息子である広世が最澄を招き入れ、法華経の講義を催した。その噂を聞いた桓武天皇が最澄を気に入り、護持僧として重用したのである。時代が下り、平将門の乱を沈めるべく、神護寺に祀られていた空海自彫の不動明王像を戦勝祈願のために持参し、祈祷を行ったおかげもあり、藤原秀郷はこの乱を沈めることができた。その帰り道、一行が成田山に差し掛かると不動明王が突如その場所から動かなくなり、神護寺に持ち帰ることができなくなったので、その地に不動明王を祀り、その地に寺院を建立した。この寺院が成田山新勝寺である。

高雄山神護寺にある和気清麻呂公廟

空海が脚光を浴びるキッカケになった薬子《くすこ》の変について述べたい。薬子の変については、第四章で詳しく述べられるのでここでは概要にとどめておく。退位した平城天皇は平城上皇となり、奈良で隠棲していた。人間というものは重責から開放されると健康を回復するということはよくあることで、上皇も天皇という重責から開放されたことによって健康を回復した。当時そばに仕えていた藤原薬子という女性が上皇に対し、再び天皇に返り咲くことを吹き込んだ。平安時代は藤原時代と言われるくらい、藤原氏が他氏排斥を行って台頭した時代だが、藤原氏も決して一枚岩ではなく、内部抗争を繰り返していた。当時の藤原氏は南家、北家、式家、京家と四家で派閥争いを繰り返しており、藤原式家である薬子は兄の仲成《なかなり》とともに衰退していた式家を再び盛り返すために上皇の力を利用しようと考えたのである。上皇もその気になり、嵯峨朝の転覆を狙ったが、事前に察知した嵯峨天皇が未然にクーデターを阻止した、というのが薬子の変の概要である。嵯峨天皇に頼りにされていたのは藤原北家の冬嗣《ふゆつぐ》であり、薬子の変により藤原式家が没落し、藤原北家が台頭するキッカケになり、藤原北家はのちの藤原道長につながり、最盛期を迎える。

薬子の変により薬子および仲成は自害し、上皇側近は一掃された。これにより多くの命が奪われたので鎮魂のための祈祷が必要になった。現在では祈祷は科学的に根拠がないことは理解されているが、当時は祈祷もれっきとした科学の一部であった。雨乞いの祈祷により雨が降れば、それは科学の力であると信じられていた時代である。密教とは別名、祈祷仏教とも言われる。鎮魂のための祈祷は空海に大いに活躍の場を提供した。密教の祈祷は独特である。私は一度「お護摩の会」という真言宗寺院の行事に参加したことがあるが、密教の祈祷は、他の宗派で読む厳かなお経とは明らかに一線を画している。護摩木という木を焚いて不動明王像の御前で火を起こし、お経を唱え、他方では太鼓を叩き、不動明王の真言を唱える。実にリズミカルでとても格好の良いものだった。このときはお経を読む僧侶と太鼓を叩き真言を唱える僧侶それぞれ一名ずつだったが、薬子の変で粛清された人々に対する鎮魂への祈祷は大勢の僧侶、天井ギリギリまで燃え上がる炎、数多くの太鼓、真言の合唱、憤怒の仏像、曼荼羅などに囲まれ、非常に大規模なものだったと想像する。これらは空海が唐から持ち帰ったものを利用したと考えられ、はじめてこのような大規模な祈祷や法具を目にした人々はかなりの衝撃であっただろう。このののち、日本では密教が大ブームとなる。嵯峨天皇は唐の文化にも関心を持ち、詩歌や書道にも明るい空海をますます重用するようになる。かつて桓武天皇が最澄を重用したのと同様、あるいはそれ以上であったであろう。

これを目にした最澄は密教をもっと深く学びたいと思ったに違いない。最澄は空海に灌頂を懇願した。そののち空海は神護寺で最澄とその弟子数十人に灌頂した。この灌頂した僧侶達をリスト化した灌頂暦名は国宝となっている。最澄は密教を学ぶため、度々空海から経典を借用した。空海は神護寺に籍を置くことができたのは最澄の尽力によるものであることに恩義を感じていたため、はじめは快く経典の貸出に応じた。しかしながら、のちに空海と最澄との関係は破綻を迎えることになる。

破綻の原因は二つあると考えられている。一つは「ある経典」の借用に対する拒否、もう一つは最澄の弟子に関することである。

ある経典とは、理趣釈経《りしゅしゃくきょう》という経典である。空海は理趣釈経だけは貸せないと言った。最澄が理趣釈経を借用したいということは矛盾しているというのが理由である。理趣釈経とは、不空三蔵《ふくうさんぞう》という僧侶が著した経典である。不空とは、インドで生まれたのか、中国で生まれたのか定かではないが、インドで誕生した密教を唐に持ち込んで唐に大ブームを興した人物である。空海が日本に密教を持ち込んで大ブームを興したのと同様である。不空の弟子が恵果であり、恵果の弟子が空海であるという関係でもある。また、密教には理趣経《りしゅきょう》という経典があり、大日経と同様に密教ではよく読まれる経典である。理趣釈経とは理趣経の解説本である。

最澄はこのころ依憑天台集《えひょうてんだいしゅう》を著した。桓武天皇は、怪僧である道鏡を生み出した奈良仏教を何とか政治から遠ざけたいがために都を平城京から平安京に移したという側面がある。奈良仏教に対抗できる仏教を獲得するため、最澄を重用し、唐に派遣し、天台教学を持ち帰らせた。その期待に応えるべく最澄は生涯奈良仏教と対立した。桓武天皇が存命中は奈良仏教勢力も大人しかったが、桓武天皇崩御後は再び好戦的になった。桓武天皇の後ろ盾がないことで奈良仏教に対抗するために著したのが依憑天台集である。しかしながら、奈良仏教のみではなく、あろうことか不空を批判する内容を記してしまった。不空を批判している最澄が不空の著作を借りたいというのは矛盾しているというのが、空海が理趣釈経の貸出を拒否した理由である。また、密教は経典をいくら読んでも実践をしないと身につかないものである。私（空海）の正式な弟子になって教えを乞うなら今後も関係を続けてもよいと、今や仏教界のトップであり、七歳年上の最澄に言及した。

最澄はすでに天台宗の開祖として、仏教界のトップに君臨している立場もあり、空海の弟子になるわけにはいかないため、最も信頼している弟子の泰範《たいはん》を空海の元に派遣した。泰範に空海から密教を学ばせて、最澄は泰範から密教を学ぼうとしたのである。空海はすでに最澄の思惑を手に取るように理解していた。最澄が密教を学びたい理由は天台教学に密教を取り入れ、より強固なものにしたいからである。一方、空海は密教が仏教の中でももっとも優れた教えであり、仏教における最終形であると考える。最澄にこれ以上密教を授けると密教は天台宗に取り込まれてしまうというのが、空海の危惧であった。そこで空海は泰範を虜にしてしまった。泰範は二度と最澄のもとに帰ることがなかった。最澄の思惑は失敗に終わったのである。空海と最澄との関係は「理趣釈経の貸出拒否」と「泰範の最澄のもとへの不帰」により破綻したのである。

最澄の晩年は寂しいものとなったが、私としてはそれでよかったと考える。最澄が仮に空海の弟子になっていたら、天台教学は現在のものとはかけ離れたものになっていた。そうなると、鎌倉新仏教の誕生もなかったのではないか、最澄が天台教学を貫いたことは今後の仏教発展に多大に寄与したと考える。

空海、四十三歳の頃、紀伊国のある山頂付近に八平方キロメートルくらいの平地があることを知った。ここを密教の境地にしたいと嵯峨天皇に奏上し、嵯峨天皇はこの地を下賜した。のちの高野山金剛峯寺である。泰範は金剛峯寺創建に奔走した。その最中、最澄が入滅する。八二三年、空海が五〇歳の頃、嵯峨天皇から平安京の東寺（金光明四天王教王護国寺）を賜った。この頃は平安京に寺院を許可なく建立してはならないという掟があり、東寺、西寺のみしかなかった。その一方の東寺を空海に賜ったということは如何に空海を信頼していたかがわかる。東寺が真言宗の根本道場として宗団を確立したこの年、八二三年を真言宗開宗の年としている。天台密教を台密と呼ばれているのに対し、真言密教を東密と呼ばれている所以である。一つの寺が一つの宗派であるという現在の一寺一宗制が確立した年でもある。

六、入定

東寺と高野山と行き来する忙しい日々が続いた。空海は仏教のみならず、土木工事にも精通し、当時決壊していた溜池である満濃池の改修を短期間で成し遂げ、さらに学問の機会が身分を問わず平等に得られることを模索し、綜芸種智院という日本最初の私立学校を開設するなど、多方面でも活躍をした。

五十八歳の頃、大僧都の地位であったが、体力の限界を感じ、辞することを奏上するが、淳和天皇に許されず、頼りにされた。淳和天皇の退位、仁明天皇の即位後にも活躍し、桓武・平城・嵯峨・淳和・仁明と五代の天皇に仕えた。六十二歳の頃、金剛峯寺が年分度者三名を許された。年分度者とは一年に得度する僧侶の数を意味し、毎年三名の僧侶（官僧）を出すことを国から認められたということである。金剛峯寺が、奈良の大寺院、比叡山延暦寺と肩を並べる定額寺となった。これを見届けたかのように入定した。

一般的に高僧が亡くなった場合、入滅というが、空海だけは入定という。お釈迦様が入滅してから、五億六七〇〇万年後に弥勒菩薩が姿を現し、衆生を救うと言われている。空海は高野山の奥の院で禅定に入り、弥勒菩薩が現れるまで衆生の安寧を祈っているのである。入定から八十六年後、醍醐天皇から弘法大師の諡号を贈られた。大師号とは天皇から下賜される諡号のことで、大師号を下賜された高僧は日本には二十五名存在するが、大師といえば、弘法大師を意味することが多い。

空海が入定した六十二歳を印象づける寺院がある。愛知県岡崎市にある成田山貞寿寺である。前述の「お護摩の会」で話題にした寺院である。成田山と名付けられている通り、成田山新勝寺の末寺である。別名を能見不動尊《のみふどうそん》と呼び、不動明王が本尊である。この寺院には歳弘法《としこうぼう》という全国でもめずらしい空海の仏像がある。壁一面に一歳から六十二歳まで六十二体の空海像が祀られている。自分の年齢と同じ空海像にお参りすることで、ご利益があるという。因みに六十三歳以上の方にもご利益があるように六十二体の大師像とは別に大弘法大師像が祀られているのでご安心いただきたい。

七．道長と空海

今年の大河ドラマである「光る君へ」の準主役が藤原道長であるため、道長と空海との関係について少し述べてみたい。道長と空海とは同じ時代を生きた訳ではないので、道長が空海からどのような影響を受けたかという内容である。

道長は藤原北家御堂流であるが、遡ると藤原北家台頭のキッカケを作った藤原冬嗣に行きつく。冬嗣は嵯峨天皇に重用されたことにより、頭角を現した側面があり、空海と同時代に生きた人物である。冬嗣が空海に「当家を繁栄させるにはどうすればよいか？」と相談したところ、藤原氏の氏寺である興福寺境内に八角形の御堂を建立するとよい、と提案した。冬嗣はその提案を受け入れ、八角形の御堂である八角堂を建立した。現在も興福寺境内にある南円堂である。空海は南円堂の設計に携わり、御堂に祀る仏像を自ら彫ったとも伝わる。そののち、冬嗣率いる藤原北家は平安時代に終始大いに繁栄した。

道長の時代、高野山が大変荒廃しており、皆から忘れ去られようとしていた。道長は夢告（夢で見たお告げ）により、高野山参詣を行った。栄華物語では高野山で道長が入定した空海の姿を見たとの記述がある。この時、政所河南《まんどころかなん》の地を寄進し、同国の薬勝寺村を大師御衣料《おんころもりょう》として永世に施入したと伝わる。そののち白河天皇や鳥羽上皇をはじめ、時の権力者達が高野山への参詣や寄進により、高野山ひいては金剛峯寺が以前よりも増して隆盛を極めることになった。

高野山の復興は間違いなく、道長の高野山参詣が嚆矢《こうし》である。道長は先祖に多大な貢献をしてくれた空海に恩義を感じ、廃れていた高野山を再び復興するべく夢告を流布し、入定留身信仰・弘法大師信仰の再燃を試みたのかもしれない。当ドラマにて夢告のシーンや高野山が登場することを期待したい。

八．空海がもたらしたもの

空海がもたらしたものは数えきれないが、独断と偏見で代表的なものをあげてみる。

◆憤怒《ふんぬ》像

憤怒とは怒りの形相をした仏像のことであり、代表的には不動明王、愛染明王などがあげられる。憤怒像は密教とともに日本にもたらされた。それまでの仏像は、阿弥陀如来、観音菩薩のような穏やかな形相の仏像しかなかった。空海が憤怒像をもたらしたと言われている。私は個人的に不動明王が好きである。愛知県蒲郡市三谷町《みやちょう》に三谷弘法山金剛寺という寺院がある。この寺院には

三谷弘法山金剛寺にある
子安大弘法大師像

子安大弘法大師像という立像があり、同寺では入定した六十二歳に因み、背丈が六十二尺（一八・七メートル）、東洋一の大師像と謳われている。ある年の初詣で本寺院をお参りした際に「お守り本尊」という仏様のことを知った。十二支それぞれに八つの守護仏を合致させるというものだが、私の干支に対する守護仏は不動明王であることをこの時に知った。それ依頼、不動明王に並々ならぬ親しみを感じている。

◆七曜日

七日を一週間という単位にしたのは、前述の不空が著した宿曜経に端を発すると言われている。宿曜経を日本にもらしたのは空海である。藤原道長の御堂関白日記に七曜日と記載があるのがもっとも古い書物と言われている。

◆多宝塔

日本で最初の多宝塔は高野山にある根本大塔である。その大きさもさることながら朱色に彩られた様相は圧巻である。

高野山にある根本大塔

◆一寺一宗制

現在は一つの寺は一つの宗派に属するのが普通であるが、空海が東寺を真言宗の寺と決めるまでは、一つの寺でも様々な宗派の僧侶が在籍していた。

◆寛大な心、受け入れる気持ち

日本人が何でも受け入れる寛大な心を持っているのは、空海が日本に持ち込んだ密教によるものかもしれない。密教の経典である理趣経には、欲も場合によっては問題ないという教えがある。本来、仏教とは修行をして悟りを開いた人物が浄土に行けるというものだと思うが、密教はその点で全く異なる。

高野山奥の院には、かつて敵対し刃を交えた織田信長、武田信玄、上杉謙信など、また真言宗ではなく浄土真宗の開祖である親鸞など、様々な人物の墓所がある。本来、お墓に落書きなどはご法度だと思われるが、「落書き塚」という落書きが許可されているお墓もある。このような寺院は他では見たことがない。このような寛大な心を日本人が現在も受け継いでいるのかもしれない。

おわりに

なぜ、今回私が空海について執筆しようと思い立ったのかを述べたい。前述した三谷弘法山金剛寺で私のお守り本尊が不動明王であることを知ったこと、東洋一の子守大弘法大師像をお参りしたこと、成田山貞寿寺での歳弘法の存在、お護摩の会等々、空海について徐々に興味を持ったこともあり、愛知県知立市にある弘法山遍照院《へんじょういん》という寺院をお参りした。遍照院とは灌頂名である遍照金剛から命名された寺院だが、住所は愛知県知立市弘法町字弘法山であり、本尊が見返り弘法大師という空海づくしの寺院であることを知り興味本位でお参りした。副住職とお話する機会を得たので、私が空海について興味を持ち始めているということをお伝えしたところ、これも何かの縁なのでと、二冊の本（後述の『三教指帰』および『弘法大師伝』）をくださり、空海についてもっと学んで欲しいと要望されたので私が主催者として関わっている歴史の会「歴史好きが偉人を語る会」で空海について語った。そんなこともあり本書の執筆をお誘いいただいた際には迷いなく空海について述べようと思ったのが事の次第である。執筆に辺り、神護寺、東寺、高野山に伺い、あらためて空海について触れることができたので、今回お誘いいただいた歴史ＭＩＮＤ関係の方々には深く感謝を申し上げたい。

参考文献

（一）「最澄と空海」（著　梅原猛、小学館文庫、二〇〇五年）
（二）「空海と高野山の謎」（歴史読本二〇一五年二月号、中経出版）
（三）「三教指帰」（著　空海、加藤純隆・加藤精一訳、角川ソフィア文庫、二〇〇七年）
（四）「秘蔵宝論」（著　空海、加藤純隆・加藤精一訳、角川ソフィア文庫、二〇一〇年）
（五）「般若心経秘鍵」（著　空海、加藤純隆・加藤精一訳、角川ソフィア文庫、二〇一一年）
（六）「弘法大師伝」（著　加藤精一、興教大師八百五十年御遠忌記念事業委員会、一九九二年）
（七）「密教の水源をみる」（著　松本清張、講談社、一九九四年）
（八）「仏教・神道・儒教集中講座」（著　井沢元彦、徳間文庫、二〇〇七年）
（九）「弘法さんかわら版」（著　大塚耕平、大法輪閣、二〇〇八年）
（十）「日本仏教を捉え直す」（著　末木文美士、頼住光子、放送大学教育振興会、二〇一八年）
（十一）「不動尊―浄化の怒り（信ずる心）」（著　村岡空、集英社、一九八七年）

紀貫之と漢字仮名交じり文字

中田　学

紀貫之《きのつらゆき》は平安時代中期に生きた貴族であり、歌人であり、作家である。勅撰和歌集である古今和歌集の撰者の一人であり、土佐日記の著者でもある。勅撰和歌集とは、天皇の勅命により編纂された和歌の歌集であり、今まで二十一集編纂された。古今和歌集はその嚆矢である。和歌とは、五・七・五・七・七の合計である三十一文字で表現された歌である。現在の短歌と同じと思っても差し支えないだろう。因みに編纂を命じたのは醍醐天皇である。醍醐は空海に弘法大師の諡号を与えた天皇である。私は本編では空海について著し、コラムでは紀貫之について著した。これも何かの縁なのかもしれない。

　紀貫之は古今和歌集の仮名序《かなじょ》を記したことでも有名である。仮名序とは、「漢字仮名交じり文字」の序文である。漢字のみで記した序文に真名序《まなじょ》というものもあり、紀淑望《きのよしもち》という貫之とは遠い親戚にあたる人物が記している。仮名序を元に漢字のみで表現した真名序が作成されたと言われている。仮名序には掲載されず、真名序にのみ掲載されている項目があるのも、真名序が後から作成されたものである証拠の一つになる。

　たとえば、「仮名序」と検索すると、古今和歌集の仮名序しか見つからないくらい、仮名序とは、古今和歌集仮名序のことを意味することが多い。その理由は漢字仮名交じり文字で記した初めての正式文であるからではないか、と推察する。つまり、紀貫之は、男性として正式に漢字仮名交じり文字の使用を許された初めての人物なのである。仮名序というのは当時画期的だったのである。

　仮名序でいう「仮名」とは、ひらがなを意味し、真名序の真名とは漢字のことを意味する。要するにひらがなは仮《かり》の文字であり、漢字が真《まこと》の文字というのが、語源なのであろう。

　そういった前提があったからなのか、当時、男性が記す正式な文章にひらがなを使うことが許されていなかった。ひらがなは主に女性が使うものであった。男性は漢字のみを用いた漢文で書くことが風潮であった。ただし、和歌に関しては、男性もひらがなを使うことができた。

　紀貫之は歌人とはいえ、朝廷の一役人であるため、役人としての任務も負っている。時が流れ、紀貫之は土佐の国司に任命された。国司とは現在でいえば、県知事のような立場である。任命されたときの年齢は六〇歳前後である。人生五〇年と言われた当時からすると、この年齢から国司として遠方の土佐に赴任するというのはどういう心持ちだったのだろうか？　歌人としての名声は高いが、役人としての出世は遅かったのかもしれない。かつて天皇家の外戚として、あるいは入内させたこともある名門紀氏《きのし》も藤原氏の他氏排斥により勢いを失ってしまったので、仕方がないのかもしれない。

約五年間の国司としての任期を終え、生まれ故郷の京都に帰れることになった。五十五日間の土佐から帰京の道中を日記に綴った。その時に綴ったのが土佐日記である。

男もすなる日記といふものを、女もしてみむとてするなり

土佐日記の書き出しである。現代語訳は左記の通りである。

男が書くという日記というものを、女の私も書いてみようと思って、書くのである

これを読んでおかしいと思った方がほとんどではないかと思う。紀貫之は男性にもかかわらず、女性に粉して日記を書いたのである。

前述の通り、当時、男性が文章を書くのには漢字のみでしか記すことができなかった。和歌以外は。

紀貫之は、古今和歌集仮名序で漢字仮名交じり文字を使って記し、使い慣れた日本語で自分の思いを綴る「この素晴らしい感覚」をこれからは男性にも享受して欲しいと思ったのだろう。まずは、女性に扮して書けばそれも叶うということで、前述の書き出しからこの五十五日間の日記に関しては、漢字仮名交じり文字で思いの丈を綴った。

当時の人からすると、「いい年のオジサンが、女に扮して文章を書くなんて！」と、少し避難を浴びたのかもしれないが、紀貫之が考え抜いた勇気ある行動が、その後の日記文学へ多大な影響を与え、男性も漢字仮名交じり文字を使うキッカケを作った。私がこうして漢字仮名交じり文字で思いを綴れているのも然りである。

第四章　薬子の変

～矛盾を書き換えた日本人のブリコラージュ～

正本　景造

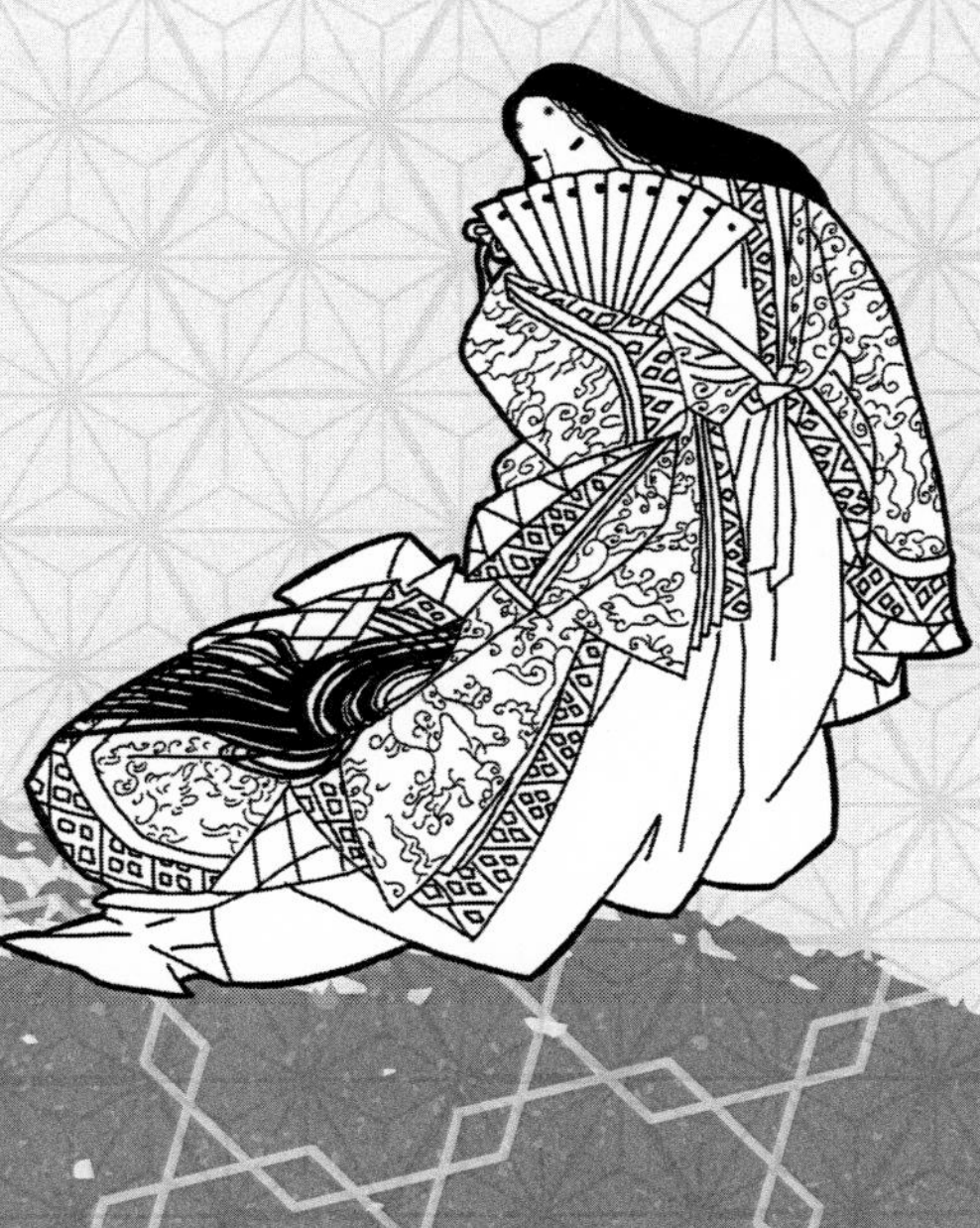

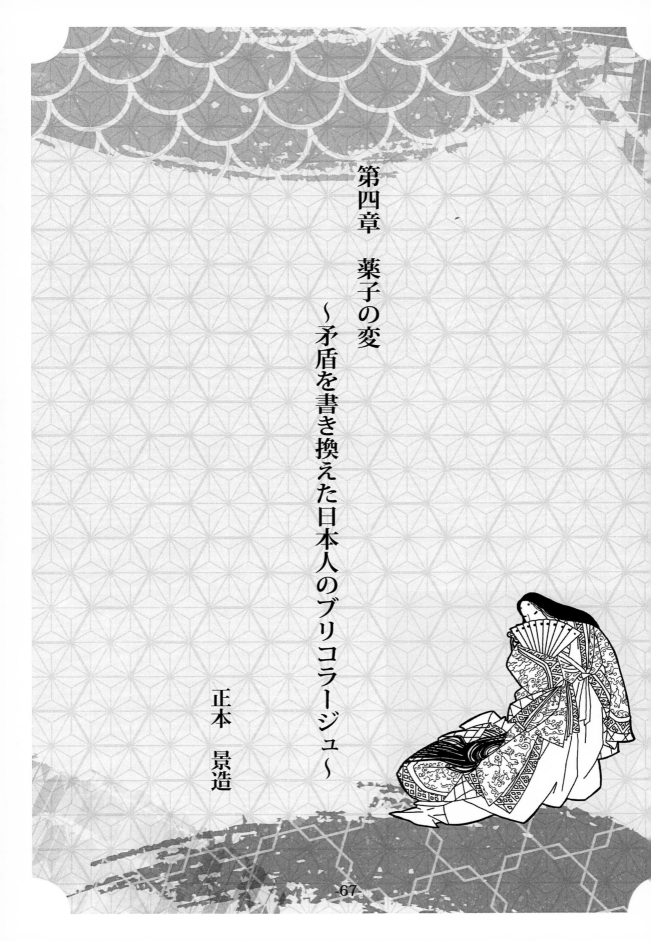

第四章　薬子の変
～矛盾を書き換えた日本人のブリコラージュ～

正本　景造

はじめに

「ルールと実態、変わるのはどっちが先か？」

歴史を学んでいると、よく問いに遭遇する。私たちは法律や条例、御触書によって、当時の人々はルールを知り、従ったり反旗を翻したりしていると、私たちは思い込んでいないだろうか。だが、実態をみていくと「ルールを制定する風潮があって、それを可視化したものがルール」が、おそらく正確な順番であろう。戦国時代における天下統一、幕末における明治維新などはその最たる例であろう。結果を知る側は、歴史の流れが可視化されたものを知っている。だから、既定路線の一環であるかのように整えられた文脈を通じて、さも歴史には法則があるかの如く、自分の中に刻み込んでしまう、という現象がおそらく無意識の中で起きている。

だが、ここ数年の中で起きた様々な出来事から身近な事象に至るまで、私たちは「ルールは守る人がいて、はじめてその効果を発揮する」ことを実感しているはずだ（褒められたことではないが「赤信号、みんなで渡れば怖くない」はその最たる例）。なぜなら、ルールとは作られた意図通りに機能するとは限らず、変わりゆく人々のニーズに対応しきれないからだ。

後世からみれば、なぜ作られたかわからないルールや役職、規定事項であっても、作成当時は（合理的かどうかは別にして）意図があり、理由があり、狙いがあった。それがその通り機能しなかったときに、人々はそのルールに疑問を投げかける。但しそれは、結果生じた反応であって、その萌芽はすでに生まれていた、と捉えたほうが現実的なのだ。

それでは、ルールの主体たる存在が複数存在した場合はどうなるか。日本でいうと、天皇が二つに分かれて対立した南北朝時代が思い浮かぶところだが、今回取り上げる薬子の変（「平城太上天皇の変」「弘仁元年の政変」「弘仁の変」とも呼ばれている）も天皇が二つに分かれた事件であり、古代律令制度の作成意図（想定）外で発生したクーデターとも言える事件である。この事件、そして事件後の朝廷の対応については後述するが、いかにも日本的であり、現代にまで私たちの中に息づく「日本人らしさ」が内包されていた。なぜ、天皇は二つに割れて対立したのか、そしてなぜ天皇は「二人」存在しえたのか。

「聞くところによれば、これまで墾田の取扱いは三世一身法（養老七年格）に基づき、満期になれば収公し、通例どおり（国有田として他の耕作者へ）授与していた。しかし、そのために（開墾した）農民は意欲を失って怠け、開墾した土地が再び荒れることとなった。今後は、私財とすることを認め、三世一身にかかわらず、全て永年にわたり収公してはならない。」

天平十五年（七四三年）、朝廷は「墾田永年私財法」を発布した。自分で新しく開拓した土地（耕地）は期限なく永年の私財化を認める法として知られている。朝廷が浸透させてきた大原則・公地公民制が事実上破綻し、荘園発生のきっかけとなった法律として、教科書などで書かれることも多い。

ところが、墾田永年私財法は厳密にいえば、律令国家的な「法律」ではない。勅令（天皇の名による命令）によって制定されたものになる。言い換えれば、これは天皇による「強いお願い」なのだ（その後法令として明文化される）。

これは、その前に出された「三世一身の法」が律令国家的な「法律」として出されたことと根本的に違う意味合いがある。

一つは「法律」よりも強いもの＝勅令をもって国民に知らしめる必要があった、ということ。

もう一つは「公地公民制」の破綻を朝廷として認めていない、という見せ方をした、ということだ。

当時の、そして現代につながる日本の国民性を考えるにあたっては、後者の意味合いがとても重要である。つまり「本音と建前」の両立を図ろうとする姿勢だ。

勅令という強力なカードを出すほど、当時の朝廷は財政に苦しんでいた。定めていた税制度は法の抜け穴を見出した国民によって機能しなくなり、土地を手放して逃散する者が相次いで土地は荒廃していた。国民の労働意欲を高め、国家財政を立て直すために制定された「三世一身の法」は、期限（三世）が過ぎると朝廷に返還しなければならないため、労働意欲は高まらなかったと言われている。また、裕福な者や宗教勢力（寺院、神社など）にしか、この法の恩恵がなかったことも、朝廷の悩みを促進した。

「公地公民制」は日本の土地はすべて天皇（朝廷）の土地であり、その土地を国民が代行して運用する、という座組になっている。つまり所有者は天皇（朝廷）であり、国民ではないのだ。朝廷からすると「三世一身の法」はそのロジックを崩さないで、かつ税収を改善するためのギリギリの妥協点だった。しかしながら、現実はそのボーダーラインをすでに飛び越えていた。

悩んだ末に朝廷が出した結論は「ロジックを崩さずに、実態に即した施策をとる」という着地点を見出すことだった。それが、

勅令を出す（天皇による強い周知）

↓

法令として明文化

という流れとなって「墾田永年私財の法」施行へとつながっていく。

スクラップ＆ビルドやゼロベース思考といった根本的解決ではなく、今ある「大切なもの」を変えずに状況改善を駆動させるや

り方は、古代から現代にいたる日本の施策や政策で数多くみられる光景だ。

律令制という中国から取り入れたこの制度を絶対視した日本の姿勢が「墾田永年私財法」によく表れているが、これがさらに結果として「薬子の変」が起きる土壌となっていく。

室町時代の南北朝争乱を知っている方は、その異常さを認識されていると思うが、そもそもその遠因は律令（律令国家）制における「太上天皇」という存在にあるとされている。

「太上天皇」略して「上皇」。後々、白河上皇や後白河上皇など、数々の上皇が歴史上で登場することになるが、元々律令制にあった規定のものであり、譲位した天皇が自動的に称する尊号であった。これは当時平均寿命が短く、幼くして（若くして）天皇が崩御する可能性が高かったため、古代の天皇は早めに譲位し、万が一の事態に備えることが慣例として決められていたとされている。天皇を空位にしない、血族を絶やしてはいけない、という古代朝廷の強い決意を感じ取ることができる座組だが、ここに不思議な設定がある。

天皇崩御の状況でも政治を停滞させないために「太上天皇には天皇と同等の権威と権限を有している」という暗黙の立ち位置を法的に設けていたことだ。つまり古代朝廷は「天皇が二人存在する」ことを認めていた、ということだ。サブ的要素ではあるとはいえ、このダブルスタンダード状態を常態化させていたことが「薬子の変」、ひいては院制、南北朝時代へとつながっていく。

とはいえ、天皇と太上天皇が近くにいたり、親子関係であれば「二人の天皇」状態はそれほど問題にはならなかっただろう。「墾田永年私財法」制定の背景と同様に、前提を変えないことに運用者が同意していれば、あとは座組を整えればいい。実際、政治を行う仕組みやスタッフ、政府そのものは一つしかなく、太上天皇が天皇を支える存在として重きを成せば、天皇と大上天皇双方の存在意義は明確に認識される。ルールを運用する人間が、そのルールに不満を持たず、野心を抱きづらい環境にあれば、不備は生じないのだから。

しかし、環境が変わり、ルールにほころびが生じた時、天皇同等の存在たる太上天皇はその権威と権限を行使する機会を得ることになる。律令制、及び朝廷が想定しなかった状況が生まれたことで、ルールは「標語」と化していくのだ。

一．二人の天皇

延暦二五年（八〇八年）、平城京から平安京へ都を移した桓武天皇が崩御した。これまでの宗教勢力との権力バランスや政治不安、天皇の血族争いといった政治の停滞状態を打破するために剛腕をふるった桓武天皇は、確かにこれまでの朝廷政治の在り方を再考する機会を提示したが、平安京への移転後わずか十四年でこの世を去ることになった。未だ血族争いや政治システムの安定化には程遠く、根本的な状況の改善を見届けることはできなかった形だ。

桓武天皇崩御に伴い、平城天皇が即位したものの、病弱だったことを考慮し、弟の神野親王を皇太弟（弟を次期天皇候補とする）とした。嫡流の相続より、まず現実分析に即した座組を整えようとした桓武天皇の意志が見える立ち位置だ。

だが、桓武天皇の懸念は翌年に現実のものとなる。平城天皇が発病したのだ。この病を平城天皇は、血族争いで死去した叔父・早良親王らの祟りによるものと考えたらしい。即位後わずか一年で、平城天皇は譲位を決意する。

驚いたのは天皇の基で権力を一手に握っていた藤原氏だ。次期天皇の神野親王は母こそ藤原氏だが、妻（夫人）は橘氏なので、藤原氏との血脈は薄くなる。本来であれば神野親王の皇太弟ですら反対していたところに、早すぎる譲位となれば、藤原氏の今後が危うくなる。平城天皇の愛妾にして秘書官・藤原薬子とその兄・藤原仲成は譲位に反対するが、天皇の意思は固かった。同年に譲位が実現し、神野親王が即位する。後の嵯峨天皇だ。その皇太子には平城天皇の三男・高岳親王が立てられたことで、一応のバランスがとられた形で事態は決着したかに思われた。

ところが、平城太上天皇が奈良（旧平城京）へ移ることで、事態は急変する。きっかけは嵯峨天皇が平城天皇時代の制度を改めようとしたことに関して、平城太上天皇が激怒したこととされている。自身の体調不安があったとはいえ、平城太上天皇の政治意欲は元々高かったのだろう。そこに嵯峨天皇が意にそぐわない施策を打ち出したことで、両者の対立は別々の場所（しかも遠方）に動くという事態を招く。

この事態を藤原薬子と仲成は利用する。平城太上天皇の意欲を利用すれば復位が実現する可能性がある。そうすれば、藤原氏の権力は復権する。

しかも、薬子は天皇の秘書官的な役職に位置しており、命令書である内侍宣を発給する資格があった。ここに「太上天皇には天皇と同等の権威と権限を有している」という不文律が重なることで、平城太上天皇が仮に復位しなくても政権を動かすことも可能、と薬子たちは考えたとされている。

当初こそ、「二人の天皇」の対立から始まった騒動ではあったが、構造上の抜け穴を利用した藤原氏の策謀によって、「合法的な政権奪取」のシナリオが進行されていたのだ。

間の悪いことに、嵯峨天皇が大同五年（八一〇年）正月に病に倒れたことで、平城太上天皇の復位に向けた機運がさらに高まることになる。

幸い、嵯峨天皇の病は平癒したらしい。だが、平城太上天皇側の復権への動きを掴んだ嵯峨天皇は蔵人所を設置した。これは天皇の秘書官的な役割を担う令外官（律令に規定のない新設の官職）だ。言うまでもなく、薬子の持つ役割を機能させないようにすることが狙いであり、これにより、薬子らの狙いは頓挫する。

「二人の天皇」の対立は抜き差しならぬ展開へ加速していく。

二、天皇激突

大同五年（八一〇年）九月、平安京に激震が走った。平城太上天皇は平安京を廃して平城京へ遷都する詔を出したのだ。平安京に移ってわずか二十年余りであり、奈良の既得権益を貪る諸勢力からの脱却を図った桓武天皇の遺志に反する決定でもあった。

当初、嵯峨天皇はこの決定に従う方針を出したが、程なく方針を一変する。これは天皇が詔勅を出すのに必要な材料・運用する役人・文章を作成する中務省は平安京にあり、仕組上有効性のある詔を出すことができないことを把握したからだと言われている。その前に開設した蔵人所も嵯峨天皇側を優位にする材料となり、天皇は命を発して東へ向かう途上にある関を封鎖した。そして、藤原仲成を捕らえて左遷、薬子の官位を剥奪する詔を出す。

有効性が嵯峨天皇側にあるとはいえ、短期間に出される双方からの詔は世情を混乱させた。京都から奈良にかけて「二人の天皇」が詔を次々と出す異常な光景が繰り広げられていた。

周辺状況を整えた嵯峨天皇は密使を平城京に派遣し、平城太上天皇側の内部対立を煽る。平城京にいる親・桓武天皇派や反・平城太上天皇派の離反を促したのだ。これはそれほど大きな成果はなかったものの、平城京の人心を乱すことができたらしい。

この動きを知った平城太上天皇は激怒した。これ以上の駆け引きは無用となり、武力による決起を決断したのだ。古来からの先例に伴い、東国からの挙兵を決断するが、その動きは嵯峨天皇側に把握されていた。ここで派遣されたのが、後の征夷大将軍・坂上田村麻呂だ。田村麻呂は藤原仲成を射殺する功を立て、後の躍進につながる活躍を見せる。

平城太上天皇と薬子の一行は平城京を出て東へ向かうものの、結局、嵯峨天皇側の関封鎖によって東国へ向かうことができなかった。自前の兵力はほとんどなく、関を突破することはおろか、嵯峨天皇の追っ手に対抗することすら困難だったらしい。ここからしても、平城太上天皇側に武力蜂起の具体的な計画はなく、決起が突発的だったことがわかる。平城太上天皇は剃髪して出家し、薬子は自殺した。平城京へ戻った平城太上天皇決起に連動した北陸での反乱も程なく鎮圧され、事件は終焉を迎える。

平城京遷都の詔からわずか半月あまりでの出来事だった。

三、事後処置

この事件については、嵯峨天皇側の早急な対応によって短期間で決着した。その一方で、嵯峨天皇がどこまで武力による解決を意図していたのか、平城太上天皇がどこまでこの事件を主導していたかは、研究者によって意見が分かれている。

ただ、東国への武力決起を平城太上天皇側が選択した背景には、事件前の地方人事において軍事力の掌握を図っていた形跡が指摘されている。もっともこれは嵯峨天皇側も見抜いており、京都から東に位置する近江・美濃・伊勢といった国司人事異動を実施し、天皇側の人員を配置していたことを考えると、双方の駆け引きが武力衝突という事態を誘発していた可能性は高い。

また、平城太上天皇側の予想以上に親・桓武天皇派が強く、平城京への遷都を打ち出したことで、すでに主だった貴族・官人層の心は嵯峨天皇側に移っていたということも大いに考えられるだろう。

事件後、嵯峨天皇はその責任を藤原薬子や仲成らにあるとした上で、関係者に寛大な処置をとることを詔した（平城法皇崩御の際に関係者の赦免が行われている）。

その一方で「太上天皇」は問題があるとしながらも、これを排するという決断には至らなかった。これは皮肉にも、異母弟の淳和天皇によって阻まれることになる。

後年、嵯峨天皇は、淳和天皇への譲位に際し、「太上天皇」の辞退を申し出た。自身が体験した事件を通じて、この二重権力の難しさを痛感したからだろう。ところが、淳和天皇はこれを受け入れなかった。これは淳和天皇が本筋とは異なる形で天皇になった経緯と無関係ではないとされている。

当時は桓武天皇の血統が皇位継承に最も重要な要素とされていたが、平城・嵯峨両天皇を除けば恒世親王（淳和天皇の第一王子）が最も近いにも関わらず、父親を差し置いて天皇になるわけにもいかなかった。その結果、淳和天皇の即位につながっているのだ。

筋道の重視と自分の後ろ盾の必要性からか、最終的には淳和天皇が嵯峨天皇に対して太上天皇の称号を与える形で、この騒動は決着する。律令制への表立った改革をしないというこれまでの慣習と、天皇側に主だった行政システムと人員が配置されていれば、今回の事件のように天皇側の優位は変わらない、という判断で問題の対応には当たれるという判断であったのだろう。

こうして、嵯峨天皇後の「太上天皇」は天皇から任命される形で就任することとなった。つまり任命権は天皇にあり、任命される以上、天皇との位置関係が明確になった形だ。また、天皇から引退したということは、その権威や公的権力を保持することは許されない、として表立った政治への介入は認めない方向性が図られる。

しかし、この方向性は長続きしなかった。事件を契機にした天皇親政の流れと、藤原氏との駆け引きはその後も続き、そこに武士も介入することで、京都政治は混迷を深めることになる。そして、その「抜け穴」を見つけ、権威を獲得していく天皇が現れる。後三条天皇により切り開かれた「院政」への道は白河天皇によって結実し、新たな権威が誕生することになっていくのだ。

おわりに

「薬子の変」は天皇制を揺るがすほどの重大な要素を孕んだ事件だったにも関わらず、経緯だけみれば短期間で解決した。その一方で、事件を踏まえた徹底的な構造改革が行われた節はない。現行の律令制を残したまま、新設の官位（役職）を設け、そちらを稼働させることで、それまでの役割を機能させなくする、という傍から見ればややこしい着地を図っていることに注目したい。

この光景は日本でいう「ことなかれ」主義の表れとも取れるが、フランスの「ブリコラージュ」的アプローチとも取ることができる。「ブリコラージュ」とは「取り繕う」の意味を含んだ「在りもので修繕する」として用いられ、昨今の「設計」概念とは対照的なものとされている。

現代の企業理念で行けば、「薬子の変」的な事件は太上天皇制の消滅で決着しただろう。しかし、制度を原因とせず、それを取り扱う人間や運用する実態を問題として、その場にあるものをうまく使ってピンチを脱する器用さが、日本を支えているのも、歴史が示す通りである。

参考文献

（一）「平城天皇」（著　春名宏昭、吉川弘文館、二〇〇八年）
（二）「新説の日本史」（著　亀田俊和、河内春、矢部健太郎、高尾善希、町田明広、舟橋正真、ＳＢクリエイティブ、二〇二一年）
（三）「藤原冬嗣」（著　虎尾達哉、吉川弘文館、二〇二〇年）
（四）「平安前期の政変と皇位継承」（著　西本昌弘、吉川弘文館、二〇二二年）

平安時代の美味しい食べ物

アマリコ

平安時代の食べ物で、すぐ思い浮かぶのは、芥川龍之介の「芋粥《いもがゆ》」だろう。

「五位は五六年前から芋粥《いもがゆ》と云ふ物に、異常な執着を持つてゐる。芋粥とは山の芋を中に切込んで、それを甘葛《あまづら》の汁で煮た、粥の事を云ふのである。当時はこれが、無上の佳味として、上は万乗《ばんじょう》の君の食膳にさへ、上せられた。従つて、吾五位の如き人間の口へは、年に一度、臨時の客の折にしか、はいらない。その時でさへ、飲めるのは僅に喉のどを沾《うるお》すに足る程の少量である。そこで芋粥を飽きる程飲んで見たいと云ふ事が、久しい前から、彼の唯一の欲望になつてゐた。」

この短編は、『宇治拾遺物語』や『今昔物語集』の一部を題材にしたものだ。「芋粥」とは、山芋を刻んで、甘葛《あまづら》の汁で煮た、甘いお粥だ。日本の田舎に住んでいた私も、こんな甘い粥は、見たことも、聞いたことも、食べたことがない。オランダだと、エンバクや大麦を柔らかく煮た温かい粥(パップ)に、リンゴやナシの果汁を煮詰めて黒い蜜状(ストローピエ)にしたものをかけて食べる。なかなか美味しく、こんな味だったのかなと想像する。安価な砂糖の普及とともに、甘葛《あまづら》という高価な甘味料は、駆逐され、忘れ去られてしまったようだ。温かくとろりとして、甘い蜜をかけて食べるのは、甘味料が少ない平安時代に、とても贅沢な食べ物だったのだろう。

「甘葛《あまづら》」がまたでてくる。清少納言が書いた「枕草子《まくらのそうし》」だ。

「あてなるもの。…削り氷に甘葛《あまづら》入れて、新しき鋺《かなまり》に入れたる」

(「枕草子」四十二段)

削り氷とは、「かき氷」のことで、「甘葛《あまづら》」のシロップのような甘味料を、新しい鋺《かなまり》に入れて、かき氷にかけて食べたと書かれている。鋺《かなまり》とは、上流階級が使った金属性の「わん」のことだ。庶民は、土製の碗《わん》や木製の碗《わん》を使った。平安時代のかき氷は、冬の間に自然の氷の塊を、日の当たらない山麓の洞窟や掘った穴に貯蔵していた。すすきやワラビの穂などを敷き詰めて置き、その上から草を覆って、夏まで保存していた。この施設を「氷室《ひむろ》」という。宮内省の主水司《もいとりのつかさ》(宮中の飲料水や醤、氷室などを管理した役所)が管理していた。約二五〇〇年前の孔子の時代、中国にはすでに巨大な氷室《ひむろ》という氷の貯蔵庫があったと記録がある。西暦二一〇年には魏の曹操が氷井台《ひょういだい》という氷を用いた冷蔵庫を築いた。食料を安定的に確保・供給することが軍事的・戦略的に重要だったからだ。和銅三年(七一〇年)、元明天皇の勅命により、平城京に氷を納めたのが始まりといわれる。清少納言をはじめ、平安貴族にとって「あてなるもの」、つまり、上品な食べ物として喜ばせたのだろう。しかも、夏の京都は暑い。甘葛《あまづら》をかけた甘いかき氷は、なおさら贅沢で特別な食べ物だったにちがいない。

貞信公記《ていしんこうき》には、やたら「大饗《だいきょう》」が目につく。「大饗《だいきょう》」とは、宮中の貴族の邸で行われる大宴会のことだ。大饗には、年始に拝賀の親王、公卿に中宮、春宮が賜る二宮の大饗と、新たに大臣に任ぜられたものが殿上人を招いて行う大臣の大饗がある。正月には、屠蘇が供せられた。屠蘇は、トウソ、またはトソという。屠蘇延命散、屠蘇散ともよばれ、嵯峨天皇の弘仁二年(八一一年)に初めて宮中で用いられた。屠蘇には肉桂《にっけい》(ニッキ)、山椒、桔梗、防風《ぼうふう》、赤子豆を調合し、酒や味醂に浸して元旦に飲用した。薬の子という屠蘇の毒見をする童女もいた。貞信公記《ていしんこうき》は残念ながら、「枕草子」のように、具体的な食べ物や飲み物、感情の記載はない。どんな美味しい食べ物や飲み物を食していたのだろう。平安時代の食べ物を考えると、大学受験以来、苦痛だった「枕草子」が、とても楽しく読めるようになった。

参考文献

(一)「枕草子(上)(下)」(著　川瀬一馬、講談社文庫、Kindle版、一九八七年)
(二)「芋粥」(著　芥川龍之介、青空文庫、電子版、二〇一三年)
(三)「貞信公記」電子版

第五章　菅原道真の世路難記
～その生涯と異説・天神縁起～

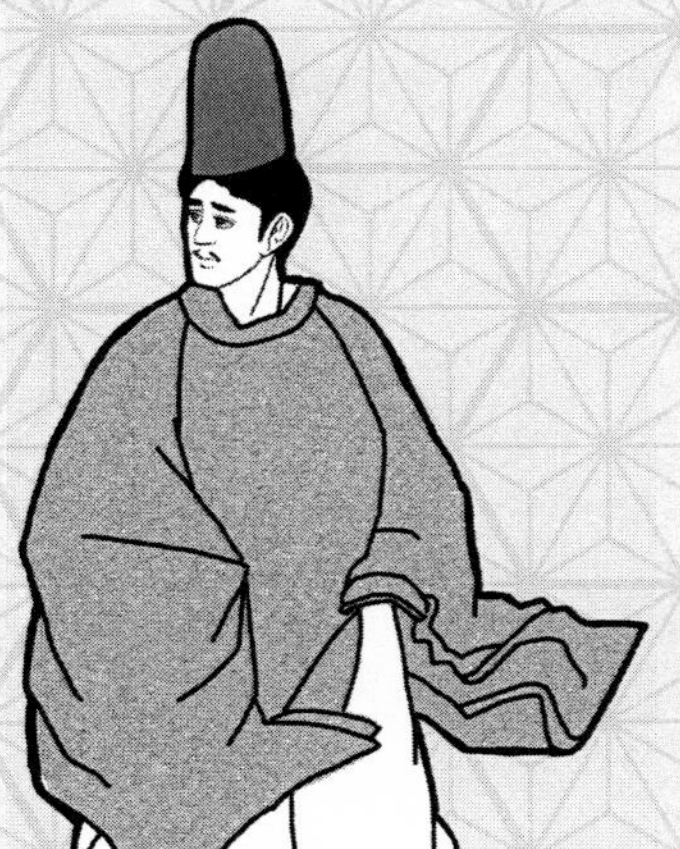

大宰　観

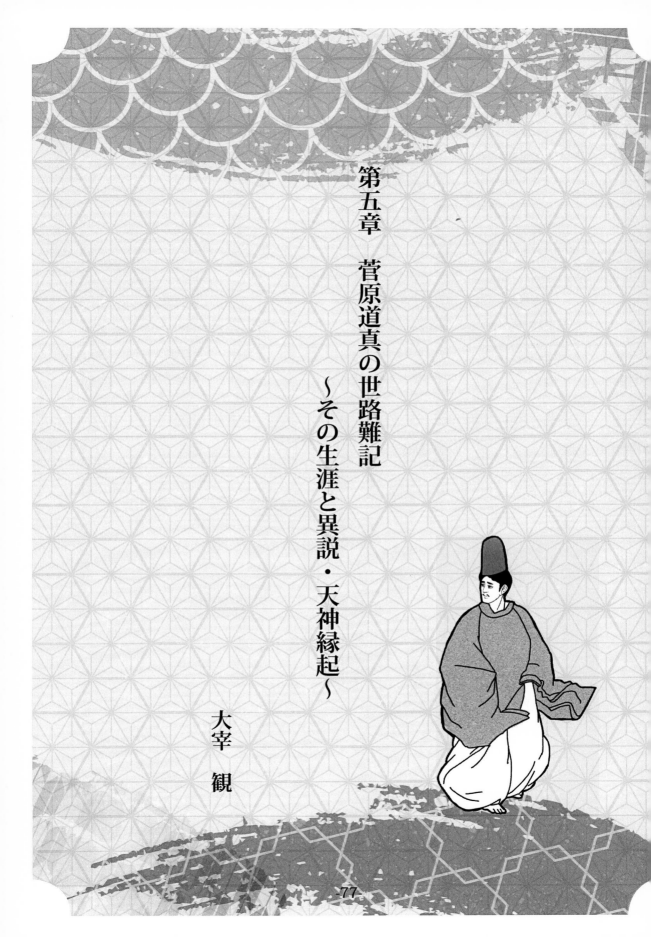

第五章　菅原道真の世路難記
～その生涯と異説・天神縁起～

大宰　観

はじめに

命の旅の終わりに道真が何を残し得たのだろうか？

平安時代初期に活躍した菅原道真は官僚、政治家として活躍しただけでなく、学者としても、漢詩人としても歴史にその名を残す多才多能な人であった。多才多能な人と云うのは常人に比べて感性が鋭く、世の中のあらゆる幸も不幸も感じ取る心を持ち、決まって悲劇的な結末を迎える。

道真もその結末を避ける事ができなかった。彼は自らの漢詩で生きる事は「世路難《せろなん》」（世の中を生きていく道は難しい）と詠んだ様に感じ取る心を隠す事ができず、生まれた時代によって人が招いた世の災厄に対し、難しさを感じつつも誠実に向き合う道を選んでいった。彼は悲劇的な末路を迎えた後に怨霊となってまでも彼が生きた時代に蔓延る災厄を正したと私は考えている。その行いは天によってこの時代に要請された民を救う道であり、英雄と呼ばれる人に架された苦難多き長い道のりであった。

「世路難於行海路　飛帆豈敢得明春」（菅家文草三より）

今日、私たち日本人の多くが知る菅原道真とは受験時に合格祈願をすがる学問の神としての存在であろう。学問の神、天候を司る天満大自在天として、道真を祀る天満宮、天神社、菅原神社、北野天神社といった神社が全国に約一万二〇〇〇社（全国三位の神社数）もある。天満様、天神様は道真が没して二年後に、道真の託宣を受けた門弟の味酒安行によって廟社が建てられた所から始まる。平安時代以降の各時代を通し、道真が学問に秀れていた事から学問の神として尊崇を集めた神であった。

本稿の筆を執るにあたり、怨霊から神に祀り上げられた道真が一生をかけて貫いた命題（信条）とは何か、その命題により歴史に名を残し得た奇蹟とは何か？　私はその思案から「菅原道真」の歴史を語る上での文筆の始めとした。

私の中で既に記されていた道真の歴史とは、私が育った太宰府の地に数多く残る所縁の史跡（「太宰府天満宮」、「飛梅」、「榎寺」、「天拝山」）、天満天神信仰と怨霊伝説、人臣位を極めて右大臣にまで登り詰めた官僚、政治家としての事績（「寛平の治」、「遣唐使廃止」、「阿衡事件」）であり、曽祖父の時代から家業として文章博士（文章道の学者職、大学寮の教官）を務めた鴻儒（学者）としての事績であり、そして自ら詩臣と自認するほど後世の日本人に大きな影響を与えた詩人としての事績である。古来より道真を語り継ぐ多くの読み物、芸能作品、研究書で紹介されるのはそれらのよく知られた事績であった。結末の多くは有能であるが故に周囲（官僚、貴族）の嫉妬を買い続け、右大臣にまで出世した後に政敵である藤原時平によって、身に覚えのない謀反の嫌疑を掛けられた挙句、都から遠く離れた九州・太宰府の地に流刑に等しい左遷の憂き目に遭い、その地でその生涯を閉じた悲劇の主人公としての道真である。

本稿ではその悲劇的結末や、歴史学固有の史料による裏付けを可とする「実証」論述に偏らず、私自身の史観を通して、道真が後世に数多く残した詩を交えながら、彼の生い立ちとその生涯を考察した上で、彼を衝き動かしたであろう命題を紐解きながら、生まれた時代に抗ってまでも、天命に従い、為し得た奇蹟（国政改革）を検証したいと考える。そして、奇蹟が起きた結果として道真がその時代に何を残していったのかを筆が及ぶ限り、ここに書き記したいと思う。

一．菅原氏発祥由来（土師氏の生業と改姓縁起）

菅原氏は元々、土師氏を名乗っていた。土師氏は陵墓（天皇の墓）に副葬される埴輪を作って、天皇近臣の殉死者をなくした人道主義者の野見宿禰（出雲国出身）を祖に持つ家であった。それまで天皇が崩御すると、代替わりごとにその近臣らの殉死が喪葬の慣習であった。垂仁天皇の時代、その慣習を嫌う天皇の意向を汲み、宿禰は出身地である出雲から一〇〇名の土師（土器製作に長けた者）を呼び寄せて、彼らに埴輪を作らせた。その埴輪を陵

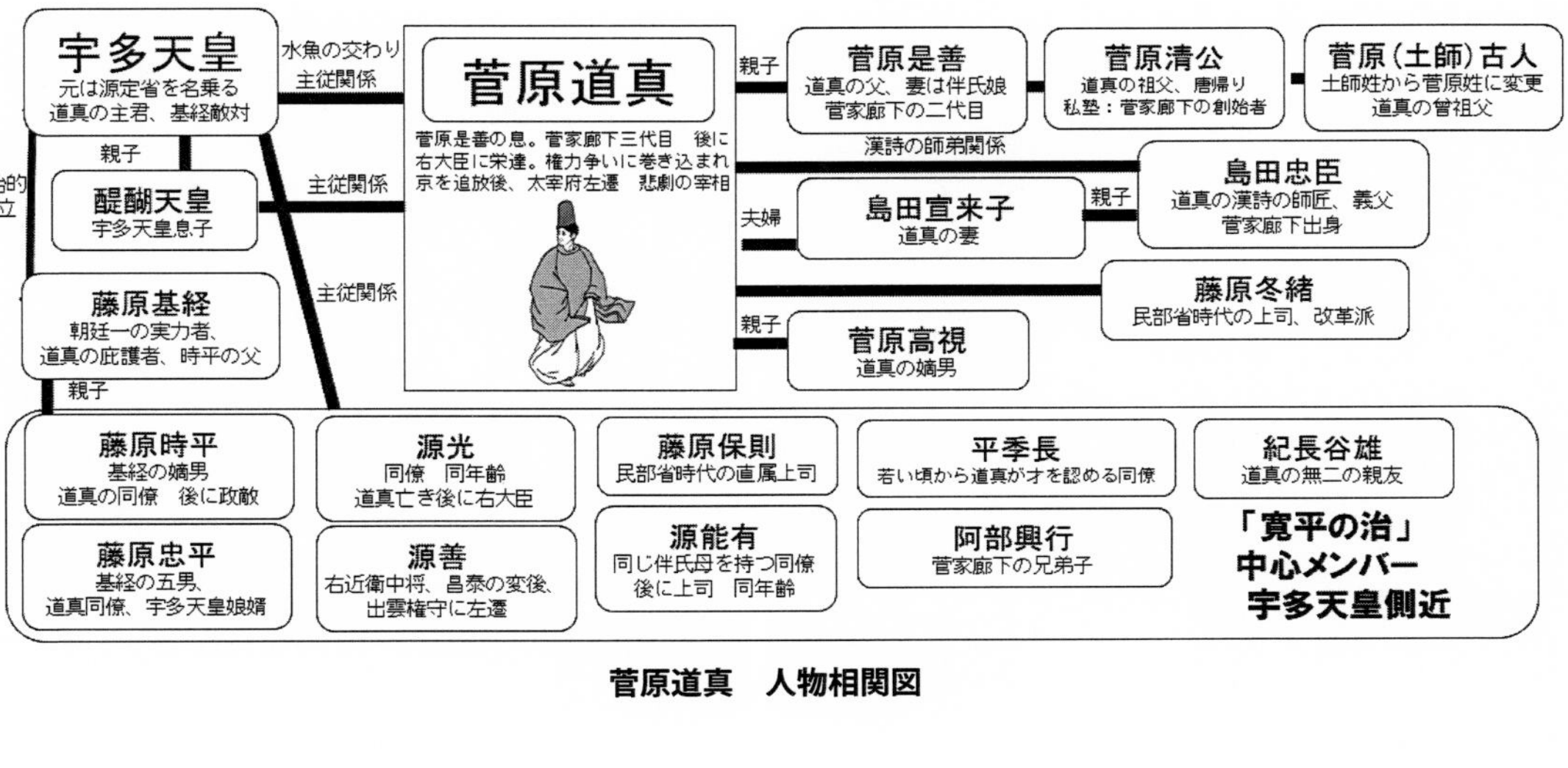

菅原道真　人物相関図

墓に立てかけ、殉死者の代わりとした事が天皇に評価され、野見宿禰は「土部連（後に土師氏）」の姓を与えられたと「日本書記」に記されている。土師氏はその由来から代々、陵墓の管理と副葬品を用いて天皇家の葬祭（喪葬、鎮魂呪術）事業一切を執り行う生業に附いていた。一説に野見宿禰は帰化系の人物であった事から大陸伝来の葬祭事業にも知見（秦の始皇帝陵等）があったからと云われている。また、野見宿禰は相撲の祖とも云われ、土師氏が呪術的に悪霊や死者の荒魂を鎮めて祓う呪的足踏みが相撲競技の四股踏みの原型とされ、その呪的動作が競技として発展し、今日の相撲競技に至ったとされている。相撲が神事であり、国技とされる由縁と思われる。事業企画のセンスに優れた野見宿禰を祖に持つ土師氏だが、百済の武寧王を祖先に持つ和氏出身の高野新笠を母に持つ桓武帝の御代に、道真公の曽祖父に[1]あたる土師古人が家業である仕事（葬祭業）の激減に伴い、学者業への職業替えと共に、祖地である大和国添下郡菅原邑に因んで菅原姓（菅原宿祢）への改姓を願い出た。この願いが桓武帝に許可されたのが菅原氏の始まりであった。

学者業に転職した背景には元々が漢語の読み書きに長けた渡来系一族であった事が関係していると推察する。また、土師氏の転職の最たる原因が飛鳥時代に始まり、奈良時代を経て貴族社会に浸透した仏教の影響があったと思われる。

仏教が葬祭に関わる様になったのは奈良時代からと云われる。歴史には記されていない歴史として推論を述べると、奈良時代まで土師氏が生業としていた大土木事業を伴う巨大陵墓の造営と呪術的副葬品を用いて執り行う古神道式葬祭事業が葬祭の主流であった。葬祭とは今と違って庶民のものではなく、王侯貴族に許された儀式・式典であり、統治する者が統治される者に権威を示す一大政治イベントであった。政治を司る者と土木事業者との密接な結びつきが深いのはこの時代に始まった事ではないが、力自慢で知られる野見宿禰を祖に持つ土師氏は葬祭土木を専業とする技能集団の棟梁であったと考えられる。現代の土地開発事業もそうだが、陵墓造営の土木事業は公的事業であり、多額な公的資金が投入されたと想像する。土師氏にとって大きな利権であった。だが大きな利権とはそこに群がる人にとっては好景気を生み出すが、大和朝廷にとっては陵墓・古墳の土木造営事業の乱発は大きな支出を生み、慢性的な財政難を引き起こしていた様に考えられる。元々が広大な土地を有していない奈良盆地に都を持つ大和朝廷にとって、陵墓・古墳の増加は時代を経るにつれ、土地不足をも引き起こしていたであろう事も容易に想像できる。一説に都が奈良盆地から現代の京都に遷都されたのはそういった土地不足と不安定な生活インフラ（多年にわたる樹木伐採、土砂採掘による山地の荒廃、木材（資源）の供給不足等）が要因であったと云われる。それらを政治的危機に感じた当時の大和朝廷の上層部が対策として講じたのが、巨大陵墓より用地面積も小さく、公的資金投入も少ないコンパクトな葬祭事業計画であった様に思える。その役割を担わせたのが当時、蘇我氏らによって支援された仏教勢力であった。仏教徒らは大和朝廷との共創事業として、寺の敷地内に今で云う集合住宅的な墓地（お墓の団地？）を考え、従来の呪術的な葬祭儀式（密教：天台宗、真言宗等）の要素も組み合わせて現代に繋がる仏教式葬祭事業を生み出した様に推察する。まさしく現代で云う宗教イノベーション（我が国の宗教改革）が古代で起きたのである。

国の支援を得た仏教式葬祭事業と云う宗教イノベーションが起きた事でそれまでの常識であった古神道式葬祭事業は国の支援を得られずに一気に廃れ、土師氏は時代の変化に乗り遅れた結果、職を失ったのだと推察する。時代の要請が突き付けた発注側の価値観の変化を読み取れなかった悲劇と云える。環境の変化に適応できなかった生物が滅びるのと同じ理屈とも云える。

職業替えを選び、菅原姓に改姓した菅原（土師）古人以外にも古人の兄・安人が秋篠姓、弟の真仲が大枝氏（後に大江姓（著名人物：大江音人、大江広元、広元を祖に持つ毛利元就など））に改姓している。様々な儀式を伴う土木葬祭業に携わっていた土師氏を祖に持つ一族は三つの家に分かれ、後々、朝廷の儀式に多く携わっていく。余談だが我々、日本人が何かと〝茶道〟〝武道〟といった〝道〟と云う様式美に始まる概念に心捉われるのも、土師氏が生み出した葬祭事業に始まる様式美がその源流にあるのかもしれない。

改姓を許された菅原古人だが、後に文章博士、侍読（天皇の側に仕えて学問を教授する学者）にまでなっている。天皇の教師にまでなった古人は土師氏の中興の祖、菅原氏の祖であり、改姓を許可した桓武帝の外祖母が土師氏の出身であり、ルーツを重んじる貴族社会において、優遇された遠因であった様に思える。

二．和魂漢才の人・菅原清公と菅原是善

改姓した菅原古人には五人の男子がいた。古人の子のうち、最も聡明であったのが四男の菅原清公であった。菅原道真の祖父であり、一度は没落した菅原氏（旧 土師氏）を大いに富ませ、発展させた大人物であった。この人は土師氏の祖・野見宿禰の再来か、それ以上の事業企画の天才と称すべき人物であった。

清公は父・古人の遺志を継ぎ、二〇歳で難関である奉試（国家官僚への就職登用試験）に及第して文章生となり、更に最難関である対策（官僚選抜試験）にも及第した。

その後、美濃少掾の職を皮切りに地方官を歴任し、刑罰を行わない統治を行った事で名声を得ている。その名声を買われての事であろう。後に遣唐使の長を務め、最澄と共に渡唐している。渡唐した際に時の唐王朝の皇帝である徳宗との謁見も許されている。随分と徳宗の覚えも目出度かったそうである。唐土に残れば、

それなりの出世を果たしたであろう清公は故国・大和朝廷の命で後に帰国する。

帰国後、中国で当時最先端の文化・学問・技術の知識を学んだ清公は、その知識と事業企画の才を如何なく発揮して、従来の大和朝廷の儀礼様式を一新する事に努め、唐風の装飾調度・朝議・装束に変える画期的な文化改革事業（文明開化事業？）の導入に貢献している。その業績を評価されて最終的に従三位の公卿にまで登り詰めている。所謂、海外の洗練された文化・学問・技術を積極的に採り入れ、〝和魂漢才〟を実践したハイカラな人物であった。土師氏は時代の変化に乗り遅れた事で没落したが、清公はその歴史から学び、時代の変化にいち早く順応した事で頭角を顕し、菅原氏の基礎を築いた人物とも云える。

〝和魂漢才〟で歴史に名を残す清公だが、他にも現代の我々にも大きな影響を与えている。それは、奈良時代まで貴族の多くは「田村麻呂」「仲麻呂」に代表される和風な人名形式が主流であったが、清公の建言を契機に唐風（中国風）な人名形式が貴族社会の名付けで増え、それにも大きな役割を果たしている。唐風な人名とは、男子は「藤原道長」の「道長」、「菅原道真」の「道真」に代表される二文字訓読みと「源信（みなもとの・まこと）」の「信」に代表される一文字訓読みという形式である。女性の人名も「高子」といった今につながる「〇子」の人名形式へと変遷している。現代の日本にも、人名の流行り廃りを気にする文化がある。遡れば清公が仕掛けた平安時代の改名ブームがその源流であるのかもしれない。

そのハイカラな清公には四人の男子がいた。その第四子が道真の父である菅原是善である。是善は幼き頃より聡明な人物と伝わっている。十一歳で嵯峨天皇の前で書を読み、詩も詠んでいる。二十二歳で文章得業生、二十六歳で方略試に及第して官人となり、文章博士・東宮学士・大学頭を歴任し、最終的に従三位参議にまで出世した事から「菅相公」と呼ばれている。是善は王朝漢文学の黄金時代に名を馳せた小野篁、大江音人の友人であり、自身も多くの詩を詠み、当代随一の文人として活躍している。また文人として頭角を顕していく一方で父・清公が官人登用の省試（官人登用試験）等に及第する事を目指す下級貴族が学問を収められる場として起ち上げた私塾「菅家廊下」（今で云う予備校）の塾頭も継いでいる。この塾からは多くの官人が育ち、教育者としても大きな功績を残している。

この「菅家廊下」から良吏が最も多く輩出された事から「竜門」（登竜門）と当時から世間では呼ばれていたそうである。今で云う最大の学閥といったところだろう。この「菅家廊下」で是善から学問以外の多くも学んだのであろう人材が後々の菅原道真の手足となり、政の情報網（人的ネットワーク）を為し、その異例の出世躍進と政治改革を支えたと私は推察する。いつの時代も組織改革、時代の変革期に現れる英雄の陰にはそれを支える人達の支持があってこそ成立する。同じように時代の変化を望む集団の総意が英雄を作り上げるのだと私は考える。時代の変革とは英雄が一代で起こせるのは稀で、多くは先代の遺志を次代が引き継ぎ、大成させるのが大半だと歴史を学んでいると常に思う。おそらく、唐風な文化改革の担い手であった菅原清公が「菅家廊下」と云う教育事業を起こしたのも、本来の目的は藤原氏ら上級貴族による国の私物化を憂い、来るべき将来の国政改革を企図した上での救国の志が根底にあったと考える。菅原清公とは没落した土師氏の再興を企図して改姓・学者業を開業した菅原古人以上に、今で云う起業家精神に溢れた変革を好む人であったと思う。成功した起業家とは必ずと言っていいほど戦略家でもある。戦略家とは目先の事に捉われず、その遺志を継ぐ者を選び、十年先、二十年先と先を見据えた戦略を頭に描き、事業を地道に進めていく人である。それは現代の大企業や学協会で私自身、各組織の重鎮の方々から将来の幹部社員に向けた教育事業を仕事として請け負っており、重鎮の方々が私に期待するのは決まって、時代の変化に適応した組織作り、人づくりの戦略支援である。そういった時代の変化に対応した組織変革、人材育成を目的とする戦略において、最初に実行されるのが、人（同志）が集まりやすい学びの場を作る事である。古来より人が織りなす社会、組織の歴史は学び舎の歴史でもあり、それが人類史とも云える。平安時代に生まれ、貧困な下級貴族から才覚で父以上に出世した清公の〝和魂漢才〟の改革者精神は多くの変革を望む下級貴族、官吏にとって、希望の存在であったと想像される。時代の担い手として脚光を浴びたであろう清公は改革を望む多くの改革支持派（おそらく出世が望めない下級貴族）にとって希望の星であり、彼らは競って子を清公が起こした「菅家廊下」に送り込んでいたと想像する。

そこから巣立った多くの学生が清公の後ろ盾で職を得ていたはずであるから、清公の子である是善も父の遺志を継ぎ、より多くの学生を育て、朝廷の改革派として地道に勢力を伸ばしていったと考える。私の想像だが清公は改革を阻害する一番の要因は保守的上級貴族が権力を独占している事にあると思っていた筈である。律令制の歪みを利用して荘園（利権）を増やしては国政を乱し、天皇を蔑ろに扱って朝政を意のままに操る藤原氏に対抗するには深慮遠謀な戦略が必要であったと当然の様に考えていた筈である。その遺志を子である是善に内密に託していたと想像する。

菅原是善は歴史上、父である清公、息子である道真の華やかさの陰に隠れて、目立たぬ存在であるが二代目としての重責を担い、朝廷内における菅原家の地位を確固たるものとし、改革派勢力の希望を繋ぐべく、多くの門下生を育てている。彼の果たした役割は大きいと考える。

三、生誕と飛梅伝説

菅原道真は承和一二年（八四五年・丑年）に父・是善と伴氏出身の母の間に京で生まれた。史書では三男[2]として記されている。兄二人は残念ながら夭折し、実質上は菅原家の一人息子として育った様である。幼名は「阿呼」。八歳に幼名「阿呼」から「吉祥丸」と改名している。生誕は旧暦の六月二十五日（八月三日）と伝わるが正確ではないようである。生誕地は是善邸があったとされる現在の菅原院天満宮の地だと伝わっているが、当時の風習で考えると母親の実家である可能性が高いと云える。

幼き頃の道真は随分と病弱な子であったと伝わっている。「吉祥院法華絵願文」（道真著作）には道真がまだ「阿呼」と呼ばれていた頃、是善とその妻は病で危うかった幼い我が子の為に観音像を造り奉る願を発したと記されている。

その願が通じ、観音様の力によって、幼い道真が命の危機から救われたと道真本人が二十八歳の頃に父親から伝え聞き、それを願文に記している。既に二人の子を亡くした夫婦であったからこそ、今度ばかりはとの発願であったのだろう。その観音様の功徳を得たエピソードが道真の生涯にわたる仏教への信仰心を深めたと思われる。特に都からほど近い比叡山の天台法華宗の教えに感銘を受け、比叡山の座主とも親しくしていた様である。道真の漢詩に見られる内面の無常観は仏教の影響を多分に受けている感がある。道真の母は永隆寺を菩提寺に持つ伴氏（元は大伴氏）の出身であり、仏教への信心が特に深く、先の願文のエピソードから道真に大きな影響を与えたであろう事は推察できる。

観音様の功徳により生き返った道真はその後、観音様から御力を授かったのか、非凡な神童として育っていく。家業を継ぐ跡取りとして、文章博士に及第するために幼い頃から英才教育を受けた。四歳で読み書きを習い、五歳で和歌を詠み、九歳の頃に漢詩を教えられ、十一歳で漢詩を詠んでいる。

菅原院天満宮
（菅原是善邸跡地と伝わる）

月耀如晴雪　梅花似照星　可憐金鏡轉　庭上玉房馨

（月の輝く光は晴れた雪のように明るい　月夜の梅の花は空に照る星に似ている　空には黄金の鏡の様な月光が辺りを包み庭園にある花房から梅の香りが薫ってくる）

これは父・是善の門人（門下における漢詩の一番の名手）である島田忠臣に道真が指導されて初めて詠んだ漢詩である。十一歳にして、これほどの詩を詠んでいるところに末恐ろしい詩才を感じる。忠臣が添削して清書したものであろうかなど良からぬ詮索をしなくもないが、後年の感性の豊かさを読み取れる。また、この処女作にして梅の花を詠んでいるところに彼の「梅花」への特別な想いが感じられる。奈良時代、遣唐使が輸入した物品のひとつに「梅花」があった。唐伝来の香り立つ「梅花」は珍重され、貴族の造園で「梅花」を植えるのが定番であった。現在に伝わる花見宴の端緒は元々、「梅花」を愛でる宴から始まっている。当時は「桜花」より「梅花」に人気があった。「万葉集」に「梅花」を詠んだ歌が百以上ある事からもその人気が伺える。菅原家の庭先には遣唐使として〝漢流〟ブームの火付け役であった祖父・清公の代から唐伝来の「梅花」が色鮮やかに数多く花を咲かせていたのだろう。菅原家の邸は「白梅殿」、「紅梅殿」と呼ばれていた事からも想像される。父・是善から伝え聞き、家宝として「梅花」を尊んだ菅原道真はその後も数多く「梅花」の漢詩を詠んでいる。「三つ子の魂、百までも」の諺がある様に幼い頃に見知った原風景と云うのは誰であれ、胸に宿している。道真にとっての原風景にはいつも「梅花」が咲いていたのだと想像する。心の原風景は一生涯にわたって胸の中に宿り、「世路難」な世に心が挫け、折れかける時に限って、浮かび上がるものである。道真はこの幼年期から少年期にかけて過酷な英才教育を過ごしたのだろうが、学習の合間に時折、気分転換をはかる時や、用を足しに行く隙間の時間に見る「梅花」に心を寄せていたのだろう。子供が自分に懐くペットや、ぬいぐるみに愛着を覚えるがごとく、心から愛でていたのだと思われる。終生変わらぬ「梅花」への想いは道真の原風景であり、家族とのたくさんの想い出が「梅花」に詰まっていたのだと思える。その想いの残影が今に残る「飛梅伝説」[3]の真相であるのかと推察する。

四、島田忠臣の娘と「苦日長」

貞観元年（八五九年）、菅原道真は十五歳となり、元服を迎えている。貴族社会では初冠の夜に嫁を取る事が慣習であり、道真は漢詩の教師であった島田忠臣の家を訪れ、その娘である宣来子（十歳）の部屋で初夜を過ごしている。

後に道真は三〇歳の時に妻として彼女を迎えている。随分と年月を経ての婚儀である。何か理由があるのだろうか。筆まめである道真が唯一、宣来子との恋愛や結婚についてだけは全く書き記してない事に疑問を覚えた。彼が残した文筆の多くは公的な立場で書かれる事が多く、衆目に晒されやすい性質のものであった。その性質が故に己の弱みとなる内面の感情を吐露する事は避けていたのかもしれない。

いずれにしろ、妻として迎えるまでが随分と長い。史料を読むと婚儀前に宣来子との間に子を為していた感もあり今風に言えば事実婚であった様である。この辺の見解について深く紹介された史料がなかったのでゴシップ好きな歴史愛好家であれば気になるところだが簡単に私見を書かせて頂くと、島田忠臣が道真と娘の婚儀に反対したのではないかと考えた。考えられる理由としては家柄の違いによる娘の行く末を忠臣が案じての事か、師である菅原是善の子弟に遠慮して反対した為か、他に薦められた良い縁談があったにも関わらず、頑固な道真が宣来子と師匠である忠臣との縁を貫いた結果、遅い婚儀になったのかと思った次第である。もし読者の方でご存知の方がいればご教示頂きたい。ちなみに菅原道真の史料の多くでは書かれていない話だが、道真の家庭教師となった島田忠臣は父である是善の弟子であると共に摂政・藤原基経[4]とは主従と云える深い関係を築いていた。忠臣の詩才を基経が高く評価しており、若い頃から忠臣とその弟の良臣兄弟に目をかけていた節がある。良臣が若くして亡くなった際は基経自ら忠臣に慰めの言葉をかけており、忠臣が尾張介として尾張国へ赴任する際は馬を贈り、その門出を祝している。忠臣はお礼の返答で基経への忠誠を誓う言葉を詩に詠んでいる。基経と忠臣は深い主従関係を築いていた。道真を語る多くの史料では基経がなぜ、道真を高く評価していたかの理由を書いてない。なぜ、若い頃から道真が基経の覚え目出度い関係であったか、数多くの代作を菅原是善ではなく、息子の道真を指名して依頼していたかの背景が述べられていない。

その裏には道真の詩の師匠である忠臣からの強い推薦があった。道真の研究書の多くは道真が藤原基経、藤原北家との関係が、基経の生前は良好なものだと語るのみで、その繋ぎ役（キーマン）が誰であったかを軽視している感がある。島田忠臣は後世、老松神社の神様として祀られているが、道真が才覚を発揮できた陰には、朝廷随一の実力者である藤原基経と忠臣の関係を抜きには語れず、忠臣の引き立てがあっての道真の出世、活躍があったと言っても過言ではない。その恩人である忠臣と道真とは終生変わらない師弟を越えた信頼関係が両者の間にあり、恩人の娘を妻として迎えたのは道真らしい筋の通った話だと思える。

いつの時代もどの分野においても歴史に名を残す大人物の陰には彼らを大きな舞台に引き立てるキーマンが必ず介在している。彼ら抜きには歴史は成立しない。

藤原基経は島田忠臣の推薦を受け、自らが主宰する宴の招待や公的文書の代作を道真に依頼（代理文を書くアルバイト？）している。優れた政治家とは密な交流により、自分を取り巻く人材の才覚や真意、敵であるかを見分ける。基経と云う人はおそらく忠臣の様な家臣を数多く手なずけており、自分の目と耳として大切にし、彼らが持ち寄ってくる情報や優秀な人材の収集に努める事で勢力基盤を固め、藤原氏の摂関体制を盤石なものにしていったのだと推察する。

若き道真は官僚登用試験の試験科目である紀伝道（中国史、漢詩）を深く学んだ史家であったから、藤原氏がそれまでに政敵に対して起こして来た数々の謀略事件「薬子の変」[5]、「応天門の変」[6]について、当然知っていたかと思われる。

基経に贔屓にされる一方で警戒したのは疑う余地がない。父である是善は「応天門の変」の容疑者に対する尋問官として事件に少なからず関わっていた。心ならずも妻の実家である伴氏の流罪、失脚を目論む藤原良房、基経親子側にこの時は味方している。本心かどうかはわからない。道真は是善から事件の詳細を聞き、けっして藤原北家には逆らうなと戒められていたのではないだろうか。だが、中国の史書に登場する多くの聖人君主譚を幼少より読み聞かせられた若者にとって、朝廷を牛耳る藤原氏は忌むべき存在と考えるのが自然である。後年、我が子・道真に対し、「お前の行く末が心配である」との言葉を是善は残している。この時の道真は師匠である忠臣と共に藤原北家に与し、後年に基経の子・時平と相対するとは想像もしなかった事だろう。

貞観四年（八六二年）、道真は周囲の期待に応えて十八歳で文章生となっている。祖父の清公は二〇歳、小野篁が二十一歳、大江音人が二十三歳での合格であり、異例の速さでの合格であった。貞観九年（八六七年）一月には文章生の中から二名だけ選ばれる文章得業生に選ばれている。文章得業生になると当時、最も難関な国家試験である「対策」[7]の方略試を七年以内に受験できる資格を得る。同年二月に正六位下・下野権少掾（外官・地方官）にも叙任されている。これにより、実務に就くことなく俸禄（給与）を得る立場になる。この時、二十三歳になった道真は方略試への受験に備え、父・是善からの勧めであろうが、ネイティブの中国語を学ぶべく王度と云う在日の中国人招聘教授（家庭教師）を菅家廊下に招き、中国音による論語を学んだと伝わっている。是善の並々ならぬ道真への期待がこの事からも伺える。いつの時代も親は子の勉学のために惜しみない助力を行うものである。やがて、道真は貞観十二年（八七〇年）三月二十三日に「対策」の方略試を宣旨により受験している。受験は論文（策文）である。試験官は都言道（後に良香）であった。同年五月十七日に試験結果が告げられ、「中の上」と云う評価と合格判定を道真は受けた。この合格結果に伴い、正六位上の位階昇進と少内記の官職を得る。職務内容は詔勅の起草を行う仕事であった。作文を得意とする彼にとって適職とも云える。道真は二十六歳になっていた。道真は任官するまでの文章生から文章得業生を経て、「対策」の方略試を受験するまでの間に当時の心境を詩として詠んでいる。

「苦日長」

少日為秀才　光陰常不給　朋交絶言笑　妻子廃親習

（若くして文章生になってから、休む暇もなく勉学に励んでいた。合格する為、友人との談笑も絶ち、妻子にさえ親しく接する事もやめていた。詩題である「苦日長」とは、その苦しみは長い日々であったと云う意味。）

いつの時代も受験生とは試験に合格するまでの間、我慢を強いられる。私自身、道真の様に八年にもわたって受験勉強を強いられる事はなかったが、道真にとって詩「苦日長」を読むかぎり、随分と友人や恋人との交際を断っていた事が伺えて苦しかった事が理解できる。家業を継ぐべく周囲からの期待の星として、プレッシャーの中で勉学に励んだ道真の心境を察するのは経験した者でなければ難しい。

何はともあれ、菅原道真本人の受験を支援し続けた父・是善と母・伴氏も少し肩の荷が下りた事だろう。

子供以上に親は子の行く末を憂い、心穏やかざる日々を過ごすのが常である。合格できた事で道真は最初の親孝行を果たしたと云える。

五．官僚としての歩みと白氏の体

エリートコースの道を歩み始めた道真はようやく社会人としてのスタートラインに立つ。最初に玄蕃助の職を得て、その後、異動して「少内記」の役職につく。

「少内記」の職務内容とは「菅家文草」に記されている以下の様な詔勅の起草であった。分かり易く云えば天皇の指示を記した公文書の草案を書く仕事である。

・「前年減ずる所の五位以上の封禄を旧に復する詔」（貞観十三年）
・「渤海王に答ふる勅書」（貞観十四年）
・「渤海入覲使に賜ふ告身勅書」（貞観十四年）
・「左大臣の職を辞するに答ふる勅書」（貞観十五年）

貞観十三年（八七一年）、この職務について早々、道真は漢詩に長けた才を買われ、十二年に一度、我が国に訪れる[8]渤海国の外交使節の供応役を臨時で任されている。渤海国の外交使節を率いてきた渤海大使・裴頲《はいてい》は詩の名手として知られていた。道真は詩才を認められてこの時、漢詩を裴頲に贈答し両者は親睦を深めている。

裴頲は道真の詩を「白氏の体」と称し、詩風が白居易[9]の漢詩の気風に類似していると評している。〝漢流〟である事が時代の最先端と位置付けられていた平安時代の日本では漢詩を学ぶ者にとって、白居易は〝神〟の様な存在であった。道真も多分に漏れず、どこへ行くにも白居易の詩集を持ち運び、白居易の熱烈な信者の一人であった。ロック好きがビートルズの歌を口ずさむ様に白居易の詩を暇あれば口ずさんでいたと伝わっている。因みに今年の大河ドラマの主役である紫式部も「源氏物語」において、白居易の詩文を多く引用しており大きな影響を受けた一人である。白居易の詩で、道真や紫式部らが特に影響を受けたのが、社会や政治の問題を直視して批判する「諷諭詩」であった。現代に生きる我々が現実の社会問題を諷刺したボブ・ディラン、井上陽水らの歌詞に共感を覚えた様に、白居易の詩は現実にもがく平安時代の若い文人にとって、心の目を開かせる存在であったのだと思える。後年、讃岐守（国司）になった際に道真が詠んだ「寒早十首」

は白居易の「諷諭詩」を彷彿させる名詩（傑作）であった。それほど道真にとって、白居易から受けた思想的影響は大きく、政治家としての基本姿勢に民政家としての意志が垣間見えるのはその影響からだと私は考える。情に厚い人柄を白氏が育んだのだろう。官僚になった初年度は、その文才と感性を買われての職務であり、幸先の良い官僚生活のスタートが切れ、本人の自信に繋がったと想像する。

貞観十四年（八七二年）一月、官僚になってから二年目の正月、息子の独り立ちに安心したわけではないだろうが道真の母・伴氏が亡くなった。当時の法令では、役人は親が亡くなると一年は喪に服す決まりがあった為、道真は「少内記」の職を辞している。おそらく、順調に滑り出したエリート官僚への道を駆け出した矢先であった為、道半ばで投げ出さざるを得ない職務への未練と母親への悲しみとが重なり、道真の胸中は複雑な想いが蠢いた事であろう。その母は死に際して「あなたは昔、観音様の御蔭で命を救われているので、既に禄（給与）を貰っている身分なのだから、その禄の一部を観音様や神仏に寄進しなさい。私が死んだ後は私への供養も兼ねて観音像をまた造り、奉納するのです」と愛息に遺言している。後に道真は母の遺言通りに観音立像を造り、母への供養の念を込めて奉納している。

同年五月、年内は喪に服すのが当時の法であったが半年も経ないうちに道真は天皇の命により特例として職場復帰を果たす。復職理由は前年から続く渤海客使との外交官としての仕事が国として大事であり、法令より優先されたからである。おそらく、道真の仕事を引き継いだ官僚が道真ほどの能力を有してなかった為、匙を投げたのが真相ではないだろうか。それほど国士無双の文才を道真は有していたと推察する。そうして、道真は己の才によって母を亡くした悲しみに浸る事も許されず、復職（少内記）を果たすのであった。

貞観十六年（八七四年）一月、道真は三〇歳となって従五位下を叙任される。父・是善が三十三歳での叙任であった事を考えると異例の早さでの昇進である。この時に宣来子と結婚している。叙任と併せ武官の人事を司る兵部少輔の任に付いたが、本人が願い出たからだろうか、翌二月には民部省（現在の大蔵省）に転属している。民部省では民部少輔の任に就き、この職務を三年間務めている。民部省では、戸籍や田地、交通網を管理監督し、そこから生み出される生産物を民衆から租税として徴収を行い、更には賦役への従事先の指図まで行う監督省庁であった。国の根幹を支える財政を司る役所であった事から、道真は経済と民政をここで学んだと思われる。道真が後年、讃岐守に就任した際は、民部省で学んだ知識や経験が大いに役立った事が想像される。また、この民部少輔の時代に道真は官僚としての模範とも呼ぶべき、良き上司にも恵まれた。民部大輔の藤原保則と民部卿の藤原冬緒である。この二人の上司はいずれも器量、知識に優れ〝吏幹〟と呼ばれる大和朝廷の政を支える当代を代表する名官僚達であった。二人はいずれも地方官としての赴任先で数々の善政を施し、その名声と共に多くの業績を残していた。若い道真は保則と冬緒の二人から官僚としての姿勢を大いに学んだと思える。道真がどんなに才能に満ち溢れたダイヤモンドの原石の様な人財であっても磨かなければ、ただの石ころである。学業の場においてどんなに優秀な子であっても、社会人となった若い頃に良き上司や同僚に恵まれたか、恵まれていないかで、その人の社会人としての人生が決まると言っても過言ではない。私と付き合いのある多くの企業幹部経験者も口を揃えてそう云う。私も同感である。この時の道真は、将来を嘱望された次代のエースと呼ぶべき人物であった。道真を鍛えるべく、大和朝廷の上層部は朝廷内きっての切れ者であり、懐刀と呼ぶべき保則と冬緒の下で意図的に政治を学ばせたのだと推察する。彼に期待する大和朝廷の人材育成戦略の一環であったのだろう。

その後、民部省での三年に渡る官僚勤めを終えて、道真は朝廷内の文官の人事、式典を管理統括する式武省へと転属している。この式部省は大学寮（官僚育成機関）も管轄しており、漢文学が主要学問となっていた関係で紀伝道出身者がその任に多く就いている。道真の祖父・清公も父である是善も式部少輔、式部大輔の職を務めており、親子三代の就任であった。この式部省で道真は仁和二年（八八六年）までの十年間、官僚として活躍している。彼の人生において最も充実した官僚時代であり、その一方で、彼の名声と出世を妬む同僚らによって多くの誹謗中傷の声が向けられ、苦悩する時代でもあった。

六．文章博士の就任と匿詩事件

元慶元年（八七七年）、道真は式部少輔の職と兼任する形で世襲である文章博士に任じられる。文章博士とは大学寮において紀伝道（中国文学・歴史）を教授する官職の事である。名実ともに文人社会を代表する立場になった事を意味する。まだ三十三歳の若さである。

現代風に言えば文章博士は東京大学の学長職の様な役職である。定員は二名である。当時、もう一人の文章博士は道真の受験時に試験官を務めた都良香である。良香は道真が就任した二年後に亡くなっている。その後、道真が地方官である讃岐守に転出されるまでの八年間は一人で文章博士を務めている。官僚職と教授職の二足の草鞋を履いていた事になる。式部少輔も文章博士もいずれも大いなる責任が問われる重職である。当然の事だが激務であった事は想像に難くない。道真は常人であれば想像を絶する二足の草鞋を履く生活を讃岐守に転出するまでの数年間、大過なく、その任を務めている。やはり彼が後年、謀略によって陥れられるのもその常人では為し得ない能力の高さが災いしての結果である様に思える。後年、怨霊から神に祀り上げられるのも存命中から既に「特別な人」であり、周囲の尊敬を集める一方で畏怖される存在〝怪物〟であった様に思える。周囲からの誹謗中傷に憂う道真ではあったが、自身の能力を客観的に他者と比較して顧みる事ができたなら悲劇的な結末を迎える事もなかったのではないかと思えた。

道真の父・是善は道真の文章博士就任を周囲が大いに祝うのに対して、道真の行く末を案じたと伝わっている。父親だからこその不安と恐れであったのだろう。道真はその時の事を「博士難」（菅家文草巻二）と云う漢詩の中で伝えている。

その詩では、是善から「お前（道真）は一人息子なので頼れる兄弟がいない事がまず心配であり、博士職は禄も良く、高位な官職であった事から是善自身、同職の任に就いた際は人の嫉妬心を恐れて身を慎んだので道真も今以上に身を慎むべきだ」と諭されたそうである。この詩には続きがある。

是善の心配は的中して博士として最初の講義を行った三日後には、若い道真を誹謗する声が学生側（菅家廊下以外の学閥出身者）から寄せられたそうである。道真を誹謗する声はこれで終わらず、博士就任一年目に朝廷に対して優秀な学生の推薦状を書いたところ、その選抜が公明正大であったにもかかわらず、推薦されなかった学生から道真の選考は不正だと讒言された事も道真の散文に記されている。いつの時代も己の思い通りにならないと他人の足を引っ張ろうとする輩は後を絶たない。私も会社員時代に大いに誹謗中傷された経験がある。同じ職場に勤める他の同僚達より優秀な業績を残せば残すほど私を誹謗する声が増えていった。この時の道真の気持ちが多少はわかる気がする。それほど誹謗中傷とは相手を妬む大人の陰湿なイジメであり、される方は大きなストレスになる。昔も今も同じ理であろうがイジメの要因には二つあり、イジメを受ける側が容姿、能力が衆（一般的）に較べて劣るか、優れているかのいずれかで個人を異質だと評価し、同じ様な価値観を有する複数が徒党を組み、個人口撃に始まり、排他的行動を集団で起こすのが常である。道真は出自もさることながら能力も優れていたから妬まれ、イジメを受けていたと想像する。おそらく史書には記されていないが所有物の破壊や隠ぺい、盗難もあったのではないだろうか。特に菅原家より家柄の高い同世代の子弟を中心とした集団からのイジメとも云える誹謗中傷が多かったと察する。衆に較べて異質な存在は集団の敵である。その行為は社会集団を拠り所とする人類の本能であり、獣であった頃から逃れえない生物固有の性とも云える。

道真の様に出世街道を突き進みたい人物であれば、誹謗中傷は昇進への妨げ以外の何物でもなく、心中、穏やかならざる想いで過ごしていたと察する。周囲の道真への誹謗中傷は彼が出世すればするほど激しさを増していった。

元慶四年（八八〇年）八月三十日、従三位参議・刑部卿に昇りつめ、多くの弟子を育成した賢人・菅原是善が亡くなる。享年六十九歳であった。道真は父・是善が亡くなった時は夜通し、声を上げて泣いたと述懐している。

道真は父の死により、祖父・清公が興し、父・是善が発展させた「菅家廊下」の主宰を引き継ぐ事にもなる。

それまで以上に重責がその双肩にのしかかり、父・是善の死を受けて、道真は孤独感に打ちひしがれたと察する。

我が子の行く末を案じた是善は今際の際に何を言い残したのだろうか。もし私が是善であれば、「菅家廊下」の門下生達を今以上に自分の家族と思い、大事にしなさいと言葉を残しただろう。是善が残した遺産の一つとも云える「菅家廊下」は是善、道真親子の努力によって、この後も事業として発展していく。道真が主宰であった頃には門下生は数百人にも達し、多くは家柄の低い中下級貴族の出の者であったと伝わる。そこから文章生、文章得業生が百人近くに達し、元慶八年（八八四年）の文章生試（官僚試験）では合格者の定員二十名に対して、半分の十名が「菅家廊下」の門下生であったそうである。「菅家廊下」を起こした菅原清公の狙い通り、道真の時代には多くの官僚が「菅家廊下」の出身者であった。是善亡き後に誹謗中傷に晒される道真だが、彼を政治面でも精神面でも影で支えていたのは是善の弟子であり、義父でもあった島田忠臣をはじめとした門下生であった事は想像に難くない。

道真への誹謗中傷・イジメの背景には能力を恐れての事だけでなく、藤原氏を頂点とした上級貴族層と道真を頂点とした中下級貴族の対立軸も根底にはあったのだろう。

元慶六年（八八二年）十一月、渤海国の使者がまた来朝する。翌年の元慶七年（八八三年）四月に京の鴻臚館（外交使節の宿泊所、迎賓館）に移り、翌月十日に天皇主催の渤海使に対する饗宴が催される。その宴で事件が起きた。

渤海大使である裴頲が漢詩を作って使節への饗応役を務めていた藤原良積に贈詩したところ、あろうことか漢詩が得意ではない良積は座を離れ、その場から出て行ってしまったのである。この態度に裴頲は大和朝廷に面子を潰され、非礼であると感じたのか、翌々日に鴻臚館から出て、帰国の途に就く。この事件の影響により、外交上の危機感を覚えた朝廷は急遽、漢詩に巧みな道真を一時的に海外使節への対応を職務とする治部大輔、その義父・島田忠臣に玄蕃頭(治部省被官、海外使節の送迎・饗応の取りまとめ役)を任じて、裴頲を追っている。道真と忠臣は国の威信を保つべく見事、裴頲に優れた詩を贈る事ができ、国の外交上の危機を救った様である。だが、この時に道真が裴頲に贈った詩をまたしても当事者ではない貴族達が拙劣な詩だと批判した。道真は予期していたのか、或いは毎度の事だと思っての事か、「鴻臚館贈答詩序」の中で、この役目を行っていない他者（上級貴族）がまたこの詩を見て、私を笑い嘲るだろうと述べている。果たしてその通りになった。おそらく道真への上級貴族達の誹謗中傷が常習化されていたのだろう。
その誹謗中傷の声が頂点に達した「匿詩事件」が起きる。
元慶八年（八八四年）夏、正三位大納言兼民部卿である藤原冬緒の屋敷の門前にある壁面に、冬緒を謗った匿名の漢詩が落書きされていた。その詩の出来が余りに良い事から道真が作った詩だと朝廷内でもっぱら噂となり広まっていた。道真は身に覚えのない疑いを掛けられたのである。その顛末を嘆き、道真は「詩情怨」（菅家文草・巻二）と云う七言二十句の長詩を詠んでいる。余程、応えたのだろう。

「詩情怨」

去歳世驚作詩巧　今年人謗作詩拙　鴻臚館裏失驪珠
卿相門前歌白雪　非顯名賤匿名貴　非先作優後作劣
一人開口万人喧　賢者出言愚者悦　十里百里又千里
駟馬如龍不及舌　六年七年若八年　一生如水不須決
一生如水穢名満　此名何水得清潔　天鑑従来有孔明
人間不可無則哲　悪我偏謂之儒翰　去歳世驚自然絶
呵我終為實落書　今年人謗非眞説

以下は私の解釈による訳である。

【昨年、匿名で人を謗った詩が作られ、その詩が巧みである事に世間は驚き、私が書いた様に噂をされた。今年、渤海使に対して私が作った詩が拙劣だと世間は批判した。鴻臚館の中で良い詩が作れなかった私が名声を得る機会を失ったと云う人もいれば、大納言の門前に落書きされた匿名の詩が白雪の様に美しいので私が詠んだ詩と疑う人もいる。実名で作った詩が劣っていたとも思わない。あの匿名で書かれた詩が優れているとも思えない。だれか一人が「あれば道真の作った詩だ」と言い出すと万人にそれが広まる。賢者と呼べる身分の高い人がその噂を言い出すと愚者もそれに従ってその噂を広める。噂は十里、百里、千里と広まり、龍の如き速さを持つ馬車でさえ、その悪舌の速さには遠く及ばない。六年、七年、八年はこの汚名を着せられるのだろうか。私の人生は堤防に溜まった穢れた水（汚名）の様だ。いつになればこの名は清い水（汚名挽回）に満ちた人生を過ごせるのか、天の神は私を観ており、従来から私の行いが正しく明らかである事を知っているだろう。人間も私の行いを正当に評価して観て欲しいものである。私を憎み恐れる人は私を儒翰（政治や実務を顧みず詩ばかり作っている儒者）と云って悪く云う。昨年、世間を騒がせた「匿詩事件」もようやく自然に噂は収まったが今年になっても、私を憎む人達は結局、私がその「匿詩事件」の真犯人だと肯定して、私が詠む詩を懲りずに拙劣だと誹謗中傷する。】

詩を愛する道真だからこそ、詩を拙劣と誹謗されても、敢えて詩を詠むことで、己の心を鎮め、道真を陥れんとする敵対勢力に対して抗おうとした気概がこの詩から受け取れる。戦の少ない時代だからこそ、こういった誹謗中傷（イジメ）をライバル、敵対勢力に繰り返す事が当時の権力者（貴族）達の戦争であったのだと改めて理解するところである。令和の時代に生きる我々が耳にする政治家のスキャンダルな事件とそれ程、構図は変わらないのだと理解できる。根底は出世栄達、自己実現を望む権力闘争の唯一の手段である。道真を取り巻く官僚政治の舞台では改革を目指す中・下級貴族の代表的人物の一人が菅原道真であった。若い道真は上級貴族が口撃するには格好の的である。

巷に持て囃され、中下級貴族の巣窟扱いされたであろう「菅家廊下」の主宰である彼を虐め、失脚させる事こそ、既得権益を有する保守的な上級貴族にとって権利を守る上で必然でもあったのだと思える。このあたりの道真を取り巻く時代背景と流れは、彼の太宰府左遷の伏線が既にこの頃からあったのだと私は推察している。もちろん、「菅家廊下」出身でない中下級貴族の出自を持つ官僚達も道真の追い落とし、失脚を目論んでいたとも考えられる。謀略と云うのは、犯人は一人である事は稀で多くは複数の思惑が重なり、実行犯を助けて事件が起きる。

「匿詩事件」については改めて、その真犯人を考察させて頂くと分かっているのは朝廷に仕える公卿、官僚、学者である事は間違いない。噂が広まったのが朝廷だからである。それも漢詩に長けた人物である。「匿詩事件」の被害者は元々、藤原冬緒である。冬緒を誇った詩であり、それを書いたのが道真と云うことで、道真自身も事件によって二次的な政治的被害を被っている。冬緒と道真を貶めたい人物、複数の勢力が合致して、この事件を引き起こし、便乗して噂を広めた様に考えられる。では誰が何の目的の為に起こしたのか。被害者の二人の関係について整理すると、冬緒は道真にとって民部省時代に尊敬していた上司である。見知った関係である。二人に共通するのは冬緒も後半生の道真も朝廷の重職に就き、現体制の腐敗を感じて改革する立場であった。おそらく冬緒も道真同様に能力が高かった事から、史書には書かれてない数々の誹謗中傷をこれまでも多く受けてきたと推察する。冬緒はこの時、七十六歳の老齢であった。地方官として数々の業績を残し、清和・陽成天皇が頼りとした懐刀の様な人物であった。当時存命な官僚の中で冬緒の実績に並ぶ人物は皆無であり、財政改革の担い手であった。冬緒の失脚を望む者はおそらく道真を追い落とさんとする者達以上にいた筈である。

冬緒は道真に対して、おそらく将来を期待する若者として民部省時代に道真を訓導していたと推察する。朝廷が新人の道真を冬緒の部下に付けたのも彼の薫陶を受け継がせ、次代を担って欲しいと云う狙いがあっての事だと私は考えている。この二人が敵対するとは思えない。職位的にも道真が冬緒を貶める事で利を得る立場でもなかった。また逆に冬緒も私心を捨て、国益に殉ずる官僚の鑑の様な人物であった。立場の違いはあれ、冬緒は道真の誠実な人柄、識見を評価しており、その前途有望な若者の将来を貶める謀事に意を配るとは思えず、まして自作自演の謀事を働くとも思えない。では誰が何のために事件を起こしたのか。

この被害者である二人を「匿詩事件」で貶めたのはおそらく道真とは別の門で学び、同じ様に出世を目指していた漢詩に巧みな人物が実行犯と想像する。その実行犯に指示を出した黒幕は大和朝廷の上層部にあり、冬緒と政治的に対立していた人物あるいは勢力だったとも推察する。高齢になっても尚、健在で天皇の信頼が厚い冬緒にこれ以上の活躍、特に今以上の財政改革を実行されると困る勢力が仕組んだのだろう。その影響力の大きさからおそらく最初の被害者である藤原冬緒を貶める事がこの事件の本来の目的であり、道真を巻き込んだのは冬緒との仲を裂く事や同じ改革派の代表格であった冬緒、道真諸共、失脚させたかったのが真相に思える。その後、この「匿詩事件」は冬緒らの改革派勢力が必死に火消しした事で落着したと推察する。

菅原道真を巻き込んだ事件の顛末は道真個人への才能への嫉妬、出世を妬む同僚と呼ぶべきライバルたちからの誹謗中傷だけではなく、朝廷内の既得権益を有する保守派勢力と財政改革を行う事で国の根幹を立て直したい改革派勢力とで繰り広げられていた権力争い（政争）も背景にあったと史実や人間関係を読み解くに従い、その様な推論が私の中で深まった次第である。

道真の父である是善はこの争いに否応なく巻き込まれる我が子の将来を心底、案じた事だろう。古の時代から現代も能力が高すぎる人物の多くは若い芽のうちから、敵対する者達から摘まれるのが常であり、それを掻い潜ったとしてもイバラの道は続き、英雄として名を残しても悲劇的な末路が用意されているものである。

七．讃岐守への転出

「匿詩事件」以降、その誹謗中傷に身の危険を感じた道真は我が身の安全を守る為、「菅家廊下」の兄弟子にあたる親交深い安倍興行の言に従い、ある決断をする。

それは道真が若い頃から願文の代作を行い、親交のあった朝廷第一の実力者・藤原基経に救いを求める事であった。

推測の域での話ではあるが、冬緒（藤原南家の出）の政敵は藤原北家の基経であった様に思える。彼が黒幕だと考える道真は基経の力を恐れ、その懐に飛び込む事でとひと先ず、上層部で繰り広げられる権力闘争に巻き込まれる難を避けた様に思える。若い頃から道真の能力を高く買っていた基経はしめたと思ったのかもしれない。基経は道真が自らの陣営に入る事を条件に、彼に対する朝廷内の誹謗中傷する者達の口撃を沈黙させる事を約束したのだろう。道真への口撃はこれ以降、下火になっていく。

だが一度、起きた火事がまた再燃しないとも限らない。火事が起きた火元に残された火種は必ず全て取り除く必要がある。基経はそう考えたのか、道真を地方に転出させる。

仁和二年（八八六年）正月、道真は文章博士と式部少輔を突如解任されて、地方官である讃岐守に任命される。

讃岐守とは、讃岐国（香川県）の国司（行政長官、現在の知事）であり、道真は異動転出させられる。この事を道真本人は、我が菅原家の家業である文章博士を解任されて地方官になるなど屈辱であり、この異動は左遷であると詩の中で詠んでいる。先に述べた通り、おそらくは道真に難を避けさせる為の基経の政治的判断がこの人事異動であったと推察する。本人の言はともかく、平安時代前期のエリート官僚社会では、新人時代は中央で実務を学んでから中年期に地方官に転出するのが常識であった。道真の祖父である清公も、藤原冬緒も地方官を歴任して業績を残した事で更なる出世の糸口を引き寄せている。地方行政で実績を残した後に都に戻り、業績に見合った官位、役職に就くのが慣例であった。けっして一般的な常識では左遷ではなかった。

道真が左遷と断じるところに他同僚に比べ「共感性、ＥＱ」が欠落していた彼の内面が垣間見える。菅原家に生まれ、常に周囲から行いの一つ一つを必要以上に賞賛されてエリート意識を植え付けられた事や、受験勉強に没入するあまり同じ目線の友人らとの交流を絶った事で彼の「ＥＱ」は失われていったのだろう。願い、目的を強く持って生きれば生きるほど人は必ず天から「等価交換」が求められる様に思える。何かを得ようと思えば何かを失う。道真はこの道理を知らずに育ったのかと考えさせる。中下級貴族の出自に生まれ、出世栄達を望む野心家であれば地方官に転出する事自体を幸運の機会と捉えてモチベーションが上がるのではないだろうか。道真の様に、京で何不自由なく育った人から言えば地方に転出する事自体が災いであり未開の地への流刑に等しい扱いと認識したのかもしれない。

道真は通常の貴族であれば地方転出を幸運が得られる機会と捉えるところを、誹謗中傷を恐れて庇護を乞うた基経による罰と捉えて左遷したのかもしれない。どんな理由であるにしろ、彼は官僚である限り、朝廷の命に従わなければならない。辞令が出された直後の正月二十一日、仁寿殿で道真の讃岐守転出に対する送別の宴が行われている。その宴では文人である道真が詩を献じ、来賓の公卿が盃を回す事となっていた。そういう習わしであった。その盃を回す役として太政大臣である藤原基経自ら道真に対して盃に酒を注ぎ、讃岐行きを慰める選別として白居易の詩句を用いた詩まで贈っている。実はこの後、基経の自邸でも道真に対する送別の宴も開いている。

道真は基経の計らいに詩を以て、天皇と基経への賛美の言葉を詠み、その一方で慣れ親しんだ宮廷を離れて讃岐に行く事を悲嘆した言葉を残している。道真にとっては讃岐に行くことは彼をこれまで誹謗中傷してきた輩によって引き起こされた人災と考え、その人災が招いた基経による懲罰的左遷と内心では思っていたのかもしれない。だが讃岐に転出した事で都では味わう事の出来ない地方の現実を学び、讃岐での経験が後々の国政の舵取りで大いに役立ち、道真の更なる活躍の原動力になった事は疑いようのない事実であった。

道真が讃岐守に転出した事で式部少輔の後任は、道真の娘婿である藤原佐世が着任している。佐世は「菅家廊下」の出身であり、基経の家司であった事も後任人事の決め手であったと思われる。なお、道真の妻子は都に残り、単身赴任であった。後事を佐世に託し、その年の二月中旬に都を出発して讃岐国に向かっている。

八．讃岐国の現実と寒早十首

仁和二年（八八六年）三月二十六日、道真はちょうど草木が芽吹く晩春に讃岐国に着任した。讃岐への途上、「中途に春を送る」（菅家文草巻三）と云う詩を詠んでいる。

道真が国司となった讃岐国は東北部を海に囲まれ、南部を山脈に囲まれた地勢から古来より四季を通じて温暖少雨で、気候温和な土地であった。

平安時代中期に作られた「和名類聚抄」[10]（略称 和名抄）によると古くから畿内地方に接していた事で農業が比較的に発達していた。当時の大和朝廷が統治する諸国の中でも十三番目に大きな一万八六四七町五段二六六歩（約二〇五二平方キロメートル）の田地面積を有していた。そのため朝廷の農業生産量による格付け（大・上・中・下）でも「上の国」として格付けされていた。当時の日本の全人口が約六〇〇万人とされる中で二〇～二十八万人と多くの民が食を求めて住んでいた様である。数字だけ見れば成果の出し易い任地ではあったが讃岐国は道真が着任する十四年前にあたる貞観十五年（八七二年）から元慶の初めにかけて、旱魃による被害と疫病が同国で蔓延した。当時の国司であった藤原家宗は危機的状況にも関わらず、政治を顧みず、法に定めている緊急の救済処置（減税や食料の支給）を怠った事で更に民への被害が広がり、四万戸近い民がこの時に絶戸（納税できない事で家土地を捨て戸籍を失う）となる事態を招いた。そのため税収が激減した事により、財政は火の車となっていた。

この危機に家宗は病を理由に逃げる様に自ら辞任した為、朝廷は源冷を讃岐守に据え、その下に菅原是善門下「菅家廊下」で紀伝道を学び、民部少輔であった民政と経済の能吏として知られる安倍興行を讃岐介に任じ、讃岐国の復興行政に当たらせた。道真の兄弟子にあたる官僚であった。この時、興行は昼夜を隔てず村々を廻り、民意を組んだ善政を布いた為、讃岐国から逃亡していた民も戻ってきて少しずつ復興の道筋を整えていった。その跡を継いで讃岐権守に着任したのが能吏の中の能吏として名声の高い藤原保則であった。それだけ讃岐国が朝廷にとって重要な国であった事がこの人事からも理解できる。だが、この時期の保則は様々な国の権守を兼任しており、現地に赴いての行政指導が満足に行えなかった事情もあり、おそらく讃岐国復興の目途は未だ道半ばと推察される。

その保則の後任として白羽の矢を立てられて現地に赴き、本格的な讃岐国の復興行政を任されたのが道真であった。

ここまで道真の讃岐守としての異動転出は藤原基経ら保守派上級貴族と「菅家廊下」に代表される中下級貴族を主とした改革派官僚との権力争いを避けての左遷人事として推察する部分もあったが、実際は民部少輔時代に経済と民政をしっかり学んだ経験と行政能力を買われての復興人事と考えられる。合わせて保則の指名であったのかもしれない。本人にとっては失敗が許されない人事であった為、重圧を感じていたと推察する。私も会社員時代に赤字部署の立て直しを経験した事がある。初めて、赤字部署の立て直しを任された時に感じた事は元々、会社上層部との折り合いが悪かった為、この立て直しに失敗すれば私は降格か退職に追い込まれるものと不安に思っていた。

その為、赤字部署を任された時は道真が左遷だと思ったのも分からなくもない。私の場合は御上の意向はともかく前任者が悉く失敗しており不安もあった。だが着任した赤字部署にいる部下達の暗い顔を見て、結果はともかく懸命にやろうと思った。そして彼ら一人一人と面談して話を聞く事から始めた。それが結果的に赤字部署を一年で黒字部署に蘇らせる機会となった。私自身、良い経験ができた。私が好きな歴史から学んだ事だが、物事がうまく進まない時の最大の要因は率いる側と率いられる側との間で会話がなく、何も変わらないと希望を失っている時である。この時もそれを実感して会話する事から始めた。

道真ほど歴史学に通じ、詩人としての感性を持つ人物であればそれに気付いていたと想像する。おそらくこれまでの讃岐国の惨状を兄弟子である安倍興行や元上司である藤原保則から情報を取り、事前に自分が最初にやらなければならない事を分析して理解していた事であろう。

道真は讃岐国への赴任時に漢詩で藤原家宗を批判し、安倍興行を大いに賞賛している。その漢詩からも道真はおそらく復興行政の基本方針を民の慰撫と民意に寄り添う事と定めて、それが讃岐国の財政再建（租庸調税制の再建）の第一の道筋と考えていたと思う。国家、行政組織が再び民の信を得るには、政治家が強い意志を持ち、有言実行で誠実を尽くす事が奇蹟の一歩である。組織の腐敗を徹底的に洗い出しては正す事を地道に繰り返す事で民は政治家に信を抱く。道真は歴史を学んできた事でその真理を知っていた筈である。中国における三国時代の偉大な政治家である魏の曹操が詩人としての感性を用いる事で民の苦しみを心で感じ取り、新たな希望の種を撒き、共に希望を育んだ様に道真も政治の乱れが招いた讃岐国の民の叫びを感じ取り、新たな希望の種を国司として探し求めたと考察する。この経験が政治家としての自覚を促し、右大臣にまで登り詰めた政治家としての信条を形作り、国家として何が必要なのかを常に考える端緒になったと思える。讃岐に着任した四月に道真は早速、国司として国内の巡察を行っている。目を通して見なければ知り得ない田地の荒廃、土地を追われた流浪の民をこの時、目の当たりにして都に上がってくる会計簿の数字では見えてこなかった地方の惨状を痛感した筈である。ちなみに当時の「税」とは農業生産物による物納（租庸調）と労役による肉体労働（雑徭）の事であった。奈良時代から平安時代前期にかけて、律令制を敷く大和朝廷は農業生産力を高め、国家の財政基盤を盤石にすべく、民が進んで開墾を行う様に仕向ける様々な政策を打ち出していった。特に自ら開いた土地田畑は一生涯或いは孫に至るまで私有地とできる「三世一身法」[11]、「墾田永年私財法」[12]の政策によって、計量経済史から見ても飛躍的に耕地面積を広げていった。だが、当時は社会資本が安定していなかった背景があり、農業生産性を安定化させる治水技術や気候変動に強い農作物の品種改良技術が国家として備わってなかった事から気候の影響によってどの国も三年に一度は旱魃による飢饉(全国規模だと毎年飢饉が起きている)に見舞われていた。また全国各地から都へと運ばれる庸・調（物品税）の運搬人や海外からの交易商人が知らずと当時の日本人が抗体を持っていない未知の病原菌を都や日本国内にもたらしていたので日本各地で毎年の様に疫病が蔓延する時代でもあった。その影響により、餓死者と病死者が出る事で耕地を維持する人口の増加が抑制されてしまい、安定的な農業従事者を確保できなくなっていった。その結果、全国的に広げた耕地の荒廃化が進み、自然災害による不作も続いた事で租庸調が民にとって大きな負担となっていく。その負担に耐え切れない民の中には、土地を捨てて戸籍登録されていない他国に逃亡する者や庸・調が成人男性(正丁二十一～六〇歳）に課される税であった為、男性であるにも関わらず戸籍上は女性として登録する事で納税義務を逃れる民が増えて、国家を支える税収入が激減の一途を辿り、大和朝廷にとって税収益の確保が政治上、最大の課題となっていた。この政治課題に対し、民以上に脱税を行い、更なる悪循環を引き起こしていたのが誰であろう摂政・藤原基経を頂点とする上級貴族と寺社ら権門勢力であった。

一般的に全ての土地は天皇が有する公地公民の考えがあり、田地であれば誰であっても納税する義務があるにもかかわらず、基経ら権門勢力は自分たちが開発した土地を天皇に不輸不入[13]の権を認めさせた上で、自分らが保有する「荘園」（貴族所有の別荘地にある庭園）を増やしていった。

「荘園」の中に農作物を大量生産する農地があっても庭園の中にある草木のひとつであるため納税義務はないと、権門の脱税を合法的に認めさせていたのである。本来であれば国家の政道を正すべき摂政がこの様な有り様であった。民が国に背を向けるのも致し方のない事だと云える。道真ら純粋に紀伝道（中国の歴史、思想、儒学等）を学び、[14]徳治主義を政治理念とする「菅家廊下」を中心とした官僚集団にとって藤原基経を頂点とする権門（上級貴族）は国を乱し、民を苦しめる賊臣と捉えていた様に感じる。

道真ら改革派勢力が財政改革を行う上で権門の力を弱め、民を保護する事が税収益を高める上での最大の目標に変わっていくのは自然の流れであった。いつの時代も権力を独占したい側と社会救済を願う改革派との主導権争いは繰り返される。現代ではその構図はよりグローバル化している。或る国の民が稼いだ財産の多くは税として国庫を潤しているにもかかわらず、正しく民の為に使われず、国外勢力とそれと手を結ぶ国内勢力の為に多くが利用されている。歴史を見ると社会体制を覆す勢力は常に権力と民の間に介在する勢力であり、我が国の歴史を見ると武士勢力であった。武士が台頭する以前の歴史だが、より民に近い立場で社会救済を考えられる存在がこの国には必要だと、この時代に生まれた道真と改革派勢力は強く感じていた様に思える。

ちなみに計量経済史の推定で当時の民の税負担を現代人である我々の経済的価値観で分かり易く解説すると、例えば一世帯の家族（夫婦と子供二名、職業は農業）が一年に消費する食費が五〇〇万円とすると、一家族の世帯収入が飢饉もなく順調に農作物を作って五〇〇万円弱であった場合、そのうち国から二〇〇万円は税金として取られるとその家族は農作物以外の副収入で二〇〇万円を得なければ家族が生きていけないのである。仮に不作によって三〇〇万円の収入しか得られなかった場合、税金を納めると一〇〇万円しか残らず、家族は飢え死にする事になるため、せっかく開墾した土地であってもその土地や家を売り、やがて売る物もなくなると一家離散か戸籍を捨て、新天地に移動して新たな職（食）を求めるしか生きていく術がなくなるのである。当時は土地を捨てると戸籍を失い、浮浪者として納税対象外となっていた。道真が国司となった讃岐国はそういった税を納める事が出来ず、土地・戸籍を捨て、食（または職）を求めて大国（大都市）である讃岐に流入した浮浪者が溢れていた。

道真はその現状を見て胸に沁みたのか、着任早々に名詩「寒早十首」でその民の悲惨な現実、世相を詠んでいる。

「寒早十首」の中で道真は「何人寒気早」（この冬の厳しい寒さを誰が早く感じるだろうか）と云う書き出しで、律令税制の歪みが招いた結果として、どれほどの民衆が生まれ故郷を追われ、浮浪人となり、食う物もろくになく苦しんでいるかと嘆きの詩を十回にもわたって詠んでいる。

「寒早十首」

（一）

何人寒気早　この冬の厳しい寒さを誰が早く感じるだろうか

寒早走還人　寒さは国を捨て戸籍のない人（浮浪者）に早く来る
案戸無新口　彼らを調べても新しい戸籍がないので
尋名占旧身　名前を聞いて出身地を推量するしかない
地毛郷土痩　彼らが追われた故郷の土は痩せているので
天骨去来貧　あちこちで苦労して骨まで痩せたのだ
不似慈悲繋　国司が慈悲でつなぎ止めなければ
浮浪定可頻　浮浪者はまた増えていくだろう

（二）

何人寒気早　この冬の厳しい寒さを誰が早く感じるだろうか
寒早浪来人　寒さは国を逃げた人に早く来る
欲避捕租客　重税から逃げたかったのに
還為招責身　かえって厳しくとられる身である
鹿衣三尺弊　鹿皮の衣はもうボロボロで
蝸舎一間貧　カタツムリの家みたいな一間の貧しいボロ家で
負子兼提妻　子を背負う妻の手を引いて
行々乞興頻　物乞いで地元人から食べ物を恵んで貰い生きてる

（三）

何人寒気早　この冬の厳しい寒さを誰が早く感じるだろうか
寒早老鰥人　寒さは妻に先立たれた独り身の男に早く来る
転枕雙開眼　寒さで枕を動かしては眼は開いたまま
低盧独臥身　粗末な小屋に一人寝ている
病萌愈結悶　病気になりかかって悶えているが
飢迫誰愁貧　食べ物もなく、誰も心配してくれない
擁抱偏孤子　彼にあるのは抱える母を失った我が子だけ
通宵落涙頻　それを見て一晩中、落とす涙がとまらない

（四）

何人寒気早　この冬の厳しい寒さを誰が早く感じるだろうか
寒早夙孤人　寒さは孤児となった人に早く来る
父母空聞耳　父母のことは話で聞くだけ
調庸未免身　子供でも税から逃げられない
葛衣冬服薄　冬になっても夏の薄い着物しかない
蔬食日資貧　毎日、菜っ葉飯では身体がもたないだろう
毎被風霜苦　風や霜で（寒くて）辛くなるたびに
思親夜夢頻　親を想って夜は親の夢ばかり見るそうだ

（五）

何人寒気早　この冬の厳しい寒さを誰が早く感じるだろうか
寒早薬圃人　寒さは薬草園で働く人に来る
弁種君臣性　薬草の種類や品質を見分けるのが仕事だが
充傜賦役身　その労働の成果を税として返す人だ
雖知時至採　薬草を採る時期を知っているけど

不療病来貧　彼らは病になっても薬草を使えず貧しいままだ
一草分銖欠　ほんのちょっとの薬草が足りないだけで
難勝箠決頻　いつも、鞭打ちの刑にされて苦しみに耐えている

（六）
何人寒気早　この冬の厳しい寒さを誰が早く感じるだろうか
寒早駅停人　寒さは駅停で働いている人に早く来る
数日忘食口　何日も食べるのを忘れるくらいに働かされて
終年送客身　年がら年中、客を運ぶ身だ
衣単暗発病　冬になっても薄着で病（風邪）にかかっても
業廃暗添貧　仕事を辞めたら貧困になるので働いている
馬痩行程渋　馬も痩せて、速く動かないと
鞭笞自受頻　馬も自分も駅長から鞭で叩かれっぱなしだ

（七）
何人寒気早　この冬の厳しい寒さを誰が早く感じるだろうか
寒早賃船人　寒さは船に雇われて漕いでいる人に早く来る
不計農商業　農業、商業を行える知識がないから
長為就直身　いつまでたっても雇われの身だ
立錐無地勢　錐が立てるほどの土地もないから
行棹在天貧　棹にまかせて生まれついての貧乏暮らし
不屑風波険　波風が険しくても気にかけないが
唯要受雇頻　気になるのはいつまで雇ってくれるかって事だ

（八）
何人寒気早　この冬の厳しい寒さを誰が早く感じるだろうか
寒早釣魚人　寒さは魚を釣る人に早く来る
陸地無生産　陸地には食べるものを生み出す田畑がないから
孤舟独老身　この独り身の老人は一人で舟に乗っている
撓絲常恐絶　釣り糸が切れそうになるといつも心配している
投餌不支貧　餌を投げ魚が取れても貧しさは変わらない
売欲充租税　取れた魚を売って税を収めたいと考えるから
風天用意頻　いつも風や天候が気になっている

（九）
何人寒気早　この冬の厳しい寒さを誰が早く感じるだろうか
寒早売塩人　寒さは塩商人に早く来る
煮海雖随手　海水を煮て塩にする事は手馴れているが
衝煙不顧身　煙に咽て我が身を顧みる事がない
旱天平價賤　日照りが続くと塩は取れるが値段を下がるので
風土未商貧　この土地での商売だけだと未だ貧しいままだ
欲訴豪民攉　他国で売る豪商の独占を訴えるが
津頭謁吏頻　いつも港で会う役人は同じ返事しかしない

（十）

何人寒気早　この冬の厳しい寒さを誰が早く感じるだろうか
寒早採樵人　寒さは樵《きこり》に早く来る
未得閑居計　未だ家でのんびりと過ごす事ができないでいる
常為重担身　いつも重い木材を担っている身なので
雲岩行処険　雲が湧き、岩の多い険しい所に行っている
甕牖入時貧　仕事を終えて貧乏な家に帰ってきても貧しいまま
賤売家難給　木を買い叩かれ安く売るので家計が立たない
妻子餓病頻　だから妻子はいつも餓えて病にかかっている

道真が詩人の感性を持った政治家であったからこそ、この詩が作られたのだと思える。日本史に登場する政治家の中で数少ない護民思想を有した人であった。道真は讃岐守を実に四年務めている。この間に現状の租庸調税制の限界を感じ、財政改革の必要性を強く感じたと推察する。荘園を持って食うに困らない上級貴族達はこの現状を見ても我関せずで職務に責任を持たず、行事儀式にうつつを抜かしていた事だろう。道真の詩人が持つ審美眼は、民を顧みない国の在り方を美しいと感じた事だろうか。

京にいた頃の道真は富によって人工的に彩られた美の中で四季の移ろいに身を置いていた事だろうが、讃岐国を訪れた事で腐りかけていく国の移ろいに身を焦がし、詩の命題が変わっていったと考える。民部省時代に仕えた直属上司であり、国の現状を誰よりも知る藤原保則によって、指名されたのだろう。道真は民部省時代に保則とその上司である藤原冬緒の薫陶を受けている。道真の感じる心がこの国の政治家には必要だと保則は自らの後継者として選んだのだと推察する。私が知る現代の企業組織でも必ず行われるのが現リーダーによる次代リーダーの指名が行われ、リーダーの資質を高める為に必ず現場の経験を積ませるのが常である。私自身、会社員経験と経営者経験もあるため、指導者の must も述べさせて頂いた。道真は本人が望んでいたかわからないが、道真の讃岐国への異動転出は、改革派勢力のリーダーである藤原保則によって十中八九選ばれたのだと考えるのが自然である。

九．藤原基経と阿衡事件の前日譚

仁和三年（八八七年）八月、太政大臣である藤原基経の上表を受け、光孝天皇は第七子で臣籍降下していた源定省を親王に戻して後に没し、定省が宇多天皇として即位する。

この年の冬に道真は休暇を願い出て帰京している。帰京後、越年して正月を京の邸で家族と過ごしたのだろう。この間に讃岐国府の部下である倉主薄から道真に手紙が送られてきている。手紙には道真がこのまま京に残り、讃岐に戻って来ないのではと民が不安になっている事が書かれている。彼の讃岐守時代に詠んだ詩の多くは仕事への不満と不安であったが、本人の思惑はともかく讃岐国の民の為に職務に精励しており、民に慕われていたのだと

推察できる。

道真が讃岐国で国司としての職務に全力を注いでいる間も京の宮廷では執権・藤原基経による政治の実権を守る為の活動が活発化していた。その活動の結果、後に「阿衡事件」と呼ばれる国政を大いに乱す歴史的事件が起きる。

「阿衡事件」を語る前に、事件を起こした藤原基経が自らの地位を確立する契機となった「応天門の変」との関わりを紹介する事で事件の理解を深めて貰おうと思う。

貞観八年（八六六年）に起きた「応天門の変」において武力を司る左近衛中将であった基経は、叔父である右大臣・藤原良相の命で応天門を放火した犯人が左大臣・源信であり、彼を捕縛する事を命じられる。事件の経緯は応天門が何者かによって放火され、藤原良相の側近である大納言・伴善男が左大臣・源信の犯行であると告発した事で源信が犯人として当初、扱われている。だが、基経はその命に素直に従わず、捕縛する前に病で臥せりがちではあったが最高権力者である太政大臣・藤原良房に相談した。その結果、良房の進言により源信は無罪となった。その後、告発した大納言・伴善男は逆に

平安神宮応天門 平安京大内裏の正庁朝堂院の南面正門を再現

犯行の嫌疑がかけられ、良房の判断で有罪となり流刑に処されている。これにより、古代からの名族である伴氏（元は大伴氏、道真の母の実家）は没落する。一般に藤原氏による他氏排斥事件のひとつとされているが、背景として当時、基経は役職では上である叔父の右大臣・良相と、藤原氏長者である藤原良房の後継者争いを水面下で繰り広げていた様である。順当に行けば実績と人望のある良相が跡を継いでいたと思われるが、この事件が分水嶺となり、良相は流罪にこそならなかったが政治家としての名声も地に落ちる。藤原良相は政治家として菅原道真と同じで政治の乱れを憂い、「政を淳素に反す」[15]政治理念を持っており、政治改革を求める清流派に属する人物であったが志半ばで失脚している。道真の母が流罪となった伴氏出身である事が興味深い。一方で基経は左近衛大将（軍の最高責任者）に昇格して近衛軍を掌握する。事件から六年後の貞観十四年（八七二年）には右大臣となる。同年、養父・良房が亡くなった事で朝廷において事実上の最高権力者となる。陰謀説が好きな読者であれば基経に対して思うところがあるだろう。その後、妹である藤原高子が清和天皇の子を産み、天皇の外戚としての確固たる地位を築いていく。貞観十八年（八七六年）に高子が産んだ九歳の貞明親王に清和天皇が譲位した事で甥っ子である陽成天皇（貞明親王）の叔父である基経が養父である良房の先例に倣って摂政に任じられる。まさに飛ぶ鳥を落とす勢いであり基経の絶頂期であったと考える。その後の元慶

二年（八七八年）に起きた元慶の乱（東北地方で起きた豪族による叛乱）を政戦両面の策を講じて鎮圧し、翌元慶三年（八七九年）の班田収授の実施と国内外の難題に対しても、政治力を如何なく発揮して名実ともに並ぶものなき最高権力者となっていった。

ここから「阿衡事件」の伏線となる基経の権力基盤を絶対的なものにしていった事件が起きていく。元慶四年（八八〇年）十二月に清和上皇が没した事で陽成天皇の命で養父・良房と同じ太政大臣に基経は任じられ、摂政も継続する様にと朝廷から勅が出る。だが基経はこれを強く拒絶している。通例であれば三回辞退した後に引き受けるのが倣いであった。それを四度にわたり辞退している。異例の事であり、基経はこの後、自宅に引き籠って政務を放棄する。

これは大和朝廷にとって上も下も混乱する大事件となった。基経は太政大臣と云う役職そのものが企業における名誉職（実務的権限）と考えており、この叙任の裏には基経を排斥せんとする勢力（清流派）の思惑によるものと看破したのだと思われる。その基経の権力集中を是としない勢力が神輿に担いだのが陽成天皇を産んだ妹の高子であった。彼女からすれば兄・基経より我が子である陽成天皇の行く末を危ぶんでの事であったと推察する。基経の専横を打破したい勢力と高子の利害が一致する。太政大臣に任じた後に基経を陥れんとする謀略を察知し、基経排斥の陰謀を未然に防ぐ目的で現状の大臣職が有する政務を滞らせる事で敵を混乱させ、不定期に引き籠る事で自身を守り、敵が油断するのを待ったのだろう。当時の大和朝廷では基経の勢力と妹である高子を頂点とする女官勢力、そして基経を快く思っていない改革派勢力と三つの勢力があり、陽成天皇を擁する高子が敵に廻るのは分が悪いと判断しての事と思われる。これに対して基経は改革派（清流派）が最も嫌う国政の停滞を招き、政敵たちを困らせて揺さぶりをかける目的で自宅に引き籠る事を選ぶ。彼らが基経を侮って油断するのを待ったのかもしれない。これまでも様々な政治的修羅場を潜り抜けてきた基経なればこその一手だと云える。

この後も基経は陽成天皇の度重なる摂政職の兼任への依頼を辞退していく。そして一年半に渡り自宅に引き籠って完全に出仕を停止している。基経は用心深い人である。これは中国の三国時代に活躍した諸葛亮孔明の宿敵である司馬懿仲達が政敵である曹爽との権力争いで暗殺や謀略を恐れて自宅に引き籠り、事態を静観する事で機が熟するのを待ったのと同じ策を執ったのだろう。自宅に引き籠り、慰問にきた曹爽の部下に対して痴呆症老人を演じた司馬懿を曹爽は完全に侮り、狩りに出かけて宮廷を留守にする。この曹爽が隙を見せた瞬間を司馬懿は見逃さなかった。息のかかった軍を動かして宮廷を一気に制圧する。狩りから戻ってきた曹爽一派は待ち構えていた司馬懿達によって宮廷で拘束後、曹爽一派は謀反の罪で粛清されて権力を奪われる。基経もこれに倣ったのかもしれない。この後も基経と高子・改革派勢力との政治的駆け引きは続き、高子は自宅に引き籠る基経に対し軽視する発言と行動を見せていく。

元慶七年（八八三年）十一月、宮中で陽成天皇の乳母であった紀全子の子・源益が殺される事件が起きる。この犯人を陽成天皇ではないかと云う噂が宮廷内で広がる。噂を広げたのは藤原基経の勢力と想像する。

元慶八年（八八四年）、この噂を重く見た基経は出仕して基経主導の朝議が行われる。この朝議で基経は陽成天皇の廃立を建議する。この建議に基経派の参議・藤原諸葛は基経に従わぬ者は斬ると恫喝した事で逆らう者もいなくなり、朝議の結果、陽成天皇の廃立が決定する。おそらく裏で基経は司馬懿同様に子飼いの軍を動かし、武力行使も辞さない態度を示して武力を持たない高子と改革派を脅した結果、陽成天皇の廃立が決定したのだと推察する。この後、同年二月に基経が推戴する形で既に五十五歳であった時康親王が光孝天皇として即位する。

光孝天皇は即位後、もはや誰も逆らう者もいなくなった藤原基経の意に従う事を態度に示す為、それまでに成した子女全員を源氏姓に臣籍降下させる。基経に逆らう事は身の危険を招く為、摂政以上に政治の全権を委ねる役割を太政大臣となった基経に託す様になる。後年の関白職の前身的職務と云える。同時に太政大臣と云う役職が名誉職ではなく、政治的に左右大臣を凌ぐ最高位の実権を有する職掌である事を基経は光孝天皇に認めさせている。

彼は息子である時平と違い、政治の実権を握る手法が強引ではなく、熟した柿を揺さぶって落ちてくるのを待つタイプの政治家であったと彼のエピソードからそう考える。だから一番味の良い熟した柿を得た後も他の者に残りの柿を分け与える事ができるので、柿の木（政権）は枝を折られる事なく、また次の年に幹を太くして柿を実らせる。だから、誰も熟した柿を巡って争う事もなく、柿の木を折る事も枯らす事もしないので熟した柿を得た者は周りから尊ばれ、恨みを買う事が極端に少ない。基経は養父である藤原良房や息子の藤原時平の様に恨まれる事なく政治的実権を長期にわたって維持でき、史上初の「関白」（臣下の意見を天皇に奏上する役職、実質的な朝廷の権限を持つ最高の職位）の職位を獲得している。藤原北家が長きにわたって摂政・関白職を代々受け持ったのは彼の功績が養父・良房以上に大きいと私は考える。この権謀術数の権化とも云える基経を陽成天皇の廃立以降、誰も相手にしたいと思う政敵はもはやいなかったと推察する。だが基経本人がこれまでの政治家としての経験から「一寸先は闇」との政治信念が再び動いたのだろう。

「阿衡事件」を起こし、光孝天皇の跡を継いだ宇多天皇と腹心である橘広相に政治的実権を奪われない様にと政治的牽制を行ったのだと推察する。

十．阿衡事件

「宜しく阿衡の任を以て卿の任とせよ」

仁和三年（八八七年）八月二五日、光孝天皇が病で重篤となったため、臣籍降下していた息子の源定省を皇太子（定省親王）に戻した翌日に光孝天皇は没する。光孝天皇は崩御する前に基経と定省親王の手を取り、定省親王を基経の子のように輔弼するようにと遺命していた。

定省親王は光孝天皇が亡くなった同日に践祚されて、「宇多天皇」となる。同年十一月に大極殿で即位の儀を行う。

この時、藤原基経は八月の践祚後、政務を執り行わず、また自宅に引き籠っている。理由はいくつか考えられる。宇多天皇が既に側近である橘広相の娘・義子との間に二子を儲けていた。更には同時期に藤原高藤の娘・胤子と婚姻も結んで一子（長男）を得ている事から、宇多天皇が異母妹の藤原淑子の猶子で基経が天皇の外戚としての政権を担うと云う摂政としての正当性が保たれるが、その跡の地位を橘広相或いは同じ藤原北家である藤原高藤に脅かされる恐れがあり、それを警戒しての行動と思われる。橘広相は菅原是善門下の「菅家廊下」出身者であり、菅原道真とは文章博士時代の同僚であった。どちらかと云えば基経とは真逆な「清流派」な官僚である。もう一人の藤原高藤は藤原北家の出で基経の従兄弟であった。だが高藤の場合、基経の様な京の華やかな出世街道を歩んでおらず、左近衛少将ついで兵部大輔といった泥臭い任務を主とする武官や尾張守などの地方官を歴任してきた経歴の持ち主であった。基経とは歩んできた道のりも違う為、基経からすれば血筋的にも警戒するのは当然の事であった様に私には思える。基経からすれば、宇多天皇の跡を継いだ次代の天皇が広相か高藤の孫であった場合、基経とその子供達が地位を取って代わられるのは必然であり、宇多天皇に基経と血筋が近い者（娘、妹等）を妃の一人に加えて貰い、その血縁者の妃から生まれた子が次代の天皇である事を認めさせる事が絶対条件であった。おそらく暗に基経は宇多天皇にその譲歩を求めたのだろうが、我が子が可愛い宇多天皇はそれを即位して間もないのだからとうやむやにしたのかもしれない。或いは私の推理だが事件を引き起こす前にあった出来事が要因であったと考えている。臣籍降下して源定省を名乗っていた宇多天皇は廃立された陽成天皇に仕えていた時代があった。前述で藤原基経が敵対する藤原高子らとの権力闘争を制する切っ掛けとなった源益が殺される事件を紹介している。同族である源益が暗殺された事件を目の当たりにした宇多天皇が、主君である陽成天皇に犯人の濡れ衣を着せて廃立に追い込んだ基経のやり方に嫌悪感を抱くのは人として自然の成り行きに思える。宇多天皇は即位が決まる以前から基経を排除した天皇による親政を意識していた様に思える。宇多天皇は即位の前後から表面には出さなかったつもりであろうが、その想いが基経の息のかかった臣下を通して漏れていた様に思える。史書には書かれていない歴史とも云えるが、源益の暗殺事件に源定省であった宇多天皇がどこまで深く関わり、陽成天皇との関係性がどれほど親密であったか知る由もないが、当事者である基経はおそらく源益暗殺事件と陽成天皇廃立の関係者全員の言動と行動の全てを逐一、把握していた筈である。源定省がどの様な言動をして、どの様な行動態度を示していた人物であるかも知っていた筈である。その結果、即位前後から宇多天皇に対し、警戒していた様に思う。宇多天皇には気の毒な話だが、権謀術数に長けた基経は先の先を読んで手を打つ政治家である。そうやってこれまでも多くの暗闘を制してきており、信念とも云える。以前、光孝天皇を高齢で即位させた際も、摂政職が本来、幼帝を補佐する役割であるため、摂政を解かれて「太政大臣」の職掌となってしまったので同じ様に政務放棄を行う事で光孝天皇を困らせている。光孝天皇は政務が滞る事態を恐れ、「太政大臣」の職掌ではないが基経に政治の全権委任とも云える摂政の仕事を引き続き行って貰いたいと天皇の勅として出している。基経は正式に天皇の名で自らに依頼させる事で政治の実権を握る正当性を認めさせている。当然の様に今回も宇多天皇の真意を読み解き、己に優位な条件を引き出すだけでなく、絶対的な力の差を認めさせる為、宇多天皇に「阿衡事件」と云う政治的難題を仕掛けた様に思える。

「阿衡事件」の始まりは宇多天皇が即位した十一月十七日に宇多天皇が藤原基経に最初の勅を送った所から始まっている。宇多天皇は二十一日に再び、「未熟な自分が天皇としての使命を果たせるように国の政務全般を基経が確認して私に建言する様に」と云った意味で「関り白し、その後に奉下する様に」と云う内容で詔（正式な依頼文）を出し、それに対して二十六日に基経は辞退する申し出の表を出している。当時は大和朝廷の儀礼として命じられても二度は辞退した後に三度目の天皇からの依頼に対して受託するのが通例であった為、翌二十七日に宇多天皇は二度目の詔を義父にして側近である橘広相に代作を頼み、同じ主旨の内容で基経に出している。この二度目の広相が書いた詔で「宜しく阿衡の任を以て卿の任とせよ」と書かれた一文に対して、基経の家司である藤原佐世より「阿衡と云うのは具体的な職掌がない」と基経に建言があった為、基経はそれを受けて、宇多天皇の真意に対する疑義が生じ、勅にある「阿衡」の真意をご回答頂くまでは出仕は遠慮させて頂き、政務も見ないと返答した様である。「阿衡事件」が段々と朝廷内で噂となり、顕在化していくのであった。噂となったのは基経が裏で息のかかった官僚を介して政治工作の一環として広げたと推察する。

宇多天皇はこの基経の「阿衡の任」への疑義に対して、回答に窮した様で即答を避けている。即答を避けたところに私は宇多天皇の政治家としての甘さを感じ取る。

前項で前述しているが菅原道真は仁和三年（八八七年）の十一月頃に讃岐から京に帰京している。一般に知られている史料では道真が単に帰京していると書いている事が多い。

だが、基経の家司である藤原佐世は道真の娘婿であり、菅原是善門下の人物であった。道真は基経に「匿詩事件」で借りがあり、これまで若い頃から道真を礼遇した基経が天皇の代替わりで政治的危機にある。道真の知恵を拝借したいと基経から相談があった様に私は推理している。当然、道真は極秘裏の内に藤原基経邸を訪れて、邸に集う基経の側近達、その中には島田忠臣も加わっていたのかもしれないが彼らと議論を交わし、策を講じた上で歴史的故事を知り尽くした道真の提案かもしれないが、宇多天皇への政治的牽制として一石を投じる目的で「阿衡」の言葉を取り上げ、事件の引き金に利用した様に思える。後年、宇多天皇とは「水魚の交わり」とも云える名コンビぶりを発揮する道真だが、この頃は藤原基経の陣営にあり、心ならずも宇多天皇の徳より基経の徳(得)を選んだのかもしれない。この帰京時に道真は「冬夜閑居話舊、以霜爲韻」(菅家文草巻三)と云う詩を詠んでいる。内容は「冬の夜に思い出話をする事は年老いて物忘れが多くなるよりましな事であり、お喋りが過ぎて人の心を傷つけてしまうのではと私は恐れている。昔、「菅家廊下」の学友たちと共に遊び、あの頃の自分らは透き通った水の様に純粋な心でいた。昔話を夜遅くまで語り尽くすのは悪くない。思い出していると急にたくさんの涙が零れてきてつらい。思い出話をしていると亡くなった人(菅原是善と思われる)の当時が今は思い出されて、私はいま一人で心が痛むのである」と云う意味である。

私の手元にある道真に関する「阿衡事件」の事を書いたどの史料にも、この詩についての言及がなかった。なぜ、こういう詩を帰京時に詠んだのか。私の中で浮かんだのは「阿衡事件」を巡って、同門である娘婿の藤原佐世と道真、宇多天皇の「阿衡」と書かれた勅を書いた同門の橘広相とがかつては共に遊び語らった仲なのにこうして対立するであろう事を予測して涙したと考えている。道真は表立って「阿衡事件」に関わってないにも関わらず帰京中にこの詩を詠んでいる。

翌仁和四年(八八八年)四月、宇多天皇は左大臣であった源融に命じて、儒教を介した歴史的故事に詳しい明経博士の善淵愛成と中原月雄に「阿衡」に職掌がないかを調べる様にと指示している。その結果、二人は藤原佐世と同じ見解を示している。これに対して橘広相は直ちに紀伝道の見地で反論している。善淵愛成と中原月雄はおそらく基経の息のかかった官僚であったと思われる。

藤原基経は将来的に政敵となりうる橘広相に罪を着せて、失脚を目論んでもいた様である。当時、宇多天皇の一番の側近が橘広相であった。私が基経の立場でも宇多天皇を孤立させる為に、広相を切り離し、自らがその代わりである事を認識させる様に工作するだろう。兵法でも「敵の愛する者を討て」と云う言葉がある。道真や佐世ら基経のシンクタンクたちの入れ知恵か、本人の考えかもしれない。

こうやって基経は、じりじりと宇多天皇を政治的に包囲していき､音を上げるまで続けていった様である｡六月に実施した｢大祓｣の儀式も慣例で公卿は全員出席するところ、広相以外は誰も出席せず、宇多天皇と広相が孤立するという事件も起きている。基経の権勢の凄さが伝わってくる。結果、左大臣である源融は広相が書いた基経への二度目の勅を改める事を決める。その後、十月に基経の娘である藤原温子が入内して宇多天皇の第一の妃とされた事でようやく基経は矛を収める動きを見せる。宇多天皇は心ならずも基経に屈し、義父であり側近であった広相は誤った勅を書いたかどで自邸に蟄居を命じられた上に罪を咎められる。十一月になって正式に文書で広相が書いた勅は誤りである事を認めるのである。基経は宇多天皇が誤りを認めた事と娘を妃に迎えた事でようやく、関白として摂政と同様に政治の全権を委任される事を引き受け、政務に復帰する。

この一件を境にして、成人天皇を補佐する「関白職」が大和朝廷の制度に加わり定着する。

その後、自らの実権を認めさせた基経が奏上したのだろうが宇多天皇の命で広相の罪を不問に処している。

この広相の罪を不問にする一件に道真が基経に極秘のうちに「昭宣公（基経）に奉る書」を送り、それが認められた事で広相が罪人にならなかったと云う説もある。

もし、そうであれば宇多天皇はこの話を聞き、道真の人柄を認めた為、後日の二人の関係が「阿衡事件」を境に急接近していったと考えられる。

十一．讃岐国からの帰京と藤原基経の死

寛平二年（八九〇年）の春、道真は讃岐国司の任期を終えて帰京している。後年、本人が太宰府左遷後に当時のことを回顧した散文で讃岐国の実情を把握して財政面も含めた改革に成功した事を述べている。その時の大いなる実績を認められての目覚ましい昇進と栄達であったと述懐しているところに政治家としての自負と自身が垣間見える。

この時、道真は任期終了後、四か月以内に行う後任の讃岐国司への事務引継ぎを終えてから帰京するべきところ、特別な使命を帯びての帰京を命じられた為と思われるが、引継ぎを完了せずに帰京している。京で讃岐国司の事務引継ぎを行う一方で、特命で別の任務を兼務する形で動いていた様である。地方官上がりの貴族に許される事ではなく、宇多天皇か藤原基経といった上層部の意向があっての帰京であったと推察する。

帰京した道真は同年三月三日に宇多天皇が私的に主催して行われた詩宴「曲水宴」に招待される。この「曲水宴」には一昨年に政治闘争を繰り広げた藤原基経も呼ばれている。お互い漢詩を詠み、酒を酌み交わしながら談義する場であるため、どの様な会話

が行われたのかは記されていない。この「曲水宴」には島田忠臣も詩才を買われて同席している。道真にとっては心強い助っ人であったと思われる。史料による記録では道真と宇多天皇が直接、顔を合わせる初めての場となっている。宇多天皇から見れば道真、島田忠臣は、基経の息のかかった人物として見られていたのだろうか。いずれにしろ、この「曲水宴」に道真が呼ばれた事が特別な事であり、本人は讃岐にいた頃から京での内宴に呼ばれる事を夢見ていたと詩にも詠んでおり、その時の喜びの気持ちを宇多天皇や基経に対して隠すことなく、詠んでいる。この時、宇多天皇と基経の二人がいる時点で政治についても意見を交わしたのではないだろうか。同席した道真も讃岐守として臨んだ地方行政の現状を踏まえて、いま求められる国の在り方についての意見を述べ、律令税制における国政改革の必要性を二人に強く建言したと推察する。道真の提案について、二人がどの様な見解を述べたのか記録には残っていない。だが、ここで道真が述べたであろう国家ビジョンに対して、宇多天皇と側近の橘広相は首肯し、基経は自身の権力基盤を支える「荘園」経営の妨げになりかねない提言であれば、「お主はまだ政治を知らぬ」と断じたか言葉を濁したのではないかとも考える。

この「曲水宴」から二か月後の五月十六日、「阿衡事件」で基経に敵視されて罪を着せられた後に赦免され、参議に復職した橘広相が亡くなる。五十四歳であった。まだ亡くなるには若い気がする。亡くなった原因は私が知る史料には何も記されていない。病死であったのか、「阿衡事件」での心労が祟っての過労死なのか、多くは語られていない。だが広相の死により、宇多天皇は頼みとする腹心を失ったわけである。

同年九月、道真は清涼殿を訪れ、「燈下の即事詩」（菅家文草巻五）を詠んでいる。清涼殿とは天皇の居所である。

道真を京に急ぎ呼び戻した張本人は、この流れから宇多天皇と考えるのが自然である。この日、二人は清涼殿で密会していた様である。おそらく、「曲水宴」が行われる以前の帰京後から二人は、「菅家廊下」の兄弟子である橘広相を介して連絡を取り合っており、道真が見てきた讃岐国（地方）の現状を伝えた上で、律令税制の見直しを含めた国政改革の必要性を説いたと推察する。宇多天皇は道真の意見に同意するだけでなく手を取り合って、関白である藤原基経に頼らない親政の必要性を呼びかけ、同志として協力を仰いだと想像する。「曲水宴」は国政改革の必要性から裏で道真と手を組んだ宇多天皇、広相による基経に改革の是非を問う為に仕掛けた場であったと考える。基経からすれば基経派閥に属する道真と島田忠臣が同席する詩宴であった事から油断していたと考える。私はこの「曲水宴」を境に「阿衡事件」で決着がついていた宇多天皇と藤原基経による権力闘争の第2ラウンドのゴングが鳴り、宇多天皇側に軍配が上がったと感じる。その一番の功労者は当然、菅原道真である。宇多天皇と道真が結びつく端緒は、道真が讃岐国赴任当時に詠んだ「寒早十首」の漢詩だと思っている。この詩は当時の地方や民の事を顧みない、大和朝廷上層部の姿勢に対するアンチテーゼであったと考えている。この詩は当時、宮廷で大いに話題となり、共感する貴族が多かったと伝わっている。宇多天皇もその一人だったと考える。本人の意志はともかく、「寒早十首」の詩は当時の志ある貴族、「菅家廊下」に集う中下級貴族、律令税制に苦しむ民衆にとって、心の声を代弁してくれる「時代」の詩であった様に思える。この詩によって共感する貴族と民の総意により道真は、右大臣に押し上げられていったと考えている。

讃岐守への異動転出は道真にとっては不幸であったが、その不幸を忘れる為に詠んだ「寒早十首」を題とする憂国の詩が道真の人生を変え、任期中に大いなる事績を残す力になっていた様に思える。本人の知らない所で詩を読んだ同志たちの助けもあっただろう。あるいは歴史には残されていないが詩を読んだファンとも呼べる貴族達から数多くの激励のファンレターも寄せられたと思われる。京において藤原基経が引き起こす謀り事に振り回される宇多天皇にとって、「寒早十首」の道真は「信じるに値する臣」に映ったのではないだろうか。

「阿衡事件」で基経との政争に敗れ、不本意ながら義父である側近の橘広相を罰する事となった若き宇多天皇にとって、一地方官であるにも関わらず、絶対的権力者であった基経に道理を説き、考えを翻す手紙を送って、兄弟子である広相の擁護だけでなく罪を不問にして職務復帰を勧めた道真の才覚（文才）に心救われたと私には思える。

以前の道真であれば、基経に物申す器と度胸はなかったと思えるが、地方官としての成功が自信となり、宇多天皇と広相の窮地を救ったと考える。その自信が道真を一官僚から国政を論じられる政治家へと成長させたと考える。

この道真と宇多天皇の密会はおそらく関白である藤原基経の耳にも当然の様に入っていたと考える。基経であれば、この動きを不穏に思い、道真に対して「匿詩事件」といった嫌疑や工作をかけてもおかしくない。でも、それが起きなかった。これは私の推測だが、宇多天皇が今回の異例人事を行えたのは、宇多天皇側が藤原基経の健康上の問題を掴んでいた様に思える。宇多天皇も当然の様に基経陣営の情報を得る為の間者を入れていた筈である。その間者からの情報で基経の余命はいくばくもないと見知っていたからこそ、今回の動きを見せていたと推察する。基経は自分の家司である藤原佐世の義父であり、若い頃から目をかけて誠実な家臣と思っていた道真が自分ではなく、宇多天皇に味方するとは思っていなかったかもしれない。基経からすれば、馬鹿正直な道真が宇多天皇に乞われて文章博士として、学者の本分にかえって天皇への侍講（歴史の学習）を行っていた程度と思い、警戒を怠っていたのだろう。だが、以前の学者官僚であった頃と違い、帰京した道真は基経の知らないタフな政治家に覚醒していた。祖父の代から続く「菅家廊下」の学者と云う家柄が、基経を欺く上での印象操作の因子となり、宇多天皇と道真の願いを叶えたのかもしれない。歴史は複雑に絡み合う因子によって必ず望む者に機会を与え、新たな歴史を紡ぎだす。

寛平三年（八九一年）正月十三日、「応天門の変」以降、大和朝廷を良くも悪くも政治主導した関白・藤原基経がこの世を去った。

藤原基経の後継者である藤原時平はまだ二十一歳と若く、関白職を務めるには経験が浅い事から、宇多天皇と菅原道真が望む天皇親政が現実のものとなっていく。まさに奇蹟と云える。これを待っていましたとばかり、道真は同年の三月に式部少輔を叙任されて後に蔵人頭に任じられる。蔵人頭とは天皇の目となり耳となる役割であり、現代で云えば首席秘書官に比する職である。この職になると云う事は宮廷において公卿（今の大臣職級）の地位を約束された事になる。翌四月には更に左中弁の職（朝廷の最高機関、太政官の職、諸官庁を指揮監督する職務。今で云う内閣府か）、四月十八日には公卿の者にだけ許される禁色の衣服を着る事を特別に許される。この年を境に道真は宇多天皇の後押しで国政の中枢を担う政治家としての階段を登っていく。

十二．宇多天皇と寛平の治

いま、この国の政《まつりごと》に必要なのは何であるか。

寛平三年（八九一年）、藤原基経が亡くなった事で宇多天皇は後に「寛平の治」と呼ばれる親政を開始する。

この親政は左右の大臣が七〇歳を越える高齢であった為、大納言である源能有を事実上の首相として、既に能吏として名の知れた藤原保則と菅原道真、平季長等を中央に呼び集めて、重用し国政改革を進めた意欲的な親政であった。

宇多天皇が目指したのは律令制に回帰した儒教的理念による王道政治であった。

道真は民部少輔時代の直属上司であり、おそらく藤原基経に後任の讃岐守を問われ、道真を推薦したであろう保則と共に国政改革を担う事となった。保則はおそらく当代最高の行政官であり、道真の政治上の師匠とも云える人物であった。また道真が讃岐守時代から切れ者として認めていた平季長、道真と同じ伴氏出身の母を持つ源能有が事実上の宰相となった事は改革を目指す道真にとって心強かったと思われる。その一方で後年、道真らの政敵となった基経の嫡男である藤原時平はこの時はまだ二十一歳であった。出自の良さで従三位参議・右衛門督・讃岐権守を叙任され、既に公卿となっていた。だが、時平は若い事を理由に朝廷から摂政関白職に任じられず、藤氏長者の地位も大叔父である右大臣・藤原良世が任じられていた。おそらく基経を嫌った宇多天皇の意向である。時平からすれば面白くなかったと思える。更に面白くなかったのは聡明と云われて人望のあった弟の忠平を宇多天皇が寵愛して、娘を嫁がせていた事も時平の宇多天皇に対する敵愾心を燃やしたと推察する。故に虎視眈々とだが父・基経同様に自身の政権奪取の機会をうかがっていたと考えて良いかと思われる。

宇多天皇の治政に時平とその側近達が不満に思う一方で、道真は政治家として保則や季長と共に律令税制についての変革を検討していた。宇多天皇が具体的に目指していたのは律令制が施行された当初の理念に立ち還り、困窮した小農民階層（民衆）を保護する事で税収益を安定させる事であった。その最大の障害となっていたのが納税放棄した民から不法に土地を買い上げ、私有地「荘園」を拡大していく上級貴族・寺院（権門勢力）の存在であった。この権門の力をいかに抑制するかが、宇多天皇や道真ら改革勢力にとっての大きな課題となっていた。

律令国家の税制は現代と違い、シンプルである。種々の税目とその使途、その使途を監査する事で税制を成り立たせ、国家財政を支えていた。国家を支える税目としては土地に根差した土地税である租（田畑の収穫量の三～一〇パーセントを秋の収穫期に国府へ納入）と出挙（備蓄米の種籾として貸し付けた際の利息）とがあって地方財政を支え、中央財政の財源として人頭税である庸（①正丁 二十一～六〇歳の男性 ②次丁 六十一歳以上の男性に課した労役または布・米・塩等の納入）と調（正丁・次丁・中男十七～二〇歳の男性へ課された繊維品の納入が主。副として工芸品、銭の代納入）を充て、大和朝廷を支える国家財政の基盤としていた。この庸と調を律令財政の発足当初から中央政府の財源にしていた事が問題であった。発足当初の大和朝廷は民の戸籍登録がしっかりしていれば、確実に国を支える労働力と成果物を得られ、中央財政を支える事ができると考えていた。

だが、想定以上に人口が増え、それに伴って朝廷に仕える官僚も増えた事で人件費が増し、役人を働かせる役所や道路整備などの土木、インフラ整備の支出も増えた事で国家予算は増大の一途を辿っていった。予算の増大は無策な政権であれば、増税を民に強いる事が常である。その税負担を苦にした多くの民が前述した様に土地を捨て、戸籍を抹消する事で納税を逃れた。悪質な村落の場合は人頭税が成人男子にかかる税であるため、子供が出生時に男であっても女として戸籍を登録して村落全体で組織的な脱税を行った様である。そういった納税を拒否する民が増えた事で中央政府を支える人頭税は激減していき、朝廷の財政基盤は脆弱なものになっていった。

その結果、大和朝廷を支えるべき財源が失われた事で公費に依存していた上級貴族ら権門勢力は朝廷から離れ、自力で自己の財産を保ち、増やす事に熱心になるのは必然であった。現代の我々が資産を増やし、財テクに走る動機と一緒である。資産を増やしたい藤原氏ら権門は、それまでタブーであった「公地公民制」（全ての土地・民は天皇の土地・民と云う考えと制度）を改め、権門にとって都合の良い私有地（資産）の獲得につながる「墾田永年私財法」等の諸政策を民の救済と税収の獲得を理由に作っていった。当然の事ではあるが、これらの諸政策を利用して上級貴族らは合法的に私有地「荘園」を広げていく様になる。それまで以上に資産を持てば投資に回るのは今の富裕層と変わらず、彼ら権門は地方の富裕層（地方豪族、商人等）とも結託して富を増やしていった。その「荘園」を数多く持つ代表的な権門が藤原氏、宮家、寺院であった。藤原氏はその経済力を背景に徐々に朝廷内で発言権を増していき、資産を奪われる可能性のある政策や政敵達を悉く潰していったと考えられる。朝廷を守るべき人材が私腹を肥やしていたわけだから政治は腐敗し、民の貧困は極みに達していた。だから、いつまで経っても本腰で国政改革が行われず、救いのない時代がずっと続いていた。この救いのない時代を救うべく、道真と保則は地方官として培った行政経験を活かし、悪政の膿を出すべく、累積赤字を生み出してきた諸々の悪弊を次々と改めていった。それまで国司が変わる毎に前任の国司が財政赤字を作っても、その財政赤字を後任の国司に押し付けて累積赤字の原因を作り、後任国司のヤル気を削いでいたが、保則と道真は改革の一環として、その悪しき引継ぎを廃止した。これにより前任の国司が作った赤字は本人の責任として人事評価に反映する事で責任の所在を明確にする制度を設けて問題を改めていった。他にも寛平五年（八九三年）に前年度までの滞納を補填させるため、その年の納税総額の一割増を行う法令を施行したり、既に筑前国、筑後国での前例にならった紀伊国の申請で、公出挙を人頭税による納税ではなく土地税として収めさせる等の臨機応変な施策を出し、地方単位で赤字行政からの脱却を目指す所から財政改革も進めていった様である。

十三．遣唐使の廃止と国風政治への転換

寛平六年（八九四年）五月、唐の商人である王訥が唐に留学している日本人僧侶の中瓘からの書状を携えて入朝した。その書状には温州刺史の朱褒が日本からの「遣唐使」が途絶えている事について、「遣唐使」派遣の使者を送ろうとしている事が記しており、中瓘は唐王朝の衰えを理由に「遣唐使」の派遣は見合わせた方がいいとの意見も書状に書いていたそうである。実は前年三月にも中瓘から唐の衰退を上表する書状が同じ王訥から朝廷に上表されていた。

この書状を受け、朝廷では「遣唐使」派遣の会議が行われた。同年の七月二十二日、会議結果を踏まえて太政官の立場で道真によって返事の書状「太政官牒」を中瓘へ送り返している。内容は「遣唐使」派遣を会議で決定したが残念ながら近年の日本では伝染病や旱魃による不作が続いており、朝貢する為の準備に時間が必要なため、今すぐにはできないといった主旨のものであった。この

「遣唐使」派遣の決定は宇多天皇が主導して公卿たちへの情報共有は行われずに八月二十一日に決定したとある。

この時、参議兼左大弁（今の官房長官的役割）、式部大輔、勘解由長官であった道真が「遣唐使」の大使として選ばれる。副大使は文章博士であった紀長谷雄が選ばれる。[16]だが、この決定後、道真は情報共有が行われていない公卿たちへ「遣唐使」派遣の経緯と中瓘からの書状の内容を伝え、この決定を取り止めるべく、宇多天皇に再度の検討会議を提言している。この再検討の結果、九月に「遣唐使」派遣は中止となっている。この中止について多くの「菅原道真」を扱う研究書では、中瓘の書状が送られた当初から大和朝廷は遣唐使派遣を考えてなく、いきなり辞退を伝えると失礼にあたる為、宇多天皇自身は派遣を考えていたが群臣の反対にあって中止せざるを得なくなったと云う理由で、衰微の兆しある唐王朝への朝貢を拒否したのであろうと書かれている。この「遣唐使」派遣を中止して十三年後の延喜七年（九〇七年）、唐王朝は朱全忠により滅亡している。

道真は「遣唐使」廃止について、「太政官牒」の内容から察するに派遣事業は莫大な公費をかけているにも関わらず、渡海時の遭難で優秀な人材を損ね、中国の文化・政治に関して学ぶべき事も減っており不利益と考えていた様である。また派遣先である唐王朝では叛乱が頻繁に起きており、政情不安であるため「遣唐使」を受け入れる体制が整ってない等の理由から最終的に「遣唐使」の派遣制度の廃止を宇多天皇と公卿達に諮り促している。

この時期、国政改革の中心人物であった道真にとって、この大使就任と「遣唐使」が実現した場合の海外赴任は、改革の妨げ以外の何者でもなかった。道真に関する研究書の中には藤原氏ら権門の思惑があって、大使就任が決められたと云う説もある。もし、それが真相であれば宇多天皇と改革を志す勢力にとって、道真の海外赴任は大きな痛手となったであろう。権門にとっては道真を海外追放する様なものであり、後年の太宰府左遷を彷彿させる事件と取れる。もし権門の思惑で決められた「遣唐使」大使の就任であれば道真が全力で阻止すべく、「遣唐使」廃止の大義を説く為に中瓘と云う在唐僧に書状を書かせたとも考えられる。この決定を受け、真相はどうであれ、道真を恨む権門にとっては残念な結果になったといえる。この時、道真は唐の政情を中瓘以外の在地日本人や自身と親交のある中国商人らを介して、徹底的に情報収集に努めていたと考える。

その報告を受け、唐の律令制を模して始められた日本の律令制ではあったが、律令税制の崩壊が唐王朝滅亡の一旦を担っていた事を理解して、唐風律令制を固守する事の危うさをこの時に感じ取った筈である。そして日本独自の律令制へと舵を執るべく、宇多天皇をはじめとする改革派の主だった面々に「遣唐使」廃止と合わせて、その宣言をしたと推察する。この宣言はかつて「遣唐使」であった祖父・清公が大和朝廷に根付かせた、唐風政治からの脱却を意味していた。菅原清公の孫である道真が祖父の偉業を改め、国風政治を改革の柱とした事に歴史の因果を感じさせる。道真もそれを思った事であろう。これ以降、改革は道真主導で加速していく。

寛平七年（八九五年）四月二十一日、道真と共に改革を牽引していた能吏・藤原保則が亡くなる。享年七十一歳。

晩年に律令制の限界を感じて比叡山に登って出家したと伝わる保則であったが、実際は道真の宣言に頼もしさを感じて一線を引き、後事を託しての出家であったかもしれない。道真にとっては参議従四位上民部卿であった保則の死は同志を失った喪失感があった。それと同時に改革への強い決意を促したと思われる。改革は更に加速していく。

同年暮れ、道真らの奏上を受け、宇多天皇は大納言・源能有に五畿内諸国別当（査察官）の任を与え、権門の「荘園」が多くある畿内諸国に対し、不法私有地の洗い出しを始める。ついに道真ら改革派は権門勢力の本丸（荘園）への攻勢に転じる。さらに翌年の寛平八年（八九六年）四月には、平季長を山城国問民苦使（土地調査官）に任じ、その査察結果を元に上級貴族ら権門勢力の土地の不法拡大を禁じる太政官符による農民保護政策（造籍等）を打ち出していく。この時、権門が所有する「荘園」の耕地開発の労働源であった奴婢（耕作従事させられる奴隷）を解放する事でこれ以上の土地開発を控えさせる目的で奴婢廃止令を出したと云われる。それと同時に国司に一国内の租税納入を請け負わせる国司請負、位田等からの俸給給付等に対して民部省を通さずに各国で行う国司の権限を強化する事で権門への監視と牽制を目的とした改革も次々と行っていった。

これら一連の改革は権門の力を日増しに弱め、道真ら改革派勢力に対して、何らかの対抗策を講じざるを得ない状況へと追い込んでいった事が予想される。この年に道真らも権門らによる強硬手段を恐れ、宇多天皇の身辺を守るべく、内裏（天皇の自宅）の警護を目的とした滝口武者[17]の設置を行っている。現代に生きる我々は当時の世情を文献でのみ知るが、想像を膨らまし、現代に置き換えて物事を考えると一般社会と違い、税的優遇特権を得ている職業、企業、業界団体を想像すると理解できるのではないだろうか。そういった税的優遇特権を有する仕事に携わる人達の多くが一般企業に勤める会社員と比べて比較的に高収入を得ている。この特権を奪いかねない査察をしようものなら主導する政府、政治家に対し、マスコミ等を利用して人格批判等を含めたネガティブキャンペーンを徹底的に行って改革の芽を潰そうとするだろう。極端な対抗措置を行う場合は暗殺などの強硬手段に出るのは昔も今も変わらないと推察する。道真ら改革派は自らの利権を守りたい権門から多くの恨みを買っていた。こういった政治的緊張感がいつまでも続くわけではない。この時代に限らず歴史には常に裏の顔がある。水面下で権門と改革派の争いは激化し、歴史は史実（結果）のみ我々に黙して語るのみである。

十四．国政改革の発動と怨霊伝説

藤原保則の死から二年後の寛平八年（八九六年）四月に平季長が山城国問民苦使として、宇多天皇にその報告結果と改正案を奏上していた。この奏上で季長は①それまで「墾田永年私財法」に基づき、国司に申請した新耕地開発で民が期間内に完全に開発ができなかった場合は他の開発者（資金力を有する権門）に土地開発権を委ねる定めがあったが、資金力を有しない民の多くが期間内に開発が行えず、権門らによって所有権を合法的に取られていた為、民が申請した耕地開発が二割以上、期間内に行えた場合はその開発地の民の所有を認める改正を行った②土地開発で民衆間（地方富裕層）による土地争議が起きた時に、権門ら上級貴族を介して地方富裕層は争議をまとめていたが地方富裕層と権門との癒着にも繋がり、地方行政の混乱を招いていた為、権門の土地争議の介入を禁止して、土地争議が起きた場合は管轄する地方国司に解決を委ねる事（裁判権）を義務付けた③寺院近隣の山林に住む樵らが有する土地の工作物や木材を地方の有力寺院が非合法に徴収して利益としていた為にこれも禁じた④鴨川両岸で公田以外は堤防保護のため、民の耕作を禁じていたが多くの民からの要望があり耕作を全面的に認めた⑤改革の肝であるが各宮家・王臣家および五位以上の上級貴族による私営田を禁止する「私営田整理令」の奏上を行っている。これらの奏上は宇多天皇によって認可され、ただちに官符されている。

同年八月二十八日、道真が民部卿に就任する。事実上の財政改革を行う行政トップになっている。民部卿就任後、道真は日本独自の行財政システムの構築を目指し、多くの政策を実行に移したと思われる。思われると書いたのは寛平八年から道真が太宰府左遷される昌泰四年（延喜元年）の道真が主導した改革法令に関する公的史料（官符）が信じられない事に全て抹消されているのである。道真の改革によって不利益を被った権門らによる功績の抹消と推察する。

日本の史書には中国の史書と違い、政治的な理由で都合の悪い歴史を改ざん、抹消する傾向が昔からある。政治の主導権が武士に移り変わってもこの思想は受け継がれ、死者（敗者）の功績を「穢れ」と考え、悉く「祓う」（消す）のである。だが、国全体の在り方を問う改革であればこそ、完全にその歴史を消す事ができず、道真が自身で書いた「菅家文草」や、最近の研究者（史家）諸氏の努力で当時の各地方の会計文書等から道真が行った改革の一端を伺える断片的資料が見つかりつつある。ここでその全てを紹介するのは本稿の主旨から逸れるおそれがあるため省略させて頂くがポイントとなる改革の柱は以下の内容である。

（一）律令税制の基本となる戸籍に基づいた人頭税だと前述した様に偽戸籍（男➡女として戸籍登録等）や土地放棄による納税逃れを生み出し、安定した税収が得られなかった為、全ての税収の基礎を土地税に変える事を目的としている。その為に全国にある私有地（荘園）を全て国有化する事で土地の所有者は土地税を納める事を義務とさせ、国司の責任の名の下で地元の富裕豪族（後の名主層）や郡司といった地方役人らにその収税役を担わせる事でそれぞれに責任を負わせ、納税の漏れを少なくする租税収取体制に切り替えている。この地方富裕層らを「田堵」と呼び、土地税（田）の基礎単位を「名」として、「名田」の収取と責任を負わせた事で「負名体制」とも云われ、道真が目指す国風王朝国家体制を支える基礎制度となっていった。この制度の前身となったのが大宰府政庁の管轄する筑前、筑後（今の福岡県）で行われた「里倉負名」[18]の制度であり、地方で成功した事例を全国に広めた結果とも云える。

（二）「負名体制」で集まった税の会計監査の合理化も行われている。地方の国司が中央に税を納める際は足りなければ地方国司が地元で官物を購買させたものを収めさせ、残った税益を使って地元の役人らへの給与を支払わせる事で今風に言えば地産地消を行わせている。また地方に荘園を持つ権門に対しては定量化した比率に基づいた納税を国司の責任で行わせている。その際、権門と地方官との間での私的関係の禁止と権門家臣らが行う経済活動も禁止している。また中央政府である朝廷は地方への予算配分を決め、それ以上は中央から支給しない等の制約を設け、合理的な財政運営と財源利用の効率化を狙った法令を定めた様である。

（三）それまで労働資源として無償で国のインフラ（治水灌漑設備など）の構築を民に等しく義務として行わせていたが、等しく有償で行わせる事に切り替え、人手不足の解消と人員の確保を行っている。これと合わせて奴隷である「奴婢」を解放し、彼らに「家族」を持たせる事を許可して労働人口を増やす試みも法的に行っている。またこの政策では権門の「荘園」で私的に無期限労働契約を強いられていた奴婢も合法的に準公民に昇格させている。彼らを解放する事が権門の力を弱める事にも繋がり、公田の耕作者としての担い手と税収を増やす事にも繋がる為、法令として権門に対しても等しく推奨されたのだと考える。

道真が実行した国政改革の柱としたのは（一）～（三）に述べた改革法案と云える。政治家としての道真を研究する他の史家の方々も私が記した土地に根差した税制改革を第一の柱として挙げている。私も首肯するところである。

今でこそ、日本人は土地に根差した税制を当たり前の様に受け入れるが、この地税を基礎とした税制が一〇〇〇年近く前に考えられ、今に至っている事をどれだけの人が気づいているだろうか。道真と道真を支えた改革派の面々（宇多天皇、藤原保則、平季長、源能有、紀長谷雄、藤原忠平、菅家廊下の門下生等）の努力により、平安時代中期は税収が安定し、その税収で得られた公費を財源に、日本独自の文化芸術として花が開き、日本を代表する寺社仏閣がこの時代に数多く作られ今日に至っている。菅原道真を祀る太宰府天満宮、北野天満宮もこの時代に創建されている。

この真実を知る人とその一派（菅家廊下出身の官僚達）が後世に道真の名誉とその功績を遺すべく、道真が死して後に復権のロビー活動の中心となって動いた結果が菅原道真の「怨霊伝説」の真相でなかったかと私は考えている。真実を知りつつも、真実を語れない道真（神）の崇拝者達が、「怨霊」として言霊を扱う事で国難を救った道真の功績を後の世に残したいと云う願いが信仰に変わり、道真を本来の姿である「神」へと昇華させたのだと私は推察している。

国宝　北野天満宮・本殿
菅原道真を祭神とする
慶長一二年（一六〇七年）に造営

十五．昌泰の変の黒幕

寛平九年（八九七年）、六月八日、宇多天皇の改革派政権の実質的な首班であった右大臣・源能有が病により急死した。まだ五十三歳と若く、道真にとっては予期せぬ能有との別れであった。

同じ伴氏出身の母を持ち、家族ぐるみで交流していた能有の死は道真の心を挫く不幸な事件であった。その約一月後の七月二十二日、今度は改革派の重鎮であり、道真とは若い頃から親交が深く、互いの才を認め合っていた蔵人頭・平季長が急死する。

ちょうど、宇多天皇が息子である醍醐天皇に七月八日に譲位した二週間後の出来事であった。能有と季長の死は醍醐天皇の即位式の前後で起きており、何者かによる改革を妨害する呪いと宇多上皇と改革派の面々は受け取ったのではないだろうか。おそらく、道真はこの呪いが上皇と子の醍醐天皇の皇位継承を快く思っていない勢力の威力妨害と受け取っていた筈である。宇多上皇は自身の日記で、醍醐天皇への譲位と前後した側近二人の死に大きな衝撃を受けた事を述べている。前述した様に能有と季長は、土地税制改革を進める中核の人物であった為、現実的に大きな支障が出たと考えて間違えない。古今東西の歴史を顧みると急進的な政治改革、革命の歴史の裏には多くの血が流れる。歴史愛好家であればご存知の事だと思われる。私も二人の死はそれだと思っている。

この二人の死によって、権大納言兼右近衛大将となっていた道真は藤原時平と共に改革政権の実質上の首班になる。それはつまり、道真が宇多上皇と側近である国政改革派の面々を憎んで止まない権門らの矢面に立つことを意味する。

後に道真追い落としの首魁と目される藤原時平も大納言兼左近衛大将に任じられ、道真と共に醍醐天皇、宇多上皇の治政を支える名実ともに世間から認められた太政官の長となる。醍醐天皇即位後も宇多上皇が実際の政治的判断を行っており、上皇は時平と道真に事実上、国政改革を主導させている。

後に袂を分かつ時平と道真だが、この時点での関係は嫌悪なものではなく、むしろ時平も宇多上皇の血統である醍醐天皇の即位に尽力しており、忠誠を示すことで上皇の信頼を保ち、権門に睨みを利かせる存在として、道真にも頼みとされていた感がする。実際、時平と道真は頻繁に上皇が開く密宴（私的な宴会）に呼ばれ、その側近として互いに忠誠を称え合う詩の贈答を繰り返している。

能有と季長の急死の因を作った黒幕として時平を疑う史家や歴史愛好家がいるが、私も本稿を書き始めた当初は、単に結果だけを知り、時平に疑いの念を抱いていた。

だが本稿の道真を取り巻く歴史（当時）の考察を重ねた事で複視的史観が得られた結果として推理すると、時平が上皇側近の急死を願う立場ではない事に気付く。

時平の行動原理からプロファイルすると、時平は二世と云われる御曹司と重なる部分がある。彼は何不自由なく過ごして周りに与えられる環境で育った為、本人の名門意識への執着を除けば、彼の人柄を伝える「今昔物語」などを読むと、先を見て物事を考えず、その時々の感情で行動に移す事が多い様に感じた。宇多上皇の様に賢い人であれば扱い易い人物であったと私には思える。

その性格を利用されて上皇のお膳立てにより功績を積み重ねた為、必然と上皇への忠誠心が強くなり、恩義を植え付けられていたと考えている。或る意味、宇多上皇の犬であり、躊躇いもなく上皇の敵を屠るであろうから恐れられてもいたと考える。

だが、このタイプの人物を上皇は理解していたと思うが行動原理が単純なだけに「功績」を餌にする言葉巧みな謀士に利用され易く、諸刃の剣であり、危険な人物でもあった。しかし、この時の時平は宇多上皇の側で醍醐天皇への譲位を実現させる事で得られる大いなる功績と栄誉に意を注いでおり、醍醐天皇即位を阻まんとする勢力を抑える事に全力が向けられていたと考える。とても、能有と季長の急死を願う立場でもなく、その余裕はなかったと考える。

むしろ、側近の急死を疑う上皇直々に黒幕を探る様にと指示されていた様に思える。宇多上皇の立場であれば、当然の処置であり対策を練る筈である。この後、同様の事件が起きてない事から上皇らは黒幕を特定していた様に私には思える。おそらく、譲位された醍醐天皇は勿論のこと、道真にも魔手は延びていた筈である。

では誰が黒幕で、宇多上皇の企図を阻もうとしたのかと対立軸と争点を整理すると、自ずと能有と季長の急死に隠された事件の裏の顔が見えてくる。それは上皇の出自と皇統を継いだ経緯がこの事件の発端であったと考えるのが自然である。宇多上皇に対して、他の臣籍降下をした源氏に代表される各親王ら宮家勢力と上皇が次代の皇統を巡って、水面下で対立していたと考える。

次代の皇位は仁明天皇の皇子達と内裏で噂されていた中、傍流である宇多上皇が自らの子である醍醐天皇に強引に譲位した事に対する報復として、上皇の側近である源能有と平季長の急死に繋がったと推察する。もし、時平が黒幕であれば「君主危うきに近寄らず」の故事に倣い、上皇は時平に自らの身辺を護らせる近衛軍の一翼を担う左近衛大将（武官職のトップ）に任じず、暗に遠ざけていたと考える。

私の史観だが宇多天皇政権の発足当初から二つの根深い争いが朝廷内で絶えず繰り返されていた様に思える。いずれにしても元々、宇多上皇の父である光孝天皇が朝廷内の権力闘争の結果、藤原基経の後ろ盾で即位した事が遠因であったと考える。本来であれば光孝も子・宇多も皇統の嫡流ではなかった。光孝天皇はその事を自認して、自らが亡くなった後は、廃位された陽成天皇の同母弟である貞保親王が皇位を継ぐのが筋目であると述べていたそうである。

その考えから光孝天皇は、宇多上皇をはじめとした子息二十六名に源姓を下賜して臣籍降下させていた。だが光孝天皇の想いとはよそに当時、朝廷を牛耳る藤原基経は政敵でもあった妹の藤原高子の子である貞保親王が皇位を継ぐと都合が悪いと判断し、基経の強い意向が反映されて、源定省を名乗っていた宇多上皇に白羽の矢が向けられた。宇多は光孝天皇の崩御する三日前に親王宣下を受け、皇族に復帰して後に基経の思惑通りに宇多天皇として即位するのであった。前述「阿衡事件」の経緯から基経と宇多上皇の対立軸のみ論じたが、本来であれば皇位を継ぐべきであった貞保親王をはじめとした嫡流に近い宮家勢力も隠然たる勢力を持ち、宇多の即位当時から対立していたと思われる。

この宮家勢力の多くは宇多上皇と道真ら改革派により多くの私有地を摘発没収されて、上皇に強い不満と恨みを抱いていたと推察する。おそらく宮家勢力を敵対視する宇多の意向で特に宮家の荘園を狙い撃ちしていたと推察する。

この宇多上皇の狙いを苦々しく思っていた宮家勢力の急先鋒と目される人物こそ、政権内にあって、この時に権大納言であった源光であったと私は考えている。

光は仁明天皇の子であり、血筋から言えば嫡流であった。第一親等の皇族でありながら他の兄弟と共に源姓を賜って臣籍降下しており、公卿でありながら宇多天皇の廃位を目論んでいてもおかしくなかったと云える。あわよくば自らの即位を考えていてもおかしくない。寛平九年（八九七年）の段階で地位も時平、道真に次いで高い職掌である権大納言であった。上皇の子である醍醐天皇の即位は光ら宮家・源氏勢力からすれば望まない皇位継承であった為、上皇とその子である醍醐天皇の御代を妨害せんとして、様々な謀略を巡らせていてもおかしくない。実際、醍醐天皇の即位前に、仁明天皇の嫡流である元良親王（父・陽成天皇）を皇位継承者に擁立する動きがあり、その政治工作の裏には光が関わっていたと思われる。他にも醍醐天皇が即位した一年後に藤原時平と道真に主な政務を任せる宇多上皇に対して、他納言が政務を審議する外記庁に出仕しないボイコット事件が起きており、その事件の首謀者もおそらく光であった。このボイコット事件は道真が宇多上皇と光ら他納言、言い換えれば対立している宮家勢力の間に立って、奔走した事で上皇が勅を出し、詫びを入れた事で事件が収まっている。いずれにしろ、企業であれば専務と常務を除く階級的に下である取締役一同が代表取締役会長にモノを申して、経営方針を批判している訳であるから抜き差しならない異常な状態であったと考えてよい。上皇からすれば、前述した醍醐天皇譲位前後に起きた側近二人の死を光らの仕業と見ていただろうから、彼らを信頼していないので、時平と道真を頼みとしたのは当然に思えた。「奏請」[19]、「宣行」[20]と云う臣下が天皇に新しい政策を提案して、実行の許可を求める取次役を二人に任せていたのも分かる気がする。私も会社組織に属し、代表として規模は小さいが経営判断の元で新しい事業施策を試みる経験があるが、間に立つ中間管理職の人材との意思疎通が十分でないと必ずと言っていいほどスピードを求められる施策が頓挫して機を逸する事がある。以前、会社員であった頃は自分なりに献策したつもりであったが同僚らの妨害に遭い、苦々しい想いをした事がある。この時の宇多上皇と道真らの最大の敵は源光ら宮家勢力であったと考えてよいかと思える。実際、この両者は「荘園」問題を巡って、利害関係も生じていたので、後に起きた宇多上皇を追い落とすクーデターと云える「昌泰の変」に発展する要素が既にあった事になる。起こるべくして起きたと言っていいだろう。

昔から道真が大宰府に左遷された「昌泰の変」の黒幕は道真を追い落とし、政権を奪取した政敵・藤原時平とする意見が多くある。だが、醍醐天皇の妃として時平が、妹の藤原穏子を入内させようとして、宇多上皇との間で対立が生じるまでは、基経に恩がある道真と時平との間に対立の前兆はなかったと私は考えている。

では、誰が「昌泰の変」を起こしたのか？

既に前述した様にクーデターを起こした人物に政変を起こす引き金を引かせたのは疑いもなく宇多上皇であった。

宇多の即位当初に起きた「阿衡事件」で藤原基経を不快に思った宇多上皇は、醍醐天皇の妃に藤原氏の入内を避けて同母妹の為子内親王を入れて、皇統に藤原氏の血を入れまいとしていた。だが、為子内親王は早くに亡くなり、時平は藤原氏のお家芸と云える外戚としての地位を得んとして、妹（藤原基経の娘）の藤原穏子の入内を醍醐天皇へ直に奏上したと思われる。だが、この時平の野望は宇多上皇の知るところとなり、上皇からの強い反発にあった様である。

上皇の意向に従って、それまで忠勤に励み、醍醐天皇の即位に尽力した三十一歳の藤原時平からすれば、妹の藤原穏子の入内を拒否される事は藤氏長者である時平の面目を潰される事であり、彼の藤原氏という名門意識を傷つけた。

おそらく上皇は同族女から生まれる皇子に皇位を継がせたい狙いがあって、時平に時期尚早であると、のらりくらりと藤原穏子の醍醐天皇妃としての入内を躱していたのだろう。だが、この歳まで欲するものは望みのままに得てきた御曹司である三十一歳の時平は、ここに来て上皇の企みに気づき、裏切られたと云う不信感を募らせたと考える。この上皇と時平の主従関係のすれ違いを、常に上皇の失脚を画策する謀略家であれば見逃すわけはなく、時平の宇多上皇への叛意を促す接近を図ったと思われる。我が国に限らず、謀略史において、敵の勢力を削ぐ為に敵国の主に次ぐ実力を備えた家臣に主への反旗を翻させるのが常套手段である。

歴史愛好家であれば周知の話だが、戦国時代に謀略家として活躍した毛利元就が最も得意としていたのが、このナンバー2とナンバー1を争わせる謀略（「尼子氏の新宮党粛清」「大内氏の大寧寺の変」）であった。有名な「本能寺の変」も毛利家と織田家が抗争中に起きた政変であり、孫子の兵法の時代から謀略における最上の策である。おそらく、この時の謀略家は時平に甘い言葉を囁く一方で、上皇にも醍醐天皇と時平に不穏な動きがあると同族の口を借りて囁き、策を進めたのだと推察される。人は至急に自らの欲する事を囁かれると隙が生まれ、判断を誤るものである。

「昌泰の変」後、道真と同様に左遷された源善がおそらく、宇多上皇に、道真の娘婿である斉世親王を皇太弟（次の天皇候補）にしてはどうかと囁いたのだと思われる。自身の出世を望む源善は同族でかつ、上司である権大納言である源光の助言を信じ、時平と他の藤原氏を除いた公卿が、藤原氏の外戚入りを望んでいない事も伝えたのだろう。それを聞いた上皇は善を信じ、内密に道真にもその意向を伝えて、源善主導で斉世親王の皇太弟就任の動きを見せたのだと思われる。この動きは時平の知る処となり、上皇への不信感は当然の様に深まったはずである。光は善からの報告も聞いており、〝時、至れり〟と時平へ密書を送り、上皇が源善と道真が、醍醐天皇の退位と時平の失脚を画策していると叛意を煽った事で、時平は光と手を握る事を決めたのだと思われる。そうと決まると性急な時平である。政治的判断力を持ち合わせていない十代の醍醐天皇に決断を迫り、宣命の勅許を得て、行動に移したのだと推測する。

十六、昌泰の変と大宰府左遷行

昌泰四年（九〇一年）一月二十五日、醍醐天皇の名で、菅原道真に以下の宣命[21]が出されている。

「道真は身分が低いにも関わらず、父である宇多上皇を唆して右大臣に昇り、権力を掴んで後は専横の限りを尽くした。更には私の皇位の廃立を企て、父である宇多上皇との親子の縁と弟である斉世親王との兄弟愛を破ろうとした。道真は言葉では穏やかに話すが内心は逆である事は天下万民が知っている。もはや、大臣の位につくべき人材ではなく、法によって罪を罰するべきだが、恩情により大臣を解き、大宰員外帥に降格させる。」

おそらく、道真の政敵である藤原時平か源光の意を受けた御用学者である三善清行[22]、または道真が率いる「菅家廊下」と学閥争いをしていた大蔵善行[23]門下（上級貴族出身の子弟）の学者によって代作されたものだと考える。

この宣命を受けて、右大臣・菅原道真と右近衛中将・源善が醍醐天皇の廃位（廃位後、醍醐天皇の弟・道真の娘婿である斉世親王を擁立）を企んだ謀反の罪で現職を解かれて、更迭後に降格・左遷される政変が起きた。

世に云う「昌泰の変」と呼ばれた宇多上皇に対する醍醐天皇を擁する藤原時平、源光によるクーデター事件である。

この政変に連座する形で、道真をはじめとした宇多上皇側近の主だった面々も更迭・左遷され、上皇自身も政治の中枢から追われる事となる。道真は右大臣職を解任されて大宰員外帥に降格後、太宰府への左遷を命じられる。道真の長子である大学頭・菅原高視ら五人の子息も各地方に左遷の憂き目に遭っている。道真の最愛の妻である宣来子は、娘と共に京に留まったがその後の消息が不明であった。岩手県の一関市には落ち延びた道真の妻がここで追手により殺されたと云う伝承が残っており、その墓が今もある。

いずれにしろ、道真と宣来子夫婦は変によって、今生の別れを突如、言い渡される。長年連れ添った夫婦の悲劇である。

他にも時平の弟である藤原忠平も宇多上皇の娘婿であった事が災いして中枢から遠ざけられる。なお、皇太弟とされる予定であった道真の娘婿である斉世親王は政変の二日後、出家の道を選ばされている。そして、左遷後に道真自身が述懐しているが斉世親王の即位を画策した首謀者とされる源善は権出雲守に左遷されている。

源善のその後の消息は史書に残されていない。おそらくは源光の手の者によって左遷後、口封じで暗殺されたのだと私は推理している。

政変時の宇多上皇だが、政変の報せを聞くと、直ちに内裏に参内して醍醐天皇の決定を諫めようとしたそうである。だが、時平の意を受けた藤原菅根によって阻まれ、参内を阻止されている。

菅根はかつて道真の推挙によって、春宮侍読となった後に蔵人頭兼左近衛少将にまで出世した人物であった。だが醍醐天皇や時平に逆らう事が出来ず、道真の親友である紀長谷雄と同様に上皇の参内を止め、諦めさせている。本人の意向であったかは分からないが菅根は後に参議、公卿にまで登り詰めている。だが、変の七年後に落雷によって没している。この落雷による菅根の死が、実に宇多上皇、藤原忠平、菅家廊下の官僚らによる道真の復権活動と政治的巻き返しを狙った怨霊伝説（道真は太宰府左遷されて二年後に亡くなり怨霊化したと朝廷関係者から恐れられる）の端緒となったのではと私は考えている。もし道真が怨霊となって雷神を使い、裏切り者である菅根に対して、雷撃により一矢報いたのであれば、噂好きな当時の京の人々にとっては盛り上がる話であったと想像する。この菅根の落雷死は、道真を貶めた源光と時平らクーデター派に大きな衝撃を与えた事だろう。この翌年の延喜九年（九〇九年）四月に史実では道真失脚の原因を作った大悪人と云われる藤原時平が死因ははっきりと史料に記されていないが三十九歳の若さで死亡している。世間は道真の怨霊によって呪い殺されたと噂していたそうである。時平を嫌う上皇や忠平にとっては政治工作を行う上で追い風であっただろう。上皇にとって時平は裏切り者であり、天罰だとその死を喜んだ事だろう。時平の死について、私個人が時平に対して思うのは後世に忠臣・菅原道真を貶めた大悪人としての汚名を着せられた不幸な人と思っている。このレッテルは時平亡き後に時平の子を差し置いて藤氏長者となった時平の弟である藤原忠平の情報操作の結果と思える。

大悪人とされた時平自身は道真に対して、それほど嫌ってはいなかったと思っている。むしろ、道真に対して畏敬の念を抱き、実力を認めていた様に思える。その表れとして道真が推進した改革を引き継ぐ形で躍起となって醍醐天皇と共に「延喜の治」を断行したと考えている。まだ政変当初、三〇歳を過ぎたばかりの青年公卿であった時平は、道真の真の政敵である源光の謀略によって利用された犠牲者の一人であったと考える。

その真の大悪人と云える源光は政変後、道真の職であった右大臣職に就任している。更には時平が亡くなって後に太政官のトップとなり、左近衛大将も兼任し、延喜一〇年（九一〇年）に正二位の高位にまで昇っている。まさに源光にとって我が世の春を謳う時代であったと云える。だが、源光の時代は長くは続かなかった。

延喜一三年（九一三年）三月十二日、取り巻きの家来と共に鷹狩に出た際に、泥沼のある深い堀に落ちてしまい、そのまま遺体が上がる事なく謎の溺死を遂げている。

朝廷を牛耳っていた光の死を世間では、これもまた道真の怨霊によって殺されたと噂したそうである。享年六十九歳であった。光の死後、右大臣職を宇多上皇の後ろ盾で藤原忠平が就任して国政の実権を上皇と共に握っている。

醍醐天皇は時平、光の死を怨霊による仕業として、次は自分ではないのかと道真の怨霊をひどく恐れたと伝わっている。醍醐天皇もそう云う意味では加害者であると同時に被害者かと思える。

「昌泰の変」後の道真の太宰府左遷に話を戻すが、道真は降格されたとはいえ、官僚であるにも関わらず、その旅費を公費ではなく自費で太宰府への赴任を言い渡されている。また左遷の護送役である警護の者には存外に扱われ、味酒安行ら数人の門弟と二人の幼子を連れての過酷な左遷行であったと伝わっている。左遷の道中で道真一行に対して、時平と源光らは各国司に食料や駅馬の支給も禁じ、更には道中で道真を亡き者にしようと執拗に何度も刺客に襲わせている。まさに罪人の護送であり、「世路難」な道程であった。太宰府にようやく到着した道真の苦しみはこの後も続く。太宰府に到着した道真親子を待ち構えていたのは、左遷の噂を聞きつけた多くの民衆であった。道真に用意された軟禁目的の粗末な家に辿り着くまでの大通りで、道真一行は好奇な目で見られて、おそらく直接的な罵詈雑言も浴びたのだろう。そのストレスに耐え切れず、旅の疲れもあってか嘔吐を繰り返したと本人が詩に詠んでいる。更にはこの一月後に、道真の出世を妬んでいた急先鋒である三善清行によって、追い打ちをかける様に道真を「逆臣」と暗に罵った詔書が出されている。この詔書を道真は太宰府で読み、ショックを受けたと「菅家後草」には記されている。直接的ではないにしろ、こういった嫌がらせが中央の指示で日常的に繰り返されていたのだろう。怨霊になるのも無理はないと思う。男の嫉妬は恐ろしいのである。

この日常的な嫌がらせや満足な衣食も支給されなかった事が災いして、その後、連れ添った幼い息子が亡くなった。道真自身も太宰府に左遷された二年後の延喜三年（九〇三年）二月二十五日、大宰府の幽閉先で薨去する。死後、安楽寺（現・太宰府天満宮）に葬られた。享年五十九歳であった。死因は栄養失調による窮死と伝えられているが、暗殺されたと云う説もある。

死の直前、道真は京にいる無二の親友である紀長谷雄に左遷後に詠んだ詩をまとめた『菅家後集』を遺言の詩集として託している。その詩集のなかで道真は醍醐天皇を恨む事もなく、いずれまた都に戻れる事を信じ、自分の無実を訴える詩を数多く遺している。遺した詩の多くで、運命は天が決めた事であるが天は私の無実を知っていると、悲しいまでに誠実な想いを詩に詠んでいる。

詩は嘘がつけない内面の世界である。私も一〇歳になるかならないかの年頃に、親や友人に隠れて詩を書く様になった。道真が白居易にハマった様に著名詩人の詩集や当時流行ったロックの歌詞の影響で私も三〇歳近くまで詩を書き続けていたからわかる。

詩は現実に覆いかぶさる全ての苦しみや悲しみから己を解き放ってくれる幽玄の世界であり、自らに嘘がつけない内面的世界観の顕れと知っているので、道真の謀反は無実と信じる。

道真の詩の告白がなくとも、彼の人柄を知る宇多上皇も長谷雄、「菅家廊下」出身の官僚であった多くの同志もその無実を知っていたと思える。詩人であると同時に彼は弟子を想う熱心な教育者でもあった。家族を深く愛する父親でもあった。そして、敬愛する白居易の「兼済」[24]（広く人民を救済する思想）を実践する様に「寒早十首」の詩を詠む事で国と民の不幸を嘆き、その解決に全知全能を注いで行動に移した偉大な政治家であった。彼の人柄・愛情を知る多くの人達が、道真が発する言動、溢れる情熱、違えない誠意によって心を動かされたからこそ、彼の「無実」をずっと信じていたはずである。いつの時代になってもそういう人が時代を変える。この時代のこの国に必要な人が道真であった。だから天に選ばれて国をも動かしたのだろう。本稿を書くに従い、私は心からそう思う様になった。

彼を知る多くの人が道真の無実を知っていたからこそ、その無実を訴え、彼の偉大な業績を残したいと云う人達の願いが彼を「怨霊」にする事で、その業績を歴史から抹消しようとする悪意から護った様に私には思える。その一方で道真は「怨霊」となった事で国を乱す人の悪意から、国政を正そうとする人と民を護る「神」となって、死して後も国に尽くしたのだと考える。

道真を貶めた藤原時平と源光の死後、国政復帰した宇多上皇と藤原忠平ら改革派の面々にその功績が再評価され、彼の名誉が徐々に復権していったのだろう。忠平は時の天皇を動かし、北野に道真を神として祀る「北野天満宮」を創建している。それから時代が経るにつれ、道真に対する「怨霊」への恐れは薄れ、今に知られる「天満大自在天神」(正式には〝そらみつだいじざいてんじん〟一般には〝てんまんだいじざいてんじん〟)、として畏敬される「神」の名を得ていったと想像する。

十七. 道真の起こした奇蹟とは

道真と云う人は、命の旅が始まった時から生き難い世路を歩みながらも前述した様に数々の奇蹟をこの国に起こしてきた。その奇蹟をあらためて具体的に二つ挙げるとすれば土地に根差した税制改革と「奴婢の解放」等である。特に道真が起こした最たる奇蹟が「奴婢の解放」ではないかと私は思っている。

詩人である道真が命の旅の始まりから、終わりを迎えても貫いた「命題」(信条)が敬愛する白居易の「兼済」と云う考えであったと思う。その信条が結実したのが「奴婢の解放」であった。「奴婢」とは私的自由のない「隷属民」の事である。彼らはどんなに働いても、上から褒められる事なく、ただ食べ物と飲み物のみを与えられ、人を愛する事も家族を持つ事も禁じられて死んでいく孤独な存在であった。その隷属民にとって、畑を耕せば耕しただけ、己のものとなり、家族を持つ事を許された道真の「奴婢の解放(＝準公民への格上げ)」政策は、生まれてからずっと搾取されるだけの人生であった人々にとって、明日も生きたいと思える「希望」であったと想像する。道真が起こした奇蹟によって、この時代に生まれた多くの民が、自ら望めば物事は変えられる事を知った様に思える。そして、階層は違えども同じ時代に生きた多くの若い中下級貴族にとっても、努力すれば大臣にまで登り詰められると云う「希望」を道真によって教えられたと思える。

「希望」のない国は衰退の一途を辿る。「希望」とは未来を作る事であり、リーダーと呼ばれる人が行わなければならない第一の仕事が「希望」を示す事だと私は思う。私が考える「英雄」とは多くの民の願い(総意)をその器に受け入れ、行動に移した結果として「希望」を残した人の事である。故に道真は悲劇的な末路を迎える古今東西の英雄と同じく、時代を経ても愛される神様に昇華したのだろう。

その神となった菅原道真を祀る太宰府天満宮が、昨年から三十年に一度の本殿（国宝）の大修築を行っている。国費でその修築費が一部賄われる一方で不足があり、太宰府天満宮を慕う太宰府市民、福岡県民、全国の方々への募金活動が現在、行われている。私も元太宰府市民である事から遠い関東の地から募金を先日も行った。ぜひ、これを読んだ読者の中で学生時代に受験の合格祈願で菅公に縋って恩恵を受けた方がいれば、これを機会に太宰府天満宮に足を運んで寄付頂ければと願う次第である。

おわりに

本稿は一〇〇〇年以上前の昔に生きた菅原道真の生涯とその事績について、生い立ち、取り巻く人間模様、当時の世相、詩の世界観、そして「怨霊伝説」の真相をそれぞれ推察する事で最終的にこの時代に対する私の史観をまとめたものである。特に道真が一生を賭けて貫いた命題（信条）によって導かれた行動とその結果として起きた数々の奇蹟を問い、私なりの解を得る事を念頭に本稿を書き上げた。

六年前から同人誌的な試みに始まり、私と仲間達は毎年、歴史上の人物に焦点を当て、日本史をテーマとする論考集を出版してきた。読者によっては好みと気分によって、我々の活動を評論する方々もいるが、歴史とは先人の「行動の歴史」だと思っている。

何もせずに生きている人より、何かを行って生きている人に学びがあると「歴史」に教えられたから我々は令和六年も懲りずに出版を行っている。

国宝　太宰府天満宮・本殿（菅原道真の霊廟）

その出版物の中で私は各時代に生きた人物の足跡を追う事で「情熱」と呼ぶ偉人の「行動原理」を問う事をこれまで行ってきた。私の拙著を遡ると、源頼朝・義経の活躍の影で平家打倒の征討軍総大将として頼朝を支えたわりに正当な評価を得られていない「源範頼」への言及に始まり、「太平記」で身体を張って、滅びゆく平家と執権北条氏（平氏）を支え、歴史の隅に追いやられた「陶山義高」、或いは道真の様に「雷神の化身」の二つ名を持ち、主・大友宗麟を支えて力尽きた「立花道雪」、そして豊臣秀吉の懐刀として活躍し、道真同様に能力を周囲に恐れられて大宰府で晩年を過ごした「黒田如水」といった人物達をこれまで書いてきた。どの人物にも共通しているのは主君の為に全知全能を賭けて支えてきたわりに晩年は報われずに終わった歴史である。実はその歴史を毎回意識して人物を選んで書いてきたわけではなく、「源範頼」を除けば、私の生い立ちや生まれ故郷である福岡に縁のある人物を選んだだけの偶然の結果であった。今回も出身地である太宰府と縁の或る人物と云う事で菅原道真の歴史を選び本稿を書いた次第である。

太宰府で十八歳まで過ごした私だが、太宰府天満宮と菅原道真との縁は少なく、ひとつあげるとすれば、高校の同級生の誘いで人生初のバイト経験となった太宰府天満宮境内の掃除など雑務全般を任されるアルバイトに従事した事であった。その当時、十五歳であった私がまさか三十五年後に菅原道真の著述を書くとは想像もしていなかった。これを書くまで地元出身者でありながら道真への関心が薄く、大学では歴史（中国史）を学んでいたにも関わらず、菅原道真の歴史知識については浅学であった。

だが今回、道真にまつわる史書や著作「菅家文草」等を読み漁った事で多少はその歴史知識を得る事ができた気がする。専門の史家や道真所縁の関係者から言えば、本稿は内容的に言語道断と罵られるのは承知ではあるが、道真が残した詩や事件を知る事で、道真と云う人が身近な存在と思える様になり、その生涯に見え隠れする歴史の糸を紐解く事で私なりの解を得て、道真との縁が深まった気がする。正直、本稿がこれまで書いた著述の中で最も多くのページを費やし史書を読む機会になった。理由は「平安時代」に日頃から慣れ親しんでなかったからだと思っている。そのため、「平安時代」を学ぶ文献を読むだけでも多くの時間を費やした。また「律令制」の概要と道真が試みた国政改革の一部をどうやって読者に分かり易く解説するかが頭を悩ませる理由となった。歴史を学校で教えている先生方の苦労が少し分かった次第である。それほど平安時代は現代人にとっては理解が容易に見えて難解であり、「律令制」の税制改革の時代的変遷を書き記すのは骨の折れる作業であった。それと合わせて道真が数多く遺した漢詩の漢文を読み解く事は、大学時代に中国史を学んでいた時以来（約三十年振り）の難事業であった。幸いに学生時代に愛用して本棚で埃をかぶっていた「大漢和辞典」があった事が一助となり、他の訳者の和訳文と自ら読み解いた和訳を突き合わせながらこの難事業を進めていった。漢文に精通した史家であれば造作もない事だろうが一実業家に転じた現代人の脳では、道真特有の通常の漢文と違う詩人特有の韻が踏まれた漢詩は特殊であり、発狂しそうな思いが何度もあった。だが、今回も私は周りに助けられ何とか書き上げる事ができた。

休日と睡眠する時間も潰してまで、これに向き合える事ができたのは出版事業を続けてきた事で得られた達成感と感動が私の胸にあったからである。その感動を演出してくれたのがいつも私を支えてきた歴史愛好家の仲間達であり、二足の草鞋を履く私を認めてくれる会社の仲間達であり、人生で知り得た友人、家族であり、そしていつも隣で寝ている愛犬と友人がいたからである。道真も同じ想いであったと思う。一つの目的（事業）を為し得る為には自分以外の多くの人の力がいる。自分を応援する人も応援しない人も世路にはたくさんいるが、そういった同じ時代に生きる全ての人の想いが人を衝き動かし、多くの学びを与え、偉大な事が為し遂げられるのだと私は「歴史」に教えられたと思っている。だから私はおそらく来年も歴史を書くと思う。

最後までお読み頂き、読者の方に深謝する次第である。

ではこれにて「世路難記」は筆終いとする。感謝。

参考文献

（一）「菅家文草」（著　菅原道真、国立国会図書館所蔵電子書籍）

（二）「日本古典文学大系〈第七二〉菅家文草、菅家後集」（著　菅原道真、岩波書店、一九六六年）

（三）「三宝絵詞付属語索引 付・妙達和尚蘇生注記総索引」（著　中央大学国語研究会編、笠間書院、一九八六年）

（四）「消された政治家・菅原道真」（著　平田耿二、文藝春秋、二〇〇〇年）

（五）「宮廷詩人菅原道真『菅家文草』・『菅家後集』の世界」（著　波戸岡旭、笠間書院、二〇〇五年）

（六）「菅原道真事典」（著　神社と神道研究会、勉誠出版、二〇〇五年）

（七）「菅原道真の古代日本論 ―独白する日本書紀と万葉集の虚構―」（著　武井敏男、郁朋社、二〇一五年）

（八）「菅原道真の史跡をめぐる（京都を愉しむ）」（著　五島邦治、淡交社、二〇一八年）

（九）「菅原道真―学者政治家の栄光と没落」（著　滝川幸司、中央公論新社、二〇一九年）

（十）「経済成長の日本史」（名古屋大学出版会、二〇一九年）

脚注

[1] 桓武帝の祖母は宿禰姓の土師真妹《はじのまいも》。

[2] 自らを菅原家の三男と云う意図から〝菅三〟と著作で名乗っている。

[3] 主人（道真）を慕った菅原家の家に在った梅が左遷地である太宰府に着くと一夜のうちに道真の元へ飛んで来たと云う伝説。

[4] 平安時代前期の公卿。摂政であった叔父・藤原良房の養子となり、良房の死後、四代の天皇にわたり朝廷の実権を握った人物。陽成天皇を暴虐であるとして廃し、光孝天皇を立てた。次の宇多天皇のとき阿衡事件（阿衡の紛議）を起こし、その権勢を世に知らしめた。天皇から政を委ねられ、日本史上初の関白に就任。

[5] 八一〇年（大同五年）に起きた政治事件。桓武天皇の後を継いだ平城上皇と嵯峨天皇が対立後、嵯峨天皇側が坂上田村麻呂ら精鋭の兵を動かし、平城上皇を出家させた事で決着した政治事件。平城上皇の愛妾の藤原薬子とその兄である参議・藤原仲成らが処罰されている。僧侶である空海は嵯峨天皇側の勝利を祈念した事が評価されて後に日本仏教界一の実力者になった。

[6] 貞観八年（八六六年）に起こった政治事件。応天門が放火され、大納言・伴善男は左大臣・源信の犯行であると告発したが、太政大臣・藤原良房の進言により無罪となった。その後、密告があり伴善男父子に嫌疑がかけられ、有罪となり流刑に処された。これにより古代からの名族伴氏（大伴氏）は没落。藤原氏による他氏排斥事件の一つ。

[7] 文章博士（大学寮で詩文・歴史を教授した教官）が「策文」を出して文章得業生《もんじょうとくごうしょう》に答えさせる試験。

[8] 靺鞨族の大祚栄により建国された。現中国東北部から朝鮮半島北部、現ロシアの沿海地方にかけて存在した国家。周囲との交易で栄えたが最後は契丹によって滅ぼされた。

[9] 唐代中期の漢詩人。古くより白楽天の呼び名で知られる。社会や政治の実相を批判する「諷諭詩」を多作し、菅原道真や紫式部ら当時の平安時代の文壇で活躍した文人に大きな影響を与えている。

[10] 平安時代中期に作られた源順が編纂した辞書。平安時代以前の語彙・語音を知る資料で社会・風俗・制度を知る史料として日本文学・日本語学・日本史の世界で重要視されている書物。

[11] 奈良時代前期の養老七年四月に発布された格（律令の修正法令）。耕地開発を奨励するために開墾者から三世代（本人～孫）までの耕地の私有を認めた法令。

[12] 奈良時代中期の聖武天皇の治世に、天平一五年五月（七四三年六月）に発布された勅（天皇の名による命令）で墾田（自分で開墾した耕地）の永年私財化を認める法令。

[13] 「不輸権」とは貴族が所有する不輸租田（荘園）に国司・国衙からの使者の立入調査を拒否できる権利。また「不入権」とは

大和朝廷の定めで不輸租田（荘園）への指定とそれを与えられる権利。警察権・司法権の行使を拒否する事ができる権利も有する。

[14] 徳のある統治者がその持ち前の徳をもって人民を治めるべきであるとした孔子の統治論に由来する儒教の政治理念・思想。

[15] 政治の刷新を図って昔のような安定した社会を回復させると云う意味。平安時代中期の大江匡衡、鎌倉時代の九条兼実が用いた政治的信念を著した言葉。

[16] 平安時代前期の公卿・文人。道真とは同門の党を誓い合うほど互いの才を認め合う無二の親友。道真の太宰府左遷後も援助していた。後に遺言詩集となる「菅家後集」を託される。

[17] 宇多天皇の寛平年中から蔵人所の下で内裏の警護にあたらせていた武士。定員は宇多天皇の頃で一〇名。後年、叛乱を起こす平将門は藤原忠平の推挙で滝口武者を務めていた時期がある。

[18] 里倉とは収穫した稲を納める田堵（後に負名）の私的倉庫を公的倉庫と認め、田堵によって収税させた収税方法。

[19] 天皇に家臣が政策を奏上（提案）して裁可を求めること。

[20] 天皇が奏上された政策を実施することを決めて宣言すること。

[21] 天皇の命令を漢字だけの和文体で記した文書。

[22] 平安時代前期の公卿・漢学者。巨勢文雄に師事。紀伝道を学び、対策（官僚試験）を受験するが、この時の試験管が菅原道真で不合格とされた為、後に事あるごとに道真を批判する。道真を貶めるため書簡を出して右大臣の引退を勧告する手紙を送り、「昌泰の変」の宣命を書いた人物と云う説がある。太宰府左遷後も道真を逆臣呼ばわりする詔を出して、執拗に道真を貶める言動が目立つ人物。道真の親友・紀長谷雄ら歴代の文章博士とも激しい論争を起こす人物であった。

[23] 平安時代前期の貴族・学者。当時から菅原道真と学者界の双璧と目された人物。「天神」道真に対して「地仙」と呼ばれた学者。

[24] 唐王朝の官僚であった白居易の「諷諭詩」に見受けられる思想。意味は己の能力を発揮する道が開けている時やその様な官僚としての立場がある時は天下を救済する事に努めるべきだと云う考え。道真はそれを実践したと云える。

鎮守府将軍・平貞盛

大宰　観

失敗から学び、得られる勝利がある。

高望王《たかもち》（平高望、桓武平氏の祖）の孫に平貞盛と新皇を称した平（相馬）将門がいる。

歴史愛好家でなくとも歴史の授業では必ず耳にする平将門は知らぬ者がいないほど著名ではあるが、将門を討伐した貞盛の名を覚えている者は意外と少ないのではないだろうか。「平将門の乱」は歴史学的には、平安時代中期に瀬戸内海で起きた「藤原純友の乱」と合わせて、承平・天慶の両元号の間に同時期に起きた事から「承平《じょうへい》・天慶《てんぎょう》の乱」と総称もされている。

平将門が大和朝廷に叛旗を翻した背景には、平貞盛の父（平国香）と親族（母方）の源扶《みなもとのたすく》・隆・繁兄弟（源護の子）が共謀して、親族である平真樹の領地を横領する目的で両者の土地争いが始まり、困った真樹の相談で、両者の調停役を任された平将門を源三兄弟が待ち伏せしてその暗殺を図ったのが事件の発端であった。逆に三兄弟は将門によって返り討ちに遭い、将門は報復で平国香と源護の本拠を焼き討ちにしている。この焼き討ちで、平国香は焼死している。

この将門の暗殺未遂事件に始まった一連の報復事件が後に古代最大の関東騒乱である「平将門の乱」を引き起こしている。

当初は、平将門は京の朝廷に出頭して事件の経緯を説明して、沈静化に努めていたが源護とその後ろ盾であり、京で権勢を高めつつある平良兼（貞盛、将門の叔父）と良兼とは相容れない勢力とが将門を推す事で両陣営との間で対立が深まり、執拗に将門を悪者扱いする良兼の朝廷内での政治的ロビー活動によって、事件はエスカレートしていき将門の武力闘争に変貌していったようである。平将門の乱鎮圧の中心人物として活躍したのが、平将門の従兄弟であり将門の焼き討ちで死んだ平国香の子である平貞盛であった。貞盛は当初、将門に同情する気持ちがあり、論理的に非がある父や叔父達による平将門排除の動きに消極的であった。だが、平良兼らの巧みな勧誘で良兼陣営の旗頭に祭り上げられ、その討伐軍の大将として、平将門に挑み、数年にわたって抗争を繰り広げていく事になる。

貞盛からすれば望まない戦いであっただろう。

その戦いで精強な騎馬隊を有する将門軍に平貞盛は悉く破れ、敗戦を繰り返す。敗戦の度に貞盛は命からがら逃げ延び、当初は消極的であった将門への軍事活動に執念をもって臨んでいく様になる。これは私の推測だが元々、将門との争いに消極的であった貞盛は抗争当初は戦う意志がなく、軍事演習的なポーズとして将門に相対していたのではないかと考える。或いは覚悟が定まらないまま、将門に挑んでいたのかもしれない。

貞盛の思惑はともかく、既に多くの味方陣営の死者を出して、憎しみを増していたであろう将門はこの貞盛を総大将とする朝廷の討伐軍に覚悟を決めて、戦に臨んでいたのだろう。この差が将門と貞盛の勝敗の差を生んでいたのだろうが、貞盛も将門との抗争で段々と多くの味方、同志を将門によって討たれた事で覚悟が定まり、将門との戦いに勝つことが貞盛自身の生きる上での目的に変わっていったのだろう。貞盛は最終的に叔父であり戦術と射撃に長けた弓の名手である藤原秀郷《ひでさと》（貞盛の母の兄）の助力で平将門達を弓矢による一斉射撃で射落として、その鎮圧に成功している。将門に勝ったのである。

　後日、長年にわたる平貞盛の功績に対して朝廷は「鎮守府将軍」の称号を与えた。貞盛は「平将軍」と世間一般に呼ばれる様になったそうである。

　この貞盛の子孫から伊勢平氏である平清盛、伊勢氏の伊勢新九郎（北条早雲）、女系子孫から源義家、太平記に登場する陶山義高（執権北条氏に仕えた忠臣）らが輩出されている。日本人の歴史に果たした役割は遺伝的にも大きいと考える。

　平貞盛が戦の天才・平将門に挑み、破れる度に勝利への執念を強くしていく過程は、何かの事業を為したいと願う者にとって多くの教訓を与えてくれる様に思える。

　彼が勝つ為に準備をして、敗戦してもいつかは勝利するために取り組んだ姿勢、人の協力を得て平将門に最後に粘り勝ち、勝利を得た事は将門の華やかさとは違う歴史固有のおもしろさがある。

　平貞盛が辿った道のりに「忠臣蔵」「曽我兄弟の仇討ち」を好む日本人の諦めない気質を私は見い出している。

　その気質とは私自身も好むが、何事も真剣に向き合い、最初は「失敗」してもその「失敗」から学んで、「失敗」の度に「信念」を深め、「覚悟」が定まっていく事で粘り強く勝利を目指す気質である。

　かつて、そういった日本人の粘り強い気質を「大和魂」と呼んでいた。時代が変わっても、その気質が日本人が最も尊ぶ「負けても勝つまで続ける」の原型になったのではないだろうかと思えた。

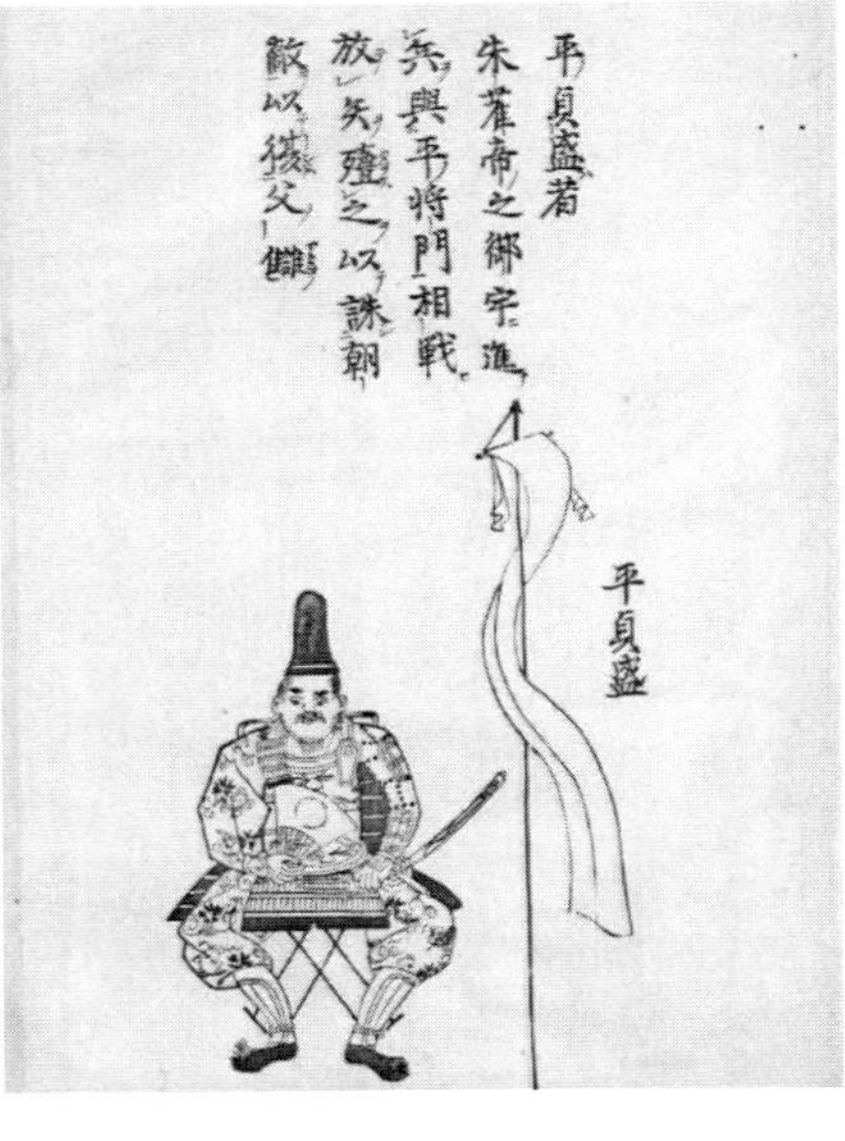

第六章　平将門はなぜ「新皇」を名乗ったのか
～新たな信仰と求めすぎた「可能性」～

正本　景造

第六章　平将門はなぜ「新皇」を名乗ったのか
～新たな信仰と求めすぎた「可能性」～

正本　景造

はじめに

日本史上、天皇と並び立つ姿勢を表明した唯一の存在、平将門。そのインパクトの強さと、結果から見る無謀さ（計画性の薄さ）で今でも多くの日本人にその名が知られている。

彼はなぜ「新皇」を名乗ったのか？　これまで数多くの説が唱えられているが、興味深い調査結果がある。将門が生きた時代は旱魃《かんばつ》、大雨、洪水、そして都市部への人口集中による感染症の大流行が起きていた、という話だ。

それまで存在していた集落が消滅・分散し、見当たらなくなっている、という九世紀末から見られるこの現象は平安京における政治の腐敗、地方軽視、そして社会不安から生じている、とされてきていた。

ところが、近年の研究によって、九世紀後半から十世紀は、少雨（乾燥）と多雨（湿潤）が短期間に繰り返される、気候変動の激しい時期であったことがわかってきたという。特に天暦二年（九四八年）は、乾燥傾向が顕著な年となっており、『日本紀略』によると祈雨《きう》と旱魃の記事が度々出てきており、平将門及び藤原純友が起こした反乱から数年後というタイミングを考えても、将門が決起したこの時期は環境的な変化がとても激しいものであったことが伺える。

本稿では、当時の社会情勢だけではなく、その状況を人々がどう捉え、何を願ったのか、という視点を交えて、平将門がなぜ「新皇」を名乗ったのか、を見ていこうと思う。

一．栄達からの離脱

将門が生まれ育った時代は平安京の上流貴族を除けば非常に不安定な雰囲気が漂っていた。現在のようにインターネットで情報が素早く入手できるわけではないので、風聞（噂話）や人づてでしか、自分たちを取り巻く社会情勢を掴むことができなかった。

しかも、それでもわからないことがある。それが天候不順だ。大雨による洪水や突風、旱魃などが何度も起きると、富がある層以外の人々は不安にさらされる。科学的見地でみればつかめる原因や対策も、約千年前では掴めるはずもなく、たたりや怨霊といった超常現象を理由として規定するしかなかった。

そして、耕作地が荒廃し、農作物が実らなくなっていくと、人々は生きていくため、生活できる場所へ集まっていく。いわゆる都市部一極集中化である。平安京の中でも荒廃していた右京区市街地の一部は、そういった人々によって農耕地とされていたらしく、外側からの意志によって、都ですら変容（再活用）が促されていたことがわかる。

そうなると次に起こるのは治安の悪化と疫病（伝染病・感染症）のまん延だ。実際に正歴四年（九九三年）は咳逆《がいぎゃく》（インフルエンザの一種）と疱瘡《ほうそう》（天然痘）が流行する。これらは猛威を振るい、『日本紀略』は病気により「京師（平安京とその周辺）の死者半《なかば》を過《す》ぐ。五位以上六十七人」と記している。腐敗していたとはいえ、政治を司る要人が多数命を落としているというところからも、状況の切実さがうかがえる。

自分の生地では食べていけず、都市部に移住すれば病気に巻き込まれる。しかも朝廷は焼失した官庁の修復ができず、天皇の政務や朝廷政治は藤原氏によって管理されていて、公的施設は機能していなかった。そして上級貴族は商人が物資を届けてくれるため、最低限の外出で生活が成り立っており世情に疎かった。

自分たちを守ってくれない政治状態と身分の壁によって、一部の特権階級以外の人々の切実感は非常に高かったこの状況下で起きていたのは、既存社会からの脱却であった。

苦しい日々が続いても、自分たちの力で生活を守れる強さがほしい

政治勢力に振り回されず、自力でフロンティアを築きたい

こういった思いが人々の地方への進出を進めたのではないだろうか。そこで大事になるのは、それまでの伝統的で大規模な集落を解体・分散させること、そして、より信頼できる一族や仲間と一緒に新たな価値観による生活集団を作り上げていくことであっただろう。

平将門が「新皇」という地位を立ち上げた（というか祭り上げられた）背景は、当時の地方にあったニーズの先に示されていたのかもしれない。

平将門の生涯の中で奇妙な点が一つある。それは将門が生涯無位無官だったことだ。それは彼の一族が地方の田舎武士だったからではない。むしろ将門の祖父は桓武天皇の孫・高望王であり、将門の父・良持も官位を得ている（高望王は従五位下、良持は従四位下）。地方へ派遣され、軍事的な役割で功績を上げてそのまま土着して軍事力を持った存在としては決して低くはない。さらに、当時の官位制度では、官位を持つ父を持った子供は、一定年齢を過ぎれば官位を得ることが決まっていた。つまり将門は、よほど大きなトラブルや失態を少年時代に犯していなければ、一定の官位は得ていたはずである。

一説には、土着した貴族の息子として在京奉仕（京都の役所に勤める）していた将門が、当時の藤原氏の氏長者・忠平の下で何かしらのトラブルを起こし、官位が認められなかった（もしくは後世に記録から抹消された）とされているが、後に大悪人として朝廷からレッテルを貼られることになる将門なのだから、若き時代の悪名高いエピソードの方がむしろ残っていてもおかしくはな

いのに、その記録は見つかっていない（むしろ将門への忠平の評価は低くなかった。忠平は将門の生涯の中で何度も将門に便宜を図っている）。

そもそも祖父・父の実績から考えれば、将門はエリート街道を歩んでもおかしくはない。ましては政権の要職のほとんどを占める藤原氏の中でも主流に位置する忠平となれば、パイプとしてこれ以上ない存在であっただろう。どちらかというと、将門側のほうが忠平に大きな期待をしたのか、将門側が望んだのは検非違使のような要職であったらしい。だが要職枠は既に埋まっており、将門は地方役人職をあてがわれた、とされている（とはいえ、将門が務めた「滝口の武士」も低い職とは言えない。むしろ地方出身の勤め先としては順当な出世コースの入り口ですらあった）。

そこで大きな問題を起こすわけでもなく、将門は元服してから二十一歳（諸説ある）になるまで忠平に仕えることになる。

二〇歳を越えた将門は父・良持の訃報に接した。父の遺領を引き継ぐ立場にあった将門は帰郷するのだが、そこで起きたのは伯父・平良兼との対立だ。これがきっかけで、将門が歩むはずだった人生は大きく変わっていくことになる。

中央（京都）でのエリートコースから地方独立へ。天候不順や社会不安が人々への不安を募らせている、まさにその時期のことであった。

二、一族争乱

将門と伯父・良兼との対立は、将門伝説の号砲としてよく取り上げられる。対立した両者の争いは坂東（後の関東）一円に拡がり、さらには（嵯峨）源氏をも巻き込んだ一大騒動となって、将門の生涯を変容させていく。

将門と良兼がなぜ対立したかは諸説あり、決定打は出ていない。従来は二人が一人の女性を巡って争ったことが原因とされていたが、将門の妻が良兼の娘であることが明確になったことから、修正が必要な論点となっている。となると現実的な要因として浮上してきているのが「相続」問題だ。

父・良持の訃報によって帰郷した将門は本来、父の遺領を引き継ぐ資格があったが、将門を若輩者と見立てた良兼及び国香（彼も将門の叔父）は自分たちが遺領を管理することを提示した。ここに将門は反感を示したのだ。

まだ長子相続制度が確立していない時代であることを考えれば、双方の言い分に合法性がなく、両者は（思惑はともかく）対立する道を歩んでいく（ここで前述した女性問題が発生した可能性がある）。

ただ、この対立がそのまま武力衝突に直結したわけではない。将門は若輩ではあるが、藤原忠平という強力なバックボーンがあることを伯父たちは承知していたし、将門も単独で伯父と対決するつもりはなかっただろう。両者は自分に味方してくれる人物（勢力）と結びつくことで勢力となり、最後に衝突していくのだ。

将門には平良文（叔父・国香の弟）が付いた。後に鎮守府将軍に任じられるほどの社会的地位の高い人物であり、京都からの信頼も高かった。

良兼らには嵯峨源氏一族が付いた。国香は嵯峨源氏の婿という側面があり、婚姻関係がない将門一派との違いがここで鮮明になった形だ。

こうなると、将門は郷土を離れ京都に戻ることはできず、中央でのキャリアを休職扱いにせざるを得なかった。これが尾を引き、将門は生涯官位を得ることができなかった（もしくは、官位を得ていたがはく奪された）。

将門の領土（父の遺領）は製鉄用の諸施設や鍛冶工房、工人住居地・牧場を中心とした騎馬関連の施設があった。しかもここは健児制（朝廷が設定した民間出身の兵隊を配備する制度）の中で重点地域になっており、通常の数倍の人数が設定されていた。これは東北の蝦夷対策としての効果を期待してのことだったが、この管理をしていたのが将門の祖父であり、父であった。彼らは中央からの役人としての役割をしながら、私的な軍事力の確保をしていたことで、中央へのアピールをしていたのだ（さらに私的開拓をすることで資産運用も行っていた）。これが、将門を藤原忠平に出仕させた裏のからくりであっただろう。将門からすれば、例え伯父であろうとその権利を奪われるわけにはいかないのだ。

承平五年（九三五年）二月、将門は嵯峨源氏・源護の子の源扶らに常陸国真壁郡野本（現在の筑西市とされているが未確定）にて襲撃されるが、これらを返り討ちにしたとされている。世にいう「野本合戦」である。

ここだけ読むと、将門が不意打ちにあったように見えるが、野本が将門領より伯父・国香領の可能性が高いことを考えると、そんな単純な構図だったとは思えない。むしろ将門が国香領へ軍勢を進出させたことで起きた戦いと考えたほうが自然だ。しかも、対峙した源護らの目的は良兼らをバックにした将門への強訴であったことから、この合戦は両軍がそれぞれの意志で軍勢を動かした結果、鉢合わせしたことで起きたもの、と近年ではされている。

将門に軍事侵略の意図があったかどうかは定かではない。前述した通り、将門には正当性があった（少なくても将門はそう認識していた）。伯父を相手に戦うほど将門が不利な情勢ではない。だとすれば伯父たちへの威嚇や恫喝、武力を背景にした交渉、なども可能性がある。だが嵯峨源氏の目的を知った将門はその姿勢に激怒し、自ら先頭に立って突撃を敢行、源氏方を蹂躙した。まさか戦うとは思わなかった源氏方は大敗した、将門方はほとんど損害を出さずに勝利するが、このあとの将門の行動が、坂東の歴史を大きく変えることになる。

圧勝した将門方は、嵯峨源氏の領土を次々と襲撃して家屋を焼き払った。火から生き延びようとする住民は射殺され、略奪が大々的に行われた。伯父との対立でストレスが溜まっていた将門のうっ憤が噴き出したかのような徹底ぶりだったようだ。

いわゆる「賊軍」を殲滅し、首魁の亡骸を晒したり、集落を焼き払う行為はそれまでの日本史で山積されるが、それは公軍（公的権力の軍）の武力行使で見られる現象で、地方の地元同士による衝突や戦いでは見られない。彼らは元々は同じ一族か肉親友人が双方にいることも珍しくなく、徹底殲滅は戦後の領土運用を困難にするからだ。ところが地元出身でありながら中央（京都）で育った将門には、自分に対する「大義名分」「公的権力」意識が高かったのだろう。本来やってしまったら戦後の運用コストが高くなってしまう「焦土作戦」を実行することで、地域はもちろん、中央にまで正統性を表明した形になった。この後の戦乱で坂東が荒廃し、復興が困難になったのは、この将門の徹底ぶりがきっかけとされている（将門の戦死以後、二年間の租税免除が認められるほど）。

この合戦で国香を討ち取ったことで、将門のいったんの頭痛のタネは消え去った。しかし、嵯峨源氏・源護を取り逃がしたことで、事態はより混迷へと進んでいくことになる。

三、将門躍進

源護は義理の息子（娘が妻として嫁いでいる）で国香の弟にあたる姻戚関係にある平良正のもとに逃げ込んだ。妻の実家が焦土と化したことに激怒した良正は嵯峨源氏の残党をはじめ、源氏勢を招集して軍勢を整えた。そして鬼怒川沿いの新治郷川曲村（現在の八千代町新井付近）に陣を構えて将門と対峙する。この合戦は決戦状を出した、双方同意の上の「正式」な合戦となったが、結果は良正の兵六〇人あまりが討ち取られるという結果となった。今回も将門の勝利である。将門方の犠牲は伝わっていないが、おそく僅かであっただろう。

敗れた良正は平良兼に救いを求めた。国香と同様、良兼は将門の後見を申し出ることで、彼の祖父から持っていた領土や軍事力を得ようとしていた節がある。だが中央と強いパイプを持つ将門と事を荒立てたくなかったため、強硬な態度に出なかったが、ここまで自分たちが追い込まれると後がない。源護・平良正・そして良兼は一体となって将門と対決することで同意する。

さらに彼らは京都帰りの国香の子・平貞盛を味方に引き入れる。貞盛は京都の視点や価値観をインプットしていたため、良兼一党よりは将門に同情的だったようだ。本人は密かに将門と接触し、良兼一党と将門との和議を図っていたらしいが、良兼の説得にあって鞍替えをしてしまう。こうして貞盛を加えた一党は将門領へ侵攻する。

承平六年（九三六年）六月、知らせを聞いた将門は下野国の国庁付近の国境で良兼ら一党を確認する。一党は数千の大軍、将門軍は度重なる戦いで疲弊し、率いることができたのは一〇〇騎余りであったと言われている。通常であればいったん撤退し、体制を整えるところであろう。だが、将門は引くどころか急襲をしかける。それまでは弓戦から始まるのが常道だった戦いの順番を覆し、いきなり白兵戦を挑んだのだ。落ち着いて対処すれば兵力差で圧倒できたはずの良兼一党だが、将門軍の気迫に押されたのか、撤退を始めてしまう。戦いはまたしても将門軍の勝利に終わることになる。

良兼軍の残党は下野国の国に避難する。将門は国府を包囲するが、一部の包囲を解いてあえて良兼を逃亡させた。身内殺しの悪評が立つことや、国庁攻めという違法行為を回避することが狙いだった。もちろん国司に恩を売って、良兼一党の違法行為（私闘で坂東を混乱に導いた）を記録させるのも忘れない。自らの正当性を認めさせて、将門は凱旋する。

ところが事件はまだ終わらなかった。一党の生き残り・源護が一連の坂東争乱を将門（及び将門の協力者・平真樹）にある、と訴えたのだ。朝廷もこの状況自体は以前から把握していたようだが、遠方だったこともあり事態の推移を注視していた。そこに訴えが来た以上、将門に詰問をしなければならず、京都への召喚が言い渡される。

事態を知った将門は、わずか一月半で京都に到着した。そして京都で糾問を受けるが、罪は軽く済んだ（後に赦される）。迅速な行動により早めの取り調べを受けた方が、将門にとって優位だったからであろう。なぜなら将門のバックには今でもなお、藤原忠平がいたからだ。

当時左大臣にして、朝廷の政治を一手に握っていた忠平がお膳立てをすれば、将門が罪に問われることはまずないといっていい（しかも将門を取り調べした検非違使のトップは忠平の長男・実頼）。将門が帰郷して後も、忠平との関係を大事に保っていたことが伺える。

ここまでは、段取りを固めた将門の勝利といっていいだろう。だが、この後将門を待ち受けるのは、滅ぼすか滅ぼされるか、の徹底的な戦いであった。それによって崩壊した秩序を立て直すために、「新皇」が舞い降りることになる。

四．行きついた先

将門は朝廷との関係を良好に保つことに成功し、これまでの坂東抗争に対する正当性を担保した。これまでの地方と中央との関係図を考えれば、反将門勢力はこれで拠って立つポジションを失ったことになり、口を閉ざすことになるだろう、というのが将門の描いた展開であっただろう。だが、追い込まれた反将門勢力はなりふり構わない行動に出る。

その筆頭・平良兼は再戦準備を整えていた。それは軍備や兵力だけではない、肖像画まで持ち出してきたのだ。しかも描かれていたのは「高望王」「良持（国香という説もある）」。将門の正統性を思わぬ形で揺さぶってきたのだ。

ここまで将門は外側（朝廷・血筋・実績）の認識を強調し、その後押しをしっかり内外に示すこと意識していた。その成果が前述した朝廷取り調べの勝利だったのだ。だが、いざ目の前に祖父や父といった一族を押し出されて、それごと叩き潰す命を、将門は出すことができない。本来であれば、良兼からしても朝廷との対立につながる（賊軍扱いのきっかけを作った）行為にして自己否定につながる暴挙なのだが、そこすら度外視した逆転の一手が、将門の急所に入ったのだ。

この戦いで将門側は初の敗戦を経験する。そして、将門軍への意趣返しとばかりに、良兼軍は将門領への焦土作戦を実行する。将門軍の源泉ともいえる軍事施設や生産拠点はことごとく破壊され、領民は殺戮の対象となって妻は生け捕りにされた、と伝わる。将門が引いた「滅ぼすか滅ぼされるか」のトリガーによって、両者は行きつくところまで行きつくしかなくなっていたのだ。

敗れた将門軍はその後も良兼軍と各地で戦いを続けたが、将門の体調不良や物資不足、兵力不足などで敗戦が続いた。ここで将門が戦意を喪失していれば、この先の歴史は変わっていたかもしれない。しかし自国が焦土と化しても軍勢を移動させながらなおも姿勢を変えない将門軍に対し、良兼軍側の方が揺らぎ始めることになる。

確かに良兼の「肖像画」の策略は将門のアキレス腱だったが、この行為自体が中央（国庁）や坂東の心証を害したのもまた事実であったらしい。前述した通り、将門はすでに朝廷のお墨付きを得ており、段取りなく将門と戦うのは得策ではないと、良兼陣営は分かっていた。だから奇策を持って将門を打ち破ったのだが、長期戦になると将門の「背景」が気になってきた。一族同士の争いであれば将門が「賊軍」かもしれないが、中央政治側からすれば良兼軍こそが「賊軍」なのだ。その認識が強まる一方で、将門憎しでやっきになる良兼を見限る動きも出てきた。それが将門妻たちの返還である。これが良兼の息子たちが手引きした、というところからも良兼の孤立ぶりがわかる。

反攻体制が整った将門は良兼への攻勢を強める。良兼は次第に追い込まれ、親類縁者の常陸真壁群へ向かうが、そこで将門軍と激突し敗北する。その後も将門は良兼らしき姿が発見されると、軍勢を派遣して攻撃をしていくが、良兼を見つけることができなかった。

再び混とんとし始めた坂東の地に状況を一変させる知らせが届く。将門に坂東の反乱者に対し追捕することを許可する太政官府が出されたのだ。将門を支援しようとする藤原忠平の計らいがあってこその施策であろう。これで将門の軍事行動は公戦となり、相手は賊軍となることが公的に認められた。これにより将門軍は、軍事行動はもちろんのこと、両国運営にも腰を据えて取り掛かることのできる余裕を得た。それに対し良兼軍は時間がたてばたつほど不利になっていくにも関わらず、打つ手もなく、潜伏するしかなくなっていた。

全体としては将門優位のまま時が過ぎていく。もしこのまま大きな出来事が起きなければ、将門は坂東の支配領主として、いいイメージを残した生涯を送れただろう。だが、この状況を我慢できなかった将門によって、全てが裏目に出る結末へと、時の針は進む。

承平八年（九三八年）四月、京都・紀伊国を揺らす大地震により京都の人心は大きく乱れた。事態を重く見た朝廷は改元の詔を発し、この年は天慶元年となるが、余震はその後も続き、鴨川の氾濫が起きるなど気の休まらない日々が続いた。

また、反将門派の平貞盛が朝廷に将門の悪行を訴えたのもこの時期であった（京都へ行こうとする貞盛を将門は追撃したが取り逃がしている）。

さらに翌年の十二月に、藤原純友の乱が勃発する。平将門と対のように認識されている西からの脅威が将門反乱と同時期に起きていることから、二人の共謀説が今でも根強く残っている。東西の諸問題に挟まれ、朝廷の動きは鈍くなることで、事態は一層迷走していくことになる（藤原純友の乱は当初、懐柔策を視野に入れた柔軟な対応が可能、と朝廷は見ていたが、その見立てが初動を遅らせたことで騒乱を長期化させることになる）。

純友の乱の約半年前、将門は、明確な成果を出す必要性に迫られていた（少なくても将門側はそう位置付けていた）。良兼や貞盛は未だ捕まらず、騒乱が明確な形で決着するところを、朝廷に報告しなければ、今度は将門側が職務不履行を指摘される可能性があるからだ（良兼は後に病死）。

そんな中、武蔵国へ新たに赴任した権守、興世王と源経基（清和源氏の祖）が、足立郡の郡司武蔵武芝と紛争を起こした。当時坂東騒乱による常陸国の荒廃は朝廷にとっても課題となっており、人事異動によって復興を進めようという朝廷の狙いがあったとされている。ところが異動の中で武蔵国に赴任した興世王は急な対応だったため、現地の役人や豪族との間にトラブルを起こしてしまったらしい。この対立は武力衝突につながるまでの大騒動へと発展するのだが、ここに将門は介入することになる。

本来、この騒動の中に将門に関連する人物は見当たらない。にも拘わらず将門が介入したのは、朝廷への目に見える成果を求めていったからであろう。

将門は興世王と武蔵武芝を会見させて和解を実現させようとしたが、武芝の兵が経基の陣営を包囲する事態が発生する。驚いた経基は京へ逃げ出してしまう。そして京に到着した経基は将門、興世王、武芝が自分をだまし討ちにしようとした、と訴状を出したのだ。朝廷は騒然としたと言われている。

ところが、当時の太政官トップ・藤原忠平は冷静に事態に対処する。事の実否を調べることにし、詰問の使者を東国へ送ったのだ。将門はこれに対し、「謀反は事実無根」と記した常陸・下総・下野・武蔵・上野五か国の国府の上申書を戻すことで、自身の身の潔白を証明しようとしたとされている。

だが、これは将門の謀反疑いに対する返答となっていない。しかも当の将門が出頭しなかったことで、かえって朝廷は混乱した。前述の貞盛による訴えもまだ解消されていないだけに、解決への道はかえって複雑化した。

忠平は別途事実関係を探らせつつ、当の貞盛を使って将門に上洛を促し、将門と貞盛とをその場で和解させるシナリオまで描いていた節がある。忠平としては事態を何とか穏便に済ませたかったのだろう。だが過去の経緯がある将門は貞盛を信用せずなかなか動こうとしなかった。かたや朝廷側も武蔵野国への正式な事実確認の役人をなかなか送り込むことができなかった（担当者が東国下向を怖がって業務を渋った）。

こうして双方ともに事態が進行せず、返答がなかなか来ない日々が続いた。このコミュニケーショントラブルが、蜜月の関係だった将門と朝廷との関係に疑惑を生じさせることになる。

しかも、この期間に将門は痛恨の事件を起こしてしまう。きっかけは常陸国の豪族・藤原玄明が脱税をして、常陸国庁の出頭を拒否、下総国にいた将門の元へ亡命したことだ。どうも玄明は将門軍に所属していたらしく、そこを頼った形だ。だが玄明は亡命途中で食料を調達するために、国が管理している非常用備蓄米を奪って移動していたらしく、これが大きな問題となった。

「はじめに」「第一節」で触れた通り、この時期は脱走や逃散などで集落が消滅する事態が起きていただけに、生き残るための亡命は散見されていた可能性は高く、むしろそれらを受け入れたほうが領地運営にはプラスになるとみられていた。将門も単なる亡命と捉える（もしくは自分が懸け橋となって事態を解決する）スタンスで玄明を迎えたのだろう。ところが、玄明の所業を「罪」と断じた常陸国司は将門と対立、将門の和解勧告は通じなかった。それどころか両者の中にいた好戦派が相手方を挑発。どちらかともなく攻撃が始まってしまったという。将門にとっては最もやってはいけない中央政府への反逆行為を犯してしまったことになる。しかも常陸国軍の中に平貞盛がいたことを発見した将門もヒートアップし、貞盛もろとも官軍を圧倒し、しかも国庁を取り囲んでしまう。国庁側は降伏するが、将門軍はもう抑えが効かず略奪と殺戮が始まった。それは九日間にも及んだとされている。

五．新皇誕生とその終わり

常陸国庁への攻撃と、その後の所業は、もはやごまかしようのない反逆行為となった。後悔と怯えに苛まれた将門に決定的な提案をしたのが、武蔵権守・興世王だ。

彼の提案は「朝廷が将門の功績を認めず罪を問おうとするのであれば、将門こそ坂東に必要不可欠な存在である、という事実を確立し、それを朝廷に認めさせよう」というものだった。将門の罪悪感を減らし、事態を好転させるための苦肉の策といってしまえば身もふたもないが、明確な反逆の意志がない将門からすれば、既成事実を作り上げるという坂東的切り口に突破口を見出した思いだったのかもしれない。

しかも、驚くべきことに、この興世王の提案にのって常陸国統治を示した将門にはせ参じた兵士が集まり続け、将門軍は数倍の兵力に膨れ上がったというのだ。

これは、それまでの国庁政治に対する反感と同時に、将門への絶大な支持があったことを示している。その将門が朝廷によって罪に問われ、坂東からいなくなるくらいであれば、将門に坂東を統治してほしい、という明確な意思表示だ。

この瞬間、将門は坂東の「王」となった。

常陸を出た将門軍は下野、上野と渡り、国庁を接収していく。これらの国に上総・下野らを含めれば坂東は文字通り将門の領土だ。将門陣営は（この段階で）未だ連絡のない朝廷に対する不安と不信がないまぜになったまま、「坂東国」の運営について議論を重ねていくことになるのだが、最終的に、将門がたどり着いたのは、「諸国之徐目」を放つ、ということだった。将門が「坂東国」の人員配置をするというこの決断は（一応臨時処置としているが）、自分たちの価値観で領土を守り、朝廷から認めてもらう自治の国、という立ち位置を打ち出すことを内外に宣言したことに等しい。ここで将門は一線を越えた。

この後、将門は「神がかり」な出来事を経て神託を得る。そして将門が名乗るにふさわしい存在名として「新皇」を名乗ることになる。

例えば社長に対抗する組織を作り、トップが「係長」を名乗っては意味がない。課長は社長の下であることが前提だからだ。同様に課長も部長も同様だ。対抗するためには同じ位置の存在（この場合は社長）でなければ並び立つことはできない。現代社会の役職に例えると明確ではあるが、日本史を通じてみた時、この「新皇」が無謀と映るのは、ひとえに将門の決断ではなく、結果が失敗に終わったことに起因する。朝廷＝天皇から独立する、ということは、「天皇」と同等の存在でなければならない。「新皇」は構図を考えれば無理な位置関係ではない。

ただ、「新皇」は朝廷（天皇）の存在を否定しているかというとそうとは言い切れない。将門が藤原忠平に送った書状を読んでも、彼が目指したのは自身の正統性であり、坂東の保有（権利）

を認めて欲しい、という思いが第一である、としている。前述した通り、坂東への対応が遅い朝廷に対し、将門たちは「自分たちに主体的に坂東を運用させてくれれば、お互いにとってメリットがある」ことを逆提案し、後追いで認可を獲得することにあっただろう。今でいうところの地方創生、に当たるだろうか。

世界史で見られるような、国としての国家観や新たな価値観、哲学を将門陣営は持ち得てなかった。それと「新皇」というネーミングとのギャップが後世にまで伝えられ、将門の所業は「天皇制」を脅かす思想や所業に対する「失敗事例」として、歴史に刻み込まれていったのである。

おわりに

将門謀反の報は京都にもたらされた。奇しくも藤原純友の乱と同時期というタイミングは祟りか呪いの類を想起させたらしい。諸社諸寺への調伏の祈祷が命じられる一方、天慶三年（九四〇年）一月には討伐軍が組まれることになるが、最終的に将門の前に立ちはだかったのは、何度も将門と闘い、負けて、それでも生き残った平貞盛であった。

貞盛は討伐軍に加わる前に常陸国にいたらしく、将門に追われていたがこの時も逃げ延びている。貞盛は常陸国から下野国に逃げ延び、そこに赴任したばかりの猛将・藤原秀郷に保護され兵力を集めていく。

一方の将門は貞盛捜索の後、兵をいったん解散したと言われているが、実態は兵は帰国せず東北への進行をもくろんでいた、という記録があり、将門側の軍事作戦は進行中だったことが伺える。それでも将門は手元に一〇〇〇人ほどしか残っておらず、貞盛・秀郷からすると好機であった。

将門は情報を入手すると、劣勢ながらも進軍を開始する。歴戦を勝ち抜いた将門軍であれば官軍に勝るという自信があったのだろうだが、今回は秀郷が指揮を執っているということもあり、官軍は緒戦に勝利する。この後、将門軍は将門自身が陣頭にたって奮戦するものの、兵力差の優位を活かした官軍が勝ち、将門は撤退する。

追い詰められた将門は、本拠地に敵を誘い込む作戦に出たが、貞盛・秀郷は下総国を動き回り、将門領を焼き払う「焦土作戦」を敢行する。坂東を独立国にする、と宣言した将門からすれば、領土が侵されることは地盤の崩壊を意味する。この作戦を防ぐことができなかった将門の人望は急落したと言われている。おびき寄せのため出撃体制を整えていなかった将門軍は、むしろ官軍からの追撃をかわすことになっていたのだ。状況を打開するため、将門軍は僅か手勢四〇〇を率いて幸島郡の北山に陣を敷いた。まずは「戦って勝つ」という目に見えた実績が必要だった将門軍に対し、官軍はその十倍もの兵力で迎え撃つ。

決戦の序盤は北風を追い風にした将門軍が優位だった。天候すら味方につけたその威容に、官軍のほとんどが怖気付き戦闘不能となった。残りは貞盛・秀郷らの兵三〇〇あまりであったが、風向きが変わることで状況は一転、今度は官軍が追い風となって将門軍へ攻めかかる。ここで退くわけにはいかない将門は奮戦するが、飛んできた矢（後世に「神鏑」と称される）が将門に刺さり、将門は討死する。

その後残党狩りが行われ、将門の首が今にまで伝わる「首塚」の物語へとつながっていくのだが、それは将門の行為に対する後世の評価が未だに定まらないことと無縁ではないだろう。それだけ「新皇」という存在の影響力は大きかったのだ。

事実、将門以降、天皇と並び立つ存在は現れなかった。将門を教訓とした者たちは、天皇と並び立つのではなく、天皇を立てていくことで、その続いてきた血脈を自身のブランド力と結び付けていく姿勢をとっていく。それは日本人が培ってきた民族観であり、知性であり、処世術であっただろう。

だが、中央政府の枠組みでは生きられない、と実感した人々の意志そのものは消えることはない。地方で起きる争いはやむことはなく、新たな制度や新たな指導者が求められては歴史に闇に消えていったが、蓄積されたその思いは、目に見えない文脈となって、現在の私たちのどこかに引き継がれているのである。

参考文献

（一）「平将門と東国武士団」（著　鈴木哲雄、吉川弘文館、二〇一二年）
（二）「平将門と天慶の乱」（著　乃至政彦、講談社、二〇一九年）
（三）「平将門の乱を読み解く」（著　木村茂光、吉川弘文館、二〇一九年）
（四）「平将門の乱」（著　川尻秋生、吉川弘文館、二〇〇七年）
（五）「神になった武士」（著　高野信治、吉川弘文館、二〇二二年）

平将門の乱と怨霊伝説

渡邉　浩一郎

平安時代。その雅な名を聞く時、貴方はどんなことを想像するだろう。源氏物語の世界よろしく、華麗な装束を纏った男女が和歌を詠み、お互いの愛を確かめ合う優美な世界。その様な想像をする読者の方も多いのではないだろうか。

確かにその側面もある。しかし平安時代中期には日本の東と西で同時期に大規模な反乱が起きているのである。

西日本で起きた反乱は、瀬戸内海で起きた藤原純友の乱である。この詳細については他稿に譲るとして、本稿では東日本で起きた平将門の乱とその後一〇〇〇年間に渡る怨霊伝説について述べていきたい。後に将門は菅原道真、崇徳上皇と共に日本三大怨霊と呼ばれる様になる。

尚、藤原純友の乱と平将門の乱を総称して承平《じょうへい》・天慶《てんぎょう》の乱と呼ぶ。これは承平と天慶の両元号の期間に起こったからである。

平将門は武士ではあったが、実は天皇の血を引く人物である。

桓武天皇の曾孫にあたる高望王が、平の姓を賜り臣籍降下。下総国の国司となった。高望王の三男である良将《よしまさ》の子が将門である。

十五歳の頃、平安京に出て仕官したが、思うような出世は出来ず十二年後に再び関東に戻る。

下向後、一族間で領地や権力をめぐる争いが起こる。将門はこれに対し武力を以て制圧。中央の朝廷に対し、反感を持つ人々に支持され勢力を拡大し関東全域を手中に収めた。

勢いに乗る将門は自らを新しい天皇＝新皇と名乗る。

関東を独立国化させ、新皇を名乗る将門に朝廷は激怒。追討に藤原秀郷・平貞盛の連合軍を派遣した。これを迎撃せんとする将門の軍と激突。乱戦の最中、額に矢が当たり、将門は呆気ない死を遂げる。新皇を名乗って僅か二か月足らずで、関東の新国家建設は夢と消えたのである。

討ち取られた将門の首は平安京の七条河原に晒された。日本初の晒し首と言われている。

しかし将門の執念足るや凄まじく、首だけになった姿で、「我の胴体は何処じゃ！　今一度繋がり一戦《ひといくさ》せん」と叫び平安京の人々を震え上がらせたと言われている。

やがて眼をカッと見開き、光を発しながら、首は空高く飛び立ち、胴体のある東国を目指したが、途中の武蔵国芝崎村（現在の東京都千代田区大手町付近）に落下。その時に大地は揺れ、三日三晩雷が鳴り続けたと言われている。

人々は落ちて来た将門の首を池の水で綺麗に洗い首塚を立てて懇ろに弔った。

その後、将門を祀る神田明神も作られ、祟りは静まったかのように思われた。

時は下り、江戸時代に大手町周辺は大名屋敷が立ち並ぶ一帯となる。首塚の場所に屋敷を構えたのは、幕府の重鎮である酒井家であった。この酒井家で一六七七年に大騒動が起きる。世に言う伊達騒動である。

まだ二歳の幼い藩主伊達綱村に対し大叔父である伊達宗勝は、家老原田甲斐と手を結び、仙台藩の実権を握ろうと画策。

それに反対する伊達安芸等はこれに対抗すべく、幕府にこの件を上訴。御取調べのために酒井家にやって来た原田甲斐は、役人の尋問中に伊達安芸を斬殺。斬った原田甲斐も安芸派の柴田外記に斬り殺された。山本周五郎氏の小説「樅ノ木は残った」で一躍有名となったこの事件であるが、斬殺の舞台となった酒井家に将門の首塚があったのは何かの因縁であろうか。

更に時は下り大正十二年(一九二三年)、帝都東京に未曾有の大地震が襲った。関東大震災である。

その破壊力は凄まじく、東京は一面焼け野原となった。大手町も例外ではなく全ての建物が倒壊。瓦礫の山と化した。

やがて復興に着手した日本政府は、何故か首塚を取り壊し大蔵省の仮庁舎を建てる。首塚の祟りの話は知っていた筈だが、帝都の復興優先でそれどころではなかったのであろう。

しかしそれを見過ごす将門ではなかった。

仮庁舎工事の最中に時の大蔵大臣早速整爾《はやみせいじ》が急死。更に大蔵官僚や工事関係者など十四人が次々に死亡するという事態となった。

「将門の首塚の祟りだ」となり、急遽仮庁舎建設は中止。首塚を元通りにして再び祀る事になる。

そして昭和に入り、日本は無謀な太平洋戦争に突入し敗戦。日本はGHQの占領下に入る。

将門の首塚は直ぐにGHQの目に留まり、撤去が命じられる。東京の一等地にこんな無駄なものを残しているなんてナンセンスとでも思ったのだろう。しかし将門は外国人にも容赦はない。

撤去のためブルドーザーで壊そうとした時に、何故かブルドーザーが転倒。運転手が亡くなったのである。因みにブルドーザーの運転をしていたのは雇われた日本人だったとか。気の毒としか言いようがない。

この事故の後に土地の関係者が、「昔の大酋長の墓であるので残したい」とGHQに陳情。結局駐車場にする計画は撤回され首塚は保存されることとなった。

そして昭和三四年に土地が返還され払い下げられると、その翌年に保存会が創設されて現在に至っているのである。

現在オフィス街となっている大手町であるが、首塚に尻を向けるような机の配置をすると祟られると言う話が伝わっている。なので、首塚に面したオフィスの机は皆首塚に対し正面に向けられているとの噂がある。

一〇〇〇年の時を越えて将門の怨念は今も生き続けているの

である。

将門の土地は時価総額四十億円になるらしいが、将門の祟りを知り尽くしている人達は、ここに何か別の手を加えようなどと考えることは未来永劫無いであろう。

（了）

参考文献

（一）「平将門の乱を読み解く」（著　木村茂光、吉川弘文館、二〇一九年）
（二）「鬼門の将軍　平将門」（著　高田崇史、新潮文庫、二〇二〇年）
（三）「樅ノ木は残った」（著　山本周五郎、新潮文庫、二〇〇三年）

第七章　海賊になった貴族・藤原純友

アマリコ

第七章　海賊になった貴族・藤原純友

アマリコ

一、藤原純友《ふじわらのすみとも》を知っているだろうか？

藤原純友《ふじわらのすみとも》を知っているだろうか？平将門《たいらのまさかど》は、知っている人は多いだろう。同時代の人間である。また、同時代に反乱を起こしている。一般的に承平《じょうへい》・天慶《てんぎょう》の乱という。

藤原純友の乱は、平将門の乱ほど、知られていないので、概要を説明したい。

藤原純友は、承平八年（九三六年）頃までには海賊の頭領となり、伊予《いよ》（現在の愛伊予守媛県）の日振島《ひぶりしま》を根城として千艘《せんそう》以上の船を操って周辺の海域を荒らし、やがて瀬戸内海全域に勢力を伸ばした。関東で平将門が乱を起こした頃とほぼ時を同じくして、瀬戸内の海賊を率いて乱を起こし、藤原純友の勢力は畿内に進出。

天慶二年（九三九年）には純友は部下・藤原文元《ふみもと》に命じ、摂津国須岐《すき》駅において備前国・播磨国介（備前介・藤原子高《さねたか》、播磨介・島田惟幹）を襲撃させ、これを捕らえた。翌天慶三年（九四〇年）二月に淡路国、八月には讃岐国の国府を、さらに十月には大宰府を襲撃し略奪を行った。

朝廷は純友追討のために追捕使長官・小野好古、次官・源経基、主典・藤原慶幸、大蔵春実による兵を差し向け、天慶四年（九四一年）五月に博多湾の戦いで、純友の船団は追捕使の軍により壊滅させられた。

純友は子・重太丸と伊予へ逃れた。同天慶四年六月に現在の宇和島で殺されたとも、捕らえられて獄中で没したともいわれている。しかし、資料が乏しく、定かではない。『師守記《もろもりき》』によれば、六月二十日に伊予国警固使の橘遠保に斬られたという記述がある。

ところが、藤原純友は、海賊ではない。いや、もともと海賊ではなかったといった方がいい。いや、むしろ、彼は、中央の貴族であった。そして、海賊退治の実績もある、すぐれた武将だったのだ。そんな彼が、なぜ、平将門の乱ともならぶ「藤原純友の乱」を起こしてしまったのだろうか？　純友に一体、何が起こったのか？

「藤原純友の乱」の概要を時系列で、追って、彼の行動とその動機、そのときの彼の気持ちや心を、時空を超えて追っていき、理解したい。そして、彼の無念を少しでも祓い、魂を鎮めたい。

二、藤原純友の乱とは？

藤原純友の乱とは、平安時代中期に、朝廷に対して、瀬戸内海で起こった反乱だ。藤原純友は、藤原北家の出身で、大宰少弐・藤原良範の三男だ。彼は官位として従五位下・伊予掾《いよのじょう》（地方役人）を持っていた。つまり、中央の貴族だったのだ。

彼が反乱を起こした経緯は、瀬戸内で海賊を鎮圧する任務に就いていたところ、地方任官していた者たちと独自の武装勢力を形成し、京から赴任する受領たちと対立し、至ったということである。平将門の乱と並び、「承平《じょうへい》・天慶《てんぎょう》の乱」といわれる。では、どんな乱だったのか？

三．承平《じょうへい》・天慶《てんぎょう》の乱とは何か？

平安時代中期のほぼ同時期に起きた、関東での平将門《たいらのまさかど》の乱と瀬戸内海での藤原純友《ふじわらすみとも》の乱の総称である。一般に承平《じょうへい》・天慶《てんぎょう》の両元号の期間に発生した事からこのように呼称されている。しかし、ただの反乱ではない。日本の律令国家衰退と武士のおこりと台頭を象徴したものであった。「東の将門《まさかど》、西の純友《すみとも》」という言葉も生まれた。鎮圧には平将門の乱の方に平貞盛が率いる平氏の勢力を借り、藤原純友の乱の方に源経基が率いる源氏の力を借りた。これは、日本の世に源平二氏が進出するきっかけにもなった。

純友の乱は約二年に及び、朝廷は純友追討のために追捕使長官・小野好古《おののよしふる》、次官・源経基《みなもとのつねもと》、主典・藤原慶幸、大蔵春実《おおくらのはるざね》による兵を差し向けた。博多湾の戦いで、純友の船団は追捕使の軍により壊滅した。

藤原の純友の乱は、どんな影響を与えたのだろうか？

四．藤原純友の乱が与えた影響とは何だったのか？

藤原純友の乱は、平安時代中期に起こった重要な出来事だった。その影響は多岐にわたる。そのうちの二つを紹介しよう。

①地方の力の増大：藤原純友の乱は、地方の力が中央政府に対して増大していたことを示している。純友自身は貴族の出身だが、地方官として赴任した後、地方で力を持つようになった。彼が海賊となり、その後反乱を起こすことができたのも、地方での彼の影響力が大きかったからだ。

②海賊問題の深刻化：純友の乱は、当時の日本が抱えていた海賊問題の深刻さを浮き彫りにしている。純友は元々海賊を鎮圧する任務に就いていた。しかし、その後自身が海賊となり、大規模な反乱を起こした。これは、海賊問題が単なる犯罪問題ではなく、社会経済的な問題、平安時代の社会構造の仕組みの問題であったことを示している。

当時の社会というは、一体、どういう仕組みだったのだろうか。

五．平安時代の政治・経済・社会構造の問題とは何だったのか？
～当時の政治状況はどうだったのか～

摂関政治：この時代は、特に藤原氏による摂関政治が展開された。摂関政治とは、摂政や関白といった地位を通じて天皇の政治を補佐または代行する形態の政治を指す。藤原氏は天皇家との婚姻を通じてその地位を確立し、政治の実権を握った。

地方の力の増大：平安時代中期には、地方の力が中央政府に対して増大していった。地方に土着した貴族や郡司ら富豪層は、国衙《こくが》（日本の律令制において国司が地方政務を執った役所が置かれていた区画。または、国衙に勤務する官人・役人「国司」や、国衙の領地「国衙領」を「国衙《こくが》」と呼ぶ例もある）から名田《みょうでん》（荘園公領制における支配・収取・徴税の基礎単位）経営と租税収取を請け負う負名《ふみょう》（日本の平安中期ごろから始まる王朝国家体制のもとでの租税収取形態または租税収取を請け負った者）へ成長し、より一層経済力をつけていった。

荘園公領制：この時代には、荘園公領制が確立した。荘園公領制とは、特定の権門が独占的に徴税権を得る荘園と、受領が徴税権を担う公領とが勢力を二分する体制を指す。

承平・天慶の乱：この時期に、平将門と藤原純友による反乱（承平・天慶の乱）が起きた。これらの反乱は、朝廷の地方支配が崩れつつあったことを示している。

以上のような特徴から、平安時代中期は古代から中世への過渡期とも理解されている。

朝廷の対応能力：純友の乱はまた、朝廷が地方で起こる問題に対応する能力にも影響を与えた。朝廷は純友追討のために追捕使《ついぶし》を差し向けた。その戦いは約二年に及んだ。この長期戦は、朝廷の対応能力や戦略に問題があったことを示している。朝廷は、直属の強力な軍隊がなく、有力な地方の武士の力を借りなければ、治安の維持ができないことを露呈したのだ。以上のような影響を通じて、藤原純友の乱は、平安時代中期の日本社会や政治に強烈なインパクトを与えた。そして、平安時代の中央政権を根底から揺るがし、土台を崩していく。

では、平将門の乱と藤原純友の乱は、どう違うのであろうか？

六．藤原純友の乱と、関東で起こった平将門の乱はどう違うか？

藤原純友の乱と平将門の乱は、平安時代中期にほぼ同時期に起きた反乱だ。前述したように、一般に承平《じょうへい》・天慶《てんぎょう》の両元号の期間に発生したことから「承平《じょうへい》・天慶《てんぎょう》の乱」と呼ばれている。しかし、これら二つの反乱は、発生地、指導者、目的など、いくつかの重要な点で異なっている。

平将門《たいらのまさかど》の乱

—平将門の乱は関東地方で起こった。

—平将門は親族間の抗争に勝利して勢力を拡大。

—将門は関東を制圧して新皇と自称し、関東に独立勢力圏を打ち立てようとした。だが、平貞盛《たいらのさだもり》、藤原秀郷《ふじわらのひでさと》、藤原為憲《ふじわらのためのり》ら追討軍の攻撃を受けて、新皇《しんのう》を自称後わずか二か月で滅ぼされた。死後は怨霊になり（と、当時の人々は、信じていた）、日本三大怨霊の一人として知られる。後に御首神社・築土神社・神田明神・国王神社などに祀られる。

藤原純友の乱

—藤原純友の乱は瀬戸内海で起こった。

—純友は海賊鎮圧の任に当たっていた。しかし、同じ目的で地方任官していた者たちと独自の武装勢力を形成した。

—純友は西国各地を襲撃して朝廷に勲功評価の条件闘争を仕掛け、これを脅かした。しかし、平将門の乱を収拾して西国に軍事力を集中させた朝廷軍の追討を受け、滅ぼされた。

これら二つの反乱は、「東の将門、西の純友」という言葉も生まれ、「日本の世に源平二氏が進出するきっかけにもなった」とされている。これら二つの反乱が同時期に起こったことから「承平《じょうへい》・天慶《てんぎょう》の乱」と一括りに呼ばれることが多い。だが、それぞれが異なる背景と経緯を持っていた。それでは、あらためて、藤原純友の人となりと、彼が乱を起こした動機。最期、それから、その後どうなったか。追っていきたい。

七. 純友、海賊討伐で功をなす

純友の前半生は、よくわからない。承平二年（九三二年）に伊予掾《いよのじょう》（日本の律令制下の四等官制において、国司の第三等官）として赴任した純友は、受領のもとで、四年間にわたって海賊平定活動に実績をあげ、一定の評価を得た。平定活動のなかで、海賊勢力との交渉を通じて、交流を深めた純友は、海賊勢力のあいだで信頼にたる人物として評価を高めていったようである。承平五年（九三五年）十二月に任務を終えた前掾《ぜんじょう》純友は、京に帰り、叙位・除目の期待をしつつ、無為の日々を送る。承平六年（九三六年）三月、中央政府は、海賊問題を解決すべく、中央政府・藤原忠平は、前掾《ぜんじょう》純友に、「海賊追捕宣旨」を与えた。在任中の実績を買い、改めて純友を警固使《けいごし》（坂東諸国の押領使《おうりょうし》に相当。海賊追捕期間・軍事指揮官）に起用したのだ。失業中の純友にチャンスがめぐってきた。そして、頑強に抵抗してきた海賊がいっせいに投降してきたのである。だが、海賊平定の恩賞は、まったく期待はずれだった。純友ら、武芸に秀で、直接、手を穢してきたものたちに恩賞はなかった。純友は、中央政府や藤原忠平に対する不信感を強めていく。三年半後の武装蜂起の遠因になっていく。

八．純友の蜂起―摂津国須岐駅《せっつのくにすき》事件

天慶二年（九三九年）十二月二十六日寅の刻（午前四時頃）、摂津国須岐駅《せっつのくにすき》（現在の兵庫県芦屋市と神戸市の周辺）で事件は、起こった。『純友追討記《すみともついとうき》』に事件の記述がある。『純友追討記《すみともついとうき》』は純友の乱に関して約八〇〇字の記載のある数少ない貴重な史料である。備前介《びぜんのすけ》（受領《ずりょう》）藤原子高《さねたか》が妻子を連れて京へ向かっていた。純友は、彼を殺害しようと郎党の藤原文元《ふみもと》に後を追わせた。文元《ふみもと》は、須岐駅で子高《さねたか》一行に追いつき、両者の間で合戦が起きる。

寅の刻（午前四時頃）、純友郎党らが矢を放ち、子高《さねたか》を獲え、耳を切り鼻を裂き、妻を奪い去って行った。子息らも殺された。異常な恐ろしい襲撃殺人事件である。事件は、その日のうちに馬を馳せて入京した子高《さねたか》従者によって、中央政府に報じられた。須岐《すき》駅事件の悲惨さは、中央政府に激震が走った。ときの摂政・藤原忠平《ふじわらのただひら》は、ただちに諸卿を自邸に召集して対策会議を開いた。

伊予の純友がなぜ。備前介《びぜんのすけ》（受領《ずりょう》）子高《さねたか》を襲ったのか。純友は、何を求めていたのか。何をしたかったのだろうか。純友の郎党の藤原文元《ふみもと》とは、一体何者なのか。郎党の藤原文元《ふみもと》は、どうして残虐で凄惨な殺戮を犯したのか。

事件の一〇日前の十二月十七日、伊予守紀淑人《きのよしと》の解状《げじょう》が中央政府に届いた。内容は、前掾《ぜんじょう》純友は、承平六年（九三六年）に、海賊追捕宣旨をこうむった男である。驚くことに、その純友が髄兵を率い、巨海に出ようとしていている。国内は騒然となり、人民は驚きあわてている。純友は、紀淑人《きのよしと》の静止をきかずに出撃してしまった。政府はすみやかに純友を召喚し、伊予国内の騒ぎを鎮めてほしい、と。

紀淑人《きのよしと》の解状《げじょう》は、第一に、純友は伊予国の国内問題ではなく、伊予国以外の他国の問題に介入するために、武装出撃したという。その問題とは、一体何であったのか。

純友の武装出国は、紀淑人《きのよしと》にとって、寝耳に水の話だった。純友の出撃が国内の人民の間にパニックを巻き起こしたという。純友が伊予国の人民に害をなしたから驚き騒いでいるのではない。突然、武装出撃したことを知って驚き、純友に追従すべきかどうか、人民が騒いでいる。紀淑人《きのよしと》が純友を中央に招集したら、伊予国人民の騒ぎがおさまるという提言だった。伊予国人民が続々と純友に馳せ参じることをやめさせるのに効果的だからだ。純友は、海賊平定の実績がある。伊予国内で絶大に人気を誇る武将だ。

紀淑人《きのよしと》は、政府法廷に「召進官符」を出すよう要請した。殺害を認める「追捕官符」の要請ではない。紀淑人《きのよしと》は純友を反逆者にならないよう手配する。事件を起こす前に政府に出頭させる。将門が出頭したように。純友蜂起後も、紀淑人《きのよしと》は、天慶三年（九四〇年）八月までは純友をかばい続ける。

純友は、なぜ紀淑人《きのよしと》の配慮を振りきって、武装出撃をしたのであろうか。何が問題だったのだろうか。天慶二年（九三九年）の夏は深刻な旱魃《かんばつ》だった。閏七月、臨時除目《じもく》で反受領闘争抑圧の特命を帯びて、備前介《びぜんのすけ》藤原子高《さねたか》が任命された。瀬戸内諸国では秋から冬にかけての検田・収納において、国衙《こくが》と負名《ふみょう》との間で、旱魃の減収分の確保をめぐって緊張はさらに高まっていた。一触即発の状況になっていた。備前国では、承平勲功者藤原文元《ふみもと》が反受領闘争の先頭に立っていた。子高《さねたか》の苛烈な弾圧に追い詰められていた。播磨国でも三善文公《みよしのふみきみ》が備前の文元《ふみもと》に呼応して、立ち上がっていた。九月になってはじめて中央政府は、武力衝突の抑止をはかった。

十二月上旬、備前の文元《ふみもと》は伊予の純友に窮状を訴え、支援を求めた。純友はともに海賊平定に活躍した盟友を受領が弾圧していることに激怒し、救援を決意した。こうして、純友は武装出撃したのである。ともに戦い、苦楽をともにした承平南海海賊平定の盟友たちの純友への信頼関係は深い。

十二月十七日、伊予国解状を受けた負った中央政府・藤原忠平《ただひら》は、十九日公卿議場で対応を協議した。守紀淑人《きのよしと》の要請どおり純友召進官符を二十一日発出した。召進官符を二十三日頃に受け取った藤原子高《さねたか》は、純友の動きを知って、仰天し、狼狽した。あわてて妻子をつれ、備前国府を脱出。陸路、京をめざした。純友の武名は諸国に鳴り響いていた。「純友、出撃」の報に子高《さねたか》は、震え上がる。子高《さねたか》は、京の放火多発の風聞を純友になすりつけ、純友の謀反を告発しようとした。純友に支援されて子高《さねたか》を追撃した文元《ふみもと》は、二十六日、須岐駅で追いつき、凄惨なリンチを加えて、殺戮したあげく、息子を殺し、妻を拉致した。苛烈な弾圧への憎悪に満ちた復讐であった。ともに京をめざした播磨介(受領)嶋田惟幹《しまだのこれもと》も拉致された。

こうして、純友の乱の幕は切って落とされた。

その日のうちに、子高《さねたか》の従者が藤原忠平邸に駆け込んで、事件の詳細を告げた。純友・文元の要求は三つ。

①子高《さねたか》・惟幹《これもと》襲撃は彼らの悪性に対する鉄槌である。文元らの所業は免責すること。

②三年半前に提出した海賊平定勲功申請に答え、純友を五位に叙し、文元らを任官すること。

③政府が要求を受諾すれば拉致した子高《さねたか》・惟幹《これもと》を連れて上洛し、叙位・任官の慶賀を奏する。

純友は、盟友文元《ふみもと》の支援、子高《さねたか》襲撃の後の事後処理と、勲功章＝五位叙位による中央貴族社会の復帰という明確な政治目的をもって、武装蜂起したのであった。純友は坂東情勢をある程度把握していた。朝廷は、坂東情勢への対応に集中せざるをえなくなるはずだ。こちらが優利・優勢だ。朝廷は、武力をもっている純友達に何もできない。要求をのまざるをえない。そう、勝ちを見込んでいた。

逸話であるが、『大鏡』によると、純友が関白、平将門が天皇になり天下の政治を行うと約束して東国と西国で反乱を起こしたという記事がある。また、比叡山で誓いを交わしたとされる。実際のところどうだったかは、不明である。ただ、純友は、将門の乱のことを頭に入れつつ、行動を起こした可能性が高い。

九．朝廷は、最初どのように対応したのか？

二十九日辰の刻（午前八時頃）に信濃国の飛駅奏状が届いた。将門らが上総介（受領）藤原尚範《ひさのり》、下野前司大中臣定行《ぜんじおおなかとみさだゆき》、同新司《しんじ》藤原弘雅《ひろまさ》の館を攻囲して、身柄を京へ追い上げるべく信濃国に護送してきた。当時の朝廷・中央政府と藤原忠平に激震が走った。忠平と諸卿の対策は四つ。

①諸陣の厳重警備
②伊勢・近江・美濃三か国に固関使《こげんし》（勅命により関を閉鎖する使い）の派遣
③東西要害十六か所の席へ警固使《けいごし》の配置
④信濃国に軍平長髪・国境守備の指示

などを決定した。藤原忠平は、ただちに直符・官符関係諸国へ緊急通達させた。諸卿は、純友と将門は共謀して東西同時蜂起をしたのではないかとささやきあった。現代でもそうであるが、二方面全面戦争は、大変な困難を伴う。下手をすれば連戦連敗の上、大きな戦争が長引く。下手をすれば、ゲリラ戦が長引き、他の地域でも次々と反乱が起こるかもしれない。そうなれば、財政を圧迫し、朝廷直轄の常備軍隊のない政府は勝ち目がない。忠平らは、二方面全面戦争の対処として、将門には要求拒否・全面対決、純友には要求受諾・妥協、という基本方針で臨む。

忠平は、暮の二十九日から宿所に詰めっぱなしだった。天慶三年（九四〇年）元旦を迎える。非常時ゆえに、正月の節会や七日節会も控える。儀式の多い朝廷において、自粛・簡素化は、危機意識の共有に効果を上げる。忠平は、宿所に左大臣藤原仲平（忠平の兄）を呼び、東海東山山陽道追捕使《ついぶし》を定めた。東海道使に藤原忠舒《ただのぶ》、東山道使に小野維幹《おののこれもと》、山陽道使に小野好古《よしふる》、次官《すけ》・判官《じょう》・主典《さかん》らを含めて十五人を補《ぶ》した。

三日、忠平は反乱軍侵攻に備えて宮城十四門に矢倉を構築させ、同日、臨時除目《じもく》を行い、三年半前の承平南海賊平定の勲功申請者を任官し、後日、政党軍幕僚に補した。そのなかには、子高《さねたか》襲撃・拉致の張本人・藤原文元《ふみもと》がいた。純友が任官されていないのは、彼が要求したのが五位だったからである。六日、七日の恒例叙位は、中止された。純友が従五位下《じゅごいのげ》に叙されるのは、正月三十日になる。純友の目論見は、あたった。忠平が率いる中央政府は、西国の不満反乱分子を東国平定の武力として活用し、あわせて西国の反受領闘争の芽を摘もうと狙ったのである。純友の要求とほぼ同時に受け取っていた将門の要求を、忠平は黙殺したのであった。

十一日、「官軍」の動員官符の文案が確定する。「反逆者は、必ず天誅で没落する。神明が神兵を出現させてくれる。天下はすべて黄土。国内人民は、みな公民。『憂国之士《ゆうこくのし》』は、官軍募集に呼応し、

『田夫野叟《でんぶやそう》』も身命を賭して、この救国の戦いに馳せ参ぜよ」。諸国武士・負名《ふみょう》層（平安中期ごろから始まる王朝国家の租税収取を請け負った者のこと）に蹶起《けっき》を呼びかける檄文《げきぶん》である。勲功賞をエサに、引き寄せられ、己は正義の「官軍」、「神兵」、「憂国之士」である。大義名分を与えられ、大きな中央政府軍に組み込む。その武力は計り知れないほど、巨大な力になり、反政府軍をも打ち砕く。これが、王朝国家、中央集権国家の恐ろしいほどの底強さである。将門も純友も、この力を認識していなかったのか？　それとも甘くみていたのか？

　正月から二月にかけて政府は、神仏へのさまざまな祈願を、内裏で諸社・諸寺で、つぎつぎに行わせた。これらの祈願は、王朝国家の武力による平定は、神仏の加護によると信じられていたため、中央正規軍を鼓舞するためには、重要である。

十．純友の栄華――最高の瞬間

　天慶二年（九三九年）十二月二十六日の備前介《びぜんのすけ》藤子高《さねたか》襲撃事件ののち、純友・藤原文元は、それぞれ伊予、備前に帰還した。国内負名《ふみょう》層から、熱狂的に迎えられた。純友は、伊予国府で政府の反応を待った。政府は、純友の目論見どおり、将門鎮圧に全集中するため要求受諾を決断した。唐突にも三年半前の「承平南海賊」勲功申請者の除目《じょもく》を行なった。驚くことに、藤原子高《さねたか》を残酷にも凶行におよんだ下手人文元《ふみもと》らを任官したのだった。現在であれば、残酷な殺人犯を治安維持のため、機動隊に任命するようなものだ。正月三十日、摂政忠平は純友を従五位下《じゅごいのげ》に叙することを天皇に奏上し、位記を作成させた。

十一．純友の誤算

　ところが純友に融和的であった忠平の態度は、突如二月二十三日をもって手のひらを返したように変わった。純友の海路上洛の方を受けた忠平は、それが叙位のためだとわかっていながら上洛阻止を決断し、京にいたる淀川沿線の山崎・河尻に警固使《けいごし》を置いた。忠平は、純友の上洛を阻止した。純友は、時の趨勢《すうせい》を見誤った。誤算の第一は将門のあまりにも早い敗死であった。第二の誤算は、備前の文元、讃岐の三振が、純友の思いに反して、反乱をエスカレートさせたことである。そして、第三の誤算は、すぐれた政治家・藤原時平（純友の親戚筋でもある）を、見くびっていたことではなかったか。忠平は、西国の反乱状況に対して融和策から武力平定に方針転換をしたのであった。

　八月に入り、政府軍と反乱軍は激突する。山陽道を制圧し、追捕使・小野好古《よしふる》は、文元らを追って、讃岐に渡海した。

　政府軍に追いつめられて窮地に立った文元・三振らは、またも伊予の純友に救援を求めたのだ。

十二、摂関・藤原忠平《ふじわらのただひら》という政治家

藤原忠平とは、どんな男で、どんな政治家なのだろうか。平安時代前期から中期、元慶四年（八八〇年）から天暦三年（九四九年）、藤原基経の四男である。醍醐天皇の時代（在位：八九八年―九三〇年）、左大臣・藤原時平《ときひら》（在位：八七一年―九〇九年）は長兄である。そのときの右大臣は菅原道真であった。昌泰《しょうたい》の変《へん》（昌泰《しょうたい》四年（九〇一年））により菅原道真を左遷した中心人物といわれる。

兄、時平が道長の怨霊のためか三十九歳で、早世する。忠平は次兄、仲平を差し置いて、従三位権中納言・蔵人別当・右近衛大将となり、藤原氏長者となった。以後、醍醐天皇の許で出世を重ね、大納言に転じ、左近衛府《さこんのえふ》には、左近衛大将《さこんのえだいしょう》（宮中の警固などを司る左右の近衛府の長官）を兼ねる。延喜十四年（九一四年）右大臣を拝した。延長二年（九二四年）正二位《しょうにい》に叙し、左大臣となる。延長五年（九二七年）、時平の遺業を継いで『延喜格式』を完成させた。農政等に関する忠平の政策は、兄、時平の行った国政改革と合わせ「延喜の治」と呼ばれる政治改革を行った。兄、時平とは、菅原道真の処罰をめぐり、道真をかばい、意見の相違から、仲が悪かったという。朱雀天皇の時に摂政、次いで関白に任じられる。以後、村上天皇の初期まで長く政権の座にあった。平将門は忠平の家人として仕えていた時期もあり、滝口の武士に推挙したのは、忠平ともいわれる。忠平は、中央政府の最大の危機であった将門の乱と純友の乱を鎮圧する。摂関家として、生まれながらに政治家として卓越した才能をもち、将門のような武勇に秀でている東国の武士達を使いこなせる。こんな男は、絶対、敵にまわしてはいけない。やはり、純友の最大のあやまちは、忠平の政治力を理解していなかったことだ。純友の親戚筋で、京で子供の頃や若い頃の忠平をみて、純友は、甘くみていたのではないか。忠平のような男を、純友はけっして、敵にまわしてはいけなかったのである。

十三、純友の最後の戦い

八月十八日、純友は、突如、讃岐に侵入し、備前・美子兵船を焼き払って政府軍を粉砕し、讃岐を制圧した。

これまで、交渉による政治的決着の道を模索していた純友は、ここにいたって公然と反乱軍の首領として、立場を明確にする。

純友は、反受領闘争者にとっては英雄だ。摂関家の高貴な「貴種」の血筋。大宰府で身に着けた武術や戦術、海戦術、承平南海賊の勲功者。たぐいまれなる、もって生まれたリーダーとしてのカリスマ性。強力な軍隊・水軍には、カリスマリーダーが絶対必要なのだ。武士は、命を奪う、奪われる凄惨な戦が続く。純友がリーダーであれば、命をさきげてもいい。純友が命令して、命を失うことになっても仕方がない。家来や部下から慕われ、敬われ、また、純友も面倒見がよかったにちがいない。

文元ら反受領勢力が、純友をたよりとするのは、わかった。だが、純友が、和平への道をぶち壊した文元の救援要請に、再度、応じたのは、なぜだろうか。純友が優位に立って、忠平から再び譲歩を引き出すためには、政府軍に強烈な一撃を加え、文元・三振を救わなくてはいけなかった。純友は決断した。

十四．藤原純友の最後の賭け

ここで藤原純友は、最後の賭けにでる。五月中旬、突如、博多湾に姿を現した。そして、大宰府を襲った。大宰府の軍勢は、防戦したが、粉砕される。大宰府政府庁は、焼け落ち、府内は純友勢に略奪されつくした。

一方、中央政府軍総司令部の忠平は、講和の意思はなかった。五月二〇日、追捕使好古率いる政府軍は、陸海から純友勢に総攻撃を加え、純友勢を粉砕した。

十五．藤原純友の最期

六月二〇日、伊予に落ち延びたところで、待ち構えていた伊予国警固使、橘遠保《たちばなのとおやす》に打ち取られた。橘遠保《たちばなのとおやす》は、将門の乱では、相模国押領使《おうりょうし》でありながら、手柄がなかったため、転戦してきていたのだ。

七月、純友の首は、京の東西の市で、晒された。

九月、文元は、弟、文用《ふみもち》・三善文公とともに、窮地の但馬国朝来郡の賀茂貞行《かものさだゆき》を頼ったが、三善文公が播磨国石窟山《せきくつやま》合戦で追撃軍に討ちとられた。

一〇月十九日、賀茂貞行《かものさだゆき》の騙し討ちに遭い、文元兄弟は、殺害された。

こうして、天慶二年（九三九年）十二月に、摂津須岐駅で、文元が、子高《さねたか》を、血祭りにあげてから約二年近くかかって、純友の乱は、鎮圧された。

純友の戦略と目標は何だったのだろうか。

現代の絶対平和主義の感覚では、全く理解できない。和平交渉なり、停戦協定を結ぶだろう。だが、激しく戦い、有利な停戦条件を引き出す。それが、平安時代の武将なのである。圧倒的な武力をみせつけて、敵に心底恐怖と畏怖を与え、自分に有利な交渉と条件を飲ませることができる。

また、「敦盛」の心境だったのか。「平家物語」の「敦盛」は、当然、藤原純友の時代より後に制作された。後に、戦国時代に織田信長が、桶狭間の戦の前に「敦盛」を舞うことが、信長公記の伝記にある。

「人間五十年、下天のうちを比ぶれば、夢幻の如くなり一度生を享け、滅せぬもののあるべきか」

藤原純友は、すでに五十代後半だったと推測される。当時の男性の平均寿命よりは長生きした。兵《つわもの》として、武士《もののふ》として、漢《おとこ》として、生まれたならば、戦って、戦に賭けるべき。また、戦に負けるのも武士の理。何もせずにこのままでは、生を受けた意味がない。この「敦盛」的な心境からなのか。

藤原純友は、最後の賭けは、彼の思惑どおりにいかなかった。

純友は、瀬戸内海の勝利の女神達から見放されてしまった。

十六、純友の乱・平定後の勲功

乱の平定後、政府軍として戦い勲功をあげた人々に対して、位階・官職の恩賞が乱発された。彼らの多くは歴史的に有名な武士の始祖となった。純友は、中央政府の腐敗に抗議し、自己の勲功にふさわしい恩賞を求めて、抗議の軍事行動に立ちあがった。しかし、皮肉なことに、純友が求めたものは、純友を成敗したものたちが、手にすることとなった。

純友を討ったものたちは、その後どうなったのだろうか。

追捕使長官・小野好古《おののよしふる》は、天慶五年（九四二年）文官の左中弁に遷る。だが、天慶八年（九四五年）大宰大弐として地方官に転じた。康保《こうほう》五年（九六八年）二月十四日薨去《こうきょ》。享年八十五歳の天寿を全うする。最終官位は参議・従三位《じゅさんみ》・大宰大弐《だいに》。

追捕使次官・源経基《みなもとのつねもと》は、武蔵・信濃・筑前・但馬・伊予の国司を歴任し、最終的には鎮守府将軍にまで上り詰めた。経基流清和源氏の祖となる。

追捕使主典・大蔵春実《おおくらのはるざね》は、純友討伐の功績により、従五位下《じゅごいのげ》・対馬守兼大宰大監《だざいだいげん》に叙任される。

この大蔵春実《おおくらのはるざね》の孫が、刀伊《とい》の入寇《にゅうこう》で活躍した大蔵種材《おおくらのたねき》である。寛仁三年（一〇一九年）四月の刀伊《とい》の入寇《にゅうこう》の際、種材《たねき》は既に七〇歳を超す高齢であった。しかし、大宰権帥・藤原隆家《ふじわらのたかいえ》らと共に刀伊に対して応戦し、みごと撃退する。刀伊の入寇は、藤原道長が栄華の絶頂にあった頃、異賊・女真族による侵略である。日本が直面した未曾有の対外危機だった。大宰権帥・藤原隆家《ふじわらのたかいえ》は、天下の「さがな者」（荒くれ者）として有名な戦う貴族。だが、専門の武官ではなかった。そんな男が、九州武士団および、東国から派遣された武士団を率いる総指揮官として、たぐいまれな能力を発揮する。種材《たねき》は、「ヤンゴトナキ武者」であり、天下無双の弓馬の達者。この寄せ集め非正規軍・チーム藤原隆家《ふじわらのたかいえ》が、刀伊を撃破する。みごとなのは、チーム隆家《たかいえ》の海賊に対する水軍の戦術・戦略があまりにも秀逸すぎることだ。やはり優れた水軍の実力は、純友の海賊討伐で培われ、その後も、脈々と受け継がれていたのではないか。

話を、純友を討った男達に戻す。

橘遠保《たちばなのとおやす》は、純友追討の功により伊予国宇和郡《いよのくにうわぐん》を与えられている。橘家は、「源平藤橘《とうきつ》」として橘氏を四大姓の一つに数えられ、名家として、その後も繁栄する。

そして、藤原忠平《ふじわらのただひら》。承平二年（九三二年）従一位《じゅういちい》に叙せられる。承平六年（九三六年）太政大臣に昇り、天慶二年（九三九年）准三后《じゅさんごう》となる。天慶四年（九四一年）朱雀天皇が元服したため摂政を辞す。が、詔《しょう》して、引き続き万機を委ねられ、関白に任じられた。記録上、摂政が退いた後に引き続き関白に任命された事が確認できる最初の例である。かつての家人、平将門と遠戚である藤原純友による承平・天慶の乱が起きたが、いずれも最終的には鎮圧・平定された。摂関政治を定着させ、王朝国家体制を軌道にのせる。天慶九年（九四六年）、村上天皇が即位すると引き続き関白として朝政を執った。この頃には老齢して病に伏せる。そして、致仕《ちし》（引退）を願うが、その都度、慰留されている。天暦三年（九四九年）、病がいよいよ重くなり、死去。享年七〇歳。正一位《しょういちい》が追贈され、貞信公《ていしんこう》と諡《おくりな》された。『貞信公記《ていしんこうき》』は、朝儀、有職故実について記した日記を残す。

純友の無念は、深い。

純友の乱は、横暴きわまる備前国受領子高《さねたか》への怒りの鉄槌から始まった。そして、自らが「海賊」とよばれ、貶められる。貴族社会への復帰をめざし、政府との妥協点を探りながら、武力蜂起した。

死の直前、彼が見た風景は何であったのだろうか。彼は何を想っていたのだろうか。憤り、腹立たしさ、悔しさ、口惜しさ、無念、涙、恨んで、恨んで、怨みを忘れず、自分を貶めた連中に仕返しと復讐してやる。怨霊になって、都の連中に復讐してやる、だったのだろうか。

いや、ちがう。

純友は怨霊にならなかった。

自分はやるべきことをやった。十分だったのだろうか。瀬戸内海の青い海のように、澄み切った、そんな心の境地だったのだろうか。

それとも、純友は、怨霊になれなかったのか。または、人々の供養と鎮魂がすでに深かったからであろうか。瀬戸内海の、青く、透き通った、甘く暖かい潮風と海が、彼の魂を癒し、鎮めたのであろうか。

先祖代々、一所懸命、一族郎党共に、手を血で穢し、命を賭けて戦を続けてきた武士が、報われる社会の仕組みと制度は、いつできるのか。武士が報われず、野良犬か虫けら以下の扱いを受けていたことからの脱却は、平清盛の出現と台頭を待たねばならなかった。

平清盛は、藤原純友の二の舞を踏まなかった。藤原純友達から、大いに学んだかもしれない。かれは、平家が権力を握ることこそが、自分が権力を握ることこそ、世のため、天下のためだという信念の政治家となる。

保元・平治の乱を経て、平清盛の活躍、瀬戸内海一体の水軍をまとめ、日栄貿易に力をいれる清盛。そして、太政大臣、福原遷都。そして、源頼朝の出現、北条義時、そして、貞永元年（一二三二年）北条泰時の御成敗式目という、画期的な武家の法律による統治の仕組み。室町幕府、戦国時代を経て、徳川幕府へと信用経済、社会と法治国家と安定した長期にわたる武家政権の礎を築く。

藤原純友は、治安維持・警固、外敵から、自衛・防御してきた武士がむくわれる礎石の一つとなった。

その後の歴史を俯瞰すると、武士の台頭・武士政権の誕生は、藤原純友達の無念と魂は、やわらぎ、浄化され、静まり晴れたのだろうか。

十七．藤原純友の足跡

最後に、藤原純友の史跡を紹介したい。平将門と違って、少ないが、七つ紹介したい。

①日振島《ひぶりしま》：純友の根城であった愛媛県宇和島《うわじま》市日振島《ひぶりしま》の城ケ森城跡。現在は純友公園として整備されている。

②純友神社：岡山県倉敷市松島には、純友神社がある。社殿の近くには大丸《おおまる》と呼ばれる高台があり、それが純友の居城・大丸城《おおまるじょう》だったのではないかといわれている。

③中野神社：愛媛県新居浜市種子川町《にいはましたねがわちょう》に、中野神社がある。新居浜《にいはま》にある生子山《しょうじやま》と種子川《たねがわ》を挟んで東側に標高一五〇メートルほどの中野山がある。生子山《しょうじやま》より急峻《きゅうしゅん》な山である。藤原純友はここで最期を迎えたといわれる。そしてその年九四一年に中野神社が建てられ、純友が主祭神となっている。

④久枝神社《ひだえだ》：愛媛県松山市に久枝《ひだえだ》神社がある。藤原純友は、祭神として祀られていないが、純友が使用したと言われる井戸がある。平安時代は、この周辺は海に近く、純友が沖を見るために、馬をつないでいたと伝えられる駒立岩《こまたていわ》がある。また、久枝《ひだえだ》神社の南、大明神ケ丘《だいみょうじんがおか》（現在の明神丘《みょうじんおか》）に純友が住んでいたといわれる館跡に石碑が建っている。久枝《ひだえだ》神社によると、純友は、警固使・橘遠保《たちばなのとおやす》に捕まり、天慶四年（九四一年）六月二〇日、この地のこの館で亡くなったという。乳母や重臣の墓だとされる塚もある。伊予掾《いよのじょう》として、赴任した頃の館跡であろうか。

前述の中野神社によると、討伐軍に敗れて中野神社に近い中野山で討たれたと記されている。どちらが本当なのだろうか。純友の最期は、謎が深まるばかりだ。

謎めいた純友だが、彼の妻への想いを感じる砦跡もある。

⑤純友城跡：高知県宿毛市大深浦《すくもしおぶかうら》の松尾峠の西三〇〇メートルの山頂に、敗れた藤原純友が、日振島《ひぶりしま》に撤退する際に、妻を隠したという伝承が残る純友城跡がある。謎めいた純友だが、彼の妻への優しさや愛情が感じとれる。

⑥楽音寺《がくおんじ》：現在、広島県三原市本郷町の南方丘陵裾に位置する県指定の重要文化財。平安時代後期（十二世紀）に開発領主・沼田氏が創建した古刹である。鎌倉時代（一一九二〜一三九二年）に小早川氏菩提寺となり一八坊を数える大寺に発展したが、江戸時代初頭（一七世紀前半）に寺領を没収。安土桃山時代の慶長三年（一五九八年）の建立。方三間の堂の四方に後に裳階《もこし》をめぐらせていた。現在は背面の裳階は撤去。堂内の空間が非常に大きく、中世や近世の社寺建築ではあまり見られない特殊な技法が用いられているなど、戦国時代の地域的特徴が顕著な建物である。

⑦広島県立歴史博物館：「紙本《しほん》著《ちゃく》色《しょく》楽音寺《がくおんじ》縁起《えんぎ》」は、現在、JR福山駅に近い当博物館に寄託されている。天慶年間（九三八～九四六年）藤原倫実《ふじわらのともざね》が純友の乱の間に受けた護持仏薬師小像の霊験と恩に報いるため楽音寺を創建した経緯を、詞書と絵をつらね叙した絵巻物である。現存する絵巻は、江戸時代初期の寛文年間（一六六一～一六七三年）浅野光晟によって原本を召し上げられたかわりに下付された模写である。奥書に「狩野右京藤原安信筆」とあり当時第一流の画家が往古縁起を忠実に模写したものとみとめられる。この縁起は鎌倉時代（一一九二～一三三三年）の原作品の写しとして、歴史的美術的価値は相当にあり、安芸国沼田荘や豪族沼田氏の起源を知るための好資料である。楽音寺は本郷町南方に所在する真言宗寺院。沼田荘開発領主の沼田氏の氏寺として創建され、鎌倉時代以後は地頭・小早川氏の氏寺となった。盛時は一八院の子院をもっていた。江戸時代初期、福島正則によって寺領が没収された。

藤原純友に関する歴史が風化しないよう、記録や伝承を残し、参拝して、しっかりと手を合わせたい。合掌。

参考文献

（一）「平将門と藤原純友」（著　下向井龍彦、山川出版社、二〇二一年）
（二）「日本の歴史〇七―武士の成長と院政」（著　下向井龍彦、講談社学術文庫、二〇一九年）
（三）「貞信公記」電子版
（四）「純友追討記」電子版（続群書類従完成会発行）
（五）「刀伊の入寇」（著　関幸彦、中央新書、二〇二一年）
（六）「純友神社」岡山県公式ホームページ
（七）「藤原純友」中野神社公式ホームページ
（八）「久枝《ひだえだ》神社」愛媛県神社庁公式ホームページ
（九）高知県公式観光WEBサイト
（十）「広島県の文化財―紙本著色楽音寺縁起」広島県教育委員会ホームページ

源氏二十一流

吉田　誠一

源氏とは賜姓皇族のひとつで天皇の皇子・皇女や孫が「源」の姓を賜り臣下の身分となったものである。賜姓皇族は古代からも多く、臣籍降下させることで皇位継承争いを減らす狙いや、国庫の財政負担を抑える狙いがあったと考えられる。平安時代に入ると「在原」という姓もあったが、ほとんどが「源」か「平」の二姓に集約されていく。「平」は「桓武平氏」以外が歴史の舞台から消え去ったのに対し、源氏は嵯峨天皇以来、江戸時代の正親町天皇まで、二十一の天皇から源氏が輩出されることとなった。

最初の源氏は嵯峨天皇を祖とする嵯峨源氏である。八一四年、嵯峨天皇は、皇親賜姓に関する詔を発した。自らの皇子・皇女八人に「源朝臣」の姓を賜り臣籍降下させたのである。その理由は親王や内親王の人数が多いため国費を圧迫しているためとされた。嵯峨天皇は皇子女が五〇人と大変多く、国費を圧迫させていたことは確かであろう。最終的に五〇人中三十二人が「源朝臣」姓を賜わった。

ただ、嵯峨天皇が自らの皇子女を臣籍降下させた理由は国費圧迫もあるが、藤原氏の権勢拡大に備えて、自分の子を高位高官に就かせる、つまり嵯峨ファミリーの構築という構想もあったと考えられる。現に源氏となった皇子十七人から、左大臣が三人、大納言が二人、参議が三人と非常に多くの議政官を出している。嵯峨源氏は、まさに朝廷の一大勢力となったわけで、嵯峨天皇の思惑通りであった。

ところが、孫つまり二世源氏になると、地位を大幅に低下していくこととなる。大臣は皆無で議政官では大納言二名、中納言一名、参議が三人という状況であった。さらに三世源氏になると参議一名だけで残りは中級の官人どまりであり、中央での出世に見切りをつけ、地方に土着し武士化した者もあった。九州で武士化した中に蒲池氏という氏族があり、これは松田聖子さんの先祖である。

この地位低下の要因は、地位の源泉が天皇との血縁に基づくミウチ関係によるものであるため、世代が降るにつれ、その時の天皇との血縁関係が薄れるためである。これは以降の源氏のほとんどにみられる傾向である。当時は、地位は親から引き継がれるよりも、天皇との血縁関係で決まることが多かったということであろう。新たな源氏が次から次へと誕生するため、そのままでは朝廷は源氏だらけになってしまうということもあったであろう。

次の仁明天皇からはじまる仁明源氏は一世源氏では右大臣が二名で参議が一名、二世源氏では参議が一名だけで残りは中級官人であった。続く文徳源氏も似たような状況であった。この状況は天皇との血縁関係を維持し続け地位を守り通した藤原氏とは大きな差である。

続く清和源氏はさらに低迷する。一世源氏では参議以上の議政官は一人もおらず、二世源氏で一名の参議が出ただけである。これは清和天皇の皇統が子の陽成天皇の代で断絶し、文徳天皇の弟の光孝天皇の系統に移ったため、清和の子や孫と時の天皇の血縁がさらに遠のいたためである。ちなみに武士源氏の祖の源経基も清和源氏の一人である。

続く陽成源氏は、さらに現皇統から離れるため地位低下は顕著で一世源氏に大納言が一人出たものの二世源氏では中級官人にもなれないという有様であった。

次は皇統が変わった光孝天皇の光孝源氏であるが、この帝はもともと即位する予定ではなく、急遽出番が回ってきたわけで、すでに皇子の多くは源姓を賜り臣籍降下していた。さらに自ら中継ぎの帝と自認していた光孝天皇は、残りの皇子もみな臣籍降下させてしまったのである。実はそのなかに、のちの宇多天皇となった源定省もいた。

その宇多天皇であるが、元々は源氏の姓を賜った臣下の立場であったため、その子でのちの醍醐天皇も源維城として臣籍降下していたが、のちに親王に復した。ちなみに宇多天皇の皇子は全員が親王となり、源姓を賜ったのは二世からである。宇多源氏一世からは二人の左大臣が輩出され、その一人源雅信は藤原道長の舅であり、この系統は藤原氏との関係から代が変わっても比較的高位を守ったようだ。

続く醍醐源氏も一世では二名の左大臣を輩出している。その一人源高明は安和の変で失脚した人物であるが、こちらも娘を藤原道長の妻にしていたため、その関係から代変わりしても地位を守り通した方と言える。

次は村上源氏である。こちらは一世はおらず、全て二世以降であるが二世で議政官になったのは二名のみであった。そのうちの一人の源師房は右大臣になるが、この家系はこれまでの源氏の常識を破り、子孫から太政大臣など多くの大臣を輩出し末永く反映することになる。そのきっかけは、子に恵まれなかった藤原頼通が妻の甥である師房を後継者として育てたことがはじまりである。その後、頼通に男子ができたため師房を後継者にという話は流れたが、師房は摂関家の準一員的な位置づけとなった。そして頼通の父道長の娘を妻に迎えることとなるが、この二人から生まれた子は左右大臣となり、さらにその孫は太政大臣にまで上る。このように藤原摂関家と密接な関係を構築した師房の家系は源氏の長者となり、摂関家に次ぐ家格として後世まで続くこととなる。

その後も新たな源氏が次々に誕生し江戸時代の正親町源氏まで計二十一の系統がでることとなった。

私論　なぜ源氏が武士になったのか？

なぜ源氏(正確には清和源氏）が武士になったか？

これは、個人的に非常に興味のあるテーマなのであるが、なかなかスッキリと整理できていないテーマでもある。

武士の起源は開拓農民(地方豪族達も含む）が国司や他の開拓農民から領地を守るために武装したものとされる。さらに中央から国司や押領使として下向した貴族が土着し、開拓農民達を傘下に置いて組織化し武士団ができたという流れはよく理解ができる。学校の授業でもそのように習った記憶がある。

土着し武士団を形成した貴族たちを最近では地方軍事貴族とも呼ぶ。桓武平氏の良文流平氏(上総氏・千葉氏・三浦氏・大庭氏・梶原氏・畠山氏など多数）や藤原秀郷流の藤原氏(小山氏・結城氏・比企氏など)、嵯峨源氏(渡辺氏・松浦氏・蒲池氏など)、宇多源氏(佐々木氏など）が代表的である。彼らは明確に武士とイメージが出来る。

これに対して、清和源氏はこのイメージには当てはまらない。国司として地方に下向するものの、土着はせずに、あくまで活動基盤を京都に置き強大な武力を持つ存在となっている。都の武士と言える存在である。これを中央軍事貴族と呼ぶ。

ではどうやって、清和源氏は武士(軍事貴族）になったのであろうか？　清和源氏二代目の源満仲は、強大な私的軍事力によって摂関家に仕える貴族として、まさに武士のイメージを備えた存在になっていた。しかし、満仲の父で清和源氏初代の源経基は、あまり武士というイメージがない。

ここからは、かなり私の自説が入るので、ご笑覧頂ければ幸いである。

臣籍降下したものの、後ろ盾の弱い経基(母は右大臣源能有の娘と家柄は抜群であるが、経基誕生時には能有は亡くなっており後ろ盾にはならなかった）は中年になり、やっと武蔵権介という元皇族の一世源氏としては、かなり低いポジションを得た。

ここで、あの平将門の乱に巻き込まれるのである。この際、地方に基盤を置き大きな軍事力や経済力を有する桓武平氏一族や藤原秀郷といった地方軍事貴族の生き方を目の当たりにするわけである。

決して華々しくはないものの、この乱や西国で発生した藤原純友の乱鎮圧に、それなりに貢献した経基は、それなりに認められ、その後武蔵・信濃・筑前・但馬・伊予の国司を歴任することとなる。

ただ、これだけでは軍事貴族とは言えない。

二つの乱は、藤原忠文や小野好古と共闘したものであるが、この二人は武官ではあるものの、あくまでも公家。決して武士(軍事貴族）ではない。他にも、多くの公家が各地の国司に就いても土着せず、京に戻っている。軍事貴族になる要素はあまりない。これは経基も同じである。

経基が軍事貴族となっていくのは、こういうことではないだろうか？

各地の国司を歴任する中で、東国の桓武平氏や藤原秀郷などの地方軍事貴族を参考にして、在任中に現地での基盤造りに勤しみ、軍事的実力と経済力という財産を身につけていった。しかし地方軍事貴族のように土着することはなく、あくまでも活動基盤は京に置くことにこだわった。そして、地方で身につけた軍事力や経済力という財産をもって、京都で中央軍事貴族という新たなスタンダードともいえる地位を築いたのではないだろうか。

この流れを息子の満仲が引き継ぎ、さらに摂関家に接近する事で、実入りの良い、いわゆる美味しい国の国司を歴任することで、財産を増やし、より強力な軍事貴族となっていった。いかがであろうか？

ちなみに、経基が築いた中央軍事貴族という新たなスタンダードを真似たのが、地方軍事貴族出身ながら京の志向が強い桓武平氏の平貞盛だと思う。そしてその流れが清盛へとつながってくわけである。

第八章　安和の変と清和源氏の躍進

吉田　誠一

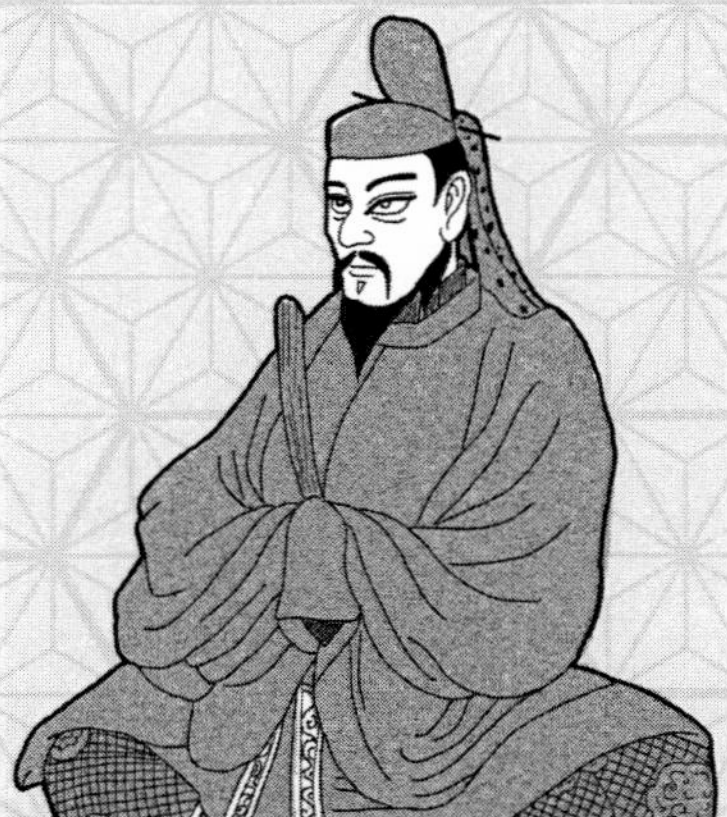

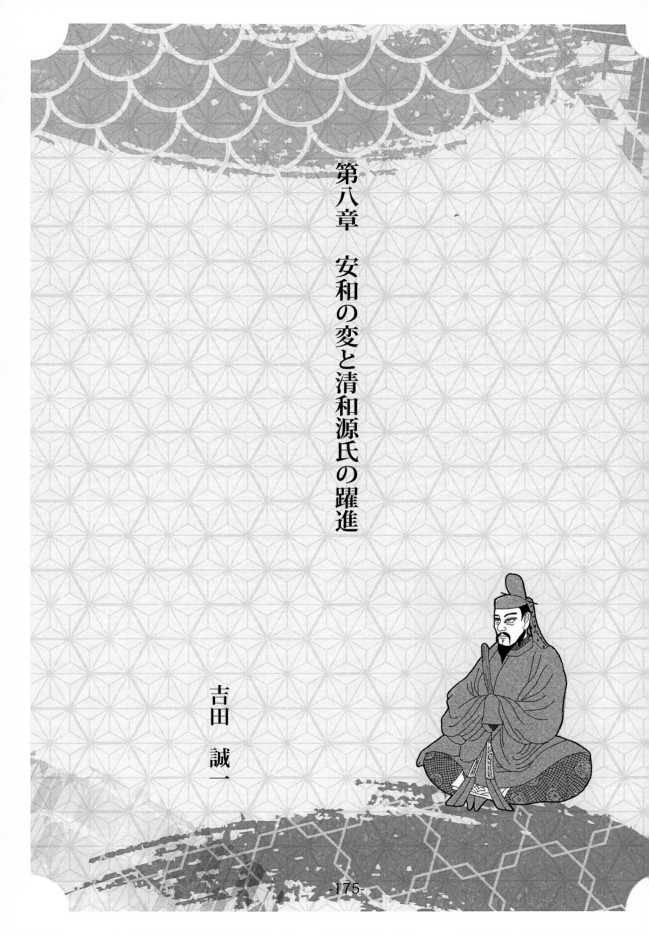

第八章　安和の変と清和源氏の躍進

吉田　誠一

はじめに～藤原道長の子供たちの明暗

藤原道長は、二人の妻との間に、実に多くの子女を設けた。多くの子を設けたことが、道長が過去に例をみない栄華を極めることに繋がるわけである。その二人の妻とは

宇多源氏 左大臣源雅信の娘 倫子
醍醐源氏 左大臣源高明の娘 明子

どちらも、左大臣という高官の娘である。超名門の出身である。ただ、その境遇が、母子ともに大きく違ってしまったのだ。

倫子の子供は、頼通が若くして摂政・関白となったのを筆頭に、その弟の教通も兄のあとに関白となった。いずれも位人臣を極めたわけである。女子の場合も、彰子をはじめ、四人の娘全員が天皇に入内し中宮となった（ただし四女の嬉子は夫が即位前に死去したため東宮妃、のち皇太后を追贈）。それぞれが目覚ましい昇進を遂げたわけである。

それに対して、明子出生の男子は、摂政関白どころか大臣にまで出世できたのは一名だけであった。三男の能信などは、この処遇の差に納得できず、度々暴行騒動を起こしたり、頼通や教通と激

母親が源倫子		
	最高官職	最高位階
頼通	摂政・関白 太政大臣	従一位
教通	関白 太政大臣	従一位

	配偶者	称号
彰子	一条天皇	中宮
妍子	三条天皇	中宮
威子	後一条天皇	中宮
嬉子	後朱雀天皇	東宮妃※

※後朱雀帝即位前に崩御したため

母親が源明子		
	最高官職	最高位階
頼宗	右大臣	従一位
顕信	右馬頭	従四位下
能信	権大納言	正二位
長家	権大納言	正二位

	配偶者	称号
寛子	敦明親王	妃
尊子	源師房	正室

藤原道長の子供達

しい喧嘩を繰り返すなど、父の道長も手を焼いていたようである。なお、能信の暴力的な性格は道長に似ているとも言われている。

女子の場合も、寛子が藤原氏の後ろ盾がないため皇太子廃位を願い出た敦明親王に対して、その返礼として妃とされた事例など、扱われ方が象徴的である。

なぜこのような差がついてしまったのか？　その原因を作ったのが「安和の変」なのである。

倫子が道長の妻になった当時、父の源雅信は左大臣であり、道長の出世には少なからず貢献した。それに対し、明子の父であった源高明は既に故人で、さらに本稿のテーマでもある「安和の変」で流罪になった人物だったのだ。

本稿では、この安和の変がなぜ起きたのか？　そしてその歴史的意義はなにか？　について探ってみることとする。さらに、安和の変によって軍事貴族の筆頭に躍り出た清和源氏についても取り上げることとする。

一．藤原氏（北家）の他家排斥活動

本稿のタイトルである「安和の変」は、藤原氏（北家）による他家排斥活動の総仕上げとも言うべき政変であった。それでは、安和の変に入る前に、それ以前の他氏排斥活動（平安時代に限る）を簡単にまとめてみたい。

最初は薬子の変である。この政変は平城上皇と嵯峨天皇の兄弟の対立によるもので、嵯峨天皇と連携した藤原北家の藤原冬嗣により、平城上皇と連携した藤原式家の藤原仲成と薬子兄妹が滅亡させられた政変である。詳しくは第四章「薬子の変～矛盾を書き換えた日本人のブリコラージュ」を参照いただきたい。

承和の変

薬子の変を終息させた嵯峨天皇は譲位し、弟の淳和天皇から仁明天皇（嵯峨上皇の皇子）と皇位は移るものの、天皇家の家長ともいうべき嵯峨上皇のもとで、安定した治世が続いていた。ところが、仁明天皇の皇太子に淳和上皇の皇子の恒貞親王が立てられたことで、皇位継承問題が勃発するのである。つまり嵯峨天皇系と淳和天皇系の二系統ができてしまい、両統迭立という事態に陥る危険性が出てきたのである。しかし実際にはそれ（両統迭立）は回避された。その経緯は次の通りである。

薬子の変で嵯峨上皇の信任を得た藤原冬嗣の後を継いだ藤原良房も、嵯峨上皇皇太后の橘嘉智子（檀林皇太后）と密接な関係を構築していた。そして、妹を仁明天皇の中宮とし、その間に道康親王（後の文徳天皇）が生まれていたのである。着々と天皇との外戚関係を構築していたわけである。そうなると、良房は道康親王の皇位継承を望むことになるのは自然な流れである。

この良房の思惑に対し、すでに皇太子となっている恒貞親王サイドも、当然ながら看過はできないわけである。側近の伴健岑とその盟友橘逸勢が良房に対立姿勢を示すこととなったのである。両者は一触即発の状態ながら、しばらく睨み合いが続いた。嵯峨上皇の存在が重石になっていたのである。しかし、嵯峨上皇が崩御したことにより、それまでかろうじて保たれていた均衡が破れることとなってしまったのである。

まず先に動いたのが恒貞親王側の橘逸勢である。ところが檀林皇太后がこの動きを察知し、良房にそれを伝えたのである。皇太后としては、道康親王は孫であるが、恒貞親王も自分の娘の子、つまりどちらも孫である。

悩んだ皇太后は、同族である橘逸勢より藤原良房の実力を選んだのだと思う。皇太后からの情報を受けた良房と仁明天皇は、伴健岑と橘逸勢らを逮捕し、彼らを謀反人と断じたのである。そして恒貞親王は事件とは無関係としながらも、皇太子を廃されてしまった。

これにより、道康親王が皇太子に立てられ、両統迭立の事態は避けられたのである。藤原氏としても、名族である伴氏やと橘氏といったライバルを没落させることに成功したわけである。

応天門の変

貞観八年（八六六年）に応天門が放火され炎上する事件が発生した。朝廷は大騒ぎとなるが、大納言であった伴善男が日頃より仲の悪い左大臣源信が犯人であると告発したのである。応天門は大伴氏（伴氏）が造営したもので、源信が日頃の恨みから伴氏を呪い、伴氏所縁の応天門に火をつけたのだとしたのだ。

まもなく源信の邸が多くの兵士に包囲され、都に大きな緊張が走る事態となった。ところが、これを知った太政大臣・藤原良房は清和天皇に奏上して源信を弁護したのである。その結果、源信は無実とされ、邸を包囲していた兵士は引き上げることとなった。

一件落着かに見えた騒動であったが、今度はなんと応天門放火の犯人は伴善男であるとの訴えが出されることとなったのである。これに対し善男はあくまでも無罪を主張したのであるが、逮捕された同族たちが自供したことにとより、ついに観念してしまった。

この事件により、大納言の伴善男も流罪となり、善男寄りだった右大臣藤原良相も病となり死去した。そして、当初犯人とされた左大臣源信はノイローゼ状態となり、やがて死去してしまったのである。その結果、藤原良房が朝廷の全権を把握する事になった。

この事件により、古代の名族大伴氏の流れをくむ伴氏や、その側近だった名族紀氏といった有力官人が排斥され、藤原氏の権勢がますます強大なものとなったのである。

昌泰の変

左大臣藤原時平の讒言により醍醐天皇が右大臣菅原道真を大宰員外帥として大宰府へ左遷した政変である。詳しくは、本書第五章「世路難記」を参照いただきたい。

二、安和の変

これまで見てきたように、藤原氏（北家）は幾多の政変により政敵を排斥させてきた。安和の変は、藤原氏（北家）による、他氏排斥活動の完結編ともいえるものである。その標的は醍醐源氏の源高明であった。

源高明の生い立ちと栄達

源高明は醍醐天皇の第十皇子で、延喜二〇年（九二〇年）に七才で源姓を与えられ臣籍降下した。このように臣籍降下した源氏は嵯峨天皇以来かなりの数にのぼり、天皇の親戚として高位に上るものが多く、藤原氏のライバルとなることが多かった。高明も同様である。

高明は、二十六才で参議、四〇才で大納言と順調に昇進を続けていた。朝廷の実力者でかつ、高明と同じく故実に通じた藤原師輔の三女を妻とし、その没後は五女の愛宮を娶っていた。師輔は高明の後援者となっていたのである。

また、妻の姉である安子は村上天皇の中宮として皇太子の憲平

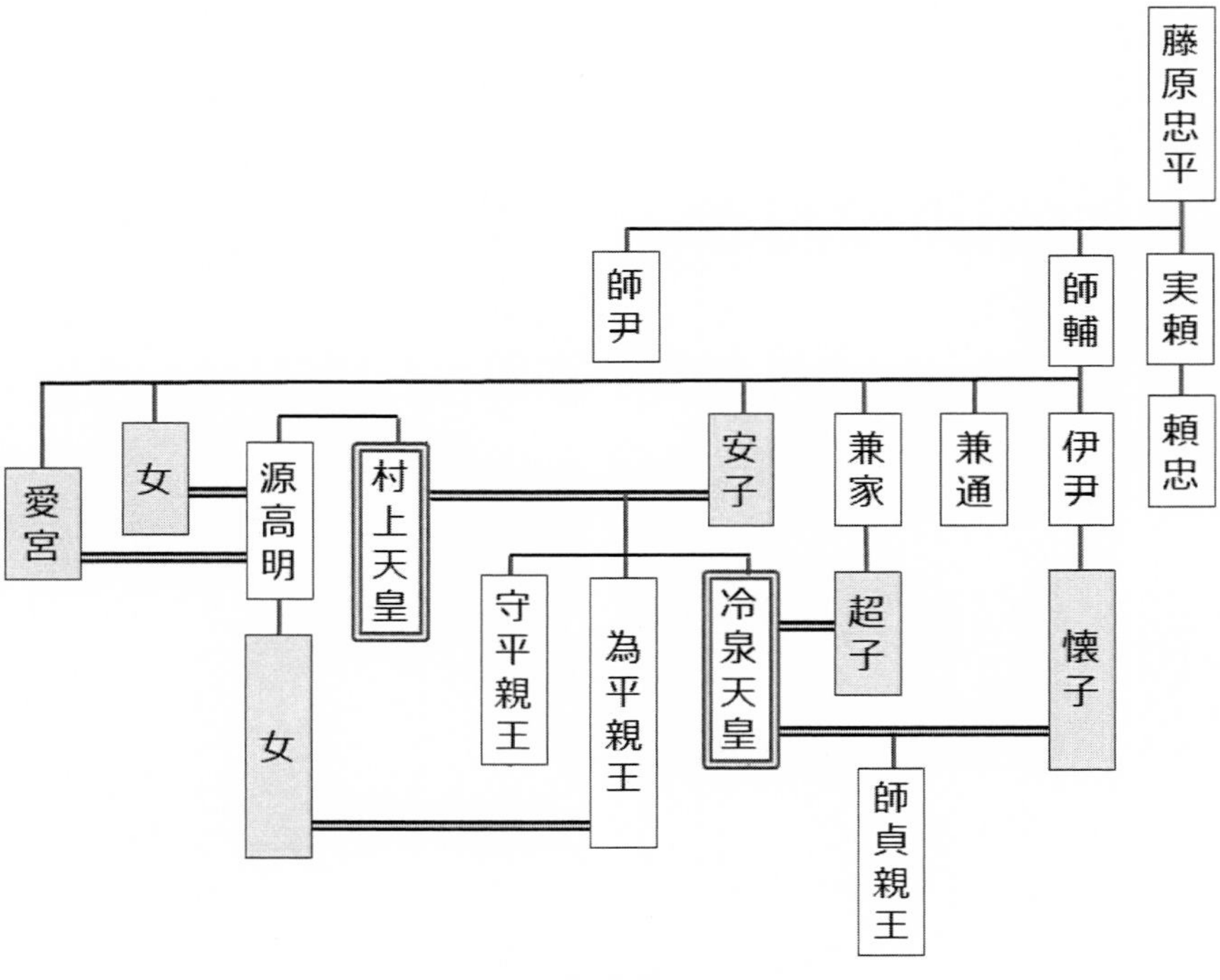

系図①

親王・為平親王・守平親王の三皇子を産んでいたが、高明は安子に信任され中宮大夫を兼ねていた。

　師輔や安子に信頼され安定的なポジションを得ていた高明であるが、天徳四年（九六〇年）に師輔が、その四年後には安子が相次いで没したことで、それが一転する。朝廷における重要な応援者を失うこととなってしまったのだ。

安和の変までの経緯

　村上天皇には、藤原師輔の娘安子との間に生まれた、憲平・為平・守平の三親王がいた。師輔の兄で時の筆頭公卿であった藤原実頼の娘も村上天皇の女御になっていたが、子供が生まれなかったため、安子との間に生まれた憲平が生後二か月で順当に皇太子となった。

　康保四年（九六七年）に村上天皇が崩御すると、皇太子の憲平親王が即位する（冷泉天皇）。そして関白太政大臣には藤原実頼、左大臣に源高明が就任した。師輔が既に死去していたため、右大臣には弟の藤原師尹が就任した。

源高明邸（高松殿）跡

　ところが、当時、冷泉天皇にはまだ皇子がなく、また病弱で奇行の多い人物であったため、早急に皇太子を定める必要があったのである。その候補は冷泉天皇の同母弟にあたる為平親王と守平親王の二名であった。ともに藤原安子を母に持つ兄弟である。

　順番的には年長の為平親王であり、優秀でもあったので、順当に皇太子となることが期待されていた。ところが期待に反して守平親王（のちの円融天皇帝）が皇太子になったのである。為平親王が避けられたのは、その外戚である源高明の存在である。為平親王が即位すると、その外戚である高明の権力が拡大することとなり、それを恐れた藤原師尹や、師輔の子である伊尹・兼家兄弟が、裏でいろいろ手を回したためと思われる。藤原氏以外が天皇の外戚となるということは、絶対に避けねばならない事態であったのだ。

　高明は、元々異母兄弟の村上天皇の信任が篤く、皇后安子やその父藤原師輔とも親しい関係にあったのであるが、いずれも故人のため宮中で孤立状態となっていたのである。

安和の変

　冷泉天皇即位の二年後の安和二年（九六九年）、左馬助源満仲が、中務少輔橘繁延と左兵衛大尉源連らが謀反を起こしたと密告した。密告の内容についての詳細は不明であるが、これを受けて、禁中は騒然となった。「天慶の大乱」のようだったとの記録も残っているほどである。

右大臣藤原師尹以下の公卿は早速内裏に参内し、諸門を閉じた。そして師尹らは検非違使に命じて橘繁延・源連らを捕らえて訊問させたのである。

逮捕された面々は罪を認めたのであるが、なんと左大臣源高明がこの謀反に関与しているとの自白をしたのである。高明が女婿である為平親王を擁立し、皇太子の守平親王の排除を企てたと、自白したのである。なお、後世の軍記物には高明が為平親王を東国に迎えて乱を起こし、帝に即けようとしていたと記されているが、これについては史料的価値もなく、そのような暴挙は現実的ではないだろう。

逮捕者はさらに拡大し、前相模介藤原千晴（藤原秀郷の子）とその子久頼がクーデターの一味として、検非違使源満季（満仲の弟）に禁獄された。

高明は出家したものの許されず、太宰権師に左遷されることとなってしまった。また、首謀者の橘繁延は土佐に、源連は伊豆に配流され、藤原千晴は隠岐に配流となったのである。

そして、クーデター計画を密告した功績により、源満仲は位を進められた。また左大臣は師尹に替わり、右大臣には大納言藤原在衡が昇任した。

藤原北家の他氏排斥工作活動はこのような経緯で完結したのである。

安和の変の黒幕と源満仲

以上が、安和の変の経緯であるが、満仲の密告にはじまる一連の動きは、あまりにも手際が良いため、予め仕組まれた陰謀とみるのが自然なようにも思える。

高明にもそれなりの野望はあったかもしれない。高明の支援者で最大の実力者であった藤原師輔とその娘で村上天皇后の安子、さらには村上天皇がたて続けに没したことにより、政治に大きな空白が生まれていたのである。高明の上席には関白太政大臣藤原実頼はいたものの、既に高齢だったうえ、天皇と外戚関係構築に失敗しており無力な存在であった。つまり高明は左大臣という実質上最高位にあるだけでなく、娘が為平親王の妃となっており、将来的には、外戚政治（ミウチ政治）が行えるという、最上の条件を有していたのである。このことが藤原氏に強烈な警戒感を持たれてしまうことになったのである。

ただ、先述した通り高明の目論見は結局叶わず、守平親王が皇太子となった。普通なら藤原氏はこれで安堵してもよさそうに思う。しかしそれでもなお、警戒感をもつ藤原氏によって高明は陰謀の犠牲になったのではないだろうか。それでは陰謀の黒幕はだれであろうか。

後世の歴史書「愚管抄」には、関白太政大臣の藤原実頼とその息子達、右大臣の藤原師尹、藤原師輔の息子達が仕組んだとの噂があったと記されている。

おそらくこの変は彼ら藤原一門の共闘であろう。ただ、この陰謀によって一番おいしい思いをしたのが、藤原師輔の息子たちであった。外戚関係の構築に失敗した実頼や師尹と違い、すでに冷泉天皇の外戚であり、伊尹は娘を冷泉天皇に入内させ師貞親王(のちの花山天皇)が生まれていた。外祖父という外戚の中でも最強の地位を手にする可能性が大いに期待できたのである。兼家も冷泉天皇に娘 超子を入内させ、その次を狙っていたのである。

次に安和の変の密告者である源満仲の立ち位置に話を移してみよう。満仲は元々は高明に近しい関係だったにも関わらず、それを裏切り、藤原氏に鞍替えをしたうえで、高明を陥れたとの悪評がある。系図を見るとわかるが、嵯峨源氏との婚姻関係を介して高明とは関係があった。それと同時に満仲は時の実力者藤原師輔とも主従関係を構築していたと考えられる。

仕えていた藤原師輔が亡くなったあと、師輔が後見し当初は後継者と目されていた源高明に仕えたが、高明の外戚政策が行き詰まってしまった。それに対して藤原伊尹や兼家の外戚政策が軌道に乗りそうになってきた。そこで勝馬に乗るべく藤原氏に接近し、高明を陥れたというのが真相ではないだろうか。

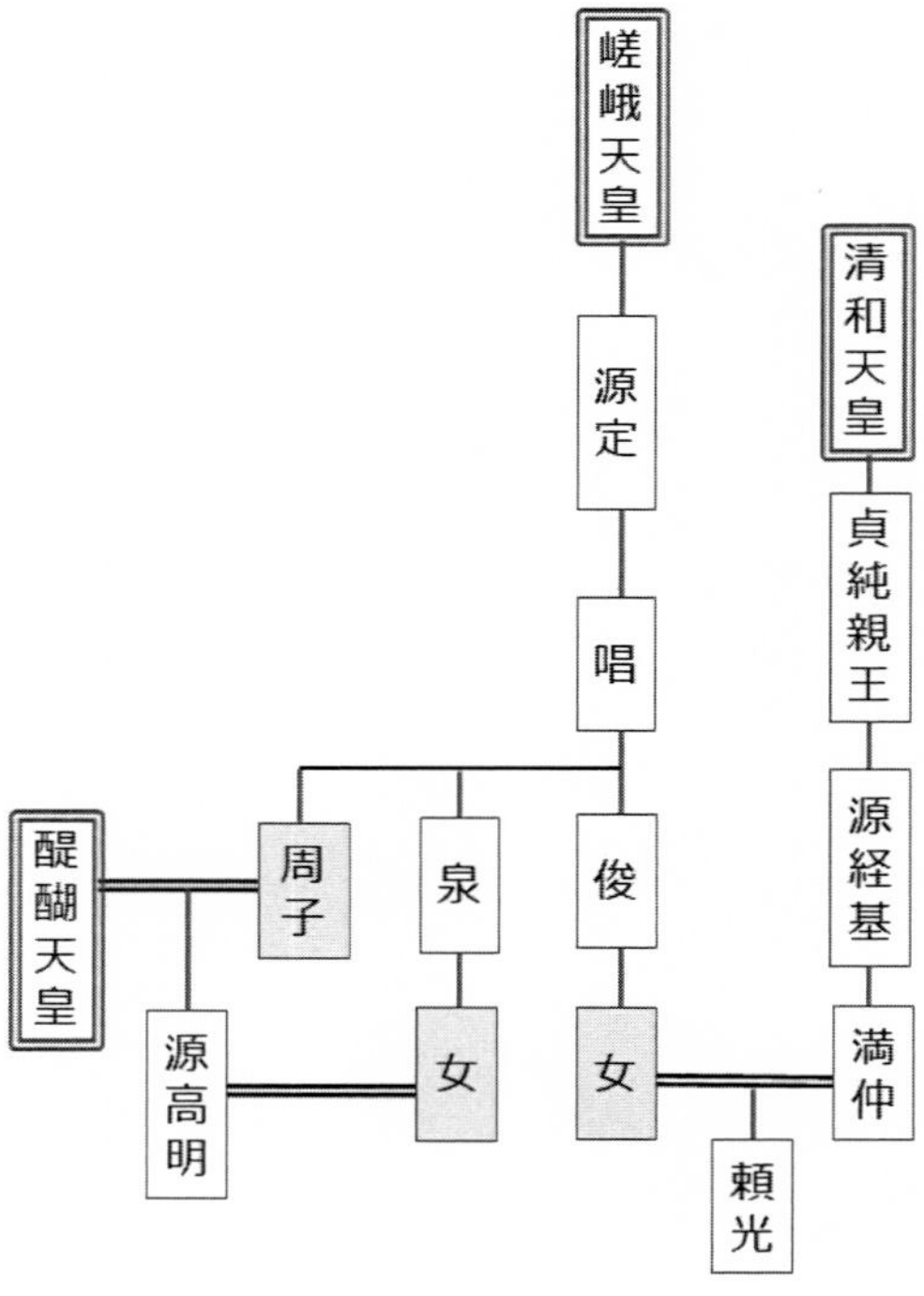

系図②

安和の変の歴史的意味合い

この政変には二つの歴史的意味合いがあると思う。一つはこれまで述べた通り藤原北家による他氏排斥活動の終了である。藤原氏に歯向かうような氏族はこれで皆無となった。

なお、源高明にクーデターの意図があったかどうかはわからない。ただ、自分の外孫を帝にしたいとの願望は当然ながらあったと思う。つまり、そのような願望を持つこと、もしくはそのような立場に立つことイコール藤原氏によって潰されるという流れができてしまったことが、この政変の大きな意味合いのように思う。

以後権力闘争は藤原北家の内部で行われるようになっていく。

もう一つは、清和源氏が軍事貴族の第一人者となったことである。安和の変で、クーデター計画を密告した源満仲は、その功により正五位下に昇進した。さらに、ともに天慶の乱鎮圧に功をあげた英雄（源経基・藤原秀郷）を父親に持つライバルの藤原千晴を追放させたことは、軍事貴族の第一人者ともいえる立場を獲得したということである。天慶の乱鎮圧に功をあげた英雄とは言っても、源経基は藤原秀郷に比べて、その名声は大いに劣る。その名声の差はそれぞれの息子の代になっても引き継がれており、満仲にとって頭の痛い問題となった。そのハンディを覆すために、満仲は藤原摂関家と関係を構築し、密告者としての汚名を背負ってでも千晴の追い落としを図ったのではないだろうか。これが安和の変が持つ、もう一つの意味合いだと思う。

三．軍事貴族 清和源氏の躍進

安和の変の密告者となったことで、藤原氏のライバルである源高明を排斥し、自らもライバルの藤原千晴の失脚に成功し、軍事貴族の第一人者となった清和源氏の源満仲であるが、本項では清和源氏について述べてみたい。

清和源氏と言えば、武家の棟梁の家として知られ、源頼朝や義経など多くの有名人を輩出した。また、足利氏や新田氏、武田氏、佐竹氏なども清和源氏の一族である。徳川氏も新田氏の子孫、つまり清和源氏を名乗っている。ほとんどの方が源氏と言えば清和源氏を思い出すのではないだろうか。

清和源氏とは、清和天皇の子や孫が源の姓を賜り臣籍降下したものであるが、実は清和源氏以外にも多くの源氏は存在し、清和天皇を含め二十一の天皇から源氏は誕生しているのである。これを源氏二十一流と呼ぶ。そしてそれぞれの天皇の名前をとり「嵯峨源氏」「村上源氏」などと呼ばれている。源氏二十一流については本書別稿コラムをお読みいただきたい。

四．清和源氏の祖 源経基

一般的によく知られている清和源氏は、清和天皇の皇子貞純親王の子「経基王」が源氏の姓を賜ったものである。実は清和源氏は経基の系統だけではなく、一〇名以上の清和天皇の子や孫が源氏の姓を賜っているのである。しかし、経基の系統以外は、いずれも早くに低迷し歴史から消えてしまっている。

さて、経基であるが、その名が登場するのが、あの「平将門の乱」の時である。武蔵権守の興世王と足立郡司の武蔵武芝が起こした紛争に、既に地元の名士的な立場を得ていた平将門が介入し、調停に乗り出した。この時、興世王の部下であった源経基は、将門が自分を殺しにやってきたと勘違いをし、京都に逃げのぼり将門が謀反を企んでいると密告したのである。朝廷は将門の釈明を受け冤罪と判断し、経基は逆に大恥をさらすこととなってしまった。

武家の棟梁の始祖としては、なんともお粗末で無様な姿である。ところが、その後に将門が本当の謀反を起こしたことで、経基の密告は正しかったとされ、その功により従五位下に叙せられ、将門追討の征東副将軍に任ぜられた。さらには藤原純友追討の将としても起用されたのである。

　こうして経基は、平将門・藤原純友の乱鎮圧の功労者の一人となり、その子孫は「武門の家」として発展することとなるのである。

五．清和源氏？　陽成源氏

　ところで源経基は清和天皇の皇子貞純親王の子とされている。そして母は、右大臣源能有という高官の娘である。貞純親王が清和天皇の六番目の皇子であり、自らが清和天皇の孫であることから、「六孫王」と名乗っていたらしい。

経基邸跡に建てられたとされる六孫王神社

　ところが、経基は実は清和天皇の孫ではなく、清和天皇の子の陽成天皇の皇子、元平親王の子ではないかという説がある。これは、経基の孫の源頼信が河内國誉田山陵に捧げた願文に「経基は陽成天皇の皇子元平親王の子」と、されていることに基づく説である。これが本当なら経基は清和源氏の祖ではなく陽成源氏の祖ということになってしまう。ただ、この願文は偽文書との疑いもあるそうだが、経基が従五位下に叙せられた年代から推測すると、経基を清和天皇の孫とするより陽成天皇の孫としたほうが辻褄も合うのである。

　陽成天皇は禁中での殺人事件への関与を疑われるなど、その資質を疑われ藤原基経に皇位を剥奪された不名誉な帝である。それを嫌った後世の源氏が、藤原氏との関係が良好であった清和天皇が始祖となるよう、系図を書き換えた可能性は十分にあると思う。平安朝を築いた桓武天皇の系統である桓武平氏に対抗するためにも、問題の多い陽成天皇を祖とすることは、絶対に避けたかったのかもしれない。

　また、陽成天皇は武芸や狩猟を好む帝で、その子元平親王も警察機関の弾正台の長官であったことからしても、武門源氏の始祖というイメージがつきやすい。

六．経基以降

　経基の子が源満仲である。既に述べた通り、「安和の変」での謀反の密告者である。つまり親子揃って密告によって名をあげたことということになる。

　父、経基は平将門・藤原純友の乱追討の司令官となったのち、諸国の受領（国司）を歴任したが、まだ武士としてのイメージは弱く、地方での活動がメインの武官というイメージが強い。それに対し、満仲は、安和の変での暗躍や、花山天皇の退位騒動の際、藤原氏配下として多くの家来を動員し威嚇したエピソードなどから、中央で活動した武士としてのイメージが強くなっていく。

摂関家に接近し、各地の受領を歴任した事で多くの財を蓄え、合わせて強力な軍事力を兼ね備えた事や、軍事を家業とした事、摂津に所領を持ち多くの郎党を従えた事、そして武力を持った恐ろしい存在として知られつつも摂関家に仕え、汚れ仕事を引き受けた事などから、明確に武士、それも都の武士、典型的な中世初期の中央軍事貴族としてのイメージを兼ね備えた存在になっていく。

源満仲像

こうした強力な中央軍事貴族としての地位は、三人の息子達に引き継がれていくことになる。

大江山の酒呑童子退治の説話で有名な長男の頼光は父の地盤の摂津を引継ぎその家系は「摂津源氏」と呼ばれる。頼光は都の軍事貴族として貴族社会のなかに溶け込んでいき藤原摂関家との密接な関係も構築した。源頼政や美濃に地盤を置いた土岐氏もこの家系である。

次男の頼親は大和に地盤を置いたため、この家系は「大和源氏」と呼ばれる。ただ、藤原氏の氏寺である興福寺など寺院勢力との抗争を続けるなど好戦的で野蛮な側面が強く、貴族社会から疎まれ、徐々に大和に土着していった。

三男の頼信は河内に地盤を置いたため、この家系は「河内源氏」と呼ばれる。頼信が平忠常の乱を鎮圧したのを皮切りに、頼義・義家と東国での騒乱を鎮圧し、武家の棟梁とも呼ばれる存在に成長していく。一時期衰退し、平家にその座を奪われるも、頼朝が平家を滅ぼし、鎌倉に軍事政権を打ち立てることとなる。頼朝の系統は、その子の代で断絶するが、河内源氏の別系統である足利氏・新田氏・武田氏・佐竹氏などが武士として発展していくこととなる。

おわりに

経基流の清和源氏は「武門の家」として地位の確立に成功した。しかし、それ以外の源氏は京における藤原氏との出世競争に敗北し、衰退していった。

そんな中で、冒頭に紹介した「醍醐源氏」と「宇多源氏」は、比較的その維持に成功したのである。謀反人源高明の子孫（醍醐源氏の一派）も然り。というのも、この二氏は共に藤原道長との密接な関係構築に成功したためである。つまり道長はこの両源氏から妻を娶っているのである。摂関政治にしても院政にしても血縁関係・姻戚関係に大きく左右される権勢体制であるが、この両源氏の繁栄も同じ論理に基づいたものといえよう。

ちなみに、「醍醐源氏」「宇多源氏」とも、他の公家源氏よりは長く繁栄するが平安時代末期には公家社会からは没落している。これも摂関家との姻戚関係の薄れによるものあろう。

参考文献

（一）「源満仲・頼光」（著　元木泰雄、ミネルヴァ書房、二〇〇四年）
（二）「摂関政治」（著　古瀬奈津子、岩波新書、二〇一一年）
（三）「摂関政治と地方社会」（著　坂上康俊、吉川弘文館、二〇一五年）
（四）「源氏と坂東武士」（著　野口実・吉川弘文館、二〇〇七年）
（五）「殴り合う貴族たち」（著　繁田信一、柏書房、二〇一四年）

刀伊の入寇
―馬を馳せかけて射よ。臆病は死にたり―

白石　ひとみ

この海は世界に通じている。

西の端の長崎に生まれ育った者として、海はすぐそこにあるものだった。それは万物の恵をもたらす一方で、外敵からの侵入に曝されるという危険をもはらむ存在である。一見平和に見える平安時代も例外ではなく、初期の八〇〇年代にも新羅の海賊が九州北部に度々襲来していた。

当時の東アジアはまさに激動の時代であった。九〇七年には唐が滅亡し、五代十国といわれた分裂時代を経て九六〇年に宋が建国された。朝鮮半島では新羅に代わって九三六年に高麗が、満州では渤海に代わって九二六年に契丹族の遼が誕生。その中で「刀伊」と呼ばれていたのは満州地方に居住していた狩猟民族の女真族《じょしんぞく》で、一〇世紀初めまでは渤海を通して宋と交易を行ってきたが、渤海の滅亡により交易ルートを断たれたため海賊行為をはたらくようになっていた。その中で、寛仁三年（一〇一九年）の女真族による北部九州への襲来を「刀伊の入寇」と呼んでいる。

我が国は当時、藤原氏による摂関政治が全盛期を迎えていた。第九章第五節にある通り藤原道長が「望月の歌」を詠んだのは刀伊の入寇の前年のことであった。当時は後一条天皇の御世で関白は道長の嫡男、藤原頼通。そして、刀伊の入寇に際して活躍したのは大宰権帥《だざいごんのそち》として赴任していた道長の政敵、藤原隆家であった。隆家は道長の長兄である中関白、藤原道隆の四男で内大臣伊周、中宮定子の同母弟にあたり、第九章第三節にある通り「長徳の変」では伊周と共に花山天皇との間で闘乱事件を起こし天下の「さがな者（荒くれ者）」と評されていた。この事件により兄、伊周と共に一時期廟堂を追われるもその後復帰し、叔父の道長の圧力にも屈しない気骨のある人物として道長自身からも一目置かれていた。晩年に眼病を患い、大宰府に唐人の名医がいるとの噂を聞き大宰権帥への任官を望み、同じく眼病を患う三条天皇からの同情もあって大宰府への赴任が決まったという。その任期が終わる年の三月二十八日、賊船五〇余艘が突如対馬と壱岐島に襲来した。

戦闘は三月二十八日から四月十三日にかけて行われた。最初に襲来を受けた対馬と壱岐島では殺害された者一六六名、拉致された者三五五名、喰われた馬牛一八九疋頭と甚大な被害を受けた。賊は銀山や島分寺《とうぶんじ》を焼き、馬牛を斬っては喰い、老人子どもはすべて殺し、壮年の男女を拉致したという。対馬守遠晴《とおはる》と壱岐島分寺講師の常覚《じょうかく》はからくも脱出し大宰府に状況を急報するも、壱岐守藤原理忠《まさただ》は殺害された。四月七日には筑前国怡土郡、志摩郡、早良郡に来襲。志摩郡の住人、文室忠光《ぶんやのただみつ》以下、召集された兵士が防戦するも殺害された者一八〇名、拉致された者六九五名、喰われた馬牛一〇七疋頭の被害が出た。翌八日には能古島、九日には博多に来襲。隆家は警固所（鴻臚館近くに置かれた大宰府の防衛施設）に到り、前少監《さきのしょうげん》大蔵種材《たねき》らとともに奮戦。藤原実資の『小右記』によると、敵船の中に拉致された対馬・壱岐島の住人達は「馬を馳せかけて射よ。臆病は死にたり」と叫び味方を鼓舞したという。そこで馳せ進んで矢を射ると、賊は鏑矢《かぶらや》の音に恐れ、船に乗り遁走した。翌十日、十一日には暴風が吹き賊も上陸できず、この間に大宰府は兵船三十八艘と精兵を用意し、追撃。賊は十二日には志摩郡船越津を襲ったが既に迎撃態勢ができており、十三日には肥前国松浦郡に来襲するも前肥前介源知《さきのひぜんのすけみなもとのしるす》が郡内の兵士を率いて撃退、賊は撤退したという。

この間朝廷の対応はどうだったか。大宰府では四月七日に遠晴らの報を受け直ちに解文《げぶみ》（上申書）を作成し飛駅使《ひえきし》（早馬）を以て報告している。隆家は個人的に親しい実資にも何度か私信を送っており、刀伊の入寇が『小右記』に詳しく書かれる所以となっているが、朝廷の反応は鈍く遅く、四月十八日付で恩賞を約した勅符が出されたものの戦闘は既に十三日には終わっており、勲功者への恩賞を行うべきではないのでは、との意見が出るほどだった。これは実資らの反対により恩賞は行われたが、公式に恩賞を得たのは、壱岐守に任じられた大蔵種材と対馬守に任じられた藤原蔵規《まさのり》の二名だけであった。このうち藤原蔵規の子孫は肥後国に土着し菊池氏となり、肥前で活躍した源知は松浦党の先祖の一人ともいわれている。地方では武士の世が始まりつつあったのだ。「馬を馳せかけて射よ。臆病は死にたり」という言葉は、己の身は己で守れという、力強い中世人の叫びであったように思えてならない。

大宰府政庁跡

第九章　紫式部と藤原道長　―そして、物語は残った―

白石　ひとみ

第九章　紫式部と藤原道長
—そして、物語は残った—

白石　ひとみ

はじめに

古典文学が好きで学生時代に中古（平安時代）の国語学を勉強していた私にとって『源氏物語』は受験生泣かせの難解なものであるものの、その世界観には憧れをもっていた。

王朝をバックに繰り広げられる美しく高貴な主人公、光源氏の物語。華やかな中にも確かな個性をもって描き分けられた登場人物……帝、王朝貴族、女君《おんなぎみ》によって繰り広げられるストーリーは、色鮮やかな王朝絵巻を見るような感があった。ちょうど大和和紀氏による漫画『あさきゆめみし』も世に現れた頃で、友人とどの女君が好きかを語り合ったこともあった。その一方で作者の紫式部については、世界最古の長編小説の作者として尊敬の念と『紫式部日記』のイメージからやや気難しい内省的な才女との印象をもっていた。

学者の家に生まれた紫式部の才女ぶりを表す逸話がある一方、一条天皇の中宮、彰子に仕えた彼女は、その父親で時の権力者でもある藤原道長の「召人《めしうと》」（貴族の邸に仕え、主人と関係を持つ女）であったとも言われている。彼女たちは一〇〇〇年以上前に実在した人物ではあるが、その生活様式も文化もあまりにも現代社会とかけ離れており、どのような生活を送っていたかを現代の私達が想像することはかなり難しい。

この度、歴史ＭＩＮＤの取り組みとして平安時代について考察することとなった。私は、学生時代に勉強したことを思い出しつつ最新研究等もふまえ「紫式部と藤原道長」について考察するべく、本稿を書き下ろしてみたい。

一．紫式部の生い立ち

最初に「紫式部」とは彼女の通称で、本名ではないことを述べておきたい。世界最古の長編小説を書いた女性として残念なことではあるが、当時の女性の本名は記録に残ることが少なく、世に出る時は父親、子どもの名前と官職名をもって呼ばれることが多かった。王朝文学の作者でいうところの「藤原道綱母」（『蜻蛉日記』の作者で歌人。道長の異母兄、道綱の母であることからついた呼称）、「和泉式部」（『和泉式部日記』の作者で歌人。和泉守・橘道貞の妻であったことと父、大江雅致の官職名からついた呼称）等々も同様である。例外として紫式部の娘で歌人である「大弐三位《だいにのさんみ》」と呼ばれた女性は「賢子」という本名が記録にあるが、これは彼女が後冷泉天皇の乳母をつとめ三位に叙せられたからである。「紫式部」の呼称のうち「式部」とは父親の藤原為時《ためとき》が式部丞《しきぶのじょう》の官職に就いていたからであり、貴人に仕える女房名としてはじめ「藤式部《とうしきぶ》」と呼ばれていたが、『源氏物語』が有名になりその女主人公「紫の上」をもじって「紫式部」と呼ばれるようになったという。

父、為時は文章省《もんじょうしょう》（古代・中世の日本の大学寮で紀伝道を専攻した学生を指す）出身の学者で歌人でもあった。母も同様に藤原北家の流れをくむ人物ではあるが、摂関家とはほど遠い傍流の一族で、為時自身無官だった時代も長く、老年になりようやく地方官僚である受領となり越前守、越後守に就いている。父方の祖父（紫式部からみた曾祖父）は藤原兼輔《かねすけ》といい「堤中納言」と呼ばれた公卿で、三十六歌仙の一人である歌人でもあった。紫式部が生まれ育った家は曾祖父兼輔が遺した堤第《つつみてい》の半分の敷地とされ、現在、京都の蘆山寺が邸宅跡に比定され、紫式部と大弐三位の歌碑が建てられている。

紫式部邸宅跡とされる蘆山寺

紫式部と大弐三位の歌碑

生年については諸説があり確定していないが、ここでは参考文献である倉本一宏氏の『紫式部と藤原道長』に倣い天延元年（九七三年）説（岡一男氏説）を採ることとする。康保三年（九六六年）生まれの藤原道長より七才年下になる。生母は早世し、姉と弟（または兄）の惟規《のぶのり》がいたが、『紫式部集』によると姉もまた若くして亡くなったようだ。父、為時は堤第から後妻のもとへ通っていた。

『紫式部日記』には幼少の頃の惟規と紫式部の有名なエピソードが記されている。すなわち、学者であった父、為時が惟規に漢籍を教えていたら傍で聞いていた紫式部の方が先に覚えてしまい、為時が「口惜しう、男子にてもたらぬこそ幸なかりけれ（残念なことに、この子を男の子として持てなかったのは不運と言う

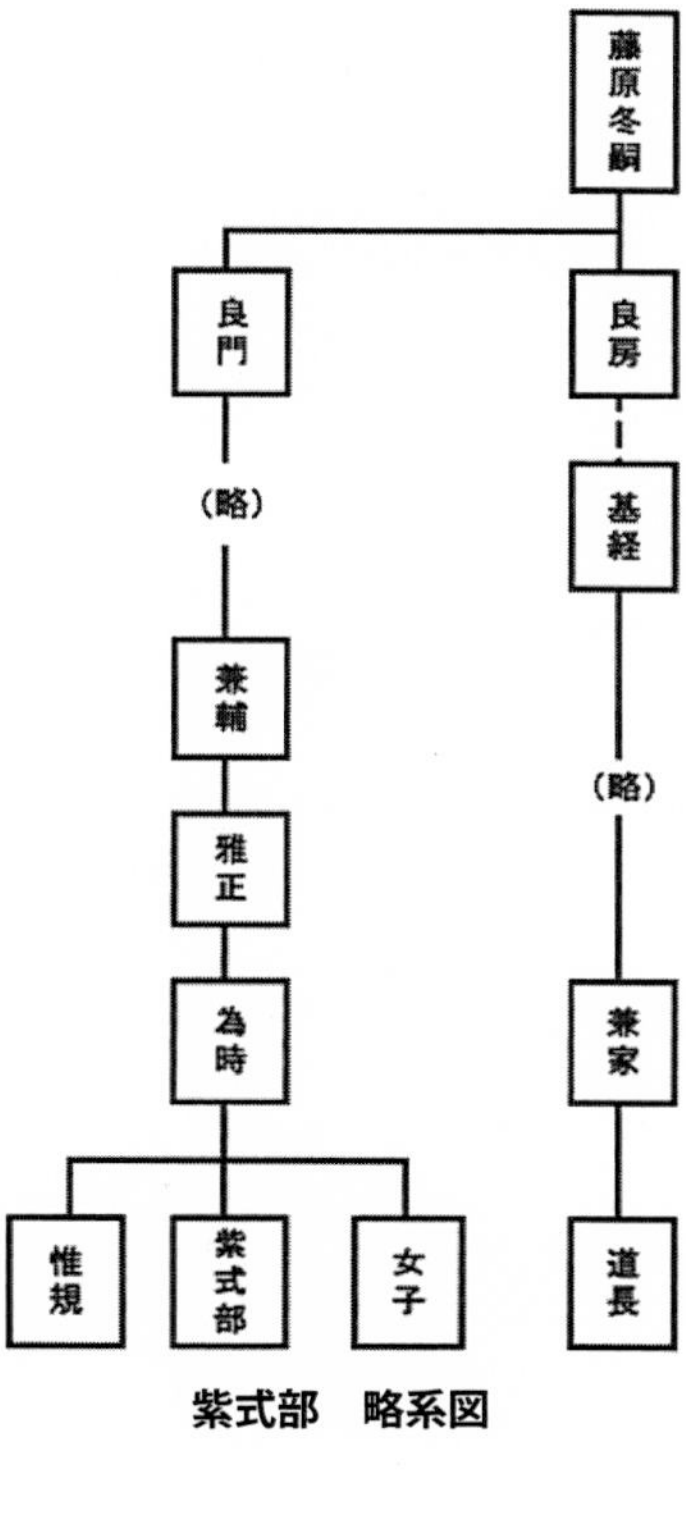

紫式部　略系図

ものだ）」と嘆いたという話である。当時、漢文は公的なもので男性の文化とされ貴族女性が漢文を読む機会はほとんどなく、女性が漢籍を読むことはよしとされていなかった。紫式部の深い漢文的教養は、漢学者の家に生まれた彼女ならではのものであったのだろう。しかしながら弟の惟規も、紫式部ほどの才はなかったようだが歌才には恵まれ『後拾遺和歌集』以下の勅撰集に一〇首の歌が選ばれている。位は従五位下まで昇るものの、四〇歳になる前に若死にしている。

紫式部の生涯を垣間見ることができる資料として『紫式部日記』と『紫式部集』がある。『紫式部日記』がお仕えした一条天皇の中宮、彰子の出産記録という性格が強い一方、晩年に自選したといわれる私家集の『紫式部集』は、百人一首に採用された歌「めぐりあひて　見しやそれとも　わかぬまに　雲がくれにし　よはの月かな（ひさしぶりでやっとお目にかかりましたのに、あなたなのかどうか見分けられないうちにお帰りになり、夜中の月が雲に隠れたように心残りでした）」から始まり少女時代から晩年に至るまでの歌が収められており、その詞書で紫式部の人生をある程度たどることができる。女友達との交流を表す歌が多く恋人との贈答歌がないことが特徴だと言われているが、これはあくまで自分が詠んだ歌を自ら選んで歌集にしたものであり、恋人との贈答歌の掲載を敢えて避けたのかもしれない。母親も姉も早逝し、漢学者の父親がいる家風は華やかと言うより地味でお堅いものだったのではなかっただろうか。

詳細は次節で述べるが、寛和の変（寛和二年（九八六年））で花山天皇が退位した後父、為時は一〇年間無官であったが、長徳二年（九九六年）越前守に任ぜられ、紫式部も一緒に越前へ下る。その一年後には都に戻り長徳四年（九九八年）に結婚。相手は藤原宣孝《のぶたか》という、遠縁にあたり父の元同僚である中級貴族で、年齢は親子ほど離れており、複数の妻と子もいて嫡妻という立場ではなかった。紫式部は二十六歳前後であり当時としてはかなり晩婚であるが、これは「紫式部の適齢期に為時が無官であったため」であり「当時は男性が婿として妻の実家に入る結婚形態であったから、政治的にはもちろん、経済的にも後見の期待できない為時の婿になろうなどという男は、現われるはずがない」（倉本一宏氏『紫式部と藤原道長』）のが原因だった。また宣孝の人となりについて、前述の倉本氏は同著で「有能な官人であり、加茂祭の舞人をしばしば務めるなど、宣孝は雅な一面も持っていた」「派手で明朗闊達、悪く言えば放埒な性格」と評している。『紫式部集』には痴話喧嘩の歌や夜離れを嘆く歌なども掲載されているが、結婚の翌年には娘の賢子が生まれそれなりに幸福な時期もあったと思われるも、長保三年（一〇〇一年）、夫、宣孝は急な病で亡くなってしまう。僅か二年半余の結婚生活であった。以下、『紫式部集』より宣孝死去後の歌を一首引用する。

「世のはかなきことを嘆くころ、陸奥に名ある所々かいたる絵を見て、塩釜

見し人の　けぶりとなりし　夕べより
名ぞむつましき　塩釜の浦

（連れ添った人が、荼毘の煙となったその夕べから、名に親しさが感じられる塩釜の浦よ）」

「塩釜」には塩を焼く煙が連想されるため、夫を荼毘に付した煙を思い出し親しみを感じるという意味か。煙が立つという現実感を伴いながらも、その悲しみは直接的には表されておらず、極めて抑制的、理知的な詠みぶりのように思う。

なお、父為時は同年春に越前守の任期を終えて帰京するも、その後八年ほど再び無官となった。寡婦となり夫の後ろ盾のない、無官の貧乏学者の娘である紫式部がいかにして大作家へと変貌を遂げるのかを書く前に、次節では藤原道長について述べたい。

二、藤原道長の生い立ち

藤原道長は、後に摂政となる藤原兼家《かねいえ》の五男（嫡妻、時姫腹としては三男）として康保三年（九六六年）東三条第《ひがしさんじょうてい》で生まれた。母は嫡妻の時姫。同母の兄に道隆《みちたか》と道兼《みちかね》、姉に、後に円融《えんゆう》天皇女御《にょうご》（天皇の后。中宮の下で更衣の上に位置する）となる詮子《せんし》と冷泉《れいぜい》天皇女御となる超子《ちょうし》がいる。当時は村上天皇の時代で、父兼家はまだ従四位下左京大夫に過ぎなかった。

ここで父、兼家について触れておきたい。右大臣、藤原師輔《もろすけ》の三男であった兼家は兄、兼通《かねみち》との壮絶な権力争いで知られている。当時は天皇位も藤原氏の氏長者《うじのちょうじゃ》（氏の代表者で藤原氏の場合摂政・関白を兼ねる）も兄弟間で継承することが多く、また藤原北家は娘を天皇の后として入内させ皇子を産むと、その外戚として権力を握る政治体制（摂関政治）をとっていた。父の師輔は位こそ右大臣どまりであったが、村上天皇の中宮（天皇の正妃＝皇后の別称）であった娘の安子が憲平《のりひら》親王（のちの冷泉天皇）、為平《ためひら》親王、

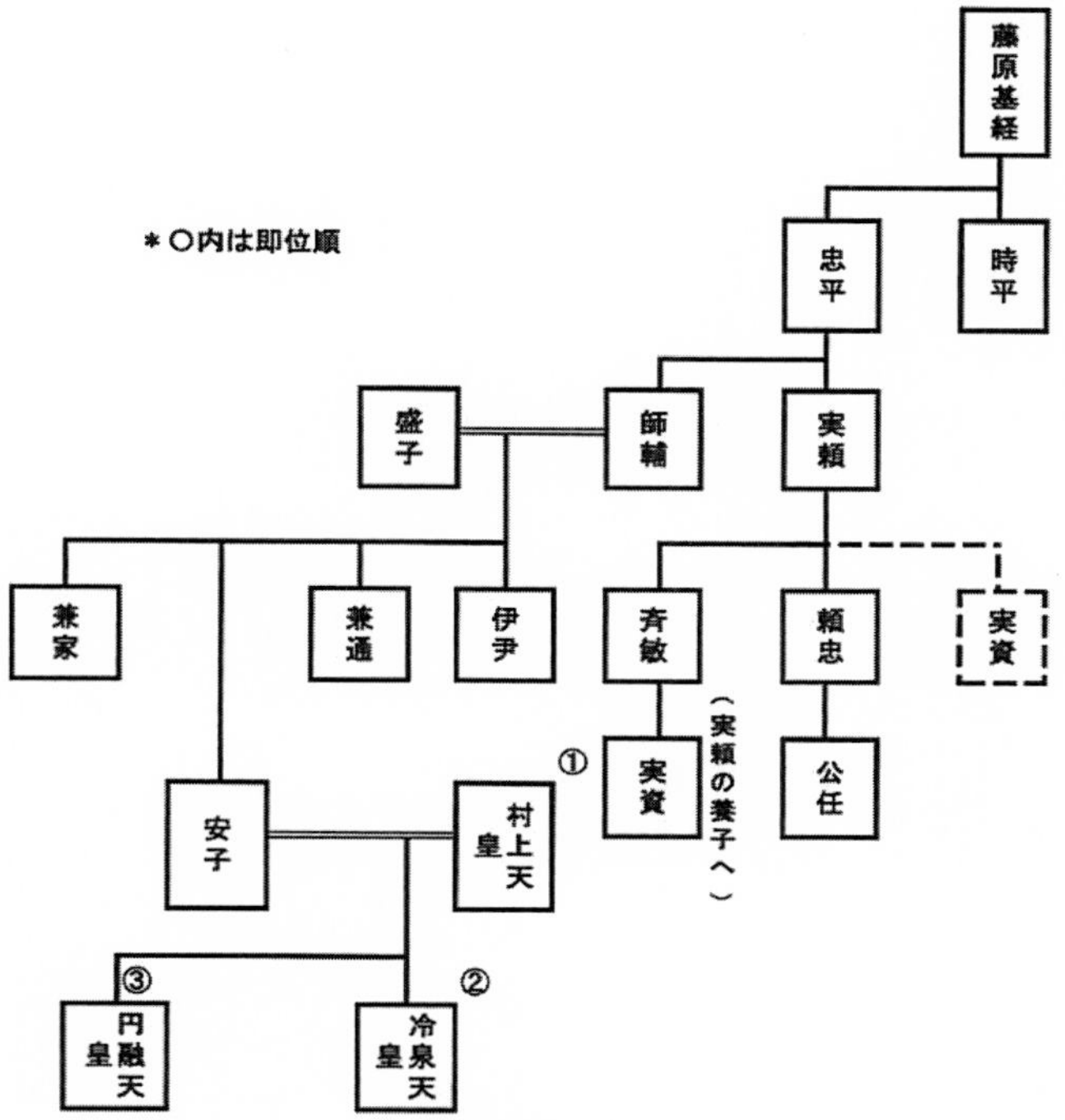

藤原氏系図①

守平《もりひら》親王（のちの円融天皇）の三皇子を生んだため強力な天皇家の外戚となり、権力を握った。

　師輔には嫡妻・盛子との間に伊尹《これまさ》、兼通、兼家という三人の息子がおり、長男の伊尹は妹の安子が生んだ憲平親王が即位し冷泉天皇となると外伯父として権力を握り、娘の懐子《かいし》を入内させ師貞《もろさだ》親王（のちの花山天皇）が生まれると、安和二年（九六九年）に冷泉が円融天皇へ譲位する時に師貞を皇太子とした。天禄元年（九七〇年）氏長者となり摂政に任じられるも天禄三年（九七二年）に四十九歳で死去。次は官位に勝る兼家と思われていたが、兄である兼通が「関白は兄弟順に任命するように」という安子の遺言状を見せ、円融は亡き母の意に逆らえず兼通を内大臣に任じ、後に関白とした。以降、兼通の兼家への妨害は続き終いには廟堂を追われるほどであったが、兼通の死後、天元元年（九七九年）に右大臣に任ぜられようやく廟堂へ復帰した。前年に入内した娘、詮子は天元二年（九八〇年）に円融の第一皇子、懐仁《やすひと》親王を産む。兼家は詮子の立后を望むも円融は天元五年（九八二年）に関白藤原頼忠の娘、遵子《じゅんし》を中宮に冊立し、怒った兼家は詮子と懐仁を東三条第に引き連れ籠るという抵抗をみせている。その二年後の永観二年（九八四年）、譲歩した円融は懐仁の立太子と引き換えに師貞親王に譲位する。

　師貞は十七歳で即位し花山天皇となるも、僅か二年余りで兼家の陰謀により退位してしまう（寛和の変）。すなわち、自身が

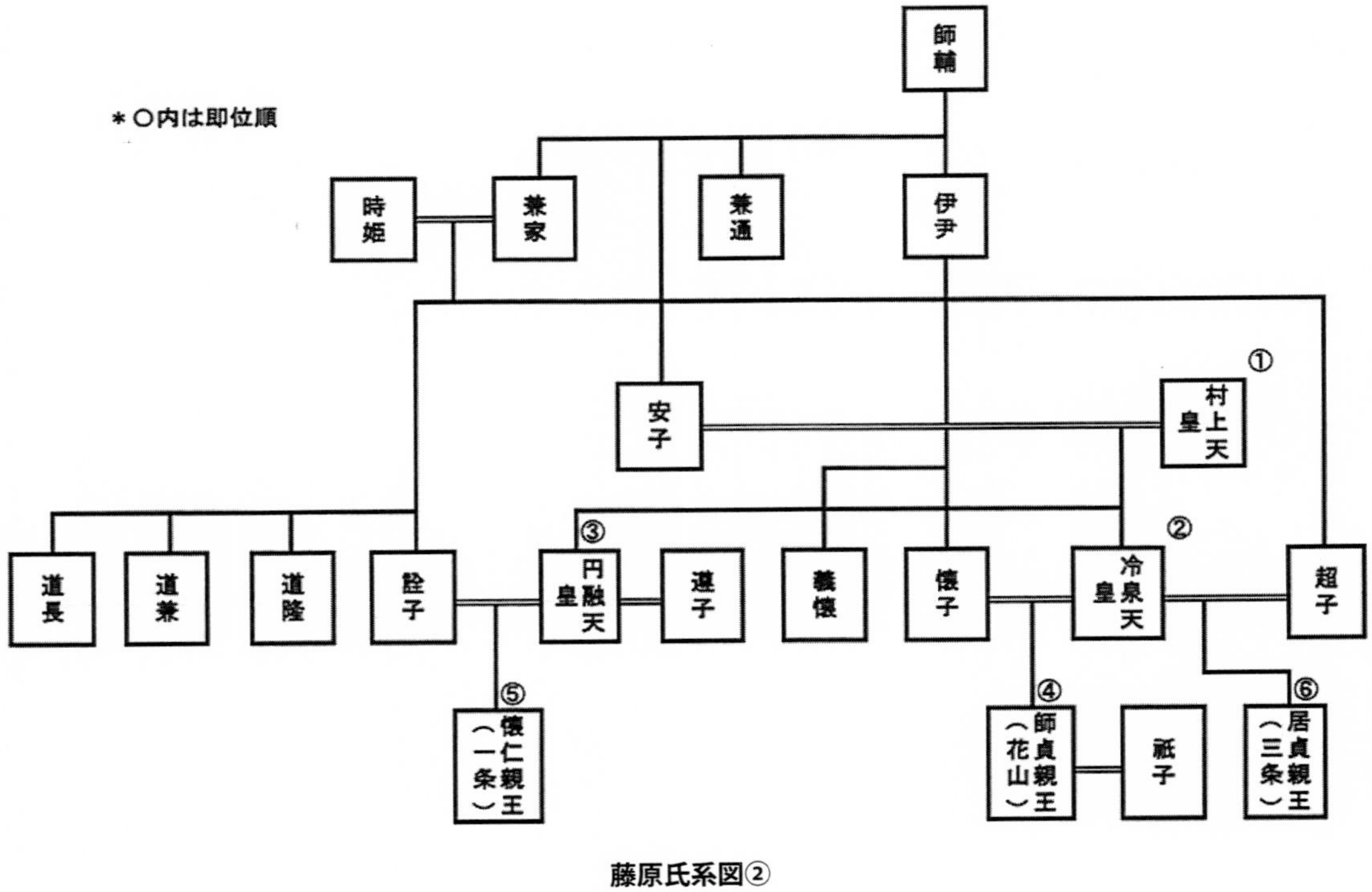

藤原氏系図②

摂政となり権力を握るべく孫にあたる懐仁の即位を早めるため、寵愛していた女御、藤原祇子《しし》（藤原為光の娘）の急死により出家を考えるようになった花山を息子の道兼（道長の次兄）をして唆し、秘密裏に内裏を抜け出させ出家入道させてしまったのだ。

寛和二年（九八六年）懐仁親王は数え年七歳で即位し一条天皇となり、兼家は外祖父としてようやく摂政・氏長者となる。当時長男の道隆三十五歳、道兼二十七歳、道長二十一歳であった。この時から道隆らは急速に昇進を始める。

道長について述べると寛和の変の翌年（永延元年（九八七年））、左京大夫の時に左大臣、源雅信の長女である倫子《りんし》と結婚。当時道長は二十二歳、倫子は二十四歳で、当時としては晩婚であったが、『栄花物語』によると倫子の父、雅信は倫子を入内させようとしていたが母親の穆子《ぼくし》が道長を気に入り強力に結婚を後押ししたという。この名門出身の妻（倫子は宇多天皇の三世孫にあたる）との結婚により道長は、雅信の政治的な後見と土御門第《つちみかどてい》を手に入れることができ、また晩婚ゆえ早くに東三条第を出ていた兄たちと比べ一条の母である姉の詮子と過ごした時間も長く、そのことが後の政権獲得に有利に働いたといわれる。なお道長の妻としてもう一人、源高明の娘の明子が知られており、父高明は安和の変（安和二年（九六九年））で左遷されたとはいえ、こちらも醍醐天皇の孫にあたる名門出身の妻だった。

なお、花山天皇の退位は紫式部の父、藤原為時の出世にも影響

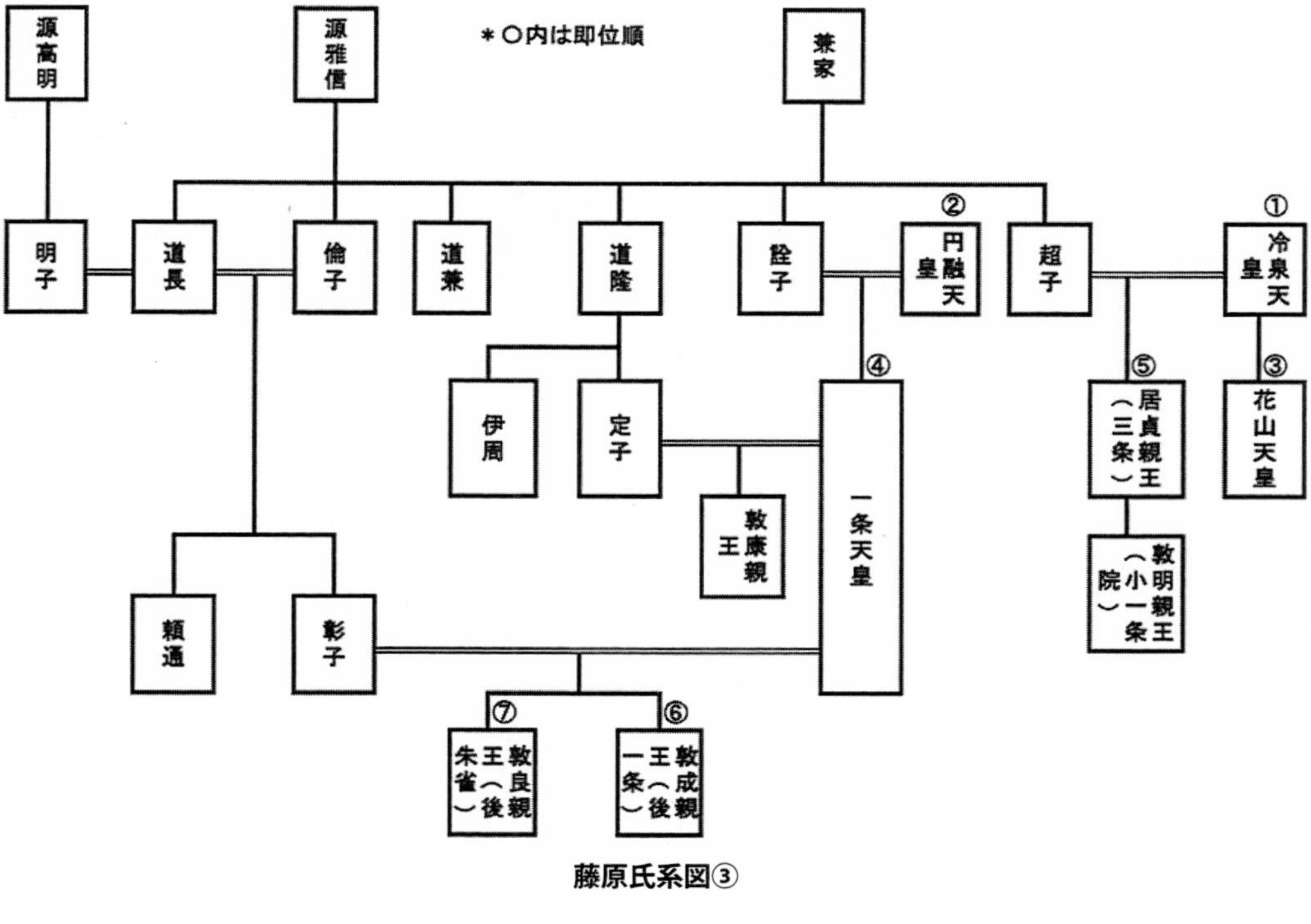

藤原氏系図③

を与えた。為時は花山の外叔父で時の権力者である藤原義懐《よしちか》（藤原伊尹の五男）に近く、天皇の即位後に六位蔵人に補されるも、退位後は一〇年間無官となった。「詩会や内宴も含め、一切の史料に姿を現さない」「あまりに花山やその側近に接近しすぎたことが、兼家に疎んじられたためである。」（倉本一宏『紫式部と藤原道長』）のが理由らしい。なお、為時とほぼ同時期に紫式部の夫、藤原宣孝も六位蔵人に補されているが、宣孝はやはり有能な人物だったらしく、花山の退位後も順調に出世している。

三、交差する人生 ―一条天皇の御世―

こうして、当時最年少である数え年七歳で即位したのが一条天皇である。天元三年（九八〇年）円融天皇と女御、詮子との間に生まれた一条であるが、当初政治については外祖父摂政である兼家が主導することとなった。正暦元年（九九〇年）一条は十一歳で元服し、兼家は加冠の役をつとめた。同年、兼家は六十二歳で死去する。

兼家のあとは道長の長兄で内大臣であった道隆が三十八歳で関白に就く。道隆は娘の定子《ていし》を一条の後宮に入れ正暦元年（九九〇年）に中宮とし、長男である伊周《これちか》を急速に昇進させ正暦五年（九九四年）には内大臣にする。伊周と定子、弟の隆家は道隆と嫡妻、高階貴子《たかしなきし》との間に生まれた同母の兄妹であり、貴子は学者の家の出身で円融天皇の時代に内侍《ないし》（内侍司の女官）として出仕し「高内侍《こうのないし》」と呼ばれ漢文もこなす女性官僚だった。伊周と定子はこの母から漢文の素養をみっちり仕込まれたようだ。また父、道隆は酒好きで明るい陽気な性格だったことが『大鏡』『栄花物語』に描かれており、定子は父母の美質を受け継いで、教養豊かで明るい性格だったようだ。一条は定子を寵愛し、その仲睦まじさと定子の華やかなサロンの様子は、お仕えした女房の清少納言の手による『枕草子』に活き活きと描かれている（漢文の素養のある清少納言が才を余すことなく発揮できたのは、この定子の力をもってのことである）。

しかし一条と定子の幸福は長くは続かず、長徳元年（九九五年）に道隆が病により四十三歳で死去。道隆は自身の後継者として長男の伊周の関白就任を願い出るも、一条は「病を煩う間」の条件付きで伊周に内覧（天皇に奏上する文書をあらかじめ見る令外官）を任じるのみだった。自家の繁栄ばかりを追求する道隆一家には周囲の強い反発があ

清少納言
（土佐光起筆「清少納言図」／東京国立博物館蔵、ColBase https://colbase.nich.go.jp/）

り、また一条の母である詮子の強い後押しもあって、次の関白は弟の藤原道兼が任じられるも、既に当時流行していた疫病に侵されていた道兼は数日後に死去。この疫病により道長の上位にいた人物は次々と亡くなり、残ったのは伊周、道長、藤原顕光《あきみつ》（藤原兼通の長男）、藤原公季《きんすえ》（藤原師輔の十一男）となった。次代は伊周が優位と思われたが詮子の強力な後押しにより、末弟である道長が内覧として権力を握る。

翌年、伊周と弟の隆家は、その従者が花山院の従者と闘乱となり院の従者二人を殺害するという事件を起こし（長徳の変）、流罪となり廟堂を追われる。事件に衝撃を受けた定子は髪を下ろし出家するも、後に一条の強い要望により後宮に復帰。修子《しゅうし》内親王（長徳二年（九九七年））、敦康《あつやす》親王（長保元年（九九九年））、媄子《びし》内親王（長保二年（一〇〇一年））の三子を出産するも、媄子出産の翌日に二十四歳の若さで崩御してしまう。一条が父、道隆の死後兄の伊周らも失脚し後ろ盾を失った定子をなおも寵愛する様子は『源氏物語』の「桐壺巻」のモデルとなったとも言われている。

この頃紫式部の父、為時は長徳二年（九九六年）に越前守に任ぜられている。越前国は生産力が高く京都からも近い上国で、十年間無官であった為時にとっては大抜擢だった。これは、当時越前に滞在していた宋の商人、朱仁聡《しゅじんそう》らとの折衝にあたらせるため、漢詩文に堪能な為時が道長の意向により抜擢されたといわれ、道長と為時の接点はこの時にできた可能性がある。また第一節でも述べたとおりこの時紫式部は父と一緒に越前国に下っており、後に主人となる道長の娘、彰子《しょうし》もまだ幼くて宮中に上がっていない。紫式部と清少納言はライバル関係だったといわれるが、二人は出仕した年代が異なりおそらく宮中で顔を合わせたことすらなかったことが推測されよう。

一方で道長は、長女である彰子を入内させる時期を待っていた。長保元年（九九九年）ようやく数え年十二歳となった長女、彰子を一条の後宮に入れ女御とするが、定子が第一皇子の敦康《あつやす》親王を出産したのは奇しくも同じ日であった（なお、同年に紫式部は夫、藤原宣孝との間に娘、賢子を出産している）。道長は翌年には彰子を中宮にする。本来中宮というのは皇后の別称で一条にはすでに定子と言う中宮（＝正妃）がいたが、一条の側近である藤原行成《ゆきなり》（藤原義孝の長男で伊尹の孫、藤原氏系図④参照）は「定子は正妃ではあるが出家入道しており、帝の個人的な恩寵によって、中宮号を止めずに封戸も支給されているに過ぎない。重ねて彰子を后とし、氏祭を掌らせるのがよろしかろう」（『権記』ビギナーズ・クラシックス日本の古典　解説）との理屈で一条を説得し、定子を皇后とし彰子を中宮としたという（一帝二后）。その翌年に皇后定子が崩御。第一皇子、敦康親王は彰子のもとで養育されることとなった。これは道長側には、万が一彰子が皇子を産まなかった場合は敦康を立てる意図があり、また一条も寵愛する定子の産んだ第一皇子を立太子することを願ってのことだった。前述の行成は一条に「後漢《ごかん》の第二代明帝（顕宗《けんそう》）が明徳《めいとく》皇后（馬徳《ばとく》）に粛宗（後の第三代章帝《しょうてい》）を愛養させた故事を上奏し」（引用元は前述に同じ）彰子に敦康を養育させることをすすめたという。

　幼くして入内した彰子はなかなか懐妊せず、道長は娘の懐妊を願い一条の寵愛を彰子の元に引き止めるべく、名家出身の女性のほかに優秀な女性を女房として仕えさせた。讃岐宰相君《さぬきさいしょうきみ》（道長の兄、道綱の娘）、小少将君《こしょうしょうきみ》（道長の妻、倫子の兄弟源時通の娘）など親族の公卿クラスの娘のほか、当時高い評価を受けていた歌人である和泉式部、文学界の重鎮、大中臣輔親の娘である伊勢大輔《いせのたいふ》など錚々たるメンバーであった。その中の一人として紫式部が選ばれたという。

　ここで紫式部の出仕と『源氏物語』の成立について述べてみたい。一般的に『源氏物語』は夫の藤原宣孝の死（一〇〇一年）後中宮彰子へ出仕（一〇〇六年頃）するまでの間、夫の死後の無聊を慰めるため書き始められたものが流布し次第に評判を呼んだものと言われているが、歴史学者、倉本一宏氏は次のように指摘している。

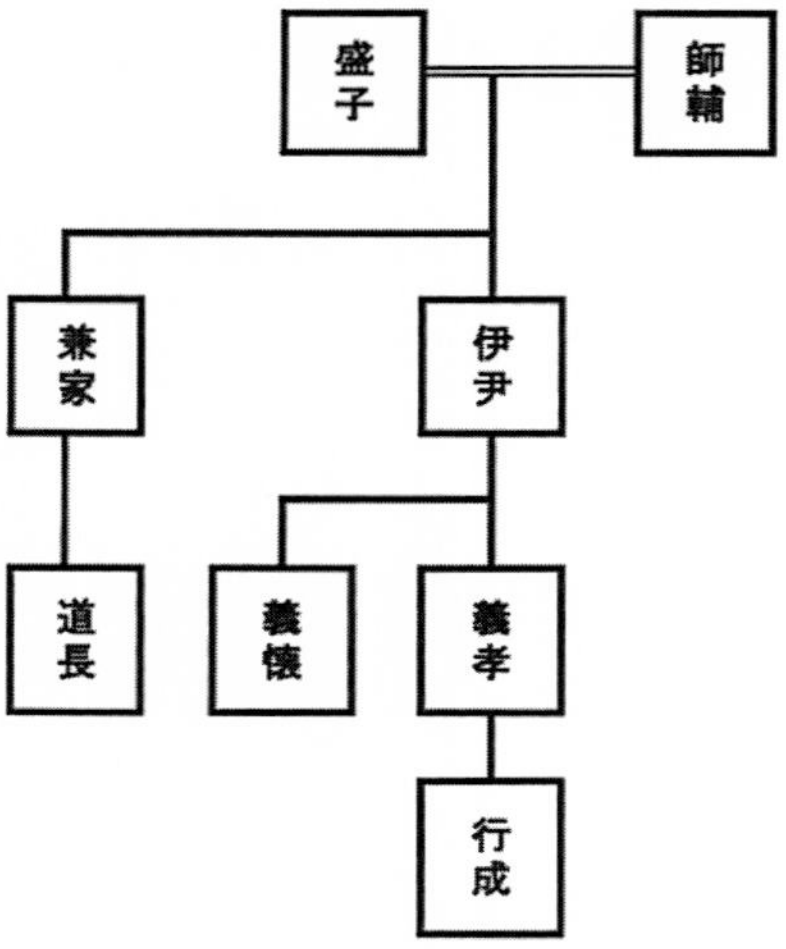

藤原氏系図④　行成関係図

宇治市にある紫式部の銅像

（一）料紙の問題

　当時、紙は大変貴重で高価なものであった。『源氏物語』の初期成立部分を書くだけでも膨大な紙（四半本で六一七枚、袋綴じで二四六八枚ほど）が必要であり、紙は

・「紙屋院」という役所で扱い役所にしか配布されない
・市に売っていない
・税としての紙は役所に納められるものである

ことから、寡婦で貧乏学者の娘である紫式部にこれだけの紙を用意することは不可能と思われ、道長から大量の料紙の提供を受け『源氏物語』を書くことを依頼されたのではないか。

（二）宮廷政治の問題

『源氏物語』に出てくる内大臣、内覧、太政大臣という官職名と当時の政権の状況が一致することから、出仕後に見聞した現実が反映しているのではないか。

これらにより倉本氏は、道長は紫式部の文才を「為時を通じて知らされて」おり、『源氏物語』は「はじめから道長に執筆を依頼され、料紙などの提供を受け、基本的骨格について見通しをつけて起筆したもの」（『紫式部と藤原道長』）と推定している。補足すると、前述した通り長徳二年（九九六年）に為時は道長の抜擢により越前守に就任しており、この時に道長はその娘の文才を知った可能性があるだろう。また紙については『源氏物語』の少し前に成立した『枕草子』に、中宮定子に兄の伊周が献上した紙を清少納言が下賜され、その紙に「枕草子」を書いたという話（あとがき）や、長い里居を心配した定子から清少納言に陸奥紙二十枚ばかりが送られた話（一三八段）があり、当時貴重品だったことが窺える。『源氏物語』を書き進めるうちに周囲に流布され評判を呼び、続きを読みたい読者から紙が提供されたとの説も散見するが、出仕後の比較的自由のきく立場（長い里下りができる）などを考えても、倉本氏の説の方がより実態に近いように思う。

紫式部が宮仕えに出たのは寛弘三年（一〇〇六年）頃と言われており、夫、宣孝死後五、六年経った頃である。女房名は「藤式部《とうしきぶ》」で公的な官ではなく、中宮彰子の教育係兼世話係という立場だったらしい。当初はなかなか同僚たちに慣れることができず長い里下がりもしているが、「実際には、実家で『源氏物語』の執筆に専念するのが、当初からの勤務条件であった」（倉本一宏氏『紫式部と藤原道長』）可能性も大いに考えられよう。『源氏物語』の作者としての周囲の期待と同僚からの羨望の眼差し、嫉妬など様々な人間関係に悩みながらも、紫式部は彰子の後宮での宮仕えに次第に馴染んでいく。

なお寛弘四年（一〇〇七年）に弟の惟規が兵部丞六位蔵人《ひょうぶのじょうろくいのくろうど》に補され、父、為時も内裏密宴に文人として招聘され二年後には左少弁《さしょうべん》に任じられている。惟規は寛弘五年（一〇〇八年）里邸に下がった中宮彰子を見舞う勅使をつとめており、これらは紫式部の出仕による為時一家への厚遇と思われる。

寛弘四年（一〇〇七年）、入内から九年目にして彰子はようやく懐妊し、翌寛弘五年（一〇〇八年）九月二日に念願の第二皇子、敦成《あつひら》親王を生む。『紫式部日記』はその出産記録の性格を持つ

紫式部日記絵巻断簡（東京国立博物館蔵、ColBase https://colbase.nich.go.jp/）

日記文学であるが、前述の倉本氏は「彰子の皇子出産とその後の儀式を詳細に記録」した御産記であり、これも道長の命により料紙の提供を受けたもので、余った紙に書いたものがいわゆる後半部の「消息文《しょうそこぶみ》」（人物批評や芸術上の諸問題を論じた文章）ではないかと推測している。待望の皇子が誕生した道長の喜びは凄まじく、『紫式部日記』には夜中や早朝にかかわらず乳母の懐を探って抱かれている若宮（＝敦成親王）を抱いたり、若宮の小水で濡れた直衣の紐を火に炙って乾かす様子など、およそ非情な権力者とは思えぬようなほほえましい様子が描かれている。続く十一月一日、敦成の「五十日《いか》の祝い」の席では道長をはじめとする貴族たちの乱痴気騒ぎの様子（「おそろしかるべき夜の御酔ひ」）が描かれており、この席で藤原公任《きんとう》（藤原頼忠の長男、一九三頁の藤原氏系図①参照）が「あなかしこ。このわたりに、わかむらさきやさぶらふ（恐縮だが、この辺に若紫は控えているかね）」と『源氏物語』の女主人公である紫の上を探すふりをして戯れかける場面があり、このエピソードにより「藤《とう》式部」が「紫式部」と呼ばれるようになったと言われている。更に重要なのは、この時点（寛弘五年＝一〇〇八年十一月一日）で『源氏物語』の「若紫巻」が流布し公任がそれを読んでいた点であろう。「三舟《さんしゅう》の才（漢詩・和歌・管弦の三つの才能を兼ね備えていること）」の逸話で知られる当代一流の文化人、公任をして「若紫」と言わしめた紫式部の面目躍如の一場面である。

『紫式部日記』には「五十日の祝い」の後、彰子が宮中に戻る前に女房達で冊子作りをする様子が描かれている。一条天皇への土産として『源氏物語』の新たな冊子を作成しているのだ。紫式部にとってどれほどの名誉であっただろうか。一条は『源氏物語』の愛読者でもあり「この人は、日本紀《にほんぎ》をこそ読みたるべけれ。まことに才《ざえ》あるべし（この人は日本紀を読んでいるに違いない。まことに学識がある）」（『紫式部日記』）と称賛したという。優秀な女房を彰子の後宮に仕えさせることで一条の気を引き寵愛を得るという道長の狙いを理解し、紫式部は十分にその役目を果たしたものと思われる。

翌年の寛弘六年（一〇〇九）には第三皇子の敦良《あつなが》親王が誕生。一条天皇はその二年後、寛弘八年（一〇一一）に三十二歳で崩御。皇太子であった居貞親王が即位、三条天皇となる。一条は最後まで定子所生の第一皇子、敦康親王を次の皇太子にすることを諦めていなかったが、藤原行成が「第一に、皇統を嗣ぐのは、皇子が正嫡であるか否かや天皇の優寵に基づくのではなく、外戚が朝家の重臣かどうかによるのである。今、道長が「重臣外戚」であるので、敦成を皇太子とすべきである」（『権記』ビギナーズ・クラシックス日本の古典　解説）等の理由で説得し、彰子所生の第二皇子、敦成親王が皇太子となった。なお詳細は後に記すが、意外なことにこの措置を道長の娘、彰子は恨んだという。彰子は一条の意を汲み自分の息子である敦成よりも、幼いころから育てた敦康を皇太子にするべきと考えていたようだ。

四．三条天皇と道長

寛弘八年（一〇一一年）、三十六歳で即位した三条天皇は冷泉天皇の第二皇子で、母は贈皇太后超子（藤原兼家の長女）。三十二歳で崩御した一条より四才年長の従兄弟であった。三条は即位直後から道長の意向に構うことなく内裏への遷御や叙位を行うなど、二人は早くも齟齬を生じていた。三条には皇太子時代からの后である娍子《せいし》（大納言藤原済時《なりとき》の娘）との間に六人の子女があったが、道長も二女、妍子《けんし》を入内させていた。ところが、三条は即位の翌年の二月に妍子を中宮とするが、その翌々月に寵愛する娍子を皇后にし、再び「一帝二后」状態にしてしまう。娍子の父、済時は十七年前に死去しており、有力な後見のない正后の誕生は当時の貴族社会からも歓迎されず、道長は娍子の立后の儀式の日に中宮妍子が内裏に参入する日をかち合わせて妨害する。三条は「左大臣（藤原道長）は、私（三条天皇）に礼が無いことは、もっとも甚しい。（略）必ず天の責めを受けるのではないか。はなはだ安らかではない事である」（『小右記』）と怒りを露わにしている。三条が頼りにしたのは大納言、藤原実資《さねすけ》であった。詳細は後に述べるが、この実資と皇太后となった彰子との間の取り次ぎ役を担ったのが紫式部だったという。道長と三条の間の不和に伴い、皇太后彰子の政治的役割が増えてのことであった。

ここで藤原実資について補足したい。一九三頁の藤原氏系図①にある通り実資の祖父、実頼は藤原忠平の長男で本来藤原北家の嫡流であったが天皇の外戚となることができず、嫡流は弟の師輔の家系へと移ることとなるも有職故実に通じ、小野宮流という流派を創設。その孫であり養子である実資は天徳元年（九五七年）生まれで道長より九歳年長。実頼の広大な家領を継ぎ有職故実のほか学識も深く、道長・頼通に頼りにされ一目置かれた人物であった。治安元年（一〇二一年）には右大臣になり「賢人右府《けんじんうふ》」と称されている。前述の敦成親王五十日の祝いの席では紫式部と言葉を交わす場面があり、紫式部は「他の人と違って一段とご立派でいらっしゃる」との感想を述べている。

三条天皇の話に戻るが、道長の娘である中宮、妍子が皇子を産めば三条との関係も改善の余地があったと思われるが、妍子が産んだのは皇女二人であったことから二人の確執は決定的になる。この間、内裏の焼失や三条自身の眼病などが続き、ついには政務もままならなくなった三条に道長は退位を決意させる。長和五年（一〇一六年）皇太子、敦成親王が即位し後一条天皇となり、道長は五十一歳で外祖父として摂政になった。なお皇太子には三条の皇子、敦明《あつあきら》親王が立てられるも、翌年の三条院の死後道長からの無言の圧力により敦明は自ら皇太子を降り、彰子所生の敦良《あつなが》親王（一条天皇第三皇子）が皇太子に立つことになる。

五．望月の歌と道長の晩年

長和五年（一〇一六年）一月、後一条天皇の即位にともない道長は外祖父として摂政となった。天皇は寛仁二年（一〇一八年）に元服し、道長は四女の威子《いし》を入内させる。甥（後一条天皇）と九才年上の叔母（威子）との結婚だった。同年に威子は中宮となる。太皇太后彰子、皇太后妍子、後一条天皇の中宮（＝皇后）威子、と一家で三人の后を輩出した道長は、土御門第で行われた酒宴の席で、有名な望月の歌「此の世をば　我世とぞ思ふ　望月の欠けたる事も　無しと思へば」を詠む。歌は『小右記』に書き留められており、以下、現代語訳で一部引用する。

「……太閤が私（藤原実資）を招き呼んで云ったことには、「和歌を詠もうと思う。必ず和すように」ということだ。答えて云ったことには、「どうして和さないことがありましょうか」と。（略）「この世を我が世と思う。望月が欠ける事も無いと思うので」と。私（実資）が申して云ったことには、「御歌は優美です。お答えする方法もありません。……（以下略）」」

この時道長は五十三歳。すでに摂政は前年に嫡男、頼通に譲っていた。道長が末子であり弟に権力の座を譲る必要がなかったことがスムーズな権力委譲につながったと、倉本一宏氏は指摘している。幸運にも恵まれたのであろう。私が道長について思うのは「勝負時を心得ている人」というイメージである。末子ゆえか、ここ一番の勝負時に大胆に勝ちに打って出る強さがあり、それが

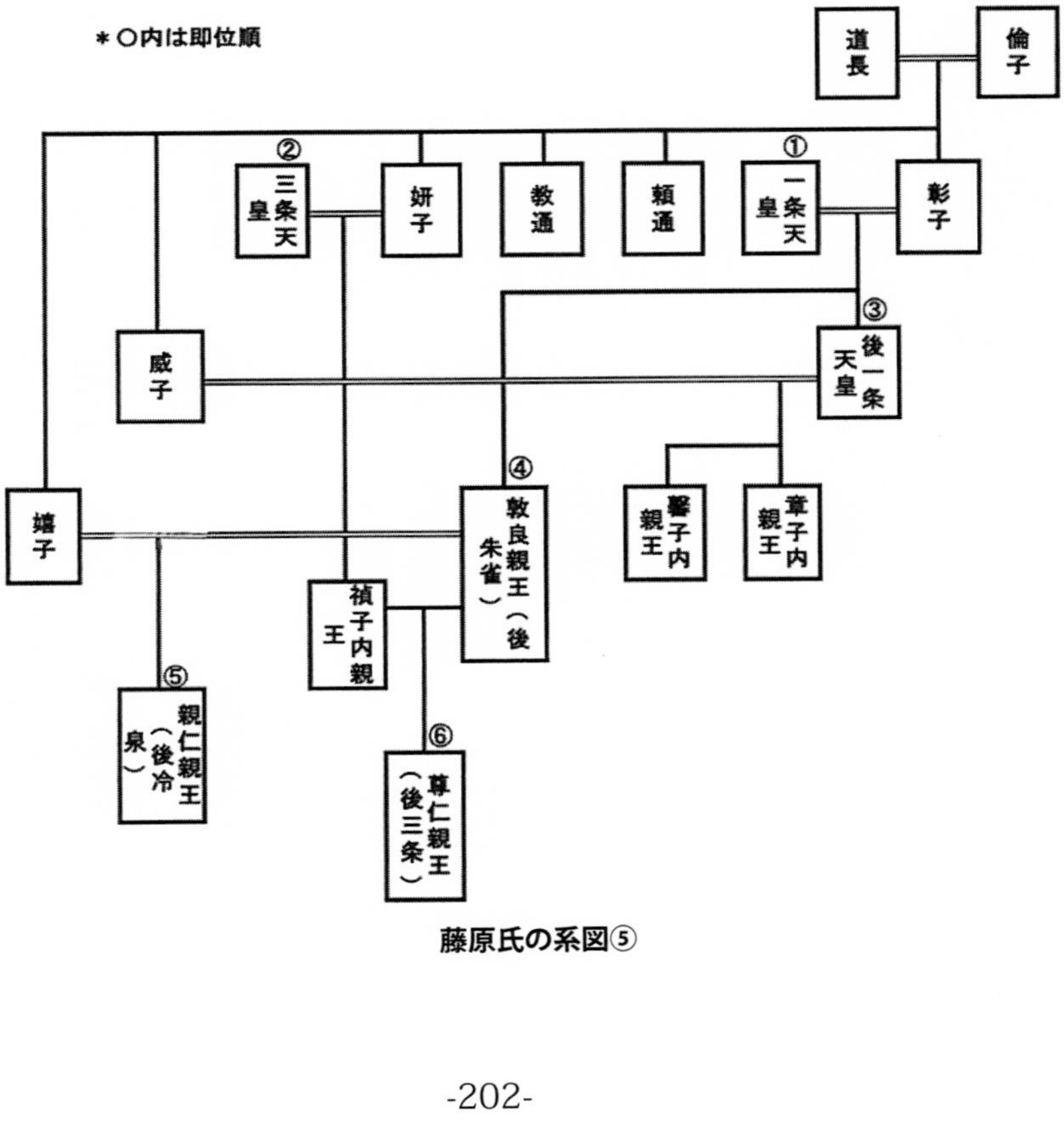

藤原氏の系図⑤

時には非情さともなるように思う。望月の歌も一般的には「悪しき摂関政治」のイメージで語られることが多いと思うが、前述の倉本氏は「たんなる座興の歌」と評しており、意見が分かれるところではある。そしてこの年の年末、道長によって立太子の道が阻まれた定子所生の敦康親王が二十歳の若さで死去。定子の兄である伊周は寛弘七年（一〇一〇年）に既に亡くなっており有力な後見も無い状態であったが、後のことであるが寛仁四年（一〇二〇年）後一条天皇に敦康とその外戚たちの霊がとりつき重く病むことがあった。望月が少しずつ欠けていくように、道長の繁栄もこの日の絶頂を境に少しずつ陰りを帯びていく。

翌年（寛仁三年（一〇一九年））道長は出家。この頃からしばしば病脳に悩まされることになる。当時の貴族間には浄土信仰が流行しており、道長も浄土信仰に傾倒。土御門第に隣接する地に九体阿弥陀堂の建立を発願。それはやがて豪壮な法成寺となる。治安二年（一〇二二年）に身内である後一条天皇をはじめ皇太子（敦良親王）、三后が参列した金堂供養が行われたが、三年後の万寿二年（一〇二五）、小一条院（皇太子を降りた敦明親王）の女御である三女の寛子が、続いて皇太子敦良の妃である六女の嬉子《きし》が死去。懐妊中だった嬉子は赤斑瘡《あかもがさ》（現在の麻疹）を患っており、皇子出産の二日後に十九歳の若さで死去し、道長らは悲嘆にくれた。東宮女御であった嬉子の死は政治的にも大きな痛手だった。その二年後の万寿四年（一〇二七年）、出家していた三男顕信《あきのぶ》、二女妍子が続けて死去し、道長もこの年の十二月に法成寺阿弥陀堂において六十二歳で死去。『栄花物語』によると道長は御堂に入り、九体の阿弥陀如来の手と自分の手を五色の糸で繋ぎ、北枕に横たわって念仏を唱えながら往生を遂げたという。

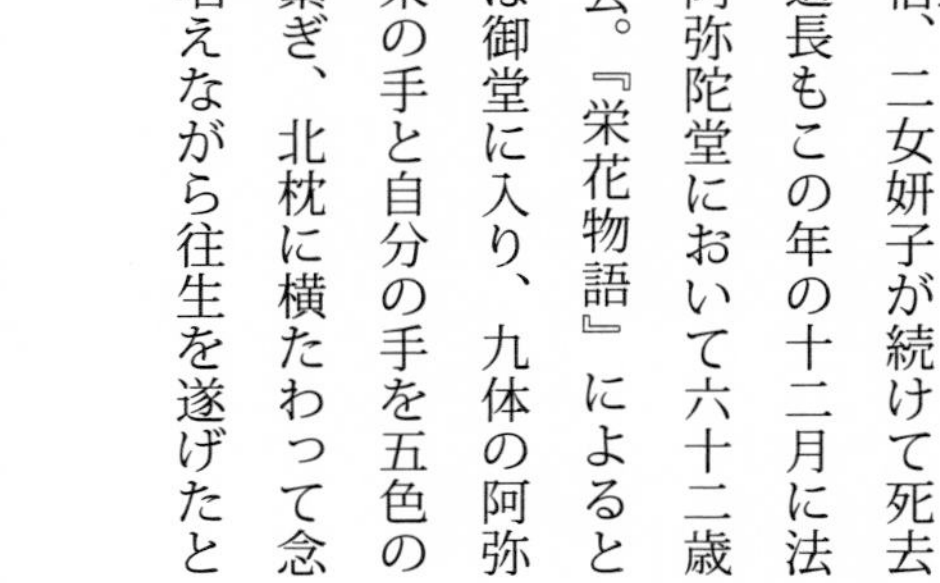
法成寺跡（吉田誠一氏撮影）

六．その後の中宮彰子と紫式部

本節では、道長の長女であり紫式部が仕えた一条天皇の中宮、彰子と紫式部について補足したい。彰子は万寿三年（一〇二六年）に出家し、上東門院《じょうとうもんいん》の称号を受けた後も長命を保ち、承保元年（一〇七四年）に八十七才で崩御している。長寿は九〇歳で亡くなった母の倫子の血を受け継いでいたのであろう。道長亡き後の摂関家と天皇家を四〇年以上に亘って支え続け、政治的対立から不和となった弟たち（頼通、教通）の仲裁をしたり、早世した妹たちの子である親仁《ちかひと》親王（後の後冷泉天皇）、章子《しょうし》内親王、馨子《さほこ》内親王を養育するなどゴッドマザー的存在だったらしい。晩年は自身の子である後一条天皇（長元九年（一〇三六年）崩御）、後朱雀《ごすざく》天皇（＝敦良親王・寛徳二年（一〇四五年）崩御）にも先立たれて淋しい思いもしているが、白河天皇即位まで長生きしており、現在では院政期の男院の先例となった女院として再評価されている。二十四歳で寡婦となった彰子にとってその後の人生の方が長いわけで、歴史上でも「一条天皇中宮彰子」というより「上東門院彰子」という呼び方の方が本来ふさわしいのかもしれない。

第四節でも述べたとおり、彰子ははじめ自身の子ではなく定子所生の敦康親王を皇太子に立てることを願っていた。夫である一条天皇の意を汲んでのことであり、生真面目な女性だったのではないだろうか。また夫、一条の支えとなろうとしたのか、紫式部をして内密に漢籍の『新楽府』(唐の白居易らが楽府の形式によって、当時の政治・社会を諷喩した詩）を講じさせるなど、向上心も強かったと思う。増田繁夫氏は『評伝紫式部』の中で、『新楽府』を選んだのは紫式部の見識であったのではないかと推測している。おっとりとしたお嬢様の幼な妻から摂関家・天皇家のゴッドマザーへと成長する彰子を影ながら支え導いたのもまた、紫式部だったのかもしれない。

そして紫式部。三条天皇と道長の間が不和となり大納言藤原実資が重用された頃、実資と彰子との間を何度も取り次いでいたことが『小右記』の長和二年五月二五日条に明記されている。同記には万寿四年（一〇二七年）まで取次の女房が見えそれが紫式部である可能性もあり、没年については長和三年（一〇一四年）説のほか諸説あり定かではない。紫式部が彰子の元をいつ退いたのか、浄土信仰に傾倒した彼女がはたして念願の出家を遂げたかどうかさえも定かではないのである。

京都、紫野にある雲林院の近くに紫式部の墓と言われる土盛りがある。『源氏物語』で絵空事を書いて人々を惑わし「不妄語戒《ふもうごかい》」を破ったため地獄に落ちて苦しんでいるところを地獄とこの世を行き来する閻魔王宮の役人である小野篁《おののたかむら》によって助け出された、という伝説があり、小野篁の墓（土盛り）と並んでいる。もっとも小野篁は仁寿二年（八五二年）に亡くなっており、これは伝説の域を出ない話と思われる。

紫式部の墓（左）と小野篁の墓（右）

七、二人が残したもの

道長の時代に全盛期を迎えた摂関政治であったが、次の頼通の代で急速に衰退していく。その原因の一つは、頼通に入内させる女子がなかなか生まれず、養女や、やっと生まれた娘を入内させるも皇子が生まれず、皇位は別の血統へ移り天皇の外戚の地位を失ったためである。頼通は五〇年にも亘り摂政・関白を務めるも、平忠常の乱（長元元年（一〇二八年））、前九年の役（永承六年（一〇五一年）などの戦乱が起こるにつれ武士が台頭するようになり、政治形態は天皇を退位した上皇が権力を握る院政の時代へと移っていく。第五節で登場した道長が建てた豪壮な法成寺も、その後の戦乱などで焼け今は跡形すら残っておらず、法成寺をモデルとして頼通が建てたという宇治の平等院鳳凰堂をしてその姿を想像するばかりだ。

対して、紫式部が書いた『源氏物語』は人の手から手へと写しとられて残り、王朝時代の栄華を現代に伝えている。形あるものはいつかは壊れるが、物語というものは、たとえ写本は焼けたとしても人の心の中にある限り残り続ける物なのであろう。第三節にあるように『源氏物語』が道長から依頼されて執筆されたものだとすると、希代の政治家、藤原道長と大作家、紫式部の二人が残したものは世界最古の長編小説『源氏物語』に他ならないのである。

平等院鳳凰堂

最後に紫式部と道長の関係について補足したい。室町時代初期に成立した系図集『尊卑分脈』には「御堂関白道長妾云々」と書かれており、冒頭にも書いたように紫式部は道長の召人《めしうと》だったという説がある。この根拠は『紫式部日記』の寛弘五年（一〇〇八年）頃とされる道長との贈答歌と、それに続く夜、紫式部の局（部屋）を訪れる者との歌のやり取りであろう。『源氏物語』を前に、作者である紫式部に「すきものと　名にし立てれば　見る人の　をらで過ぐるは　あらじとぞ思ふ(浮気者と評判が立っているので、そなたを見る人で口説かずにすます人はあるまいな)」とからかう道長に対し紫式部は「人にまだ　をられぬものを誰かこの　すきものぞとは　口ならしけむ（人にまだ口説かれたこともありませんのに、誰がこのように浮気者だなんて評判を立てたのでしょう）」と切り返しており、少なくとも二人は軽口をたたき合う親しい間柄であったとは言えるだろう。この贈答歌に続いて局の戸を叩く夜の訪問者との贈答歌がみられ、紫式部は戸を開けておらず歌だけを詠みかわしている。この訪問者を道長だと比定する学者も多いが、倉本一宏氏は「歴史学者から見ると笑止千万な議論」(『紫式部と藤原道長』)と述べている。いわゆる現代でいう「匂わせ投稿」のようなものとも思えるが、たとえ出来心で一、二度関係があったにしろ、それをもって「妾」といえるのかどうか、筆者としては現時点では判断する材料を持ち合わせていない。個人的には昔読んだ永井路子氏の『歴史をさわがせた女たち』にあるように「道長はほんの気まぐれ」で戸をたたいただけで実際の関係はなかったが「よほどうれしかったとみえてイソイソとそのことを書きつけているあたり、女らしいウヌボレが顔をのぞかせている」ような気がしてならない。

おわりに

今年の一月七日から大河ドラマ「光る君へ」が始まった。吉高由里子さん演じる紫式部は「まひろ」という架空の名で登場しているが、第一節で述べた通り、紫式部の本名は明らかになっておらず、あくまで創作の範囲内でのことである。紫式部と道長が幼馴染で、魂でひかれ合う「ソウルメイト」という設定（二〇二三年十一月八日、NHK会見）も同様であり、道長が婿入りする土御門第《つちみかどてい》と紫式部の実家である堤第《つつみてい》は近所ではあるが、身分差がものをいった当時「五男とはいえ摂関家の子息である道長と無官の貧乏学者の女である紫式部が幼少期に顔を合わせた可能性は、ほぼゼロといったところである」（倉本一宏氏『紫式部と藤原道長』）らしい。

また「ソウルメイト」とは「魂で深く繋がる仲間や伴侶」のことを言うスピリチュアル用語である。史実として道長と紫式部は正式には結ばれていないが、少なくとも『源氏物語』の制作を通して互いの人生に影響を与え合った可能性はあるだろう。誤解を恐れずにいうと、その人が老若男女にかかわらず、身分や立場にかかわらず、己の心に深く共鳴する相手というのは確かに存在すると思う。その一言に癒され勇気をもらい、躊躇する背中をそっと押してくれる人。そばに居なくてもその存在が心の支えとなる人。その様な心の交流が道長と紫式部の間になかったとは言えまい。道長が『源氏物語』の主人公、光源氏のモデルだったという説もあり、もしそうならば物語作者としての紫式部は道長の姿に光源氏を重ねて見ていたはずで、その眼差しは我が子を見守る母のようでもあっただろう。その熱い眼差しに見守られながら権力の頂点へと駆け上った道長。ＡＩが発達し小説をも書けるようになった現代に、そのような魂の触れ合いの中で創られたものが『源氏物語』だと想像するのも悪くないと思う。「創造」は人の魂を込めた営みであるはずだから。

蘆山寺の庭園「源氏庭」

これまで地元、長崎に関わることを書き起こしてきた筆者にとって、本稿は新たなチャレンジであった。学生時代、国語の教員を目指し古典文学の勉強してきたことが今回大変役に立ったように思う。紫式部については一次史料が少なく、研究史も歴史学というより文学史としての研究が多い。拙稿も、歴史と古典文学のハイブリット作品の態を成していることをお許しいただければと思う。

本稿も、いつもSNS等を通じて叱咤激励して下さる「歴友」の皆様、京都への取材旅行へ快く送り出してくれるなど執筆に協力を惜しまない家族なくしては完成しなかったと思う。この場をお借りして心より感謝の意を表したい。

参考・引用文献

（一）「新潮日本古典文学集成 紫式部日記 紫式部集」
（著 紫式部、山本利達校注、新潮社、二〇一六年）
（二）「小右記 ビギナーズ・クラシックス 日本の古典」
（著 藤原実資、倉本一宏編、KADOKAWA、二〇二三年）
（三）「権記 ビギナーズ・クラシックス 日本の古典」
（著 藤原行成、倉本一宏編、KADOKAWA、二〇二一年）
（四）「紫式部と藤原道長」（著 倉本一宏、講談社、二〇二三年）
（五）「平安貴族とは何か 三つの日記で読む実像」（著 倉本一宏、NHK出版、二〇二三年）
（六）「一条天皇」（著 倉本一宏、吉川弘文館、二〇〇三年）
（七）「紫式部」（著 今井源衛、吉川弘文館、一九六六年）
（八）「評伝 紫式部 世俗執着と出家願望」（著 増田繁夫、和泉書院、二〇一四年）
（九）「源氏物語の時代 一条天皇と后たちのものがたり」
（著 山本淳子、朝日新聞社出版、二〇〇七年）
（十）「藤原道長を創った女たち〈望月の世〉を読み直す」
（著 服藤早苗・高松百香編著、明石書店、二〇二二年）
（十一）「王朝生活の基礎知識―古典の中の女性たち」
（著 川村裕子、角川学芸出版、二〇〇五年）
（十二）「歴史をさわがせた女たち 日本編」
（著 永井路子、朝日新聞出版、二〇二一年）

佳人薄命 ―清少納言と藤原定子―

白石　ひとみ

「宮の御前《おまへ》の、御几帳《みきちょう》おしやりて長押《なげし》のもとに出でさせたまへるなど、なにとなくただめでたきを、さぶらふ人も思ふことなきここちするに……（中宮様が御几帳を押しやって簀子との境の御簾ぎわまでお出ましになっておられる御様子など、ただもう理屈もなにもなくすばらしいお姿なので、お仕えする私たち女房までも心の憂さなど忘れるほどうっとりした気持ちになるのに……）」

清少納言の手による随筆『枕草子』の第二十段。春の盛りとそれに劣らぬほど美しい中宮、藤原定子の様子が描かれている場面である。この時定子は十九歳、兄の伊周《これちか》は二十一歳、一条天皇は十五歳。伊周と定子の父親は時の権力者、関白の藤原道隆で、定子は一条天皇の元服後に入内した最初の后だった。

道隆と言う人は美男でプレイボーイ、明るい性格だったことが『大鏡』『栄花物語』に記されている。その嫡妻は高階貴子といい円融天皇の時代に内侍として出仕したキャリアウーマンで、漢文をもバリバリこなす知性派だった。定子は父母の美質を受け継いだのか教養豊かで明るく、よく笑う人だったらしい。そんな定子を一条は寵愛していた。

清少納言は歌人、清原元輔の娘で十六歳頃に橘則光と結婚し息子、則長を産むも離別。定子のもとに出仕したのは正暦四年（九九三年）、道隆が関白に就任した年の初冬で、二十八歳の頃と言われている。『枕草子』第一七九段には、初出仕に緊張し固くなっている清少納言を気遣い優しく声をかける十八歳の女主人、定子の様子が描かれている。清少納言は緊張しつつも定子に一目で心を奪われたようで「袖口からわずかにのぞく御手が、たいそう匂い立つような薄紅色なのが限りなくすばらしい」と独特の感性で感想を述べている。定子の後宮は、漢詩好きの一条と伊周が語り合い、定子と清少納言が漢文素養に基づいた機知に富む演出をするという知性溢れる空間であった。

そんな定子の幸福は長くは続かなかった。長徳元年（九九五年）に父、道隆が病により四十三歳で死去。伊周はその後継者と目されていたが、自家の繁栄ばかりを追求する中関白家《なかのかんぱくけ》（道隆一家）に対しては周囲の強い反発があり一条の母である藤原詮子《せんし》の強い後押しもあって、権力者の座は叔父の関白、藤原道兼へ、次は内覧の藤原道長へと移っていく。政争に敗れた伊周は翌年、弟の隆家と共に、その従者が花山院の従者と闘乱となり院の従者二人を殺害するという事件を起こし（長徳の変）、流罪となり廟堂を追われる。事件に衝撃を受けた定子は自ら髪を下ろし出家してしまう。当時、一条の第一子を妊娠中だった。

この頃清少納言は、政敵である道長側に内通しているという噂を立てられ実家に引きこもっていた。定子からはたびたび参内の催促が来るも応じない。ある日定子からの使いがやって来た。山吹の花びらをひとひらだけ紙に包み「言はで思ふぞ（口には出さなくても思っていますよ）」と書かれてある。「心には下行く水の　わきかへり　言はで思ふぞ　言ふにまされる」の古歌を引いたものだった。参上した清少納言に「あれは、今参りか（あそこにいるのは新しい女房かしら）」と笑う定子。知性溢れる優しさと二人の親愛の深さが感じられる『枕草子』第一三八段の一場面である。その後定子は一条の第一子、修子《しゅうし》内親王を出産する。

後に定子は一条の強い希望により後宮に復帰。長保元年（九九九年）に敦康《あつやす》親王、同二年（一〇〇一年）に媄子《びし》内親王を出産するも、その翌日に二十四歳の若さで崩御してしまう。敦康親王出産と同日に、既に入内していた道長の長女、彰子が女御となり、後には中宮となって、定子は皇后と呼ばれ形だけの正妃となっていた。実家は没落し、頼れるのは一条の寵愛だけだった。敦康の出産は平生昌《たいらのなりまさ》という中宮職役人の屋敷で行われたが、門が狭い屋敷や野暮ったい生昌の言動は定子付の女房達から何かと物笑いのタネにされた。そんな生昌をも庇い清少納言らを諭すのもまた、心優しい定子であった（『枕草子』第五段）。

確かな後見も失い一度尼になった后という不安定な立場ながら明るさと優しさ、ユーモアを忘れなかった定子。『源氏物語』が道長の命で紫式部が書いた「道長をモデルとした王朝物語」であるならば、『枕草子』は敬愛する定子のために清少納言が書いた「中関白家の栄光の記録」であろう。それは暗闇の中に一筋の光が指すかのように、鮮やかに定子後宮のきらめきを現代に伝えている。

清少納言（鳥居清長筆「清少納言」／東京国立博物館蔵、ColBase https://colbase.nich.go.jp/）

第十章　冷酷と情熱のあいだ

〜摂関家の爪牙とハイスペック女子〜

鈴木　淳

第十章　冷酷と情熱のあいだ
～摂関家の爪牙とハイスペック女子～

鈴木　淳

はじめに

平安時代のきらびやかな王朝文化を代表する女流歌人のひとり、和泉式部の令名はその艶やかな経歴も相増して読者諸氏の大半に知られていることだろう。

その和泉式部の晩年の夫（晩年といっても三〇代半ばだったろうが）だったのが、尊卑分脈に「勇士武略之長」のキャプション付きで絶賛される王朝武者の華、藤原保昌その人だったと知った時は少なからず驚いた。

が、しかし、何とも心躍る組合せのカップルではないか。

名にし負う美貌のインテリ女子と、都鄙名誉のタフで冷静沈着な恐るべき摂関家の爪牙、ふたりの人生がどのような変遷をたどって邂逅することになるのか、下世話で申し訳ないのだが……しかし興味津々である。

まずは彼らの人生の軌跡と彼らを取巻く環境を追ってみよう。

一．和泉式部～才女の貌は奔放なのか、真っ直ぐなのか～

和泉式部の出生年には、康保三年（九六六年）から永観二年（九八四年）の間で諸説あるようだが、一般的には天元元年（九七八年）とみられる事が多いようである。

この時代の女性の常として本名は伝わっておらず、「和泉式部」というのは彼女の候名であり、「御許丸《おもとまる》」という幼名も伝わるが定かではない。

一〇世紀後半から十一世紀前半を生きたこの女性の父は大江雅致、母は平保衡の娘と推測されている。

時は平安中期、宮廷の女流歌人や文学者のビッグネームが一気に開花するまさにその瞬間であり、典型的な中級貴族の子女だった彼女の叔父筋には、歌人として名高い大江匡衡＝赤染衛門夫妻が居り、文に拠って身を立てる大江氏の連枝に繋がる家庭環境もあって、時代背景は彼女に元々備わっていたであろう天賦の才を開花させるのに沿ったものだったのであろう。

彼女の最初の夫となるのは父親の部下で遣り手の官僚だったという橘道貞で、夫が長保元年（九九五年）和泉守に任官した事が彼女の通称の由来になったようである。

夫の任地への下向に同行した事もある彼女は、道貞との間に一女を授かる。このひとり娘は後に小式部内侍と呼ばれ歌人として令名を馳せることになるのだが、二人の蜜月は一〇年保たず、寛弘元年（一〇〇四年）道貞が陸奥守任官に伴い任地へ下向した頃には二人の関係はとうに破綻していたようで、近年は、どうやら道貞の心が和泉式部から離れてしまっていた事が原因だったとする研究者の見解も出ている。

この頃、和泉式部は為尊《ためたか》親王に求愛され、寵を受けるようになる。

為尊親王は冷泉院の第三皇子で、母は藤原兼家の娘超子、永祚元年（九八九年）、十三歳で元服し、「美少年」として有名だったようだ。

正暦四年（九九三年）頃、藤原伊尹の子女九の宮を室に迎えていながら、美しい容姿から『栄花物語』の中で「色めかしい」と評されるほど妖しい容姿に物を言わせて華やかに女性との交際を重ねていたようだが、和泉式部の方は身分のあまりの格差を理由に父の大江雅致から勘当されてしまう。

長保三年（一〇〇一年）頃、疫病の蔓延する中でも夜な夜な「……新中納言、和泉式部などにおぼしつきて、あさましきまで……」と女性を連れて外出を続けた結果なのか疫病に罹患し翌年逝去してしまう。

享年満二〇歳、和泉式部の伝説の男性遍歴の中で初めての恋人との別れがこの早逝の貴公子との死別、とされることも多いが、近年、『和泉式部日記』記載の為尊親王挽歌とされている歌が、実は彼に宛てたものではないのではないかとされる指摘が注目されていて、夫婦と言えるほどの関係ではなかった可能性も浮上しているようである。

さて、為尊親王の薨去から一年を経ずして、和泉式部は為尊親王の四歳下の同母弟、帥宮敦道親王に寵愛を受ける事になる。

敦道親王は既に右大将藤原済時の娘、中の君と婚姻していたが、敦道が和泉式部への寵愛を深め、自邸に引き入れたり賀茂祭見物の牛車に同乗したりと人目を憚らぬ派手な交際ぶりを発揮したことに怒った中の君が実家へ帰ってしまうというスキャンダルを巻き起こして巷の噂の的となった。

敦道親王は当時、春宮だった居貞親王（後の三条帝）の、次の春宮、つまり次の次の帝の有力候補とみられていて、そのことで艶聞の注目度が一気に上がったことは間違いないが、敦道に連れられて上流貴族たちの社交の場に現れ花山院歌合など著名な歌人、文人と肩を並べ秀歌を詠む機会を得たことで一流の歌人としても世上に知られる切っ掛けになったようだ。

しかし、敦道親王は寛弘三年（一〇〇六年）、二人の間に授かった石蔵宮を残して病死してしまい、傷心の和泉式部は三条の自宅へ戻る。

その頃既に歌人として名の知られていた和泉式部に、藤原道長から娘・彰子の東上門院に出仕のお呼びが掛り、この後、紫式部などと共に中宮彰子のサロンを彩る女房

石山寺　和泉式部も参篭に訪れ、
ここから帥宮へ文をしたためている

としての経歴を歩むことになる。

和泉式部といふ人こそ、おもしろう書きはしける

されど和泉は、けしからぬ方こそあれ、うちとけて文走り書きたるにその方の才ある人、はかないことばのにほひも見え侍るめりうたは、いとをかしきこと、ものおぼえ、うたのことわり、まことの歌よみざまにこそ侍らざめれ、口にまかせたることどもにかならずおかしき一ふしの目にとまる、よみそへ侍り

以上、このころ同僚だった紫式部が日記の中で和泉式部を評した有名な一節の一部である。

「面白い文を書きはるし、異性との付き合い方には感心せえへんけど何となくやり取りした手紙とかにも才能ある表現なんかが散りばめられてるし。歌は、いいもの詠むけど古典的教養や理論はイマイチで本物とは言えんかな。でも何となく出るワードの選択も必ずキラッと光るモン入れてくるのはさすがやな。」

こんな感じの大意ではないかと思う。

理論や教養よりも優れた感性で歌や文をしたためる人物、といった評価している一方、この続きで、他の人の歌を批判しているのを聞いたりするのでやはり大した人物ではないなぁ、と手厳しい批評を付け加えて結んでいるのが紫式部らしくて面白い。

また、ある人が和泉式部の扇を大事に持っているのを知った藤原道長が「浮かれ女の扇」と落書きして面白がったのを知った和泉式部が、

こえもせむ　こさずもあらむ　逢坂の
　　　　　関もりならぬ　人なとがめそ

と、書き記して返したのは「人の恋路やし、あんたの知ったこっちゃないやろ。それともワテに気があるんか（笑）？」と時の権力者に痛烈な返書をした有名なエピソードで、この時期のものと思われる。

さて、中宮彰子の許に出仕した和泉式部は、ここで本章のもうひとりの主人公、藤原保昌と出会いを果たしている。

藤原道長の有力な家司で時に私的武力行使も辞さない武闘派王朝武者の草分けとして名高い藤原保昌と、美貌の歌詠みで、現代で言えばハイスペック文化人系アイドルとも言える和泉式部は一見すると不思議な取合せだが、意外としっくりくるんじゃないかと思わせる面白いエピソードが謡曲「花盗人」に収められている。

藤原道長に出仕する家司で武勇の誉れ高い王朝武者、藤原保昌は、ある日宮中で見かけた和泉式部に想いを寄せ、文を送って求愛する。

和泉式部からは「紫宸殿前の梅の花を一枝手折って来てくれたら考えてもいい」という返事が来る。

かぐや姫の物語を地で行く無理難題だが、保昌は夜陰に乗じて御所に忍び入り、北面の武士から矢を射かけられながらも約束通り梅の枝を式部へ献じ、保昌の気概に感じ入った式部とめでたく結ばれることが出来た、というもの。

平安時代末には既に伝説の武人となっていた保昌と、奔放な式部のイメージを彷彿とさせるこの逸話、もちろん史実ではないが、祇園祭の山鉾のひとつ、「保昌山」のモチーフに取り入れられるなど中世以降広く民衆に愛された説話であったことがわかると共に、「この二人なら本当にあったかも知れないな」というような気持にさせてくれる不思議なエピソードでもある。

史実の上で和泉式部が藤原保昌と結ばれたのは、彰子の許へ出仕を始めた寛弘六年（一〇〇九年）以降のことで、保昌は五〇才を超え、和泉式部も三十路に差し掛かっていたと推定されるので、「保昌山」同様、和泉式部が藤原保昌からの求愛に応えたという恰好だったのではないだろうか。

何というか、うらやましい限りである。

以降、各地の受領を歴任する保昌が寛仁四年（一〇二〇年）、丹後守に就任した際には和泉式部も夫の保昌と共に任地の丹後へ下向したりしている。

娘の小式部内侍が詠んで小倉百人一首に選定された「……まだ文も見ず　天橋立」の有名な一首は、この頃夫と共に丹後に下った母を読み込んだ秀歌として有名だ。

「あんた、また狩りで留守すんのかいな、寂しいやん」という趣旨の歌も遺されているのをみると大人のカップルとしての二人は意外と長きにわたって一緒にいたのではないかと思えたりもする。

そんな中、万寿二年（一〇二五年）、和泉式部の最愛の娘で歌人としても評価を得ていた小式部内侍が急死、悲嘆に暮れる彼女は多くの挽歌を読んで愛娘への想いを吐露している。

長元年（一〇三六年）、所領のあった摂津国でその生涯を終えた保昌と一緒にいたかどうか、生没年も不詳の和泉式部の晩年は分かっていないのだが、播磨の書写山円教寺や京都の誠心院、誓願寺などの寺伝に足跡が登場するほか、各地に墓所が散見される。

二．藤原保昌～都ノ武者の華～

藤原保昌。生年は不詳、摂津に持つ所領、平井荘の名から平井保昌とも呼ばれるこの人物は、藤原南家黒麻呂流の系譜に連なる歴とした貴族で、祖父の元方は大納言にまで昇進し叔母は村上帝に入内して親王を産んでいるが藤原道長を支える有力家司として源頼光と双璧を成す実力者である。

彼の受領としてのキャリアは正暦三年（九九二年）に就任した日

向守からスタートしている。

以降寛弘二年（一〇〇五年）に肥後守、寛弘七年（一〇一〇年）頃には太宰少弐と、九州一円の要職を歴任して畿内に戻るのだが、この間、財力の基盤と人脈を当地にしっかりと築いていたようだ。

九州の件については後で触れたい。

さて長和二年（一〇一三年）、左馬頭に昇進した保昌は藤原道長との関係性を深めながら畿内近国でのキャリアアップを目指し、三条帝の後押しを受けて大和守に就任、和泉式部と結ばれたのもこの頃の事ではないかと思われる。

大和守補任に当っては、同時に右馬頭に昇進した甥の源頼親が強力なライバルとして浮上している。

保昌の本拠は清和源氏の総師多田満仲の本拠多田荘と隣接しており姻戚関係にもあるのだが、多田満仲は一門を挙げて藤原道長のバックアップを行い、官僚として宮中でキャリアを積む頼光を筆頭に、次弟の頼親が摂津、大和や畿内近国、三弟の頼信が河内と東国へと勢力の扶植と私兵の養成を担当して一門の繁栄を目指

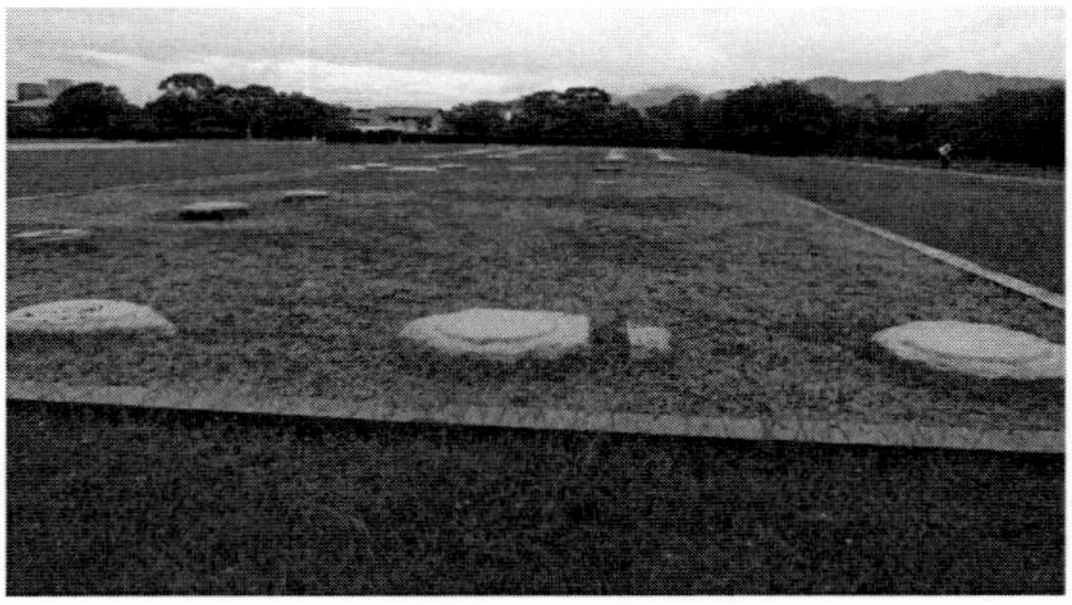

大宰府政庁跡
巨大な回廊の跡から往時の繁栄が偲ばれる

しているように見てとれる。

七〜八世紀の戦時体制下で想定された大軍団同士が激突する正規戦の時代は去り、徴兵制が支える歩兵と弩兵で編成された軍団の必要性がほぼ消滅した平安中期には国内の非正規戦を迅速に戦い抜く少数精鋭のプロフェッショナルの時代が到来していた。

摂関家を頂点とする上級貴族に奉仕して生計を立てる中級貴族の受領層のうち、承平・天慶の乱鎮圧に参加した家系の幾つかが「兵ノ家《つはもののいえ》」、つまり特殊な職能を担う例外として政権から武装を容認され始め、これが王朝武者、軍事貴族と呼ばれる武士の前身となるのだが、藤原保昌はその条件に該当しないにも関わらず「都ノ武者」として政権からの容認を受けている稀有な例なのが興味深い。

畿内近国への進出を狙う保昌は大和国内での源頼親と興福寺の抗争に介入、摂津守への補任を巡っても競合するなど対立を深め、腹心だった清原致信を使って大和国での頼親与党の首魁 当麻為頼の殺害に関与し、逆に頼親配下が京都市中の清原致信の館を白昼急襲して惨殺するという報復

史跡鴻臚館跡にかかる看板より

合戦に発展するなど、摂津と大和の支配国守を巡る両者の抗争は保昌が死を迎えるまで陰に陽に続いたようだ。

ところで、摂津にしっかりした地盤を持ち摂関家とも蜜月関係の多田源氏と張り合った藤原保昌だが、ライバルの多田源氏の総帥源頼光が火災で焼失した藤原道長の土御門邸に収める調度品や衣装を全て自前で揃えて進上するほどの財力を備えていたにも拘らず、道長の有力家司の立場から排除されたり吸収されたりすることがなかったのだろうか。

頼光に呑み込まれなかった彼の実力の基盤は実は九州にあったのではないだろうかと推測されるのである。

次節はそれについてみてゆきたい。

三．平安時代の西海から

六六七年以降、朝鮮半島／白村江での敗戦後、大陸からの侵攻に備えた筑紫を前線とする水際の防衛計画が天智朝のスタッフにより急ピッチで進められ、七世紀半ばまで博多湾沿岸の那津付近にあった大和王権の九州支配拠点は担当官の筑紫大宰と共に国史跡大宰府政庁へと後退してきたものとみられる。戦時の政庁となった大宰府は長大な水城を初め大野城、基肄城、阿志岐山城などの朝鮮式山城を上大利・とうれぎ、関屋などの土塁列で連結して囲い込み巨大な要塞地帯となっていた。

私自身は大野城と基肄城のほか水城に代表される土塁列を現地で見ることができたが、呆れるほどの土木量を投入して築造されているのは正に圧巻で、ぜひ一見をお薦めする。

その後、条坊による区画を敷き整備が進んで都城の体裁を整えた大宰府は、承平天慶の乱で焼失した後も同じ規模で再建され、九州一円の民政も含めた統治機構として「遠の朝廷」と呼ばれる繁栄を謳歌する一大都市空間に成長する。

那津には対外交渉を一元化する為の施設として筑紫館《つくしのむろつみ》が置かれ、主に来航する唐、新羅の外交使節応対の場として機能するのだが九世紀の初めには唐風に鴻臚館《こうろかん》という呼称へと変更されている。

九世紀前半に張保皐ら新羅海商が中国と日本を股に懸けた活動を活発化させたのに反比例するように政府間の使節による通交は低調になり、日本側の政策もあって国家間の使節往来はほぼ途絶する。

市舶司を設置して経済交流を重視する方向へ政策転換を図った唐からは、九世紀に入ってからは頻々と中国大陸から海商が渡来するようになった。

一方、新羅国内の政治的な混乱や食糧危機から流民の流入や海賊の侵入も九世紀半ば以降急増して集団帰化や送還、或いは弩兵の動員が図られるなど対策に追われる状況も発生していて、民間の交流が急増している様子が窺える。

外国船が入津した場合、まずは大宰府官吏による臨検が行われる。

その後、乗員と積荷はいったん鴻臚館に収納され、京での朝議の結果、まず官が買い上げる品目が収納された後に一般の交易品売買が許される、という流れで貿易が行われたようで、帰国の為の風待ちなども含めると一定の期間がかかることから、十世紀末から十一世紀頃には鴻臚館周辺や後の博多津周辺にも定住する唐・宋商も現れたようである。

大宰府政庁や近国に赴任した受領層にはこれは莫大な利権を生んだに違いない。

藤原保昌が十世紀末から十一世紀初頭にかけて日向守→肥後守→太宰少弐と九州統治の官職を歴任していたことは前に述べたが、彼の腹心で清少納言の実兄にあたる前大宰少監清原致信と知り合ったのもこのタイミングだったと思われ、一定の財力と組織がないと維持できない軍事貴族としての実力や藤原道長の有力家司の立場は九州時代の利権とのコネクションが基盤になっていたのではないかと推測される。

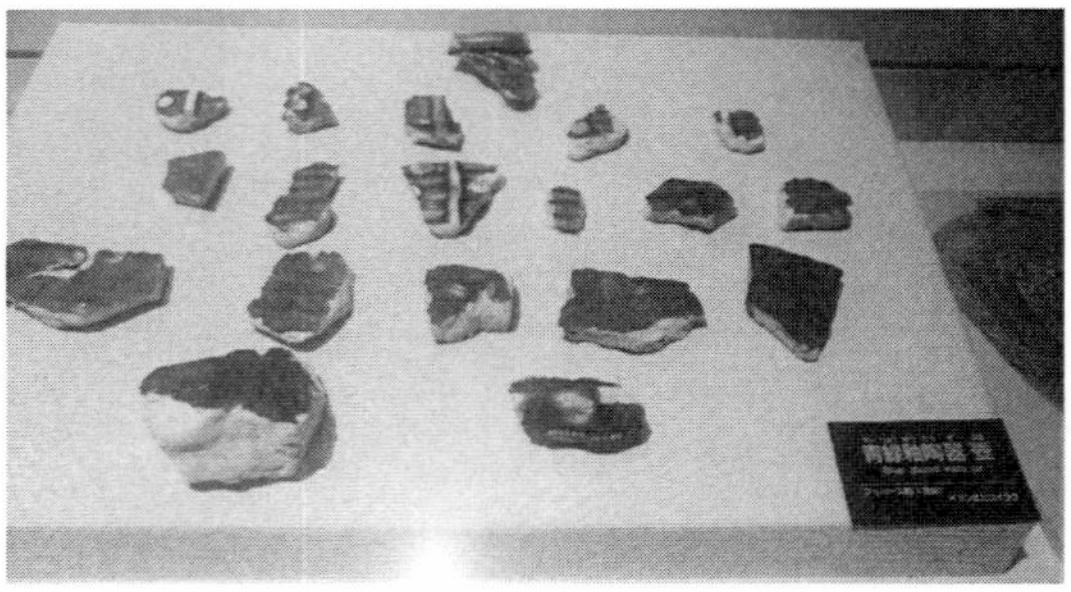

史跡鴻臚館跡にかかる看板より

おわりに

平安中期、時代が古代から中世へ大きく転換して行く中、その変化の中心で当事者だった藤原保昌と和泉式部の二人が惹かれ合って共に暮らしたのは、実に感慨深い。

多分、清和源氏のように一族郎党と組織の繁栄と拡大を貪欲に指向する気が無かっただろう一代の王朝武者の華、藤原保昌は、史実を超え伝説の英雄として絵草子や説話の数々に登場するヒーローとして姿を変えて時代を渡る。

また、きらめく才能と闊達な精神に裏打ちされた美しさで世上の注目を集めた式部は昭和から平成にかけて関西で青春時代を過ごした私の世代の男どもに「ブイブイいわしとるなぁ」と形容されるカリスマ性を自覚なく発揮し、彼女の輝きを帯びた作品群が一〇〇〇年の時を超えキラキラの欠片を現代の我々の目の前まで届けてくる。

時代の寵児だったふたり。

一緒に下った保昌の任地、天橋立を望む丹後国府でふたりはどんなことを語ったのだろう。

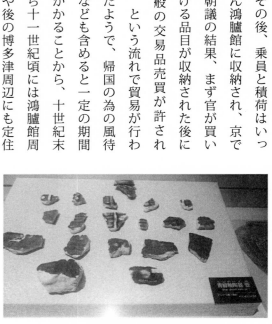

参考文献

（一）「新潮日本古典集成・和泉式部日記 和泉式部集 集成」（著 野村精一 校注、新潮社、二〇一七年）
（二）「平安京の時代」（著 佐々木 恵介、吉川弘文館、二〇一三年）
（三）「古代の人物 第六巻 王朝の変容と武者」（元木泰雄 編、清文堂、二〇〇五年）
（四）「恋する武士・戦う貴族」（著 関幸彦、山川出版社、二〇一五年）

源頼光は果たして英雄だったのか？

吉田　誠一

源頼光は今昔物語や御伽草子に書かれた大江山の酒呑童子退治や軍記物により英雄的武人として知られた人物である。ただ、実は当時の公家の日記など一次資料からは武人としての姿は殆ど見えてこないのである。

一次資料に見える源頼光は、藤原摂関家に仕える中流貴族としての姿でしかない。

源頼光は清和源氏二代目の源満仲の長男で、藤原摂関家に上手く取り入り各地の受領を歴任し富を蓄え、それを摂関家に上納し、さらに実入りの良い国の受領となる等、貴族社会の中を上手く渡り歩いた人物であったようだ。

盗賊退治で名を上げ、或いは奈良の寺社権門と所領を巡り激しく争った弟の源頼親や、平忠常の乱を鎮圧した源頼信などの弟達とはどうも違うイメージである。

ではなぜ、頼光や頼光の家人である四天王（渡辺綱・坂田金時・碓井貞光・卜部季武）の英雄的伝説が生まれたのであろうか？

頼光は武人とはいえ貴族なので、自らは弓矢をとることはなく、盗賊退治などは郎党達にやらせていたからという理由もあり得るが、それにしても説話集と一次資料とのイメージのギャップが大き過ぎすぎる。

これは、こういうことではないであろうか？

源頼光は摂関家に巧みに取り入り各地の受領を歴任し莫大な財を蓄えた有名人だった。

ただし父満仲や弟達のようにあまり武士化はせず、あくまでも武士と公家の中間的存在であった。

時は流れ、弟達の家系は一時的に衰退したが、頼光の曾孫の源仲政が武士として台頭し、軍事貴族の第一人者となった。

ちょうどその頃に誕生した今昔物語では、一昔前の検非違使達の盗賊退治を元に妖怪退治をする英雄の説話が創作されたが、その英雄として当時の軍事貴族の第一人者であった源仲政の先祖であり、その名が知られていた頼光が採用された。

いかがであろうか？

ちなみに似たような話が江戸時代にもあるのである。四谷怪談で有名な、お岩さんの伝承である。お岩さんは江戸時代初期に江戸の四谷に実在した女性で、夫との仲は睦まじく、献身的に夫を支えた反面、商才にも長け多くの富を築いたことで、当時から有名人だったそうだ。今でいうカリスマ主婦といったところか。

お岩さんの死後に、彼女にあやかろうと、彼女が自宅敷地内に祀った稲荷社に多くの人々がお参りし、有名な観光地になったそうである。ちなみにこの稲荷社は、現在でも四谷に「四谷於岩稲荷田宮神社」として残っている。つまりお岩さんには怪談の要素は一切ないのである。

ところが、後世に「四谷雑談集」という怪談話が創作されたが、その主人公として、四谷の有名人であったお岩さんの名が使われたのである。さらにこの怪談を元に鶴屋南北によって「東海道四谷怪談」が創作されたのである。幸せ者として有名人だったお岩さんは、怪物とされてしまったというわけである。

頼光の英雄伝説誕生の経緯も、お岩さん伝説と近いものがあるように感じるが、いかがであろうか？

第十一章　摂関政治から院政へ

～帝の「ミウチ」による政治スタイルの栄枯盛衰～

吉田　誠一

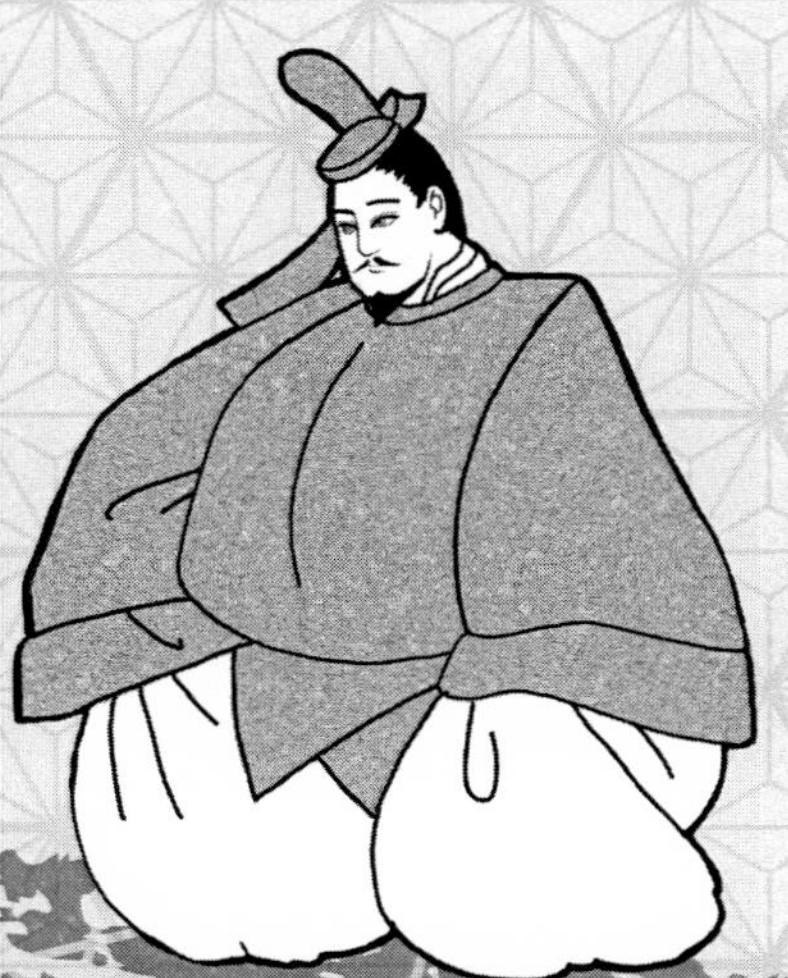

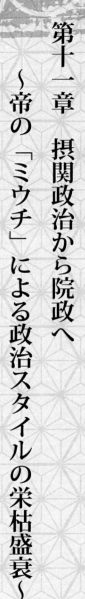

第十一章　摂関政治から院政へ
～帝の「ミウチ」による政治スタイルの栄枯盛衰～

吉田　誠一

はじめに

「摂関政治」と「院政」どちらも世界に類を見ない、日本特有の政治スタイルである。その特徴は「天皇の身内」による政治である。近年の歴史書ではカタカナで「ミウチ」と記載されることが多い。

「摂関政治」は、摂政・関白による政治、というように見えるが、摂政・関白であれば政治の実権を握れるというわけではなく、天皇の外戚（天皇の親戚）であることが必須である。極論すれば、必ずしも摂政・関白である必要はなく、強力な外戚関係があれば可能なのである。後述するが摂関政治の全盛期を築いた藤原道長は、関白に就任したことは一度も無く、摂政の座にあったのも一年ほどであった。

なお、摂関政治は「外戚」による独裁ではなく、天皇の父君や天皇の母である「国母」が積極的に参加することも多かった。

平安時代後期には、摂関政治は凋落し、代わって退位した天皇（上皇・法皇）による院政という政治スタイルが登場した。

院政とは上皇や法皇による政治スタイルであるが、上皇や法皇なら、誰でも院政が行えるわけではない。あくまでも、自分の直系の子や孫などが天皇であり、自らが天皇家の家長であることが前提なのである。これを「治天の君」と呼ぶ。

本稿では、摂関政治が誕生してから藤原道長による全盛期を迎え、それが衰退するまでの推移を描き、次に白河院による院政がスタートした経緯と、独裁体制が構築されるまでの過程を描くこととする。

一．摂関政治の成立

（一）摂関政治とは

摂関政治とは「摂政」「関白」、および関白と同様の性格を持つ「内覧」による政治スタイルである。なお、「はじめに」でも記述したように摂関政治を主導するためには天皇の外戚であることが絶対条件である。

「摂政」「関白」「内覧」ともに、律令に規定のない令外官である。令外官は奈良時代から存在したが、律令官僚制の官人と性質が近いものであった。しかし、平安時代に入り、律令官人とは異なる令外官が登場することになる。「摂政」「関白」「内覧」もそのような官職である。その特徴は天皇の代替わりごとに補任されることからもわかる通り、極めて各天皇個々との関係性が強い官職であった。

「摂政」は摂《と》り政《おこな》うという意味で、幼年・若年の天皇に代わり政治を行うものである。

「関白」は関り《あずかり》白《もう》すの意味で、太政官（政府）から天皇への奏上を「予め閲覧」すること、および天皇からの命令を「臣下に伝える」役割を担った。場合によっては、それぞれの取捨選択が可能な立場にあったわけである。

「内覧」は正式に関白に補任できない場合などに、臨時に補任されたもので、准関白ともいえる存在で、事実上の関白であった。実は、当時記された日記などの記述から、貴族たちが必ずしも内覧と関白の違いを明確に理解していなかったことが窺い知ることもできる。

なお、摂政・関白は天皇と対立軸にあるものではなく、あくまでも天皇制を前提としたものであり、天皇側からの要請で摂関が生まれたとの説もある。

（二）摂政のはじまり「藤原良房」

人臣で最初に摂政になったのは藤原良房である。桓武天皇のひ孫である文徳天皇は病弱で、三十二才で崩御したため、九才の皇子が即位する（清和天皇）。史上最初の幼帝である。当然ながら幼帝には補佐役が必要になる。このような場合は、退位した上皇が天皇を補佐することが多いのであるが、当時その立場にある上皇が不在であった。そのため、清和天皇の外祖父にあたる時の実力者、藤原良房が後見人となったのである。事実上の初の人臣摂政の誕生である。ただし、この時点では良房は摂政に正式に任ぜられたわけではなく、それは少し後の話となる。

その後、清和天皇が元服したことで、良房は後見人の立場を離れ、一旦政界から引退したような状態となった。

ところが、貞観八年（八六六年）に勃発した応天門の変（詳しくは本書第八章の拙稿「安和の変と源氏」をお読みいただきたい）で事態が一転する。政変により太政官（政府）が機能しなくなる危機的状況に陥ってしまったのである。

そこで政治体制の立て直しを任されたのが藤原良房である。摂政に補任されたのである。これまでにも摂政は存在したものの、いずれも皇族であり、良房は人臣で初の摂政ということになる。

この経緯をみると、良房は天皇側の要請により「摂政」に任ぜられたことがよくわかる。なお、天皇が元服しているのに摂政に任ぜられたことなど、後世の摂政とは性格が異なる面はあった。

（三）関白のはじまり「藤原基経」

基経は後継男子がいなかった良房の養子である。清和天皇は二十七才で退位し、八才の皇子が即位する（陽成天皇）。清和はもともと政治より文化への関心が強く、その意を受けた基経が陽成天皇の摂政となったのである。養父に続く二人目の人臣摂政である。

陽成天皇は基経の同母妹の藤原高子を母に持つことから、基経は外戚という立場であった。ところが基経と高子兄妹は非常に仲が悪く、さらに陽成天皇も素行の悪い問題児だった（異説もある）ことから、基経はさっさと退位させてしまったのである。初めて人臣によって退位させられた帝ということになったのである。ちなみに、陽成は非常な長命で、上皇としての在位六十五年の記録を持っている。また、百人一首にも選ばれており、文化人としては優れた人物だったのかもしれない。

後継の天皇候補としては陽成の同母弟の貞保親王もいたが、基経は仲の悪い妹の子であるため選ばなかった。次に恒貞親王に白羽の矢が立てられた。過去に藤原良房から承和の変との関連を問われ、廃太子された経緯がある親王である。ところが高齢であることと、出家の身であることを理由に断られることとなる。恒貞親王としては、何を今更…という感もあったであろう。

そこで基経は、文徳帝の弟で五十五才とすでに高齢であった時康親王を元慶八年（八八四年）に即位させたのである（光孝天皇）。

堀河院跡
藤原基経の邸宅

基経のおかげで棚ぼた的に帝の座を得た光孝天皇であるが、基経に大変恩義を感じ、高い地位を与えようとした。しかし、自らが高齢の天皇であったため摂政にすることはできない。そこで基経に対し、「臣下から帝への奏上及び帝から臣下への命令は基経を通すこと」という詔を発することとなった。これは、のちの関白や内覧と同じ役割である。その後、光孝天皇が崩御し、皇子が即位した（宇多天皇）。この際、基経は、正式に「関白」に補任されたのである。

実は基経を関白に任命する過程で、宇多天皇と基経との間で半年に及ぶ大きなトラブルが発生したのである。朝廷からの文書のなかに、基経の職務について「阿衡」という名誉職的な曖昧な例えが含まれたことに対して、基経が強烈に反発したのである。これは基経による宇多天皇とその側近への嫌がらせではあるが、結果的に関白の職務を明確に定めることができたという側面もあった。トラブル解決の過程で関白の職務内容が明確になったということである。なお、このトラブルは阿衡の紛議と呼ばれる。

（四）摂関の制度化

基経の没後、宇多天皇は摂関を置かなかった。関白基経との対立関係がトラウマとなっていたのかもしれない。そして菅原道真とタッグを組み天皇親政（退位後は院政のような政治）を図ったが、基経の子の時平や他の公卿たちの反発を買い、挫折してしまう。

次の醍醐天皇も摂関を置かず、摂関がおかれたのは次の朱雀天皇の時である。延長八年（九三〇年）に即位した朱雀天皇は幼帝であったため、時平の弟で天皇の外戚にあたる藤原忠平が摂政となった。この時に、天皇大権の代行者としての摂政の役割が明確になったのである。やがて朱雀天皇は元服したため、摂政の役割を終えた忠平は辞表を出し、改めて関白に任ぜられた。こうして、天皇が幼少期の時は摂政とし天皇の大権を代行し、成人すると関白として天皇を補佐するという仕組みが構築されることとなったのである。

（五）摂関の常設

朱雀天皇の次は弟の村上天皇で、この時は摂関を置かず天皇親政が行われた。村上天皇が康保四年（九六七年）に崩御すると、その子の冷泉天皇が即位するが、この帝は成人してはいたものの、精神を病んでおり皇子も生まれていなかった。そのため、皇太子の決定は喫緊の課題であった。

候補は冷泉天皇の同母弟である為平親王と守平親王の兄弟である。当初は年長で優秀な為平親王が優位とされたが、源高明（醍醐天皇の子）が外戚関係にあり、これを危険視する藤原氏によって阻止され、守平親王が皇太子となったのである。その後、冷泉天皇が譲位し九六九年に守平親王が円融天皇として即位したが、その摂政には藤原実頼が任ぜられ、没後に藤原伊尹が任ぜられた。

ちなみにこの政争は「安和の変」と呼ばれるが、詳しくは本書第八章の拙稿「安和の変と源氏」をお読みいただきたい。やがて、円融天皇は元服する。必ずしも関白を置く必要はなかったのであるが、内覧の地位にあった藤原兼通を関白としたのである。藤原氏の後押しで天皇の座を得た円融天皇としては、藤原氏を関白に任ぜざるを得なかったのであろう。以後、摂関（内覧）は常設の官職となった。

（六）天皇の外戚になれなかった無力な関白「藤原実頼」

時代を少しだけ遡るが、藤原忠平薨去後、その子、藤原実頼・師輔兄弟はそれぞれ左大臣・右大臣として村上天皇を輔佐し、政治を進めていた。そして、兄の実頼は娘の述子を、弟の師輔は娘の安子をそれぞれ村上天皇の女御として入内させた。

ところが述子は皇子を産む事なく死去した一方、安子は憲平親王、為平親王、守平親王と三人の皇子を産んだ。つまり兄の実頼は外戚関係づくりに失敗し、弟の師輔は成功したということである。後にこれが双方の家系の栄達に決定的な差を生じさせることになるのである。

のちに憲平親王の立太子が決定されるが、これは師輔を中心に進められ、太政官（政府）首班ともいうべき左大臣の実頼が、なんと蚊帳の外に置かれてしまったのである。

康保四年（九六七年）に、村上天皇が崩御して憲平親王が即位する（冷泉天皇）。しかし冷泉天皇は先述の通り精神に病があり、天皇を輔弼するため長く置かれなかった関白が必要となったのであるが、外祖父の藤原師輔が既に没していたため、兄の実頼がこれに任じられた。

ただ、天皇の外戚ではない関白では、なんの力も持てず、結局、師輔の子の伊尹・兼家兄弟が力を振るいはじめることとなったのである。この二人は冷泉天皇の叔父、つまり外戚なのである。

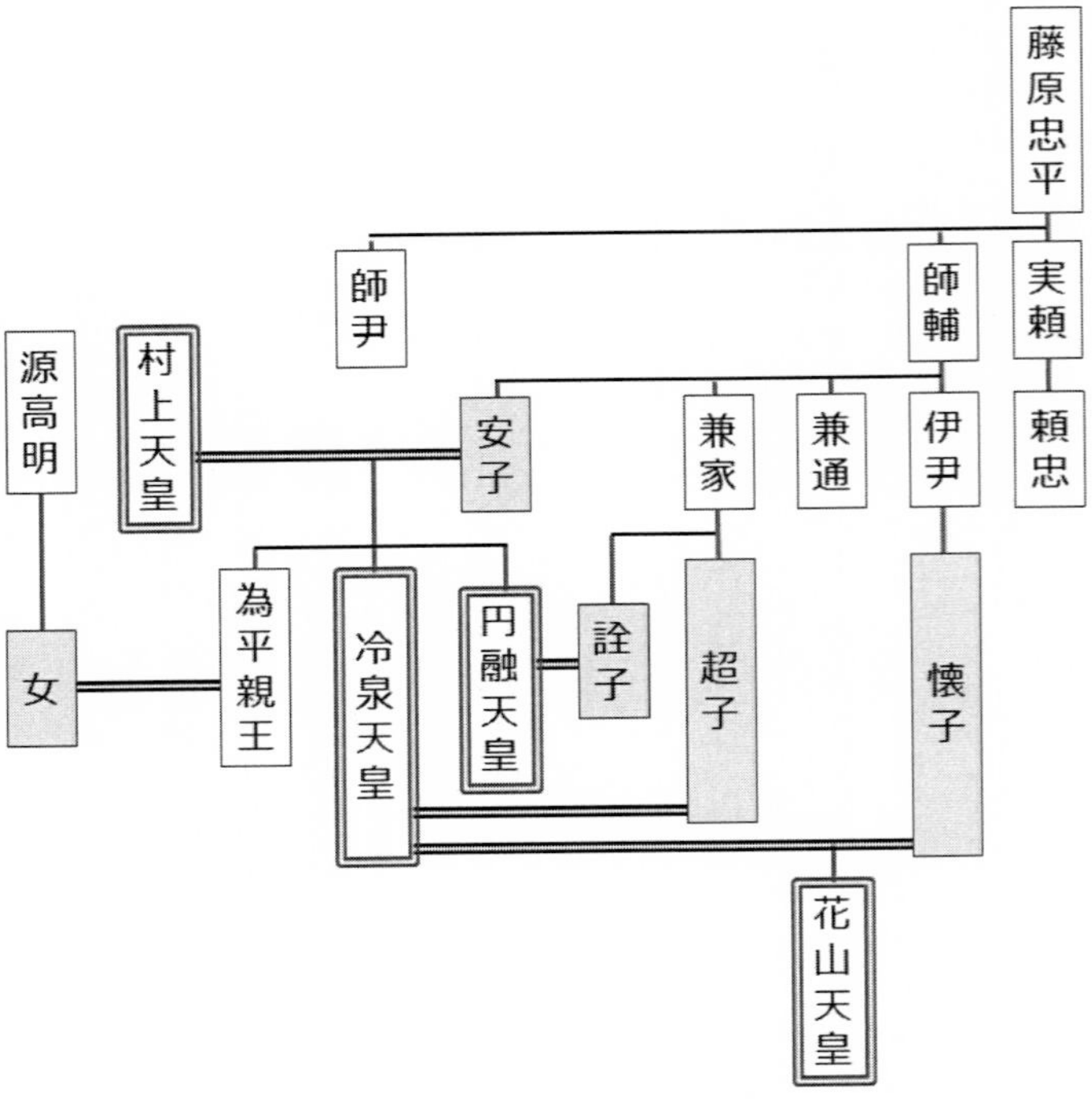

系図①

実頼は、自らの日記でも、軽んじられる我が身を「揚名関白（名ばかりの関白）」と称して自虐していたようである。関白太政大臣と位人臣を極めたものの、天皇と外戚関係を結ぶ事ができなかったため、全く無力な存在となったのである。

摂関政治の権力基盤は、外戚になる事、つまり娘や姉妹が天皇の男子を産み、その子が皇太子～帝となる事が絶対条件であることがよくわかるエピソードである。

（七）藤原三兄弟の見苦しい兄弟喧嘩

名ばかり関白だった藤原実頼に代わり、実権を握ったのが、先述の通り藤原伊尹である。伊尹には同腹の弟が二人いたが、なぜか次兄の兼通を疎んじその下の弟、兼家を重用した。伊尹は娘の懐子を冷泉天皇の女御として入内させていたが、兼家も娘の超子を冷泉天皇の女御として入内させることを認められていたようだ。さらに、出世面でも兼通は弟、兼家に大きく差をつけられてしまったようである。

兼通が安和の変で失脚した源高明と親しかったことも影響しているのかもしれない。安和の変によって即位した形になる円融天皇も兼通を敬遠したようである。

当然ながら兼通は兄と弟を深く恨む事になる。そしてついに見苦しい兄弟喧嘩が勃発することとなる。伊尹が重病になり辞表を提出すると、翌日に兼通と兼家は後任の摂関職を巡って円融天皇の御前で激しい口論を展開したのである。

結局は、円融天皇の生母藤原安子が残した「関白は、宜しく兄弟順番に」との遺言に従い、天皇は兼通に軍配を上げることとなった。安子は源高明と仲が良く、その点からも安子は兼通贔屓だった可能性が考えられる。なお、このエピソードから、摂関政治における国母（天皇の母）の存在の大きさが伺い知ることができる。

これにより形勢が一気に逆転するわけであるが、兼通は復讐とばかりに兼家の出世を当然のごとく停止させ、娘の入内も、もちろん阻止した。さらには九州に左遷させようとまで目論んだらしいが、適当な罪状が見つからず、さすがにあきらめたようである。

やがて兼通は重体に陥いるが、この時の強烈なエピソードが残っている。兼通重体の知らせを聞いた兼家の車が兼通邸に向かってきたので、「仲が悪くてもやっぱり兄弟。見舞いに来てくれた」と兼通が喜んだのも束の間、兼家の車は門前を通り過ぎて禁裏へ行ってしまったのである。兼家が兼通没後には自分を関白にしてください、と円融天皇に頼みに行ったわけである。これに兼通は当然ながら憤慨し、病身を押して参内して最後の除目を行い、関白を実頼の息子で仲の良い藤原頼忠に譲り、兼家の役職をさらに格下げたのである。

ところが、重体だった兼通はほどなく薨御したため、兼家はすぐに復権を遂げてしまう。新任の関白、頼忠が天皇との外戚関係がないという弱みにつけ入り、巧妙に立ち振る舞い、ほどなく右大臣に出世したのだ。さらには、兼通に邪魔されていた娘の詮子の入内も叶い、懐仁親王（後の一条天皇）にも恵まれることとなったのである。

兼家は、干されていた立場から一転、天皇の外祖父を狙えるポジションを得ることとなったのである。

（八）摂関の優越的地位を構築した藤原兼家

兄、兼通の死により醜い兄弟喧嘩に終止符をうち、右大臣となった兼家は、兼通から邪魔をされていた娘、詮子の円融天皇への入内も無事果たすことができた。そして皇子にも恵まれた。まさに順風満帆である。ところが、意外にもそうはならなかったのである。

まず、円融天皇が兼家の意に反して、皇子のいる詮子ではなく、関白藤原頼忠の娘、遵子を中宮となしたのである。醜い兄弟喧嘩を繰り広げ、鼻息の荒い兼家を嫌い、上品な頼忠を選んだのかもしれない。これには兼家は憤慨し政務のボイコットまで行ったようである。それに対して関白の頼忠も娘の遵子に皇子ができないため、父実頼同様の名ばかり関白の状態のため的確な対応を打てず、朝廷は混乱状態に陥った。

こうした混乱状況のなか、在位十六年となった円融天皇はついに退位することとなったのである。そして冷泉天皇の子、師貞親王（花山天皇）が即位する。そして、詮子の産んだ懐仁親王が皇太子となったのである。

花山天皇はロマンチストなプレイボーイであったが、寵愛していた女御・藤原忯子が急死すると、絶望して世を棄てるとさえ言い出したのであるが、これに目敏い兼家が早速目をつけたのである。外戚関係にない花山天皇にはとっとと退位いただき、一刻も早く娘の詮子が産んだ懐仁親王を即位させたいわけである。

そこで兼家サイドが早速仕掛けることとなった。兼家の三男、道兼が花山天皇に共に出家しましょう、と誘ったところ、天皇もその気になってしまったのである。そして道兼と共に禁裏を抜け出し、剃髪出家してしまったのである。ところが、道兼は出家する気などはさらさらなく、そのまま逃亡してしまったのである。花山天皇は欺かれたと知ったが、もはや手遅れであった。

兼家親子の策略は成功し、寛和二年（九八六年）に懐仁親王が即位した（一条天皇）。これにより兼家は天皇の外祖父という圧倒的なポジションを手にし、念願の摂政となったのである。ただ、当時は右大臣であった兼家の上官には、前関白で太政大臣の藤原頼忠と左大臣の源雅信がいたのである。兄兼通との醜い争いによって太政官での出世のスピードが遅かったことも響いたようである。

そこで兼家は右大臣を辞して、大臣と兼官しない摂政という秘策ともいえる選択を行ったのである。これにより兼家は全ての人臣よりも上位という特別な地位を得たのである。

一条天皇を完全に傀儡下に置き、道隆や道長ら自分の子弟を公卿に抜擢し、事務官を全て自派に差し替えるといった強引な人事を行ったり、自邸東三条殿の一部を内裏の清涼殿に模して建て替えたりと、自らの地位を他の公家とは隔絶したものに高めたのである。やがて兼家は出家し、子の道隆に関白の座を譲った。これにより父から子への摂関の地位の継承も確立したのである。

（九）摂関政治のカタチ

当時の政治の基本は太政官制である。これは摂関政治の場合でもその原則は変わらない。のちの院政も同様である。

太政官の決定事項を受けて、天皇がその採択を行うわけであるが、摂政は天皇の代行をし、関白は天皇を補佐するのである。ただし、外戚関係にない摂政・関白はこの権限の行使力が大幅に減少してしまうのである。

特に朝廷が持つ最大の権力である人事権などは、外戚関係にない関白は、ほとんど有することができなかったわけで、実頼が名ばかり関白と呼ばれたのはそのためである。

なお、摂政・関白はその権限を独占したのではなく、天皇の人事については、天皇・上皇（ただし現天皇の父に限る）・国母

（天皇の母）・天皇の外祖父などの外戚、といった天皇の身内が行ったことを付け加えておきたい。これをミウチ政治とも呼ぶ。

二、藤原道長による摂関全盛

（一）藤原道長 VS 藤原伊周

藤原道長といえば藤原氏の栄華の象徴のような人物である。まずは、道長が朝廷内の第一人者にのし上がった経緯をまとめてみよう。

道長の父、兼家は先述した通り、兄弟間の争いに勝ち抜き、ライバルとなる親族を押さえつけ、さらには天皇を騙して退位させるなどの策略を繰り広げながら、絶対的な権力を手にした人物である。道長は兼家の五男であったが、超強力な父の引きで、兄達に続きハイペースで出世していく。

それにもましてハイペースで出世したのが、兼家のあとを継いだ長男道隆の子、伊周である。道長の甥にあたる人物である。なんと二十一才という異例の若さで内大臣に就任したのである。

兼家が自分の子を出世させた以上に、道隆は自分の子を出世させたわけであるが、この強引な手法に一条天皇の生母、藤原詮子（道隆の妹）をはじめとして多くの人々に不満を募らせることになった。伊周も図に乗り、かなり傲慢な態度を見せたため、その反発もあったようだ。

道隆は四十三才で亡くなるが、その直前に関白を辞し、伊周を関白にするよう奏上するものの、さすがに一条天皇は許さなかったようだ。そして後任の関白には、道隆の弟、道兼が選ばれた。ところが、すでに病身であった道兼は就任七日後に亡くなってしまったのである。そして、その後継を巡って道長と伊周の叔父甥対決が勃発したのである。

この対決は、叔父に軍配が上がり道長に「内覧」の宣旨が下った。内覧とは関白と同じ権限を有する地位である。

実は一条天皇は寵愛する中宮、藤原定子の兄でもある伊周を推していたのであるが、母、藤原詮子（道長の姉）が、調子に乗る伊周を嫌い、一条天皇を泣いて説得したとの記録がある。これも摂関政治における国母の影響力の大きさを物語るエピソードである。

その後も、伊周と道長の対立は続き、お互いの罵声が外まで聞こえるほど激しく、その場にいた人々が恐れをなしたとも伝わっているほどである。さらには、伊周の同母弟、隆家の従者が道長の従者と都の大路で乱闘し、死者が出るまでの闘争にも発展してしまった。平安貴族は雅な存在だったイメージが強いが、家人や従者たちにはこのように暴力的な行為をさせていたようだ。

そしてついに、前代未聞の大事件が勃発するのである。

ここで、再び花山法皇に登場していただくことにする。藤原兼家父子に騙され出家・退位した、あの恋多き帝である。花山法皇は騙されて退位させられたものの、煩わしい政務に関わることもなく悠々自適な愛に溢れた生活を送っていたらしい。そんな時、大事件に巻き込まれたのである。

藤原伊周は故太政大臣藤原為光の娘、三の君に通っていたのであるが、時を同じくして花山法皇が、なんとその妹の四の君の元に通っていたのである。ところが、この姉妹が同じ場所に住んでいたことから、伊周が勘違いをしてしまったのである。つまり法皇が自分の女に手を出したと、勘違いしたのである。

伊周が弟の隆家にこれを相談したところ、血の気の多い隆家は従者の武士を連れて法皇の一行を襲い、院の衣の袖を弓で射抜いてしまったのである。花山院の従者の童子二人を殺して首を持ち去ったという恐ろしい逸話も伝わっている。

花山法皇は体裁の悪さと恐怖のため黙っていたらしいが、藤原道長はライバルを蹴落とす絶好の材料としてこの事件を利用することとした。そして伊周・隆家は、それぞれ大宰府・出雲国に左遷されることになったのである。死罪にされても文句を言えない大事件ではあるが、道長としてはこの兄弟の政治生命を絶つことが狙いであり、左遷で十分ということであろう。ライバルが消滅したことにより、いよいよ道長は栄華に向けて一直線に突き進むことになる。

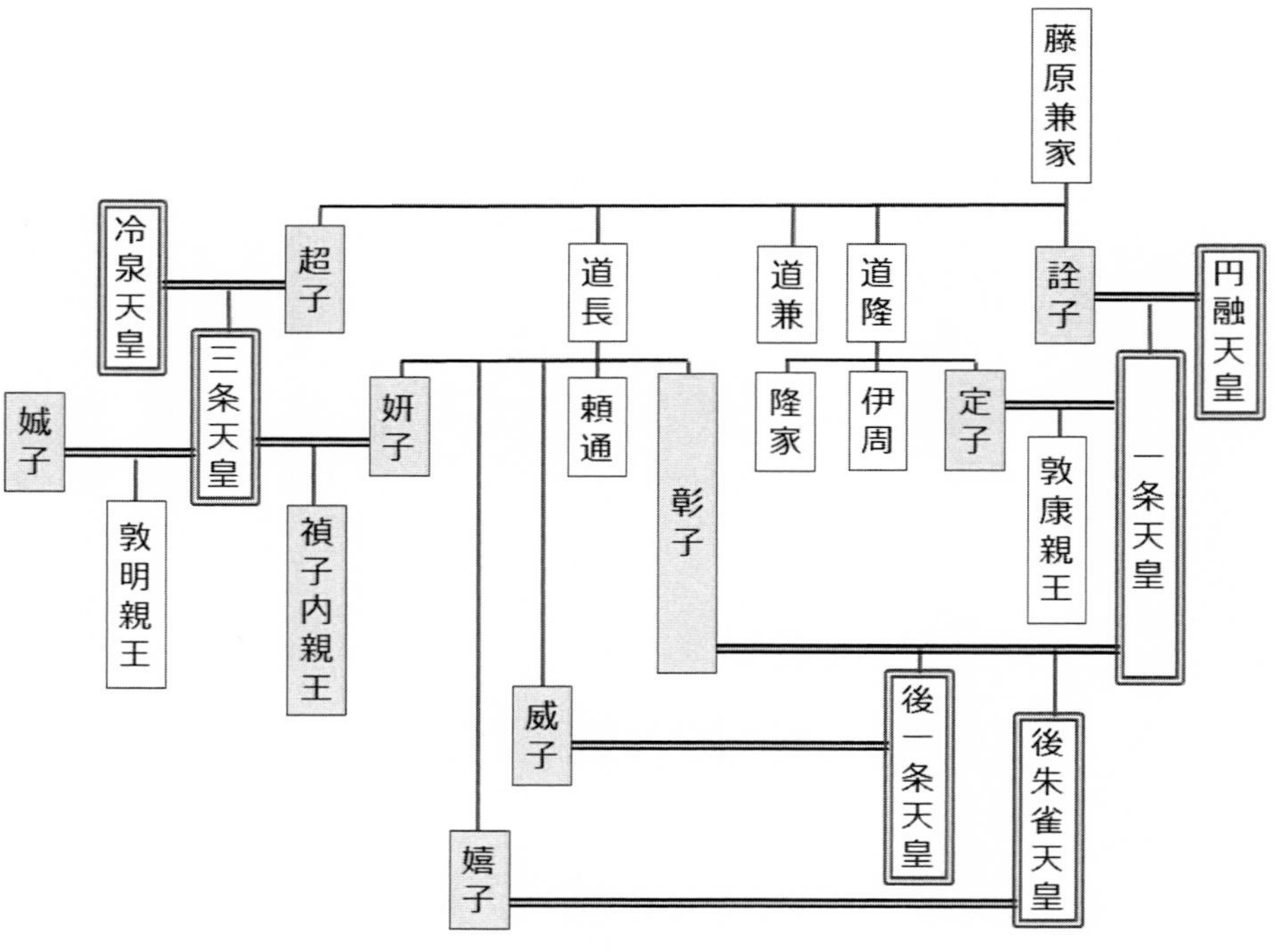

系図②

（二）道長の栄華物語のスタート

甥、藤原伊周との権力闘争を制した道長には、もはや面と向かって歯向かう者はいなくなった。そして、すぐにでも関白に就任するかに思われたのであるが、孫が天皇になることで初めて絶対的権力を持つことができる摂政・関白にはあえて就任せず、太政官の事実上の最高位である左大臣の座に留まったのである。

これは関白ながら天皇と外戚関係を築けず、全く無力だった藤原実頼、頼忠を見ての賢明な判断であった。その理由については改めて後ほど詳述する。

それでは、道長の外戚政策について順を追って、みていくこととする。

（三）一条天皇に長女、彰子を入内させる

道長による外戚政策のスタートは、長保元年（九九九年）に長女、彰子を一条天皇に入内させることからスタートする。道長三十四才、彰子十二才である。ちなみに一条天皇は円融天皇と道長の姉詮子の皇子で二〇才であった。その入内は盛大なもので、多くの公卿が豪華な調度品を用意したと伝わる。花山法皇までもが御製の歌を贈ったそうだ。入内した彰子は翌年、中宮の地位も得た。

実は、一条天皇の中宮にはすでに定子（伊周の妹）がおり、第一皇子敦康親王らを産み、天皇からの寵愛も非常に深かったのであるが、道長は定子を皇后と号する事で、先例のない一帝二后を強行したのである。なお、定子はまもなく皇女を出産した直後に崩御してしまう。一条天皇の悲しみは、かなり深かったらしい。

幼くして入内した彰子であるが、なかなか子ができなかった。イラついた道長は、一条天皇にもつらく当たったらしい。そのため、道長は定子の産んだ敦康親王を彰子の御在所に住まわせその後見をしていた。彰子もこの哀れな親王に対して愛情をもって育てたようである。ただ道長の思惑は、万一彰子に皇子が誕生しない場合に備え、そのスペアとして即位させることも想定し、敦康親王を抱き込んでおいたということである。

しかしそれは杞憂に終わり、入内後十年目にしてやっと彰子は敦成親王、翌年には敦良親王も産んだ。外戚作戦の絶対条件である待望の孫皇子が誕生したのである。その皇子が即位すると道長は外祖父になれるのである。道長と一条天皇とは叔父・甥の関係であり、道長も外戚の一員ではあるが、天皇の叔父としての外戚であることと、天皇の外祖父になることとでは、その威勢には雲泥の差がある。入内させた娘が産んだ皇子が天皇として即位することで初めて外戚政策が完成するのである。

やがて一条天皇は病床に臥し、寛弘八年（一〇一一年）に、皇太子、居貞親王（三条天皇）に譲位して、まもなく崩御した。一条天皇は愛妃の定子が産んだ敦康親王を三条天皇の皇太子にしたかったのであるが、定子の兄は失脚した伊周であり、敦康親王も

道長の庇護下（というよりに飼い殺し）にあり、誰も支援できない状況であったため、彰子が産んだ敦成親王が皇太子となったのである。

我が子が皇太子になったにも関わらず、彰子は我が子のように育てた敦康親王に対する父の仕打ちに怒りを露わにしたようだ。なお、伊周・隆家兄弟が敦康親王を即位させ一発逆転を狙うべく、道長の暗殺計画を企てているとの噂が流れたことがあったようだ。ただ、これを察知した道長側が護衛を強化したことで実行に移されることは無く、噂だけで終わったのである。

（四）三条天皇との確執

道長は皇太子時代の三条天皇に、次女の妍子を入れている。入内時の妍子は十七才、居貞親王（三条天皇）は三十五才のため親、子ほど年の離れた妃であった。三条天皇の即位とともに妍子は中宮となった。道長と三条天皇とは叔父・甥の関係にあり、これは道長と一条天皇との関係と同じである。ただ三条天皇の母の超子（道長の姉）は早くに亡くなっていたため、道長との連携意識は極めて希薄であった。また、三十六才と壮年での即位となった天皇は、親政を志向することになり、道長との関係は次第に険悪なものとなっていくのである。

三条天皇には妍子とは別に、女御娍子（藤原済時の娘）がおり、その間に第一皇子敦明親王はじめ多くの皇子女を設けていた。そして三条天皇はこの娍子を皇后に立てることとしたのである。娍子の父親は十七年前に薨去している大納言で、すでに娍子にはまともな後見はおらず、その立后は当時の公家社会の常識を逸脱したものであった。

これは、一条天皇の時代に道長が、すでに定子という中宮がいるにも関わらず、娘の彰子を強引に中宮に、定子を皇后としたことへの当てつけとも思える。三条天皇による道長への挑戦と取られても仕方がないであろう。

そのため、道長は娍子の立后の儀式の日にわざわざ妍子を内裏に参内させた。そのため多くの公卿は妍子のもとに集まり、娍子の立后の儀式にはほとんど公卿が集まらず、極めて寂しい儀式となってしまったのである。

道長の陰険な嫌がらせ行為もいやらしいが、三条天皇の常識外れの、あからさまな対決姿勢に、多くの公卿が敬遠したのだと思う。

そんなとき、妍子が懐妊したのである。これは三条天皇と道長の双方にとって非常に喜ばしいことで、両者の和解の糸口につながると期待された。しかし残念ながら誕生したのは女児であった。そのため道長はあからさまに不快感を示したようである。生まれた女児の禎子は祖父道長に疎まれる存在となってしまったのであるが、彼女の存在が、のちに摂関政治の失墜をもたらすことにつながるが、それは先の話。

（五）道長、ついに天皇の外祖父に

道長との確執から孤立した三条天皇は、やがて失明寸前の眼病にかかってしまう。これを機に、政務に支障が出ることを理由に、道長は三条天皇に譲位を迫まるのである。

道長が娘の彰子が産んだ敦成親王の早期の即位だけでなく、同じ彰子の生んだ敦良親王が皇太子になることも望んでいるのは明らかで、三条天皇は道長を憎み、譲位要求に激しく抵抗した。しかし、眼病も全く治らず、太政官から決裁を求められた書類の確認もできなくなってしまった。仕方なく三条天皇は、道長にその代行を求めたが、当然ながら道長はそれを拒否したのである。内覧の職にある道長は、本来は天皇の補佐をすべきなのではあるが……。

そして、長和五年（一〇一六年）、ついに三条天皇は自らの第一皇子敦明親王を皇太子とすることを条件に譲位を認めることにしたのである。

こうして、敦成親王が八才で即位（後一条天皇）することとなった。道長にとって待望の孫の即位であり、天皇の外祖父となったのである。そしてついに道長は、晴れて摂政の宣下を受けることとなったのである。

皇太子には約束通り、三条天皇の皇子の敦明親王が立てられる。だが、敦明親王と道長には外戚関係がなく、道長にすれば敦明親王が即位するのは大変困るわけである。

そんな中、三条上皇が突然崩御したのである。唯一の後ろ盾を失ってしまった敦明親王は、道長からのプレッシャーに耐えられなくなり、自ら皇太子辞退を申し出ることになった。

ちなみに、敦明親王は、道長の従兄弟である右大臣藤原顕光の娘を妻としていたが、顕光は当時から無能として有名で、外戚として頼りにはなる存在ではなかったようだ。

三条天皇陵

さすがに、これを気の毒に思った道長は、敦明親王に「小一条院」という院号を与え、准太上天皇として遇した。そして娘の寛子を妻としたのである。これについては、小一条院を帝に押し上げようとする新たな外戚の出現を防ぐ目的もあったというのは、考えすぎであろうか。

なお、敦明親王は、度々暴力行為を起こすような問題親王とされていた。ただし、彼の行動は父の三条天皇や自分を侮り、嫌がらせを繰り返す貴族達への報復という側面もあったと考えられる。そのような熱いハートを持つ親王との結託を企む勢力が出現する可能性は充分考えられ、道長がそれを阻止しようと考えたのではないだろうか。

その後、皇太子には、晴れて道長の望み通り、後一条帝の弟、敦良親王が立てられたのである。

もし三条上皇が長命であれば敦明親王が即位し、三条上皇が政治に大きく関与したと思われるし、即位した敦明親王も政治力を持つ存在になったと考えられるので、その後の道長の圧倒的栄華はなかったかもしれない。

（六） 一家立三后

後一条天皇が十一才になった寛仁二年（一〇一八年）道長は三女の威子を女御として入内させ、やがて中宮とした。威子はすでに二十才となっていたが、次の帝の妃となるべく、後一条天皇の成長まで結婚を待たされたのであろう。

これにより道長は長女・次女・三女を天皇の妃としたのである。こうして「一家立三后、未曾有なり」といわれる

道長の土御門第跡
有名な望月の歌はここで詠まれた

過去に例を見ない、栄華を勝ち得ることとなったのである。

この時の祝宴で詠まれた歌が、有名な「この世をば　わが世とぞ思ふ　望月の虧（かけ）たることも　なしと思へば」である。

このあとも道長の勢いはとどまることを知らず、まもなく末女、嬉子も将来の皇妃となるべく皇太子、敦良親王に入侍する。

このように栄華を極めた道長は、万寿四年（一〇二八年）、六十二才でその華麗な生涯を閉じた。

（七） 御堂関白 藤原道長

「御堂関白 藤原道長」という小タイトルを書いたものの、実は道長は一度も関白に就任したことはない。それどころか摂政に就任したのも一年程度で、権力者としては大半の期間を内覧・左大臣として過ごした。「御堂関白記」という道長の日記（国宝に指定されている）はあるが、このタイトルは後世に名づけられたものである。

ライバルで甥の藤原伊周との権力抗争に勝ち、朝廷の第一人者になった道長は、そのタイミングで関白になることは可能であった。時の帝の一条天皇もそれを望んだようだが、道長は固辞したようである。それはなぜか？　おそらくこういうことである。

実は摂政や関白に就任すると、天皇サイドの人間になるため、

太政官の会議には参加できないことになっている。関白は天皇の補佐役であり、太政官での決定事項を天皇への奏上前に事前に閲覧し、天皇の決裁を太政官に伝える権限を持っている。ただし、この権限は天皇との強い関係性を持つことではじめて効力を発する。その関係性の最たるものは外戚関係で、さらに言えば天皇の外祖父になることである。

一条天皇は、道長の姉、詮子の息子であり、道長にとっては甥、つまり道長は一条天皇の外戚である。さらに道長の娘の彰子は一条天皇に入内しており、外戚関係はすで強力ではあった。ただし彰子にはまだ皇子が誕生しておらず外祖父にはなれていないのである。一条天皇とは良好な関係にあり、問題もなかった。ただし、一条天皇には定子（ライバルだった伊周の姉妹）との間に皇子がいたのである。つまり、この先、一条天皇との良好な関係が必ずしも継続するという保証はない。そこで、関白と同等の権限を有する内覧の地位にとどまり、あくまでも左大臣という太政官のトップの地位にこだわったのである。

次の三条天皇も道長の関白就任を要請したようだが、これも道長は固辞し内覧・左大臣であり続けた。三条天皇とは一条天皇と違って、そもそも親密な関係にはないため、なおさらである。

三条天皇退位後、孫の後一条天皇の即位により、外祖父という絶対的な地位を得たことで、やっと摂政に就任したのである。ところが摂政の座も一年程度で嫡男の頼通に譲り、自らは大殿として権勢をふるったのである。

この大殿という新しい権力（公的にはなんの権限もないのであるが）スタイルが、のちに後三条天皇～白河上皇と確立していく院政のモデルとなったと考えられる。

三．藤原頼通と後三条天皇

（一）藤原頼通の出世

藤原頼通といえば父道長とともに権勢を極めた人物として知られているが、いまひとつ人物像が、わかりづらいのではないだろうか。権勢を極めたといっても父道長とはだいぶ事情が違い、苦悩の多い人生だったようにも思う。

圧倒的権力者である父の引きで、二十六才にして内大臣、さらに長和六年（一〇一七年）には父に代わって摂政の宣下を受け藤原氏長者も譲られた。

といっても、大殿と呼ばれた父の強力な後見下にあり、関白になっても父道長の判断を仰ぎ、公卿らの前で罵倒されることもあったといわれている。なんとなく徳川家康と秀忠の関係を髣髴させる。

父の没後、ようやく頼通は自立して独自の権力確立に動くこととなるが、父道長とは違い独裁的なものではなく、姉の彰子や遠縁の藤原実資に相談しながら政治を行っていたようだ。後一条天皇の崩御により、同じ母（頼通の姉の彰子）を持つ弟の後朱雀天皇が即位しても、引き続き天皇の外叔父として関白を務めた頼通に、朝廷の権勢は集中した。そして頼通は関白を約五〇年間の長きにわたり務めることとなったのである。

（二）外戚政策の行き詰まり

このように長きにわたり大きな権力を有し続けたものの、頼通は大きな問題を抱えていた。「一家三立后」を実現した道長とは異なり、子女に恵まれなかったのである。正妻の隆姫と仲睦しく、側室が少なかったことも影響していたのかもしれない。

ただ、娘が天皇に入内し男子が生まれて外戚になることで大きな権力を握ってきた藤原氏としては、その権力基盤の大前提の崩壊に直結するのである。

頼みの綱は即位前の後朱雀天皇の妃となった末妹の嬉子であったが、親仁親王（のちの後冷泉天皇）を産んだあと早死してしまった。やむなく、隆姫の縁で敦康親王の娘嫄子を養女として、後朱雀天皇に入内させて中宮とすることとなったのである。

敦康親王とは、一条天皇と藤原定子（藤原伊周の姉妹）の皇子で、伊周の政敵、道長によって虐げられていた（あるいは飼い殺しにされていた）親王である。頼通とは仲が良かったものの、早死にしたため、遺児の嫄子は頼通夫妻によって育てられていたのである。

しかし皇子誕生を期待された嫄子も、皇女を生んだのみで死去

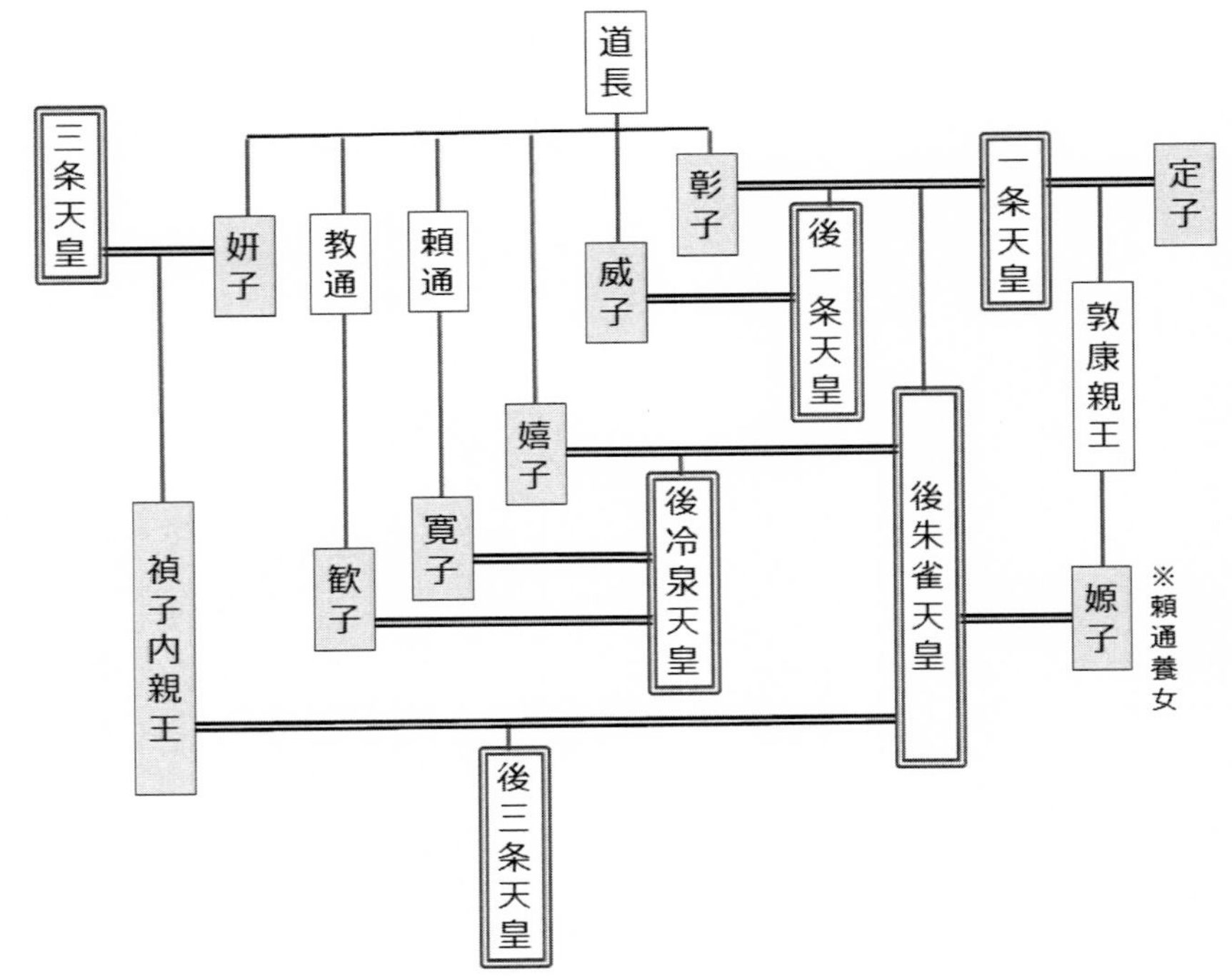

系図③

してしまい、弟の教通も娘・生子を入内させたものの皇子が産まれることがなかったのである。

外戚政策が行き詰まる中、後朱雀天皇が病に倒れ、寛徳二年（一〇四五年）に親仁親王（母は頼通の妹嬉子）が即位する（後

冷泉天皇）。後冷泉天皇は道長の最後の外孫であり、頼通にとっても有効な外戚関係をキープできる最後の皇族であった。頼通としては待ったなしの状況に追い込まれてれしまったのである。そして、次代の皇太子選びが紛糾することとなった。

（三）尊仁親王の登場

皇太子の最大の有力候補は後冷泉天皇の異母弟の尊仁親王であった。しかし、この親王では頼通としては甚だ都合が悪いのである。というのも、この親王は、後朱雀天皇と三条天皇の皇女である禎子内親王の皇子である。禎子内親王とは道長がその誕生を嘆いた例の皇女である。頼通としては外戚関係が薄く、因縁もある尊仁親王の即位は、絶対に避けたいところであった。

だが、頼通と仲が悪い異母弟の藤原能信から懇願を受けた後朱雀天皇は、尊仁親王を皇太子に冊立するとの遺命を残して崩御してしまったのである。後朱雀天皇も頼通に見切りをつけ、聡明な尊仁親王に賭けたのかもしれない。こうして、頼通の意に反して尊仁親王が皇太子に立てられた。のちの後三条天皇である。

尊仁親王の即位の芽を、なんとしてでも摘みたい頼通は、四十五才にしてようやく生まれた一人娘の寛子を後冷泉天皇に入内させ皇子誕生に望みを繋いだが、ここでも皇子に恵まれることはなかった。ちなみに頼通の弟の教通も娘の歓子を入内させていたが、こちらも皇子を産むも死産であった。このようにして藤原氏の外戚政策は破綻していくのである。

ちなみに頼通は娘だけでなく、なかなか息子にも恵まれなかったようである。頼通が三十四才の時にやっと生まれ、将来を期待した長男道房は二十才で亡くなってしまった。結局四歳の六男、師実が後を継ぐこととなったのであるが、この時、頼通はすでに五十三才となっていた。師実が成長するまで、まだ時間がかかるのである。

ところが道長が子沢山だった影響で、身内にはライバルとなる兄弟や甥がごろごろ存在しており、頼通の後継者の座を巡って主導権争いが繰り返されることになる。つまり、一族身内同士が足を引っ張り合ったのである。これが尊仁親王には有利に働いたのである。

（四）尊仁親王の巻き返し

尊仁親王は、先述の通り、母親が皇女で藤原氏の出身ではない（道長の外孫ではあるが、関係は悪化していた）ため、頼通は、露骨に疎んじる態度を取った。頼通に忖度し、他の有力貴族も娘を入内させようとしなかったようだ。そんな尊仁を支えたのが藤原能信である。頼通と仲の悪い異母弟である。ちなみに能信は妻の姪にあたる養女の茂子を妃に入れたが、実父の地位が低く東宮妃にはふさわしくないと非難されていたようだ。

このように、頼通らに冷遇された尊仁親王は、皇太子に据え置かれたまま長期間を過ごすこととなる。後冷泉天皇に皇子が誕生次第、即刻、尊仁を廃太子しようとの魂胆であったであろう。しかし結局、後冷泉天皇は皇子が誕生しないまま、崩御してしまったのである。

そのため、頼通らの期待に反し、治暦四年（一〇六八年）に尊仁親王は即位したのである（後三条天皇）。藤原氏を外戚としない天皇の即位は一七〇年ぶりである。後三条天皇の即位には、皇太子時代の支援者の藤原能信一族の他に、禎子内親王も尽力したと思われる。

つまり、藤原道長に冷遇された道長の身内たちによって、藤原氏と外戚関係にない天皇が誕生したわけである、なんとも皮肉な結果といえよう。藤原氏の摂関政治はこのように、外戚政策の破綻という理由により、あっけなく衰退していくこととなった。

陽明門院 禎子内親王陵
道長の外孫。息子の後三条天皇即位に尽力し、摂関政治を終わらせた

（五）外戚政策とはそもそも何ぞや？

ここで、外戚政策とは何ぞやを考えてみたい。外戚政策とは、自らの娘もしくは姉妹が天皇の后となり皇子を産み、その皇子が天皇に即位することで初めて実権を握ることができる政治スタイルである。権力を握り続けるには外戚であり続ける必要がある。

道長は四人の娘を天皇の后にしている。その四人の彰子・威子・妍子・嬉子（即位前に死去）はいずれも同腹の姉妹である。

改めて系図③をご覧いただくとよくわかるが、三条天皇の后となった威子以外の三人は同系統の天皇の后になっている。彰子が産んだ後一条天皇に妹の妍子が入内し、同じく彰子が産んだ後朱雀天皇（即位前）に妹の嬉子が入内したのである。つまり後一条天皇も後朱雀天皇も同父母姉妹である叔母と結婚したということである。さらに嬉子が産んだ後冷泉天皇には嬉子の兄である頼通・教通がそれぞれ娘を入内させている。ちなみに頼通・教通と彰子・威子・妍子・嬉子は全て同腹の兄弟姉妹なのである。血の交わりは非常に濃いものと言わざるを得ない。

外戚政策とはこのような婚姻形態を前提としたものである。頼通にとって血の交わりが薄い後三条天皇の即位により、その婚姻形態が途絶えたことで、外戚政策は終焉を迎えてしまったのである。

（六）後三条天皇の親政と院政への道

ついに藤原頼通の意に反し、藤原摂関家を外戚に持たない天皇が誕生した。

位人臣を極めた頼通であるが、外戚関係にない後三条天皇に対しては、思うように影響力をふるうことができないこともあり、関白を辞し弟の教通が関白の座を継いだ。いずれしても外戚関係のない関白である。

三十五才と壮年の天皇も皇太子時代に頼通から冷遇された反動もあり、積極的に政務に取り組むこととなる。後三条天皇の代表的な政務として荘園整理があげられる。増えすぎた問題ありの荘園を、不正な荘園として徹底的に整理したのである。摂関家の荘園も整理の対象とされ、当然ながら頼通とは、しばしば対立することとなった。

そして、後三条天皇は在位四年で息子の貞仁親王に譲位した（白河天皇）。貞仁親王の母は頼通と対立した異母弟の藤原能信の養女である。もはや頼通は外戚としての影響力は全く持てない存在となったといえよう。ちなみに、後三条天皇は次子で藤原氏以外の女性を母とする実仁親王を皇太弟とした。後三条天皇にとって、白河はあくまでも繋ぎの帝であり、本命は実仁親王であったようだ。

さて上皇となった後三条は、はたして院政をおこなったのか？との議論が古くからある。ただ、皇位継承の人事権という最大の権力を握ったという点からすると、これは事実上の院政の開始と見ていいように思う。天皇時代から、有能な近臣集団も作っていたが、これも、のちの院政における院の近臣と呼ばれる存在に近い。

ところが後三条上皇は、退位後わずか半年ほどで崩御してしまったのである。後三条とは長年対立関係にあった頼通も、賢帝の早世を嘆いたとも言われている。ただ、権力を完全に奪われることを恐れた頼通サイドの毒殺の可能性は果たしてなかったのであろうか……。

その後、頼通の思惑とは違い、後三条上皇が理想とした政治スタイルは、子の白河に受け継がれ、本格的な院政へとつながっていくこととなる。

後三条天皇陵

（七）頼通・教通 長老兄弟の不毛な喧嘩

藤原摂関家と外戚関係にない後三条天皇の即位という、摂関家にとって危機的状態にあったちょうどその頃、藤原頼通と教通兄弟が不毛の喧嘩を繰り広げていた。頼通七十六才、教通七十二才である。

喧嘩の原因は、関白の座を巡る争いである。頼通は実子師実に摂関の座を譲りたかったのであるが、次の摂関の職は教通に伝えるべきとの道長の遺言を理由に、姉の上東門院彰子が拒絶したため、やむを得ず教通に譲っていた。

この際、次の摂関の座は必ず師実に譲るように教通に約束させたのであるが、教通は一向にそれを実行しようとしなかったのである。さらに教通は頼通・師実親子の威勢を削るため、あえて後三条天皇の親政に協力したようである。なんとも醜い争いであるが、これにより摂関政治が、さらに弱体化することにつながったわけである。

藤原頼通が建立した平等院

この兄弟喧嘩は二人がほぼ同時（頼通八十四才、教通八十才）に亡くなったことで、それぞれの子である師実と信長にそのまま引き継がれることとなった。尚、兄弟の姉、彰子はさらに長生きで、八十七才で亡くなっている。

摂関の地位は、この後に始まる院政により、あまり大きな意味がなくなりつつあったが、多くの荘園を有する藤原氏の長者の地位は、変わらず絶大なものであった。

四．白河院による院政

（一）院政とは

院政とは、天皇を退位した上皇や法皇による政治スタイルのことである。ただし、全ての上皇や法皇が院政を行ったわけではない。冒頭に述べたように、あくまでも、自分の直系の子や孫などが天皇であり、自らが天皇家の家長であることが前提なのである。院政も摂関政治同様、天皇のミウチによる政治スタイルというわけだ。

院政というスタイルが確立したのは、白河上皇からである（後三条上皇は院政を行う準備中に崩御した）。それ以前の上皇・法皇は、天皇を補佐する役割を持つことはあったとしても積極的な国政への関与は避けていた。

嵯峨天皇の時代に兄の平城上皇が国政に関与しようとし、兄弟が対立するという政変（薬子の変）が起きたことへの反動から、嵯峨天皇は譲位後も、意識的に国政への関与を避けたと考えられる。南北朝時代に北畠親房が記した「神皇正統記」にも、嵯峨上皇は「政治的な権威は放棄し、文化的権威で睨みを利かし、いざという時だけ介入した名君」として描かれている。以後歴代の上皇は、嵯峨上皇の姿勢に習った。

宇多天皇が譲位後（のちに出家し法皇となる）に、菅原道真らを登用し、院政のような政治スタイルを試みたことはあったが、藤原時平ら多くの公卿の反発にあい、挫折していた。道真以外に有力な近臣を育てられず、昌泰の変で道真が失脚した際も彼を助けることができず、無力な法皇であり、とても院政を敷いたとはいえない状態であった。

円融上皇は、院庁という政治機関を設置し、外見上は院政のスタイルを持ったが、あくまでも家政機関であり国政に関与するものではなかった。そもそも円融上皇が譲位した花山天皇は円融の甥である。院政は摂関政治同様、天皇のミウチによる政治スタイルのため、甥が天皇ではミウチ政治はできないのである。花山天皇から実子の一条天皇に代替わりすると、若干の関与は見られるとしても、あくまでも天皇の父君として、摂関政治の一員として少し政治に関与するといった類のものであった。

国政に強い影響力を持ち、天皇の人事権を握った最初の上皇は奈良時代以前を除くと後三条上皇が最初ということになるのである。

(二) 白河上皇による院政のはじまり

後三条天皇のあとを継いだ白河天皇は、本来は中継ぎの天皇であった。というのも、白河天皇の母は後三条天皇の支援者であった藤原能信であったが、傍流とはいえ藤原摂関家に近い存在のため、そのことが嫌われたのであろう。そのため、白河天皇は即位時に、父・後三条上皇から白河天皇の異母弟・実仁親王、更にその弟の輔仁親王に皇位を継がせるよう指示をされていた。

白河天皇は藤原頼通の子、師実の養女、賢子を中宮としていた。二人の間に生まれた皇子を皇位につかせる事は摂関家による外戚政治の復活を意味する。また、賢子の生家は摂関家と仲の良い村上源氏のため、これらがしゃしゃり出てくる危険もあった。後三条上皇やそれを支持する勢力にとって、賢子から生まれた皇子の即位は絶対に回避せねばならなかったのである。

後三条上皇も、本来は白河を天皇にはさせたくなかったのであ

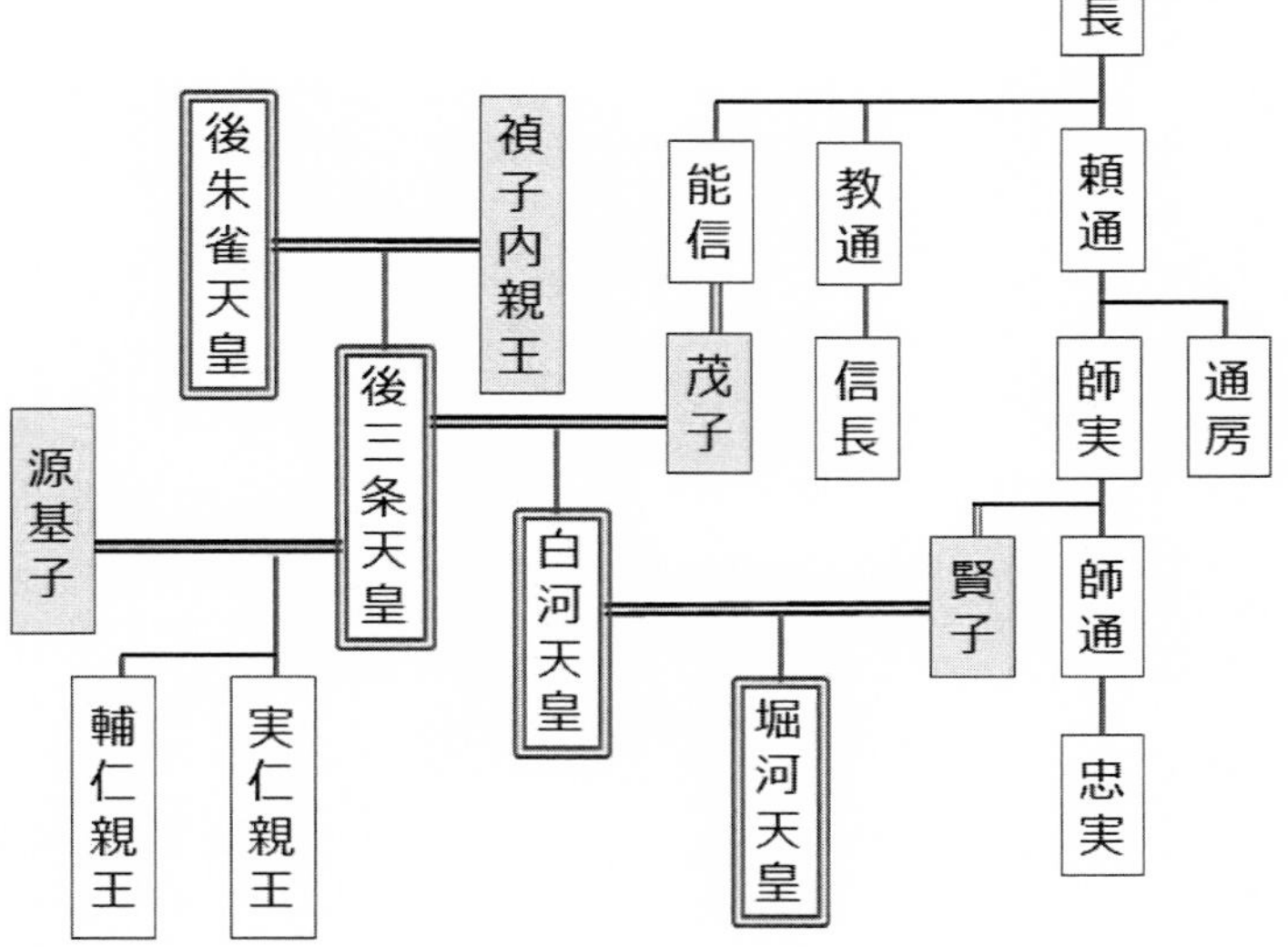

系図④

るが、実仁親王が二才と幼すぎたため、仕方なくといったところである

白河天皇自身は父と同じく、摂関家の勢力を排除したいと考えていたと思うが、自身の子を天皇とするためには、姻戚関係にあり利害が一致する藤原摂関家と一旦は手を組んだ方が得策と考えたのかもしれない。

後三条上皇崩御後も反摂関家勢力は白河天皇に強い圧力をかけ続けていた。白河天皇の頼みの綱は藤原摂関家であるが、一枚岩ではなく非常に不安定な状況であった。そして、それに追い打ちをかけるような事態が発生したのである。なんと、藤原師実と摂関家の主導権を巡って争っていた従兄弟の藤原信長が、なんと反摂関家勢力に同調したのである。

窮地に陥った白河天皇は、藤原師実とのさらなる連携強化を図ることとなる。師実も信長との争いに勝ち、摂関家の勢力を回復させるためにも、白河天皇との連携以外に選択肢はなかったと思われる。

しかし、この対立は、信長など反摂関家勢力が旗頭とした実仁親王が、応徳二年（一〇八五年）に亡くなったことで、あっけなく決着がついた。そして白河天皇の皇子（堀河天皇）が即位し、師実が摂関の地位を手にしたのである。

堀河天皇の母は師実の養女であり、久々に摂関家による外戚政治が復活したことになる。

なお、実仁親王が亡くなっても、後三条の遺言に従うとすると、順番的には、その弟の輔仁親王がいた。後三条の母陽明門院禎子内親王らの「先帝の意思を守るように」との声も根強かったこともあり、堀河天皇への譲位は苦労したようである。

ただ譲位を自らの意思で勝ち取ったということから、これを持って白河上皇の院政が開始されたとされる。ただ、堀河天皇への譲位は藤原師実との強力な連携によって成し遂げたものであり、当時はまだまだ藤原摂関家の力は侮り難いものがあった。

このように、白河院政は、のちの専制的なスタイルではなく、摂関の藤原師実との良好な協調関係の中でスタートしたということになる。

（三）本格的な白河院政スタート

実子である八才の堀河天皇に譲位し、幼帝を後見する形で院政をスタートさせた白河上皇だが、前述したように堀河天皇の外戚で摂関の藤原師実とは協調関係にあり、独裁色は極めて弱いものであった。師実も、白河院の院庁の人事や御所の造営にまで深く関与したようだ。

やがて、堀河天皇が成人すると、天皇は自ら親政を希望した。師実の後を継いだ藤原師通も、白河上皇やその近臣が政事に口を挟むのを嫌い、堀河天皇と師通がタッグを組むことになったのである。

こうした状況を受け、すでに出家していた白河法皇は、そろそろ隠居を考えていたようである。つまり初期の院政は、このように摂関家の威勢を上回るものではなかったのである。こうして、堀河天皇と関白藤原師通による、新たな摂関政治体制が始まった。

ところが、承徳三年（一〇九九年）に関白藤原師通が、嘉承二年（一一〇七年）に堀河天皇が相次いで亡くなったのである。実権を奪われた院の近臣達による……毒殺をなんとなく疑ってしまう。

この事態を受け、摂関家は若い藤原忠実が、天皇家は堀河天皇の皇子で幼い鳥羽天皇が即位することとなった。

幼い天皇と未熟な摂政が誕生したのである。そのため、一度は隠居を考えた白河法皇に権力が集中する事態となったのである。こうして白河法皇による独裁的な院政が始まることとなった。

（四）藤原摂関家の凋落と摂関家の確立

父、藤原師通の急死により後を継いだ藤原忠実はこの時二十二才で政治的に未熟であった。

白河法皇は、未熟な忠実を嫌うが、忠実の行動も、ちぐはぐな部分が多く、その立場はどんどん悪化していくこととなった。そして摂関家の根幹を揺るがす危機がやってくるのである。

それは、鳥羽天皇の即位に尽力した閑院流（藤原氏傍流の一派。後の西園寺家・三条家につながる。後述）の藤原公実が、無力な忠実に代わり天皇の外戚である事を理由に、摂政の地位を望んだのである。白河院もこれには本当に迷ったようだ。しかし、閑院流が摂関に就いた前歴はなく、摂関家の忠実に比較しても格下であるため、さすがに公実の望みは斥けたようだ。

これは忠実にとって大変無様なエピソードではあるが、二つの大きな意味合いを持っているのである。

一つは摂関の人事を白河法皇が決定したことである。これにより、院政の担い手である上皇や法皇の権威が非常に高まったのである。

もう一つは、道長～頼通～師実～師通～忠実の流れを組む家系のみが摂関に就任できるということが、確定したことである。つまり、天皇との外戚関係の有無と摂関の地位とが切り離され、藤

白河法皇が建立した法勝寺跡
80 メートルの塔など、白河院の権力を象徴するような巨大寺院であった

原摂関家という他を超越する圧倒的な家が確立したのである。

そんな時、忠実は白河院から、二つの縁談を勧められた。一つ目の縁談は長男、忠通と藤原公実の娘、璋子との婚姻である。これは忠実が新興のライバルで格下の閑院流を嫌ったことで破談になってしまった。

二つ目の縁談は忠実の娘、勲子の鳥羽天皇への入内である。これもなぜか忠実は固辞したのである。忠実は、勲子を欲していたのが実は白河法皇ではないかとの疑念を抱いたとも言われている。実は勲子の母親は白河法皇の娘なのである。もし白河法皇が勲子を欲していたのが事実だとすると、白河法皇は孫娘を側室に望んだという実に気分が悪くなる話である。

ただ、白河法皇は鳥羽天皇の息子の崇徳天皇の実の父ではないか？　との噂をされたり（そのため崇徳天皇は父の鳥羽上皇から叔父子と呼ばれ忌み嫌われた）、平清盛の実の父であるとの疑念を持たれた人物である。当時としても性に対する認識が大らかすぎる人物であったようだ。

その後、忠通との縁談を断られた璋子が鳥羽天皇に入内することとなる。そして璋子はのちに崇徳天皇となる皇子を産むわけであるが、先に述べたように崇徳天皇の父は白河法皇との疑念が当時から持たれていた。これが保元の乱勃発の要因の一つになるわけだが、忠実の疑念は間違っていなかった可能性が高いように思う。

なお、ライバルで格下の閑院流の璋子が入内したことに衝撃を受けた忠実は鳥羽天皇の希望もあって、今更ながら、娘の勲子を入内させようと工作を始めたのである。

これが白河院の逆鱗に触れることとなった。以前の自分の勧めを断っておきながら、このような動きをされたら激怒するのは当然かと思われる。

これにより忠実は謹慎を余儀なくされたのである。こうして、白河法皇の権力は絶対的なものとなったのである。

「賀茂河の水、双六の賽、山法師、是ぞわが心にかなわぬもの」と白河法皇が嘆いたという有名な逸話がある。これは、賀茂川の流れ・双六の塞、比叡山の僧兵以外は意のままになるというほど、白河法皇が絶対的な権力を持ったことを如実に示すエピソードである。

（五）院政のカタチ

院政とは、自分の直系の子や孫が天皇になり、皇室の家父長的存在となった上皇や法皇（のちに治天の君と呼ばれる）が実権を握る政治スタイルである。院政を行う上皇や法皇は、天皇の人事決定権という最大の権力を掌握した。そして非公式に政治全般を動かした。

院庁という組織がある。これは上皇や法皇が院政を行うための組織と誤解されることが多いが、あくまでも上皇や法皇の私的な家政機関であり国政に関与するものではない。あくまでも政治は、太政官と言われる公の政府で行われる。院政とは、太政官に上皇や法皇が自らの側近を送り込み、意のままに政治を操る政治スタイルなのである。

五、新たな勢力の登場

摂関政治が凋落し院政が行われる中で、藤原摂関家のライバルたちが登場し、朝廷内の勢力地図も変化を遂げることとなった。その主なものを取り上げることとする。

(一) 村上源氏

村上源氏は藤原頼通の正妻、隆姫女王の弟で、村上天皇の孫である源師房を祖とする。

師房は幼い頃に父、具平親王を失った関係で、姉の隆姫と頼通夫婦の元で育てられた。そして、頼通・隆姫夫妻の間に子が生まれなかったこともあり、頼通の猶子として迎え入れる事になったのである。

師房は聡明であったようで、頼通の父、道長も実の孫のように可愛がり、五女、尊子を妻に娶らせたほどである。道長は、頼通に男子が誕生しなければ、師房を後継者に据える構想を持っていたとも言われている。頼通に男子が生まれたことで、この構想は立ち消えとなったが、このように藤原摂関家と密接な関係を築く形で村上源氏はスタートしたのである。

嵯峨源氏以来、数々の源氏が登場してきたが、藤原氏の威勢の前に、その多くが存在感を失っていた。しかし、摂関家と密接な関係を築いた村上源氏だけは全く別格で、源氏の長者として藤原摂関家に次ぐ家格となった。そして、院政期を通して実力をつけ、やがて摂関家を脅かす存在となっていくのである。

(二) 閑院流藤原氏

藤原頼通の外戚政策失敗→後三条天皇→白河天皇→院政 という過程の中で様々な新興勢力が台頭したが、閑院流藤原氏はその筆頭格と言える。

閑院流藤原氏は道長の叔父、藤原公季を祖とするが、代を重ねるごとに傍流に成り下がっていた。

中流公家に落ちぶれていた閑院流藤原氏だが、躍進のきっかけは、藤原摂関家と外戚関係にない尊仁親王(のちの後三条天皇)が皇太子になったことであった。

尊仁親王はまだ皇太子であるとはいえ、自分が外戚ではない藤原頼通にとっては、非常に疎ましい存在であり、頼通はこれを徹底的に虐めるのである。このため誰も娘を尊仁親王の妃にしようとしなかったのである。

これをチャンスと見たのが、頼通の異母弟、藤原能信と閑院流の藤原公成である。子がない能信は公成の娘の茂子を養女にして

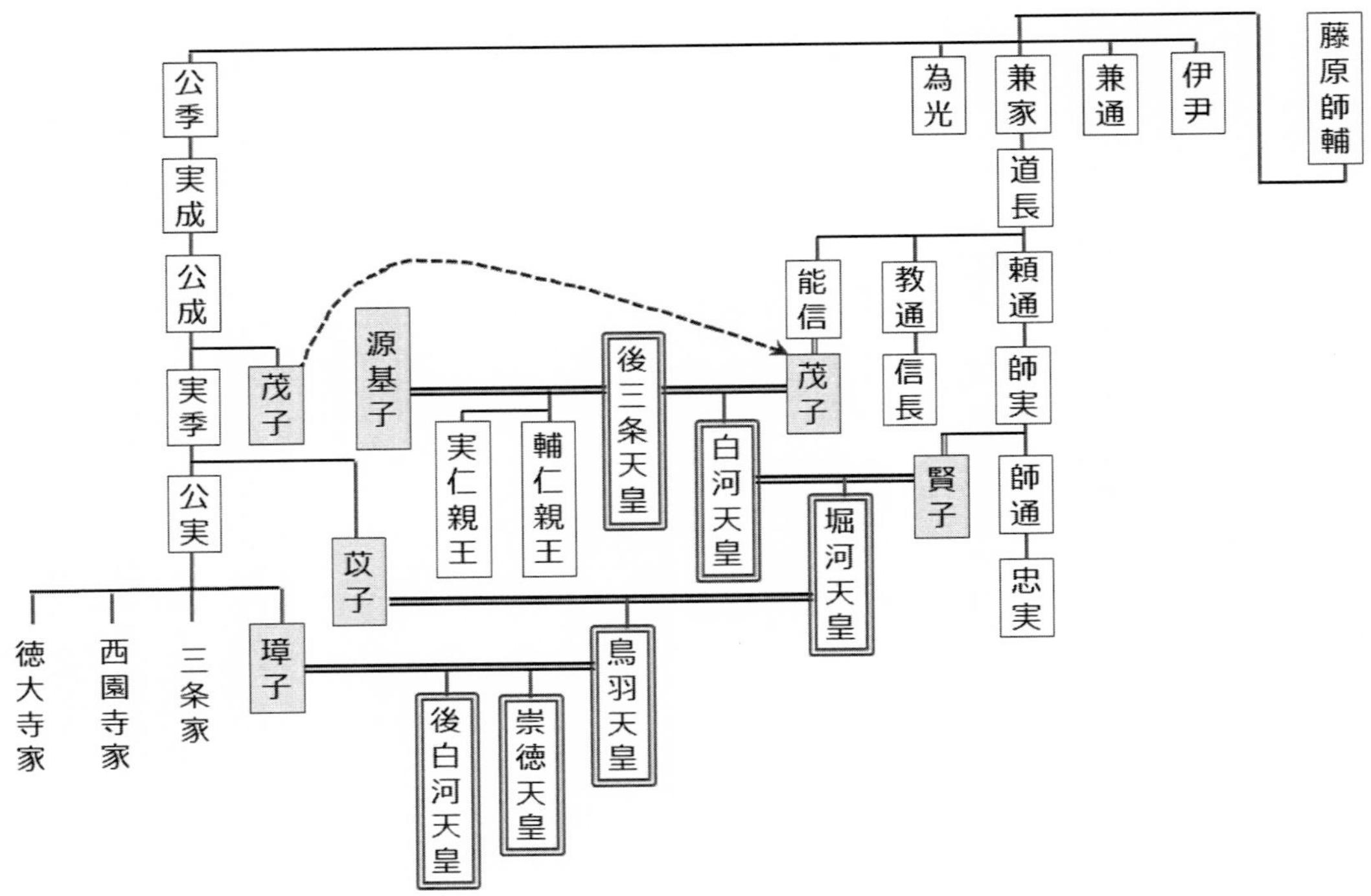

系図⑤

いたが、茂子を尊仁親王の妃としたのである。中流公家に落ちぶれていた閑院流の藤原公成と、安和の変で反逆者とされた源高明の娘を母に持つために道長の子ながら出世が遅れていた藤原能信の両者にとって、これは一発逆転のチャンスであったのだ。

尊仁親王に入内した茂子は、のちに白河天皇となる貞人親王を産む。そして尊仁親王も藤原頼通の思惑に反して後三条天皇として即位する。能信と公成の狙い通りに、見事に事は進むこととなったのだ。

残念ながら、茂子は早死にしたが、皇太子になった貞人親王の生母の実家として、閑院流藤原氏の地位が急浮上することとなった。以後閑院流藤原氏は天皇の后や生母を多く輩出し、白河～後白河院政期において院の近臣筆頭格として大きな力を有するようになり、摂関家を凌駕する勢力となったのである。

なお、能信の系統は養子の能長が内大臣にまで上るが、その後はあまり発展はしなかったようである。

(三) 院近臣

院近臣とは院政を行う上皇や法皇（後に治天の君と呼ばれる）の側近の事である。摂関期には下級貴族だったのが、院政期に院の乳母の縁故関係や荘園寄進・財力奉仕などを通して急速に台頭したケースが多い。

大国の受領に任ぜられた者が多いが、有能な実務官僚も含まれる。白河上皇が院政を開始した初期段階は、摂関期以来の上流貴族・学者がそれを支えたが、この時代の院政は摂関家とは協調関係にあり、院近臣は強い影響力を持つ存在ではなかった。

堀河天皇が崩御し、五才の鳥羽天皇が即位すると、白河法皇は側近の院近臣や親衛隊ともいえる北面武士を受領とし、あるいは太政官などの公的機関に強引に送り込み、諸勢力を抑えて国政の主導権を確保していった。これが院政の基本的スタイルである。

なお、受領とは強大な権限を与えられた国司のトップのことである。受領は、国家に一定の税額を納入すれば余剰分は全て手に入れることが可能となり、莫大な財を築くようになった。院政期に成功（御所や御願寺を造営する見返りに新たな官職を得ること）や、重任（同じ国の受領に再び任じられる）が一般的となり、院への財力奉仕を繰り返すことで、収入の多い国を長期に渡って歴任する受領が現れた。彼らは中下級貴族の家系がほとんどで、伊勢平氏（正盛・忠盛）もこれに含まれ、清和源氏に代わり軍事貴族のトップに躍り出ることとなる。

また、院の意向を国政に反映させるために、多くの実務官僚系の院近臣が太政官に名を連ねた。さらに、蔵人頭・内蔵頭などの要職を歴任したのち四位のまま参議となり、議政官に加えられた者もあった。

おわりに

摂関政治の成立～全盛～凋落と、それにとって代わった院政が絶頂期を迎えるまでを描いてみた。それでは最後に、摂関と院政のその後を述べて本章を結びたいと思う。

道長によって絶頂期を迎えた摂関政治であるが、天皇と外戚関係にあることが絶対条件という政治スタイルのため、頼通の娘が天皇の皇子を産めず、外戚関係が消滅したことで、凋落することとなってしまった。後三条天皇の親政と白河院による院政後、師実・師通親子が天皇との外戚関係を取り戻し、一時的に摂関政治を復活させるが、その死後は、白河院による院政が復活し、以後、摂関政治は復活することはなかった。

ただ、摂政・関白という地位が消滅したわけではなく、摂関家のなかでの最上位の人物が就任するポジションというだけの位置づけとなったのである。

院政は白河院のあと、鳥羽院・後白河院・後鳥羽院と朝廷内の絶対的な権力として続いていくことになる。実は、承久の変で後鳥羽院が追放されたあとも、院政という政治スタイルは朝廷内で継続されていくことになる。ただし後鳥羽院までの、圧倒的なマンパワーによる専制君主的独裁政治ではなく、制度化された院政という形態に変化したようである。

後鳥羽院までの院政のカタチは組織的ではなく、専制君主である上皇や法皇が、天皇の人事権を握り、摂関の人事権も握り、さらに近臣を太政官に多数送り込むことで自らの意思を国政に反映させたものであった。

それに対して承久の変以降の院政は、治天の君（院政を行う上皇や法皇）の元、院伝奏、院評定、関東申次といった政務を執り行うための公式な組織が創設された。そのメンバーは、専制君主時代の院政の院近臣のような中流公家ではなく、太政官を構成するような上級公家が中心であった。

なお、面白いことに天皇が親政を行う際は、名称は違うものの院政を組織したメンバーがそのまま親政を支えるメンバーとなったようである。つまり、院政と天皇親政が同質化したわけである。

その後、両統迭立・建武親政・南北朝時代と形を変え、やがて形骸化していくが院政は江戸時代まで存続することとなった。

参考文献

（一）「摂関政治」（著　古瀬奈津子、岩波新書、二〇一一年）

（二）「院政」（著　美川圭、中公新書、二〇二一年）

（三）「摂関政治と地方社会」（著　坂上康俊、吉川弘文館、二〇一五年）

（四）「摂関政治から院政へ」（著　美川圭 他、吉川弘文館、二〇二一年）

（五）「藤原道長」（著　大津透、山川出版社、二〇二二年）

（六）「後三条天皇」（著　美川圭、山川出版社、二〇一六年）

（七）「武士の成長と院政」（著　下向井龍彦、講談社、二〇〇九年）

（八）「院政の展開と内乱」（著　元木泰雄他、吉川弘文館、二〇〇二年）

（九）「藤原道長 御堂関白記 を読む」（著　倉本一宏、講談社、二〇一三年）

（十）「殴り合う貴族たち」（著　繁田信一、柏書房、二〇一四年）

（十一）「孫の孫が語る藤原道長」（著　繁田信一、吉川弘文館、二〇二二年）

（十二）「国民が知らない上皇の歴史」（著　倉山満、祥伝社新書、二〇一八年）

異説・川崎大師縁起 ～流浪と絶望の果てに～

大宰　観

網に大きな手応えを感じた漁師はかつて武士であった。

漁師である男は尾張（現 愛知県）に生まれ、武士の生業を父と共に若い頃から務めていたが仕えていた主人の失脚に連座して罪を着せられた。男はその罪によって課せられた罰を恐れ、父と共に本人が望まぬ形で生まれ故郷と武士であった事を過去にした。男はその後、朝廷の追っ手から逃れ、本能に従うがまま東海道をひたすら東へと歩いた。

やがて、男は父と共に箱根を越えて、東国の一漁村である川崎に辿り着いた。川崎は多摩川の河口の地であり、古来から罪を恐れる流浪の民が落ち着く流人の郷でもあった。

男はこの地で父と共に名前を伏せ、地元の網元との知遇を得た事が縁で糧を得るべく漁師となった。

男が川崎の浜で漁師になってから随分と月日が経ち、四十二歳を迎えたある日のこと、夢枕に未だ会った事もない威厳のある僧侶が現れた。はっきりと瞼の記憶に残る不思議な夢であった。

「かつて武士であった漁師よ。我が昔、唐にいた頃、自らの像を刻み、航海による帰国の途上に航海の無事を祈り、船からその像を海上に投げ入れた事がある。御蔭で無事に日本に帰り着く事ができたが、その像はその後も大事にしてくれる人との縁を得られず、お主の人生と同じく、暗い海の中を未だ漂流し、ちょうど川崎の沖を漂っている。いま、お主が速やかに沖に船を出して網をかけてくれたなら、私の像は網にかかり、救われる事だろう。どうだろうか。像を救いあげてくれた後にこれの供養もしてくれぬか。供養してくれたなら、その功徳が川崎の民にも伝わり、お主の災厄は厄除けされ、福徳に転じる事だろう。どうであろうか。やってはくれぬか。」

僧は夢の中で男にそう話し終え、問いの言葉を投げかけると両の手にある指で見た事もない印相を示した。印相を男に見せた後、僧が立っていた景色が急激に暗闇に染まっていった。男はその暗闇に故郷を離れてからずっと心の中で燻ぶっている景色と同じものを見ている様な感覚に襲われた。その闇の中で怯える自分を感じた。

「……怖い。」

だが、男は僧が先ほど自らに問いかけた話に、この暗闇から抜け出せる仏の導きではないかと云う想いが巡り、夢の中で勇気を絞り、暗闇の中に染まった僧に対してこう答えた。

「わかった。あんたがだれであるかは知らぬ。これはあんたに福徳が得られると云う言葉に乗せられて決めたわけではない。そうする事で罪を犯した事により故郷を離れ、食い扶持の為にだけ漁師をやっている俺が、少しは世の中の役に立つ様な気がする。だから、俺はあんたが彫った木像を沖で必ず見つけ出してあげよう。そして小さな祠を建てて、その木像を祀ってあげよう。」

男が暗い闇の中でそう答え終えると暗闇の中に僧の指先が見えて、その指先から小さな光が一瞬見えたかと思うと瞬く間に眩いばかりの光が広がっていった。男はその眩しさで夢枕から目が覚めた。男は僧との約束を果たすべく、まだ明けぬ夜の沖（海）へ船を出した。沖で男はひたすら必死一心の想いで何度も網を投げては引き上げる事を繰り返していたところ、ようやく、いつにない重たい手応えを網に感じた。男は網を握る両の手にそれを感じ取り、ぐいっと網を引き揚げた。

「たしかに夢の中に現れた僧と同じ顔をした木像があった、あったぞ。」

引き揚げた網の中には僧が話した木像が確かにあった。

男が引き揚げたのは、後に「厄除弘法大師尊像」と呼ばれる弘法大師（空海）の木像であった。男は陸に戻り、尊像を洗い清め、草庵を建て、供養を行った。後にその噂を聞き、男を訪ねた高野聖の尊賢が感激して寺を建立し、その尊像を本尊とした。寺の名は男がかつて武士であった頃に「平間兼乗」と名乗っていた事から「金剛山平間寺」と号した。この寺が後に初詣の起源としても知られ、全国で三番目に初詣客で賑わう「川崎大師」として知られる「平間寺」である。

平間兼乗は後にこの功徳が認められ、福徳に転じたのか罪を許され、故郷である尾張に帰ったと伝わっている。

大治三年（一一二八年）の出来事であった。ちょうど「治天の君」と呼ばれた白河上皇が崩御する前年の事であり、源平を代表する武士の台頭が顕著となりつつあった時代でもあった。「平間兼乗」は時代に翻弄された挙句に罪を得て流浪したのであろう。「平間兼乗」は絶望の末に再び仏と出会い、生きる意味を見出したのかもしれない。

いつの時代でも罪深いものほど悟りを開くものである事を教えられる。

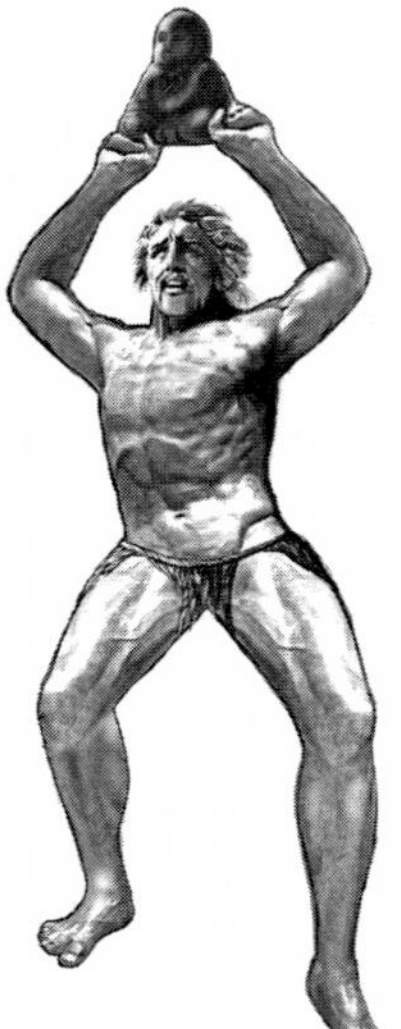

第十二章　安倍貞任から奥州藤原氏

小山　森郎

第十二章　安倍貞任から奥州藤原氏

小山　森郎

はじめに

我々の日本は沖縄の先島諸島から北海道まで、本州を最大のものとして大小の島々が南西から東北にかけて列《つら》なる列島である。このうち沖縄と北海道を除く範囲が即ち『鎮西鬼界ヶ島から陸奥外ヶ浜』である歴史的な日本の領域である。結論から先に書いてしまうと、我が国の政権の支配権、いわゆる〝王化〟が陸奥外ヶ浜まで及んで、『鎮西鬼界ヶ島から陸奥外ヶ浜』の支配が成立したのが平安時代のことであった。本稿では古代から平安時代まで時代を連続して行われてきた東北地方の領域拡大について、平安時代、特に前九年の役から後三年の役の期間で行われた領域拡大について、その経緯を紹介していく。併せてその戦役を彩った『安倍貞任』『源義家』『藤原清衡』といった英雄たちにも触れていきたい。

一．前史

我が国への拡大（主に東方へ）の経緯を振り返ると、日本書紀や古事記が語る最初期は神話の様相を帯びる。イザナギイザナミ男女二柱の神による国産みによって誕生した日本の諸島の中で、九州宮崎に降り立った神々の子孫が、畿内へと東征して王朝をひらいたのが我が国の神話的なはじまりとされる。十二代景行天皇の皇子ヤマトタケルは南九州や関東、東北に神話的遠征を行った。福島県棚倉町八槻にはヤマトタケルが現地勢力を討った伝説が残る。

神話の時代から歴史的な時代へと移り行くヤマト王権は、地方有力者を国造家として現地支配に組み込んだが、東北では福島県の安積（阿尺国造）や宮城県の伊具（伊久国造）などの名を記録している。

さらに時代が下ると律令制が整備され、支配体制も強化される。進出拠点として城柵が整備され、制度として支配地には『国・郡・里』の行政単位が置かれ、東北の地は着々と朝廷の支配下へ取り込まれていった。しかし一方、律令国家による東征は諸国に対する税と徴兵された兵士で構成される常備軍によって支えられていたのだが、国家への負担が大きかった。

ついに桓武天皇の御代に『徳政相論』なる政策論争が起こる。中央集権の国家体制と常備軍による東北遠征は民に大きな負担をかけている。かくして軍縮と東征の中止の政策転換が行われた。

「大和から平城山の向こう、山背の国に新しい都が建てられる。新しい都は山々が城のような形をしているから山背を改めて山城の国と名づけよう。集まって喜んでいる人々が異口同辞に平安の都と呼んでいるからこの都を平安京と呼ぼう」と、延暦十三年（七九四年）『平安遷都の詔』が発せられ、時代は平安時代と移り変わっていく。

二、東北の地方政治と前九年の役開始前の各地の状況

桓武天皇の一大方針転換から一〇〇年ほど下った延喜元年（九〇一年）。九州大宰府に閑職をかこっていた菅原道真は友人である陸奥守藤原滋実の訃報に触れ、友人の任地での苦労を偲んで挽歌を詠じた。『哭奥州藤使君』である。曰く、若い頃共に官吏についた友が辺境の大国の国司となった。しかし、その下僚は官職を金で買ったものたちで、辺境の荒々しい民との、砂金、毛皮、鷹、馬の交易、莫大な利益を生む交易を巡って汚職が蔓延り、争いが生じ、悪い人間関係の中で憔悴して友は死んでしまった。哀しい。

道真は政争に敗れ、辺境の閑職に追いやられたとはいえ、宰相の地位にもあった国家的視野を持った大政治家であった。そのような立場の彼からみて、東北の政治状況ははなはだ困難な状況であったらしい（詳しくは太宰観氏による第五章『世路難記』を参照）。

東北たる陸奥・出羽には地方官として、陸奥守、出羽守、鎮守府将軍、出羽城介が存在する。陸奥守、出羽守はそれぞれ所掌のエリアで行政、司法、軍事を司り、かつ辺境で異民族と対することから「饗給・征討・斥候」の任もあった。鎮守府将軍は陸奥国胆沢城、出羽城介は出羽国秋田城に赴任してそれぞれ軍事を司った。汚職の蔓延する官吏を御しながら、ややもすると争いも起こりがちな辺境の民に対峙し、地方の安定と中央政府への希少な産物を貢納することを求められるというのが陸奥・出羽の地方官の政治的なミッションであった。以後、今回の論考で特に取り上げる地域のそれぞれの状況をさらに詳しく紹介する。

（一）陸奥奥六郡

現在の仙台からやや内陸、北上川の中流域にあたる地域で、北方より岩手、紫波、稗貫、和賀、江刺、胆沢の六郡である。この中で紫波、稗貫、和賀の三郡は弘仁二年（八一一年）に建郡され、その北方の岩手郡は年代不詳でそれより遅れて建郡される。しかし、延長五年（九二七年）の律令の法典『延喜式』の中の国郡一覧には岩手、紫波、稗貫、和賀の四郡は掲載されておらず、これらの地域の維持が出来ていなかったことが推測される。胆沢郡は四郡より南の地域であり、鎮守府将軍の赴任地である胆沢城が存在する。まさに陸奥奥六郡は国家の勢力範囲が伸縮する最前線であった。この地にいつしか安倍という一族が登場する。

安倍氏の素性を伝える資料は乏しい。前九年の役の記録である『陸奥話記』では「六郡に安倍頼良というものがいた。父祖以来果敢で東夷の酋長であり、村々を支配して六郡を横行、衣川の南にも進出し、税を納めず、代々ほしいままにしているが、権力でこれを制することができない」と安倍氏の威勢に触れている。ここに登場する安倍頼良の次男が後に世に名高い安倍貞任である。

（二）陸奥亘理郡、伊具郡、海道地方

亘理郡、伊具郡はそれぞれ奥六郡より南の海沿いの地域である。安倍頼良は衣川を南に進出したが、南へと勢力を拡大するにあたって、協力者を求めたものであるのか、亘理郡の有力者である亘理権大夫藤原経清、伊具郡の有力者である伊具十郎平永衡をそれぞれ婿とした。この中でも藤原経清が重要であるのは、頼良の娘との間に産まれた男子が、のちに数奇な運命を辿った末に陸奥出羽の覇者となる藤原清衡であるからである。

大夫とは四位または五位の位階をもつ有力者の名称である。西暦一〇四七年に藤原氏の氏長者（一族の家長）藤原頼通は藤原氏の氏寺である興福寺の修繕のため、全国の「籐氏諸大夫」に寄進を要請した。その時の寄進者の名簿が『造興福寺記』に残っており、経清の名前が載っている。経清は長久年間（一〇四〇～一〇四四年）に陸奥守であった源頼清（のちの陸奥守鎮守府将軍源頼義の実弟）の配下として陸奥に赴き、陸奥亘理郡を拝領して現地で勢力をもった。経清とその子孫は河内源氏党からその後しばしば裏切り者という扱いをうけるが、これは源頼清の郎党でありながら、頼清の帰任に伴って帰国せず、後に安倍頼良の婿となってその協力者となったことによる。『造興福寺記』の名簿には経清より上位に陸奥守在職中の藤原登任の名前もある。

奥州藤原氏の祖となる清衡の父経清について整理すると、河内源氏党の源頼清の下僚として陸奥に下向した官位を持つ貴族である。藤原氏の氏寺の再建に協力した藤原氏の一員である。亘理郡の有力者となり、安倍頼良の婿になって河内源氏党とは別行動を取ることになった、である。

また、亘理郡より南側、常陸国に至る海岸地域には奈良時代には岩城国であった海道と呼ばれる地域の諸郡が存在する。海道の諸郡は南から菊多、岩城、標葉、行方、宇多、亘理である。岩城国は常陸国からの続きで東海道に属していたために海道という。鎮守府将軍を務めた平維茂の子孫が海道平氏として定着し、陸奥国の在庁官人を多く輩出していた。

（三）出羽仙北三郡

出羽仙北三郡は陸奥とは奥羽山脈の反対西側の雄物川流域である。出羽は元慶二年（八七八年）に元慶の乱という蝦夷の大乱が起こったが、一府二城体制という国府、秋田城、雄勝城の国家の防衛拠点が機能しており、国郡の喪失のようなことは起こっていなかった。この地で勢力を伸ばしたのが清原氏であるが、後三年の役の記録である『奥州後三年記』には清原氏の様子を「威勢父祖にすぐれて、国中に肩をならぶるものなし」といいつつ、「心うるはしくしてひがごとをおこなわず、国宣を重くし朝威をかたじけなくす」と国家に対して協力的な描写を行なっていて、安倍氏とは対照的である。朝廷の軍事力が維持され、国家権力と協調する必要があった出羽の政治的状況の違いかもしれない。清原氏

は奥羽山脈を隔てた安倍氏との交流があり、安倍頼良の正妻は清原氏であった。頼良には正妻以外に気仙郡や磐井郡の有力者である金氏の側室もいた。安倍氏の中には女系で清原氏とつながる清原派と、金氏につながる金派が存在していて、両者には頼良以後の家督継承について緊張関係が存在していた。清原氏は当然安倍氏内の清原派を後援している。

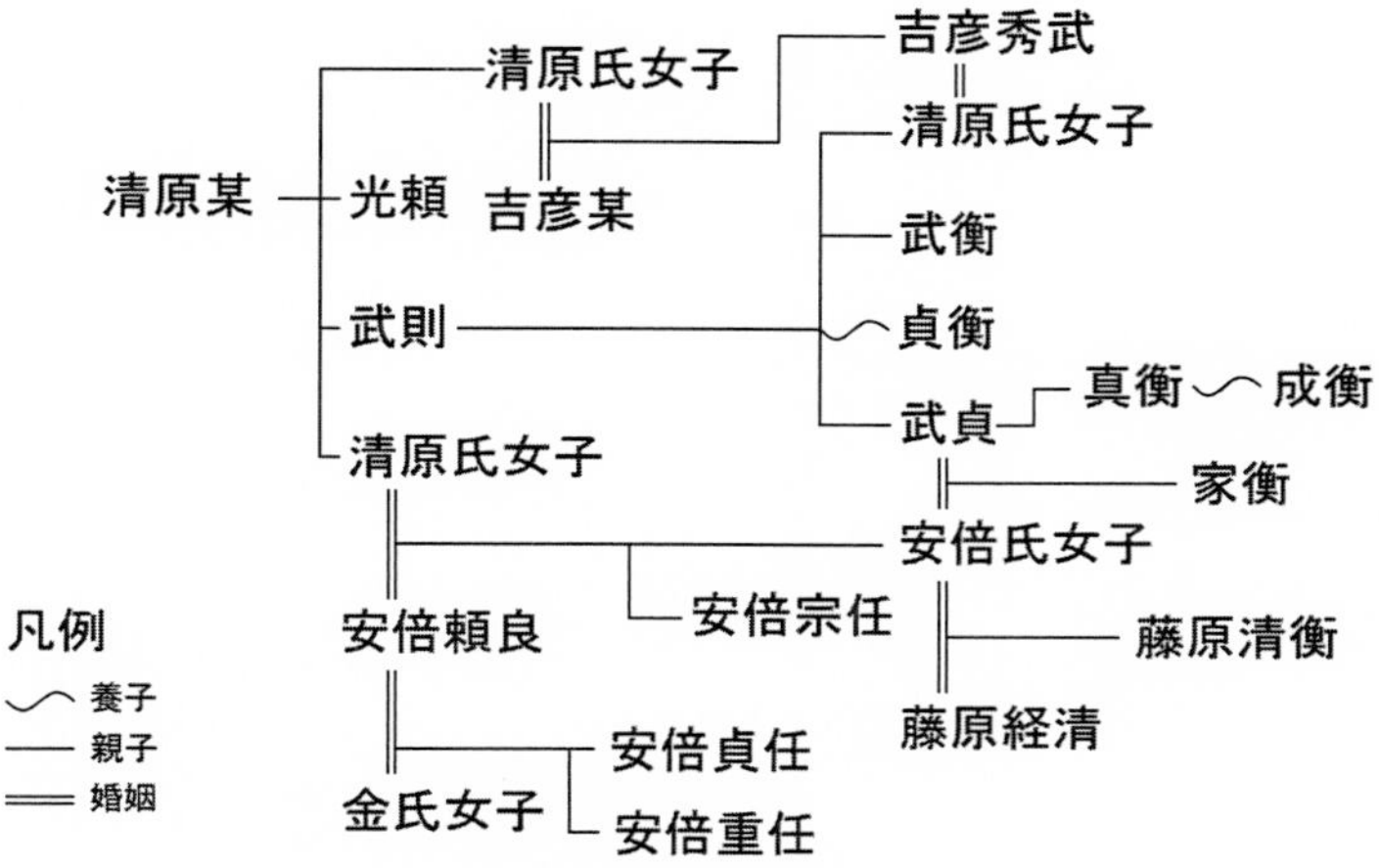

安倍氏・清原氏・藤原氏・吉彦氏関係図

（四）北緯四〇度以北

秋田県八郎潟付近から岩手県盛岡よりも北側、前九年の役勃発当時は日本ではない地域である。この地域から北海道まで、土器の表面を木のへらで擦った擦文文化の遺跡が出土する。また防御性集落と呼ばれる周囲に濠を巡らせた集落が出現している。青森県浪岡町で発見された高屋敷遺跡は河岸段丘上にあって、深い空堀に囲まれた南北八〇米、東西五七米の中に約一六〇軒の竪穴式住居の跡がある防御性集落である。このような防御性集落の発生は一〇世紀半ばに以降に東北北部から北海道道南に見られ、この地域にそれだけの土木量を負担できる集団が活動していたことが想像できる。また、日本の領域からの技術移転が進み、青森県五所川原市には須恵器（轆轤技術で形成され、登り窯内により高温で焼成される硬質の土器）が生産されるようになった。この須恵器は東北北部から北海道全域まで流通していた。また、岩木山麓では製鉄、陸奥湾沿いには製塩の事業があった痕跡がある。これらの産物が交易の原資となり、より北方の世界と、日本の領域との活発な交易が行われていたことをうかがわせる。陸奥の産物といえば砂金や珍獣の毛皮や羽根であるが、実際には北緯四〇度以北との交易で手に入れていたものもあるようだ。

　平安時代に日本に編入される以前の北緯四〇度以北の世界とはこのような世界であった。

三、前九年の役

永承六年（一〇五一年）、陸奥守藤原登任は出羽秋田城介平重成と共に、衣川の南にも進出し始めた安倍氏に対し兵を上げる。安倍頼良は諸部俘囚を以ってこれを拒み、宮城県大崎市の鬼切部で戦いとなった。安倍氏側は大いに勝利し、京都の朝廷では対策を協議することになった。『陸奥話記』では前九年の役の始まりについてこのように述べている。

（一）陸奥守兼鎮守府将軍源頼義下向

安倍氏追討に選ばれたのが源頼義で、先述の源頼清の兄である。頼義は河内源氏党の当主で、坂東での「平忠常の乱」の平定の際には追討将軍である源頼信の嫡子として活躍。平安末期の説話集『今昔物語』の中に「源朝臣頼信男頼義射殺馬盗人語」というエピソードがあり、父頼信と頼義が阿吽の呼吸で共に武芸に優れていたことを伝えている。

頼義は相模守の時に現地の坂東平氏である平直方の娘を妻として関東に勢力を築いていており、関東から軍事力を動員できる立場であった。また、父とともに大規模な軍事活動を高位指揮官として活動した経験があった。この辺りが既に軍事衝突が起こっている辺境に派遣する地方高官に頼義が選ばれた理由であるかと思われる。河内源氏には家族を副将として軍旅に同行することがしばしばあり、家業として高級将校の業務のノウハウを蓄積していく。

源頼義は陸奥守として陸奥に下向した。『陸奥説話』では陸奥守と鎮守府将軍を兼任して、とあるが実際には鎮守府将軍は追っての人事であったらしい。

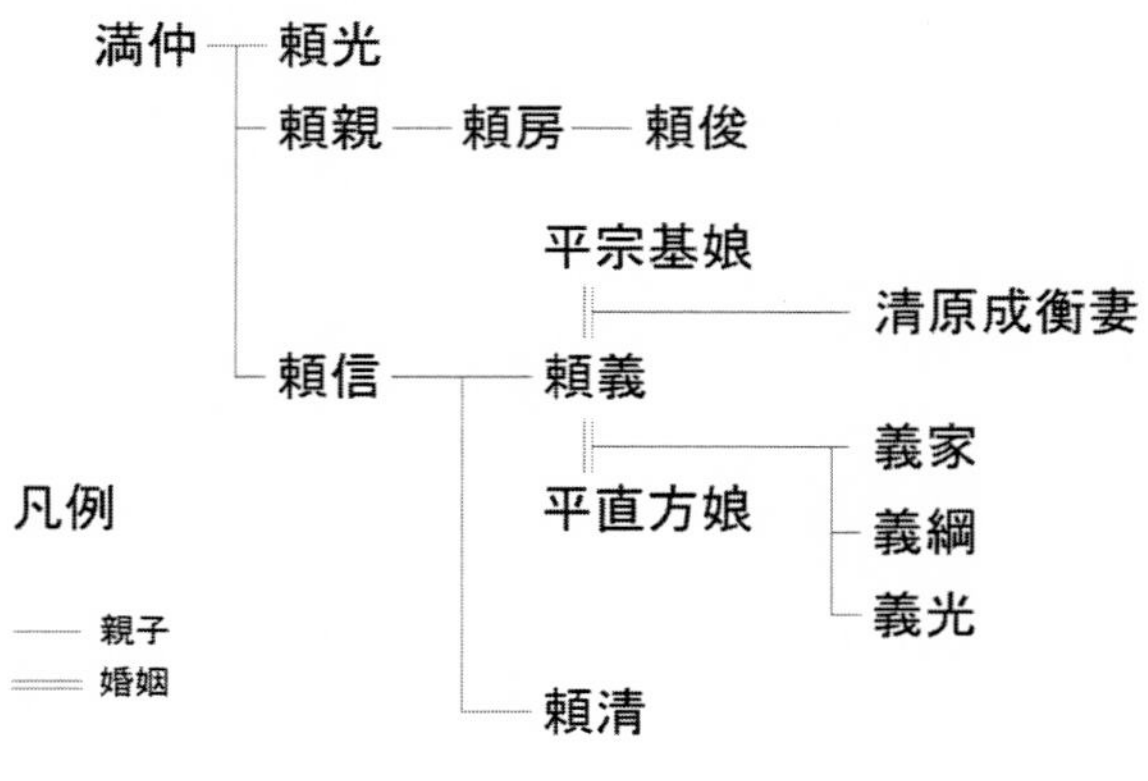

清和源氏関係図

（二）大赦と再びの叛乱

颯爽と陸奥に乗り込んだ頼義だが、朝廷は安倍氏側に融和的な政策を取っている。永承七年（一〇五二年）、後冷泉天皇は、女院（一条天皇中宮、藤原道長娘、上東門院藤原彰子）の病気平癒を祈願して大赦を発する。この大赦の免罪の範囲には、前陸奥守と衝突した安倍氏が含まれており、新任の陸奥守である頼義が安倍氏を討伐する大義名分はなくなった。安倍氏当主頼良は喜び、名を頼時と変える（以下頼時と表記）。音が新任の陸奥守源頼義の「ヨリヨシ」と重なるのを憚ってというので、恭順の姿勢を見せたものだろう。陸奥の叛乱は回避され、一見平穏な時が流れた。しかし、前九年の役末期に頼義が鳥海の柵を落とした際に「鳥海柵の名を聞くも、その体をみることあたわざりき、（中略）初めてこれに入ることを得たり」と述懐しており、陸奥守である頼義が安倍氏の軍事施設の中には立ち入ることが出来ず、安倍氏の軍事施設が温存されていたことがわかる。

表面上の平和が破られたのは天喜四年（一〇五六年）、頼義の陸奥守任期の最後の年である。頼義の配下である藤原光貞、元貞らが阿久利川の川辺で野宿をしていたところ、襲撃を受けて人馬を殺傷されたという事件が起こる。頼義が捜査したところ、「安倍頼時の子貞任が光貞の妹を妻にしたいと申し込んだ来たが、光貞は貞任の家族を賤しめて許さず、貞任が深く恥として恨みに思っている」と犯人に挙げられたのが安倍貞任であった。頼義は貞任に出頭を求めたが、安倍氏側はこれを拒否し、衣川の関を閉じた。頼義は安倍氏討伐の動員を開始する。

（三）頼義の初戦のつまづき

『陸奥説話』では陸奥守頼義が動員した兵力は国内有力者である藤原経清、平永衡らの私兵、それと頼義の私兵である「坂東猛士」である。律令の昔のような国府に所属する軍団ではなく、有力者がそれぞれ率いる私兵によって軍勢を動員したのである。坂東の有力者である頼義に朝廷が期待したのはまさにこの私兵の動員能力であろう。

さて、衣川を目指して北上する陸奥守の軍勢であるが、流言飛語に右往左往することになる。伊具郡の有力者平永衡は軍勢の中でひときわ目立つ銀の兜をかぶっていたが、これが敵への目印ではないかと疑いがかけられる。永衡は安倍頼時の婿であり、かつて鬼切部の合戦でも頼時側についており、今回も裏切るのではというのである。永衡は頼義に呼び出されて処刑された。同じ頼時の婿である藤原経清はそれを見て、自分もいずれ頼義に処刑されると考えて一計を案じた。「安倍方が奇襲部隊を出し、間道を通って国府を襲撃して、将兵の家族を捕らえるつもりだ」と流言を流したのである。頼義の軍勢はこれを聞いて動揺し、国府に一旦引き上げることとなった。一方で頼義方の気仙郡司金為時率いる軍勢が安倍方と会敵。合戦は頼義方に大いに優勢だったが、後援がなかったため引き上げたという。頼義方は流言のために連携を欠き、有利な戦いを勝利につなげることが出来なかった。この混乱の中で、経清は私兵八〇〇余を率いて岳父頼時と合流に成功する。この後の活躍も含め、藤原経清の一連の立ち回りの巧みさは際立っているように思われる。

(四) 頼義の遠交近攻と頼時の死

天喜四年(一〇五六年)の作戦行動は、その年の飢饉による兵糧の不足でその後は低調に終わる。頼義が動員した『陸奥話記』曰く「歩騎数万」の軍勢はその後動員されることはなく、頼義は初戦のごたごたで兵力の優位を失ってしまった。

翌年天喜五年(一〇五七年)、頼義は「夷を以って夷を制す」の策謀を巡らせる。気仙郡司金為時らを奥地俘囚に遣わし、その軍勢で以って安倍方を北から攻めさせようとしたのである。この奥地俘囚とは、『陸奥話記』によれば安倍富忠なる人物を中心とした、鉋屋、仁土呂志、宇曾利の三部の軍勢である。この計略は成功し、頼時は伏兵でもって襲撃を受けて戦死した。安倍富忠の名が出てくるのはこの時の一回限りであるが、名前からして安倍氏の縁者であろうか? 奥六郡の北方に存在する富忠の領域はまさに北緯四〇度以北の世界だが、陸奥守や気仙郡司といった朝廷側の人物が交渉し、兵力を当てにするような集団が存在したということである。

同年冬、頼時が死んで安倍方に動揺があることを察したのか、頼義は決戦を挑み、安倍貞任率いる軍勢と黄海で合戦となる。岩手県東磐井郡藤沢町と比定される黄海の合戦であるが、頼義方は大敗した。頼義は自身を含めて六騎のみで逃げ落ちる様であったが、長男源義家が「驍勇絶倫、騎射は神の如く、白刃を冒して重囲に突し、雷奔風飛、夷人靡走」という活躍をして、難を逃れた。一方で貞任は勝利したことで武威を得て、頼時の後継者として安倍氏の中での地位を固めたようである。

(五) 頼義陸奥守重任

黄海の敗戦後、年末も押し迫る十二月二十五日、前年に陸奥守の任は満了し、鎮守府将軍として活動してきた頼義は再度陸奥守を拝命する。頼義は前九年の役の間、二回陸奥守の任期を迎えているが、いずれも後任は短期間で離任しており、一連の戦いを一貫して主導したのは頼義であった。朝廷としては苦戦しつつも、現地で奮闘する頼義を支援するほかなかったということか。

頼義は朝廷を通して出羽からの支援を求めるが、結局のところ出羽国府、秋田城からの支援はなかった。安倍方優勢の情勢は悪化しており、安倍方が諸郡を横行する状態である。再び藤原経清が『陸奥話記』に登場する。数百の武装兵と共に経清率いる賊軍が衣川以南に出没し、「白符を用いるべし、赤札を用いるべからず」といって、官用の赤い租税の札ではなく、安倍方の白い租税の札を使わせて組織的に租税の徴収を行っていた。頼義はこれを制止することが出来なかったという。陸奥国の中で上級の官吏であった経清ならではの行動と思われるが、貴族の身でありながら賊軍となり、極刑は免れない立場の経清は貞任の協力者として献身的に活動する他なかったのだろうとも思われる。

(六) 清原氏参戦と安倍氏の最後

事態が一転したのは、康平五年(一〇六二年)のことである。頼義は出羽仙北の清原氏の動員に成功した。『後三年記』では「名簿をささげて故清将軍をかたらいたてまつれり」と、あたかも臣従するかのような勢いであったと記されるほど低姿勢な態度で頼義は清原氏に軍勢を出すことを依頼し、また官位の推挙などもあったようである。清原氏側にも安倍氏の中での主導権が貞任の活躍により金派が有力になっており、陸奥の情勢について危機感があったものと思われる。

同年夏、清原武則率いる清原氏の一万余の軍勢は陸奥に入り、八月九日に栗原郡営岡に到着。頼義の軍勢と合流した。合流した軍勢を七陣に分け、それぞれの指揮官は以下の通り。清原武貞(武則長男)が第一陣、橘貞頼(武則の姉妹の子)が第二陣、吉彦秀武(武則の姉妹の子、また武則の娘婿)が第三陣、橘頼貞(貞頼の弟)が第四陣、前陸奥守源頼義率いる部隊が第五陣、吉美侯武忠が第六陣、清原武道が第七陣。武則が皇城を遥拝すると、八幡神の化身である鳩が軍勢の上を翔び過ぎ、頼義以下はこれを拝んだ。かくして軍勢は行軍を開始する。

頼義と軍勢がまず当たった安倍方の拠点は、頼時三男の宗任が守る小松柵である。しかしこの戦いで両軍はほとんど死傷者を出さず、安倍方は小松柵を捨て、頼義方は追撃せずに兵を休める。宗任は清原氏系の親族であり、両軍が決戦を避けたものと思われる。頼義と武則はこの地に留まり、食料の確保や連絡路の維持のために分派隊を派遣し、兵力は六五〇〇余まで減少した。「官軍は食料が欠乏して、兵力が四散している。いま大軍でもって攻めれば必ず勝利できる」『陸奥話記』でこの時の貞任の様子をこう描く。安倍氏は資料を残さず滅亡し、貞任の内心をうかがい知ることは難しいが、正統性が弱く戦場で勝利を続けないと一族を率いていくことが出来ない貞任や貴族の身でありながら賊軍に身を投じた藤原経清などは主戦派となる以外なく、罠であることを察しつつも決戦の誘いに応じざるを得なかった事情があったのではないか。

九月五日、貞任は八〇〇〇余の精兵でもって官軍を襲撃。その様子は地が動き、甲冑の群れが雲の如く、白刃は日のように輝いていたという。清原武則は頼義に「おめでとうございます。賊は謀りごとを失いました。まさに賊をさらし首にするべき時です」と告げた。武則曰く、官軍は補給に難があり、長期戦は戦えなかったので安倍方が決戦を挑んできたのは好都合であったという。頼義方の諸部隊は極めて連携よく戦い、頼義の子義家と義綱は虎視鷹揚と活躍し、安倍方は磐井川に突き落とされて多くが討ち死にした。追撃は夜に及び、武則は逃げ延びて野営する安倍方に夜襲を行い、安倍方は混乱し同士討ちが発生する。安倍方は敗走を続ける。

九月六日、衣川関での攻防戦。貞任らは衣川を捨て逃走。

九月七日、大麻生野、瀬原の二柵が落ちる。安倍方の捕虜から指揮官級が多く戦死していることが明らかになる。

九月十一日、鳥海柵を落とすも無人。柵中には酒が入った甕があり、将兵らはこれを飲みたがった。頼義は敵の計略を疑って一旦これを制止し、毒見をさせてからこれを飲んだ。ここにおいて全軍に勝利の気配が広がり、将兵は口々に万歳を叫んだ。頼義は武則に言った。「鳥海柵の名を聞くも、いままで見ることが出来なかったが、今日《こんにち》、あなたの協力で見ることが出来た。今の私の顔色を見て、どう思うか?」

武則曰く、「将軍が朝廷に忠節を尽くして、風雨の中で甲冑も脱がずに軍役を務めていることを私は知っています。天地がその忠を助け、軍士はその志に感じ入ります。それゆえ今、賊軍は潰走しました。私はただ従ってお助けしただけです。何の功がありましょうか?ただ、今将軍のお姿を見るに、白髪は半ば黒髪に戻られています。もし、厨川の柵を破って貞任の首を獲れば、髪は黒髪に戻り、ふくよかで立派なご様子になられるでしょう。」

この二人のやりとりには筆者はユーモアを感じる。頼義は息子である義家と比べると神智のような将才はないが、軍人としての基本を押さえた能力があり、苦戦が続く中でも不屈不倒の意志をもった良将であったと筆者は思う。

つづく翌朝以降の追撃も順調に進み、頼義方は十六日には安倍方最後の拠点である厨川柵に到着。頼義は付近の人家を解体してその廃材を濠に投げ入れ、火をつけることを命じる。折からの風に柵内に火が燃え移る。数百の決死の兵が打って出てきたが、武則が一度兵を引かせて安倍方の側面を攻撃する戦術でこの兵士らを討ち取った。

さて、この兵士たちの中に藤原経清がいて、生け捕りにされている。頼義は経清の顔をみると、「汝は先祖伝来の家来でありながら朝廷や旧主を恐れず大逆無道を行った。もはや白符を使えないだろう」と経清が白い符を使って国府の徴税を妨げて安倍方の徴税を行っていたことをあげつらった。そして苦しみが深くなるようにわざと鈍い刀で時間をかけて首を斬った。貞任も剣で戦っていたが、槍を受けて倒れ、捕らわれる。巨躯の貞任は巨大な楯に載せられ、六人がかりで運ばれてきた。頼義はこれに罵声を浴びせるが、貞任は頼義を一目みただけで死んだ。その後、宗任ら生き延びた安倍方の指揮官らが降伏。ここに前九年の役は終結する。

（七）戦後処理

頼義が書いた貞任討伐の報告は十月二十九日に朝廷に届いたらしい。康平六年（一〇六三年）二月十六日、安倍貞任、重任、藤原経清の三人の首が洛中に晒される。同年同月二十七日、論功行賞が発表される。

源頼義へは正四位下に二階級昇進と伊予守への任官。伊予守は「四位上臈」といわれ、実際に国府に赴任して業務を行う受領職の中では最も格が高いとされた官である。頼義長男の義家は出羽守、次男の義綱には左衛門少尉とそれぞれ任官があった。清原武則は鎮守府将軍に任じられた。頼義は戦後、根拠地の鎌倉に鶴岡八幡宮を創建する。前九年の役で亡くなった郎党らを祭るものであったと思われるが、河内源氏には特別な意味を持つ施設となっていくのはご存じの通りである。

一方敗者の安倍方であるが、安倍頼時の子供たちの中で戦死したものは次男貞任と六男重任であり、三男宗任をはじめ多くの息子たちが生き残っている。特に五男正任にあっては出羽に逃走し、清原氏の親族の居宅に身を隠してから投降している。清原氏の思惑もあってか、清原氏と一族と縁続きのものは助命された。宗任ら降伏した頼時の息子たちは伊予守となった頼義の従者として伊予へと付き従った。宗任が京にいるとき、ある人が無知な夷を嗤おうと、梅の花を見せられこれは何かと訊ねた。宗任は「わが国の梅の花とは見たれども大宮人はいかがいふらん」と詠じて応えたという。これは筆者の感想であるが、当意即妙に和歌を詠じて応えた安倍宗任や軍略に長じた清原氏の将軍ら、奥羽の支配階層は中央の朝廷の想像以上に文化的に優れたエリートたちであったと思われる。

また女性の取り扱いであるが、藤原経清の妻である安倍頼時娘は清原武則の長子武貞に再嫁した。武貞は営岡で軍を編成した際に、第一陣の指揮官に選ばれた人物である。彼女も清原氏の母系の親族であり、清原氏が安倍氏の旧領である奥六郡に勢力を広げていくなかで融和の象徴となるべき婚姻でもあり、丁重に迎え入れられたと考えられている。経清の息子で天喜四年（一〇五六年）生まれの藤原清衡は康平五年（一〇六二年）の終戦の年に六歳。これも母と共に清原氏に迎え入れられることとなった。

四．延久蝦夷合戦

前九年の役の際、安倍頼時の死に関わった北緯四〇度以北の地域が朝廷の下に組み入れられたのは、延久二年（一〇七〇年）の戦役の結果である。延久蝦夷合戦などと呼ばれるこの戦役は様々な勢力の思惑によって引き起こされた

後三条天皇は、久しぶりの藤原氏の外戚家の影響の少ない天皇として積極的に政治に関わったが（詳しくは吉田誠一氏による第十一章『摂関政治から院政へ』を参照）、そのうちの一つとして東夷の討伐による威信のアピールがあった。

前九年の役の際には京都での貞任らの首級受取役を務めた大和

源氏の源頼俊は治暦三年（一〇六七年）から陸奥守となっているが、頼義・義家親子ら河内源氏とは同じ源氏ながらライバル関係にある大和源氏として、陸奥守としてなんらかの功績をアピールする必要があった。

陸奥を勢力下に収めた清原氏であったが、陸奥国内或いは周辺の非友好的な勢力との衝突があったと思われる。陸奥守をいただき、その大義名分の下、陸奥国の国衙の物資を利用して軍勢を動かし、非友好的な勢力を朝敵として打ち倒せることには非常にメリットの大きいことであった。

（一）戦役の経過

延久二年（一〇七〇年）春か夏頃、陸奥守源頼俊と清原貞衡は軍勢を率いて北緯四〇度以北の地域に出陣した。貞衡なる人物は清原氏が文書を残さずに滅亡したことから、頼俊の朝廷向けの報告書と、海道平氏の家系図の中にのみ登場する人物である。本来、陸奥国内の軍事で清原氏の軍勢を率いるべきは鎮守府将軍に任じられた清原武則か、その嫡男である武貞であるはずだが、治暦三年（一〇六七年）から延久二年（一〇七〇年）までの間に武則・武貞親子は亡くなっているらしい。壮年の当主と家督継者の相次ぐ死は一族に混乱をもたらしたと思われるが、海道平氏からの養子と思われる貞衡を中継ぎの当主を務め、混乱を乗り切ったものと思われる。

源頼俊と貞衡が国府を留守にした直後、国府の在庁官人であった藤原基通が陸奥の公印を盗んで逃走するという事件が発生する。国守にとっては重大な失態である。頼俊は直ちに国府に戻り、藤原基通の捜索の指揮を執り、北方の遠征は清原貞衡と清原氏を主体とする軍勢に委ねられた。

陸奥の公印は思わぬところから見つかる。延久二年（一〇七〇年）七月下旬、藤原基通は下野守であった源義家のもとに帰降したのである。義家はすぐさま朝廷に報告し、ライバルたる頼俊の失態を喧伝した。一方で、北方の前線は順調に進捗し、頼俊は年末に「衣曾別嶋の荒夷並びに閉伊七村の山徒」を討ち平らげたので翌年春には捕虜や敵の首級を携えて上洛したい旨を「陸奥国解（国司から太政官への報告書の形式）」として報告した。「衣曾別嶋」は比定地不明、「閉伊」は岩手県宮古市、遠野市、釜石市の周辺の太平洋沿岸部である。春か夏かに始まった遠征は年内に完了したようだ。下野守源義家も「下野国解」で陸奥国公印の盗難の犯人藤原基通を伴って上洛することを報告した。義家の犯人追捕の手際の良さに、藤原基通の公印盗難自体がライバルを追い落とす義家の作為とする説すらある。

（二）戦後処理

翌年、陸奥守源頼俊と清原貞衡は上洛し、戦果を報告した上で恩賞を申請した。結果、貞衡は鎮守府将軍に任ぜられたが、頼俊は公印を奪われたことを責められ恩賞を与えられることはなかった。五年後の応徳三年（一〇八六年）にも、頼俊は朝廷に対し恩賞授与を訴える嘆願書を提出しており、『前陸奥守源頼俊申文』として現在まで残っており、延久蝦夷合戦の資料となっている。

北緯四〇度以北の地域は青森県『外ヶ浜』まで閉伊・久慈・鹿角・比内・平賀・鼻和・田舎・糠部の諸郡、津軽半島の外ヶ浜、西浜（津軽半島には郡が置かれなかった）と行政区域が設置され、その土地は公地、その民は王民となった。

五．後三年の役

二度の戦役の勝利の立役者、一族から鎮守府将軍を二人出した清原氏であるが、今度は自身が内訌の危機に晒される。延久二年（一〇七〇年）の延久蝦夷合戦で清原氏を指導した清原貞衡から、前九年の役の際の清原氏の指導者武則の孫真衡に奥六郡主の家督が継承されたのは承暦年間（一〇七七〜一〇八一年）から永保三年（一〇八三年）以前のこととみられる。清原氏の内訌は真衡に実子がいなかったことから始まる。

（一）清原氏の家族関係

前九年の役の際に清原氏の軍勢を率いたのは、出羽仙北三郡の主清原光頼の弟である武則であった。康平六年（一〇六三年）、武則は前九年の役の結果として、自身は鎮守府将軍に任じられ、清原氏武則流として一家を興して陸奥に移住する。また藤原経清の未亡人であり、女系で清原氏の親族でもある安倍頼時娘を息子である武貞に再嫁させた。この婚礼は従兄弟婚である。武貞にはすでに前妻との間に真衡という男子がいた。また花嫁側にも経清との間に清衡という男子がいた。武貞と安倍頼時娘との間には家衡という男子が産まれる。

延久二年（一〇七〇年）の延久蝦夷合戦の際には、武則・武貞親子は既に物故者である。真衡・清衡・家衡の三兄弟はまだ若年で軍勢を率いるまでの年齢ではなかった。壮年の当主と家督継承者の相次ぐ死は一族に混乱をもたらしたと思われるが、延久蝦夷合戦の際に触れた通り、海道平氏からの養子と思われる貞衡を中継ぎの当主を務めた。

永保三年（一〇八三年）、貞衡も没し、壮年となった真衡が清原氏武則流の当主となっている。出羽の清原氏の状況は分からないが、鎮守府将軍を二代出したこと、軍事的実績により清原氏の中で武則流は宗家的な立場となっていたようだ。真衡には子がなく、後継者を選ばなければならなかったが、真衡は海道平氏より海道小太郎成衡という人物を選ぶ。また成衡の妻として、前九年の役の際に源頼義が常陸平氏の娘に産ませた女子、義家の異母妹を迎えようとしていた。

真衡としては海道平氏とより同族的同盟を深め、海道平氏と同族であった常陸平氏とも縁を深め、陸奥守にも着任する河内源氏

（実際に直後義家が陸奥守となる、真衡は陸奥守の人事情報を掴んでいたのかもしれない）との縁も結んで、清原氏の広域な武士団同士の連合を推進しようとしていたのだろう。しかし、次期当主が夫婦共に他氏族から迎えられれば、清原氏は乗っ取られたも同然といえる。これをよく思わない陸奥出羽両国の現地勢力の自治を重んじる派閥と現当主真衡との間に緊張が存在したのが後三年の役直前の清原氏の状況である。

（二）海道小太郎成衡と義家妹の婚礼と陸奥守源義家下向

永保三年（一〇八三年）夏、成衡と義家妹との婚礼が行なわれた。陸奥やその隣国から多数の客人が訪れた。その中に出羽山北の領主である吉彦秀武の姿があった。鎮守府将軍となった清原武則の母方の甥であり、婿である。前九年の役の際には三陣を統率した。秀武は様々な贈り物を持参した中で、朱塗りの盆の上に砂金をうず高く積んだものを真衡に捧げる。彼は盆を頭上に捧げ、庭でひざまづいて真衡の言葉を待った。真衡はそのとき近侍の僧侶と碁を打っており、秀武を顧みなかった。『後三年記』によれば、秀武は窮屈な姿勢で疲れて苦しくなり、同じ一族ながらたまたま主従の振る舞いをしているだけなのにこの仕打ちを受けるのかと情けない気持ちになった、という。秀武はにわかに砂金の積んだ盆を投げ捨て、従者に武装させて出羽の根拠地に奔った。真衡はこれを討つべく兵を上げる。一方、秀武は真衡の二人の弟である、清衡と家衡に使者を送り、「さて真衡をようやくかたぶくべきなり。そのひまをもとめんに、此時は天道の与え給う時なり」と挙兵を促す。清衡と家衡は清原氏女系の安倍頼時娘の所生であるが、秀武には真衡とは疎遠で、安倍頼時娘の子供とは親密である経緯が何かあったであろう。繰り返しではあるが秀武には清原氏とは母と妻で二重の女系の縁がある。

清衡・家衡の軍勢は出羽に出陣した真衡の勢力圏の村を焼き払い、このため真衡は陸奥の根拠地へと戻った。出羽の吉彦秀武、陸奥の清衡・家衡兄弟、それに対する真衡とのにらみ合いの状況が続くが、同年秋に陸奥守に就任した源義家が現地に着任する。

（三）陸奥守源義家による清原氏家督継承の介入

源義家が国府に着任すると、現地の大族の長として清原真衡は義家を歓待する。歓待は三日間に及び「三日厨」と称された。歓待の場には成衡とその妻義家妹もいただろうが、義家が腹違いの妹にどのような感情をもったのだろうか。『後三年記』によれば義家妹の祖父多気権守平宗基はこれにかしづきやしなうこと限りなし、という。姫君のような育ちであったようだ。

歓待の宴が終わると真衡は再度兵を上げ、吉彦秀武討伐に出羽に出陣する。この留守を狙って清衡・家衡は再び真衡の勢力圏に入り、館を襲撃する。このとき、義家の郎党で三河の住人兵藤正経と伴助兼が真衡の館のそばにいたが、館にいた真衡夫人は義家郎党の二人に館の防衛の指揮と義家への通報を依頼、二人は即諾した。館の防衛は苦戦だったが、知らせを聞いた義家が援軍として駆けつけ、戦況は一転する。清衡・家衡の軍勢と義家の軍勢は合戦に及ぶが、清衡・家衡方の敗北逃走となった。

出羽に向かった真衡だが、出陣後ひと月ほどで頓死する。状況の変化に逃亡していた清衡・家衡らは陸奥守源義家の前に出頭した。清衡・家衡らの主張は以下である。義家と清衡・家衡が合戦に及ぶ前、清衡・家衡方では国司の軍勢と戦闘になることの是非をめぐる論争があったが、清衡配下の将である藤原重光という人物が「相手が天皇であっても恐れるに足りない。まして や国司にすぎない。すでに戦いは始まっていて続行すべきである」と強硬に主張し、押し切られる形で合戦に及んだ。すべての責任は重光にある、という。重光は清衡の父方の従兄弟で、重光の父は藤原経清の兄弟で前九年の役の際に戦死した藤原重久である。ここから清原氏は経清・清衡親子に近い藤原氏の子弟を保護していることがわかる。清衡と重光の関係を考えると、彼らはかなり近しく成長してきた関係にあっただろう。源頼義・義家親子に父を殺されたことを恨んでいたことが重光の強硬な交戦を主張した背景といわれるが、重光は事態を納めるべくすべての責任を負った、と考えるのが自然であると筆者は思う。

義家はこの主張を認めて許したばかりか、真衡の遺領である奥六郡を清衡・家衡に分け与える采配を行った。本来、真衡の後継者は海道小太郎成衡であるはずだが、陸奥守による家督継承への介入である。義家は真衡が描いた常陸から海道、陸奥出羽の広域な武士団の連合の構想を一旦阻止したのである。成衡はどうなったのか？　吉彦秀武、清衡・家衡ら残った清原氏にとって不都合な存在となった彼は、清原氏から離されたあと、下野で義家配下に打ち取られたようである。成衡の妻となった義家の妹も歴史から消えた。

（四）清衡・家衡の衝突

奥六郡の分割のあと、今度は清衡と家衡の関係がおかしくなり始める。家衡が国司である義家に清衡について讒言をしきりに行い、義家がそれをかえって咎め、清衡を褒めたというのである。家衡は清衡を恨んだ。応徳三年（一〇八六年）、家衡は清衡を殺害しようとする。この企てによって清衡ひとり難を逃れるが、家衡方が館に火を放ったことで妻子は焼き殺された。ここに至って、清原氏は清衡方と家衡方に分かれて再度の内訌となる。陸奥守源義家は清衡に味方した。義家が清衡に加担して家衡を敵とするのは、家衡が陸奥守の裁定に従わなかったからである。故にこれは公戦である。というのが義家の主張ではあった。義家は合戦の費用を陸奥の国庫から持ち出す職権を持っているが、自らの行動を公の業務であると朝廷に説明する責任を負っていたのである。

改めての説明であるが、清衡は安倍頼時娘が清原武貞に再嫁した際の連れ子であり、母系で清原氏につながるとはいえ、清原氏と安倍氏の子である家衡と比べて継承の正統性は劣っている。義家がそんな清衡を後援したのは、清原氏と海道平氏の同盟を妨害したのに続き清原氏を弱体化させる意図があったようにも思われる。辺境で強大な勢力が成立することを未然に防ぐのは、中央政府から派遣された地方知事として妥当な行動とも筆者には思われる。だが、これらの義家の行動には当然反発もあったのではないだろうか。同年、延久蝦夷合戦の際の陸奥守源頼俊が恩賞を求めて任官を願う訴状を朝廷に提出している。十六年前の論功行賞を求めるなど不自然だが、これは清原氏の支援の下、河内源氏のライバルたる大和源氏の勢力を増すことで義家の野心を押さえる朝廷工作の一環だったのではないだろうか。最終的に義家の行動は公的な陸奥守の行動ではないとされ、戦役の結果として義家は恩賞を得られず、義家の陸奥守在任中の納税も滞っていたのでそれも賠償する責任も負った。私財を散じて家来に恩賞を与えたというのは、伝説の域のことであると思う。

（五）戦役の経過

清衡襲撃に失敗した家衡は出羽国平鹿郡沼柵に入り、八月か九月にはそれを追ってきた義家と清衡の軍勢が沼柵を囲んだ。沼柵の比定地は秋田県横手市雄物川町沼館とされる。沼柵は容易に落ちず、長期戦の中で冬を迎えた義家と清衡の軍勢は飢えと寒さで苦しんだ。九月にはこうした陸奥出羽両国の状況は朝廷に知られており、九月二十八日には対応が協議されているが結論はでなかった。義家の次弟義綱が呼び出され、時の関白藤原師実から兄について諮問を受けている。朝廷としては陸奥の争乱に対する義家の行動に懐疑的であり、次弟義綱を通じて戦乱を停止させようと画策をしていたようである。こうした朝廷の動きは義家の耳にも入っていたとは思われるが、戦いの不利は否めず、義家と清衡は一旦沼柵の攻略をあきらめ退却した。

この勝利に家衡方は勢いづく。また、新しい味方も出現した。清衡・家衡の伯父である平（清原）武衡が家衡方に味方したのである。武衡は延久蝦夷合戦の際の貞衡とは逆に清原氏から海道平氏に養子に入った人物で、海道平氏を動員できる有力者であった。海道平氏と清原氏の連合を強化しようとする真衡の政策を妨げた義家に対する反発が潜在的にあったものが、義家の沼柵での敗北、朝廷工作の不調をみて、公然と義家の敵となったものであろう。家衡と武衡は沼柵を捨て、金沢柵に入り、義家と清衡の軍勢を迎え撃つ構えだった。

（六）金沢柵の攻防

翌年寛治元年（一〇八七年）九月、義家は大軍を率いて国府を発し、金沢柵に向け出陣した。義家の弟義光が合流したのはこの時である。左兵衛尉の任にあった義光だが、官職を投げうって無断で陸奥に下ってきたのである。義光と再会した義家は涙を流し、「今日のそなたに会えたことは亡くなった父頼義がよみがえったかのように思える。そなたが副将軍となれば、武衡・家衡の首は手にしたも同然だ」と喜んだ。

金沢柵の比定地は秋田県横手市金沢である。義家軍が金沢柵に至ると、雁行の斜めの列で飛んでいた雁の列が、草むらの上で突然列を崩して四方に飛び散った。義家がこれをあやしみ偵察させると武衡がおいた伏兵が潜んでいたので、討ち取った。義家は感慨深げに「文の道を学んでいなければ、ここで自分は武衡に破られていただろう」といった。前九年の役の後のこと、義家は摂政関白藤原頼通に招かれ、前九年の合戦譚を語ったことがあった。その場にいた大江匡房が「器量はよい武士だが、合戦の道を知らぬものよ」と独り言をいったのを義家の郎党が聞き、主ほどの立派な武士に変なことをいう人がいるものだと義家に報告した。義家は怒らずその通りであると言って匡房の牛車が出るのを待って進みより、それより匡房に師事したという。鳥の群れの乱れで伏兵を察するのは、孫子行軍篇六の「鳥起つは伏なり」のことであろう。

武衡の伏兵も見破り、攻城戦を開始した義家だが柵の守りは固く、激しい抵抗にあった。しばらく力攻めの攻防戦の日々が続いたのち、後三年の役のきっかけにもなった吉彦秀武が義家に兵糧攻めにしてはどうかと進言する。義家もこれを採用した。四方から柵を囲んだうち、義家が二方向、義光が一方向、藤原清衡が一方向を担当したという。前九年の役の時とは違い、陸奥守の軍勢は多く、兵糧にも余裕があったことが伺える。兵糧攻めに移行しても断続的に白兵戦が起こる。臆病者と呼ばれたことを恥とした末割四郎という義家方の武者が、たくさんの飯や酒を喰らい自分を鼓舞して先駆けしたが、鏑矢が首の骨に当たって死んだ。射切られた首の切り目から飯の姿が変わらずにこぼれ出て、見るものは慙愧した。義家はこのことを聞き、元々武勇の才がない人間が奮起してもこのように死んでしまう、飯を食べても腹の中に入らずのどにとどまっていたというのはつまり臆病な人間であったのだ、と哀れんだという。

ある日、家衡の乳母の子である平千任が柵の櫓に立ち、「お前の父頼義は貞任・宗任を討つことができず、名簿を差し出して亡くなられた清原武則様を味方に引き入れた。その恩をいつ返すのか？　すでに清原氏の相伝の家人でありながら、恐れ多くも主君の一族を攻めている。これは天罰が下るだろう」と義家を責めた。その時、義家は将兵を制して反論させなかったが、千任を生け捕りにする決意を固めた。

（七）落城と戦後処理

様々なエピソードに彩られた金沢柵の攻城戦であるが、冬が近づくといよいよ兵糧が不足し、終わりが近づく。籠城する家衡・武衡方は女子供を逃そうと門を開いた。義家方の将兵は逃がしてやろうとしたが、城内の女子供を逃がせば城内の兵糧が長持ちする、もはや雪の時期であり、一刻も早く柵を落とさねばならないと吉彦秀武が義家に進言し、逃げようとした女子供は殺された。重ねて逃げようとするものはいなくなった。後三年の役の直接のきっかけになった吉彦秀武は老いの身で真衡に屈辱的な扱いをされ大いに怒りちらしているが、義家と共にあるときには吉彦秀武は極めて聡明さを見せる進言をし、義家はこれを受け入れる度量を見せている。これはリーダーとして非常に対照的なことだと筆者は思う。義家はその後、河内源氏の英雄として伝説に包まれ、実態の分からない人物となるが、人間の心理についてきわめて考察が深い人物で、周囲の目には神がかっているかのように見えたのではないだろうか。

十一月十四日深夜、義家は全軍に「今夜、家衡と武衡は落ちる」と告げ、火を燃やして武器が手から滑らぬように手を温めておくようにと指示を出した。あやしみながら将兵が指示にしたがっていると、早朝言ったとおりに柵内から大挙して落ち延びようとしてきた。義家将軍には神智があるのかと皆思った。義家方は逃げようとする将兵を皆殺しにする勢いだった。武衡、そして義家を罵った平千任も捕らえられる。義家は「武則は一方で太政官符の旨に従い、一方で頼義将軍の説得に応じて味方に加わったのだ。千任がいった名簿とやらあるのであれば出してみよ」と彼らを責めた。武衡、千任は処刑され、いったんは逃亡した家衡も追手の手にかかって首を獲られた。十二月二十六日、義家は賊徒追討官符の発給を求める報告を朝廷に送ったが、朝廷はこの合戦を大義名分のない私戦として翌寛治二年（一〇八八年）一月に義家を更迭した。『奥州後三年記』ではこの一連の朝廷とのやり取りを義家が首を携えて上洛する途中のこととし、「官符なるべからざるよしさだまりぬと聞きて、首を道に捨てむなしく京へのぼりにけり」と結んでいる。陸奥守を解任された義家は、その後永らく官位を据え置かれ官職につくこともなかった。が、やがて復権しているのでやはり凡庸とはほど遠い人物であったのだろう。

六、その後の陸奥出羽両国

義家の去った陸奥で、内訌の最後の勝利者として清衡は清原氏の勢力を掌握していく。清衡は父の姓に復して藤原清衡を名乗るようになった。清衡は代々の陸奥守、中央の藤原氏とも贈り物をするなど交誼を深める。陸奥守と衝突した過去の陸奥の豪族の姿をみていたためだろう。天治三年（一一二六年）、七〇歳になった清衡は中尊寺を建立。前九年の役のさなかに生まれ、身内や親しいもののほとんどが戦乱の中で死んでいった清衡が、官軍と夷虜《えみし》を隔てず一切の生き物の救済を願って建てた寺院である。この建立に際して書かれた『中尊寺供養願文』には「出羽・陸奥の土俗は風に従う草の如く、粛慎《しゅくしん》や把婁《ゆうろう》といったオホーツクや沿海州の蛮族まで、太陽に向かうひまわりのように懐いている」とあり、陸奥出羽両国と周辺地域に清衡の勢力が及んで安定している様子が分かる。そんな奥州藤原氏が陸奥守や出羽守を通じて朝廷に貢物を納めることを怠らない、というのが陸奥外ヶ浜までの領域を支配しているという実態である。

おわりに

永承六年（一〇五一年）の鬼切部での合戦から三十七年後、数度にわたる凄惨な戦役の結果として、出羽陸奥両国の領域は北緯四〇度を超えて陸奥外ヶ浜に達し、その地の豪族の勢力は奥州藤原氏に統合された。奥州藤原氏の威勢は三代秀衡のころには嘉応二年（一一七〇年）に鎮守府将軍、養和元年（一一八二年）には陸奥守の任命を受けるまでになるが、朝廷に貢物を納めることを怠ることはなかった。朝廷から陸奥守の任命を受けた人物が支配する陸奥国であればそこは日本の国内であるに違いあるまい。平安時代のこの時期、中央政府による軍事動員力が限定的になったこの時代に成し遂げられた東北地方の領域拡大とはこのような、現地の豪族が地域を統一しようとする動きの中で発生したものであった。我が国の何回か起こった領域拡大の中でも特色のある出来事であるだろうと思う。

参考文献

（一）「中世奥羽の世界」（著　大石直正、東京大学出版会、一九七八年）

（二）「前九年・後三年合戦と兵の時代」（著　樋口知志、吉川弘文館、二〇一六年）

（三）「北の内海世界」（著　入間田宣夫、山川出版社、一九九九年）

（四）「蝦夷の末裔」（著　高橋崇、中央公論社、一九九一年）

（五）「奥州藤原氏」（著　高橋崇、中央公論社、二〇〇二年）

（六）「群書類従：新校第十六巻」（内外書籍株式会社編、内外書籍、一九二八年）

（七）「東北アジア研究　一号」（著　入間田宣夫、東北大学東北アジア研究センター、一九九六年）

『陸奥話記』と『奥州後三年記』については（六）の群書類従に収録されているテキストを参照した。

伝説・平清盛の音戸《おんど》の瀬戸《せと》掘削

アマリコ

平清盛《たいらのきよもり》が、「音戸《おんど》の瀬戸《せと》」を開削したという伝説を知っているだろうか？　西日本を中心に、瀬戸内海では、とても有名な伝説である。

ところで、「音戸《おんど》の瀬戸《せと》」とは、どこだろうか？　その地は、現在の広島県呉市警固屋町《くれしけごやちょう》と、広島県安芸郡音戸町《あきぐんおんどちょう》の倉橋島の間にある海峡のことだ。その海峡は、「音戸《おんど》の瀬戸《せと》」と呼ばれている。ここは広島湾から東西に抜ける重要航路だ。船舶の往来がとても多い。「音戸《おんど》の瀬戸《せと》」は、長さは約八〇〇メートル。幅は、一番狭い部分で七〇メートル。とても狭い海峡なのだ。最狭部は、秒速一・五メートルの潮流の激しさが特色だ。戦後は、一〇〇〇メートル級の船が通れるように改修された。昭和三六年（一九六一年）には橋長四三二メートル、路幅六・五メートル、水面までの高さ二三・五メートルの上級アーチ式の音戸《おんど》大橋が架けられた。

平清盛《たいらのきよもり》が、「音戸《おんど》の瀬戸《せと》」を開削したというのは、いったいどんな伝説なのだろうか？　伝説では音戸《おんど》の瀬戸《せと》の開削完成は、延べ六万人を動員し、永万元年（一一六五年）とされている。平安末期の時代である。平安時代の末期は、めまぐるしい。日本史の教科書にも記載されているように、治承四年（一一八〇年）に源頼朝が挙兵。治承五年（一一八一年）に平清盛が死亡。元暦二年／寿永四年（一一八五年）が壇ノ浦の戦い。建久三年（一一九二年）に源頼朝が、後鳥羽天皇によって征夷大将軍に任ぜられる。そして、明治まで続く武士政権の鎌倉時代の幕開けとなる、動乱の時代であった。

平清盛の掘削伝説の内容は、大きく三つある。

一つ目は、「その昔、音戸の瀬戸は干満時になると、そのあたり一帯が砂丘となり、人の往来が可能であった。このため、当時の瀬戸内海を航行する船は、倉敷の南端を迂回し、距離にして四〇キロも遠回りをしていた。この不便さを打開したのが、当時、安芸守だった平清盛だった。清盛は、厳島神社への参拝や日宋貿易の活性化などを目的としていた。そのため、海上交通の便宜、さらには海上防衛の見地から音戸の開削を決意した」といわれている。また、「清盛が恋をしていた厳島神社の女神が、『音戸の瀬戸を一日で開削したなら、清盛に従う』と告げたことで、清盛は多いに張り切った」という言い伝えがある。

二つ目は、「音戸の瀬戸が開削されていた当時、難工事や大工事を行う時に、生きた人間を神へ捧げて神の加護を得るために人柱をたてて、工事の完成を祈願していた。だが、平清盛は人命を尊重するため、経を一字一石、心を込め書き記し、それを海に沈めることで人柱に代えて祈願した」という伝説だ。

三つ目の伝説は、「音戸の瀬戸の潮の流れが早すぎるため、開削工事は引き潮を待って行われた。工事はその日に完成させる必要があった。しかし、ついに夕日が西の空に傾き、いよいよ足もとも暗くなってしまう。平清盛は、居ても立ってもいられず山に登って、今にも沈みそうな太陽に金の扇をかざして『返せ、戻せ』と叫んだ。すると、太陽が舞い戻り、清盛が、陽を呼び戻した。見事その日のうちに開削工事は、無事、終了した」という伝説だ。これが、瀬戸内海では有名な、平清盛の日招き伝説である。音戸の瀬戸公園には、平清盛日招像《ひまねきぞう》が建てられた。「人の命を尊び、音戸の瀬戸の開削を成功させた」という平清盛を称え「清盛塚」が、音戸大橋のそばに建立されている。

はたして、文献資料に、この伝説が記載されているのだろうか？　残念ながら、現在の時点では、清盛が「音戸《おんど》の瀬戸《せと》」開削したということは文献史料にはない。平安末期の土木技術を考えると、音戸の瀬戸を掘削する技術が存在したと断定するのは難しい。現在の通説では、史実ではなく伝説であるとされている。ただ、瀬戸は、平氏の実質的な所領であった安摩荘《あまのしょう》のなかにあった。海上交通の便のほか、大輪田泊《おおわだのとまり》から厳島神社への参詣などのために、平家が大いに関わったことはありえる。工事は南北の両端に堰を作って、潮の流れを止め掘削された。現代のような開削は無理でも、沿岸の護岸工事や防衛施設を整備したことは事実だろう。もしかすると、平家政権は宋貿易などを通じて、世界の最先端の土木技術を習得したかもしれない。それとも土木技術専門集団が日本にきていたのだろうか？

戦後、大幅な改修工事が実施され、現場検証は、不可能に近い。だが、現在も日本の主要な国際貿易港（五大港）の一つである神戸港の基礎を築いた平清盛が指揮・采配した高度な技術土木技術は、あらためて、再度、検証してほしいと切に望む。

参考文献

（一）「音戸町誌《おんどちょうし》」（音戸町誌編纂検討委員会 編、二〇〇五年）

広島県呉市の JR 呉駅近くの呉観光情報プラザにある平清盛の日招き像
(2023 年筆者アマリコ撮影)

著者・略歴

大宰　観（だざい・かん）

福岡県出身。別府大学文学部史学科卒業。東洋近代史専攻。卒論テーマ「新疆省の清露外交史～左宗棠のロシア外交政策～」。現在は大手製造業向けのコンサル、調査、セミナー、出版事業を行う企業経営者(起業家)。歴史愛好家の友人達と史跡巡りなど行うサークル「歴史MIND」を起ち上げる。現在メンバー数約2,700人。

【趣味】アンティーク品収集
【好きな歴史上の人】曹操、黒田如水、立花道雪、菅原道真、アンドリュー・カーネギー
【著作】主に歴史MIND本にて「徳川家康の三河独立戦記」、「如水戦記～天下取りへの策動～」、「九州戦国義風録～常在戦場のひと　立花道雪伝～ 」「平家の護人～陶山義高と一族の系譜～」「真説・源範頼伝 ～政を淳素に反す～」「静謐の茶～千利休伝～ 」ほか

鈴木　淳（すずき・あつし）

大阪府出身。生い立ちから学歴、勤務先まで北摂と奈良地域で純粋培養。飛行機と阪神タイガースと奈良を愛し神戸とマルタ島に憧憬する59歳の自称雑賀衆。余暇があれば古墳と横穴式石室、中世城郭と近代建築探訪に出来るだけ時間を費やしたいが、その為に手に入れたバイクに嵌まりそうで困っている。原稿遅れの常習犯は今年で卒業したいと切に願い反省の日々です。
【趣味】
史跡探訪、模型、映画、音楽
【好きな歴史上の人】
アルキメデス、北畠 顕家、楠木 正儀、小西 行長、ジョン万次郎、緒方 洪庵、土方 歳三など

正本　景造（しょうもと・けいぞう）

富山県出身。明治大学政治経済学部卒。中小広告代理店にて営業・マスメディア担当を経て、現在は経営企画部所属。年間500冊以上を読破する読書家。コテンラジオリスナーコミュニティをはじめ、歴史や読書、対話のコミュニティに所属しつつ、podcast8つを手掛けながら情報発信をしている。

【趣味】旅行、読書、スキー
【好きな歴史上の人】水戸光圀、藤堂高虎、北畠顕家
【著作】主に歴史MIND本にて「北畠顕家」、「藤堂高虎」「津軽為信」ほか

吉田　誠一（よしだ・せいいち）

大阪府出身。立命館大学法学部卒業。某メーカー勤務。幼少の頃、祖父の家にあった兜のミニチュアをかっこいいと思い、着用していた武将に興味を持ったことが日本史好きになったきっかけ。好きな時代は中世全般。大河ドラマをこよなく愛し1975年の「元禄太平記」以来、ほとんど観ている。

【趣味】史跡巡り・写真撮影・音楽鑑賞（クラシック・ヘビーメタル・昭和歌謡）・ドラム演奏
【好きな歴史上の人】平将門、北条義時、足利尊氏、太田道灌、北条早雲、三好元長
【著作】歴史MIND本にて「上杉憲顕と鎌倉府～戦国へのカウントダウンはすでに始まっていた」「権力への執念～意外に面白い戦国時代の畿内」「北条氏滅亡に至る十のターニングポイント」「ある勝者と敗者の物語～土佐を得た男と失った男」「徳川家康の江戸づくり」ほか

白石　ひとみ（しらいし・ひとみ）

長崎県出身。長崎大学教育学部卒業。学生の頃は中古（平安時代）の国語学を勉強していた。卒業後、地元市役所に23年間勤務するも2012年3月に早期退職し現在はパート主婦。子育てをおおよそ終えた今、郷土の歴史を勉強し文章で残し伝えたいと考えている。

【趣味】美術館・博物館・史跡巡り、音楽鑑賞、読書
【好きな歴史上の人】坂本龍馬、高杉晋作、土方歳三
【著作】「肥前国関ヶ原～大村氏・有馬氏を中心に～」「島津翔る！」（歴史Mind発刊『反関ヶ原合戦』所載）
「徳川家康の対外政策と岡本大八事件～鎖国への途～」
「閑室元佶ー知られざる家康のブレーンー」（歴史MIND発刊『家康考』所載）

中田　学（なかた・まなぶ）

北海道出身。縁あって愛知県岡崎市に住むことになったことがキッカケで、歴史に興味を持ち始めた。2010年からほぼ毎年岡崎市で開催されている「家康公検定」を受け続けている私に興味を持った清水さんから「歴史の会」の立上げを提案され、「歴史好きが偉人を語る会（歴語会）」を立ち上げ、現在も続けている。
当会の初回から参加いただいている市川さんとの縁で前回から執筆に参加させていただいる。

【趣味】史跡巡り、音楽鑑賞（ハードロック、ジャズ）
【好きな歴史上の人】北条氏綱、細川頼之、空海他

著者・略歴

小山　泰利（こやま・やすとし）

京都府出身。仏教大学文学部史学科卒業。日本史専攻。
元仏具製造会社社員。元仏事コーディネーター。「歴史MIND」の活動を通じて大学時代のサークル活動気分に浸っている。
「歴史MIND」の中では仏教担当になりつつある。

【趣味】カフェ巡り、スイーツを食べること、仏像を見ること
【好きな歴史上の人】平清盛、真田昌幸、藤堂高虎、坂本龍馬

小山　森郎（こやま・もりお）

長野県出身。国文学の教師だった祖母の影響で幼少から古典に親しむ。社会に出て職場を転々とする中で、人間が社会の中で苦悩を乗り越え、あるいは挫折していくことの継ぎ目ない連続が歴史である、という史観を持つようになる。世を過ごす生業は現場監督。

【趣味】夜半、家人が寝静まったあとにつま弾くギター
【好きな歴史上の人】真田信之の晩年の庶子、
臨済宗の道鏡慧端
【著作】歴史MIND本にてコラム「家康の祖母華陽院」
本格的な参加は今回が初。

渡邉　浩一郎（わたなべ・こういちろう）

静岡県出身。日本歴史時代作家協会会員。日本トレジャーハンティングクラブ会員。小説・コラム・書評等を書きつつ埋蔵金探しをしている（埋蔵金に関する有力な情報お待ちしています）。

【趣味】読書、舞台鑑賞、埋蔵金の調査と探索
【好きな歴史上の人】大谷吉継、真田幸村、桐野利秋、
西郷隆盛、織田信長、明智光秀その他多数
【著作】歴史MIND関連：反関ヶ原小説「稀有〜大谷吉継と関ヶ原〜」コラム「豊臣秀吉の埋蔵金伝説」家康考コラム「家康夏の陣に死す〜家康影武者説、その真偽と検証〜」
その他：歴史航路HP小説「天降石奇譚」小説投稿サイトエブリスタ・pixivに掲載小説多数

アマリコ

大阪府出身。同志社大学経済学部卒業。
卒業後、欧米、東京で外資系企業に勤務。欧州の事業所にて、翻訳・通訳・アドバイザーのかたわら、イラスト・マンガを描いている。オランダ在住。

【趣味】絵画・美術館・博物館めぐり、
歴史・遺跡・砦・古城めぐり
【好きな歴史上の人】ユリウス・カエサル、曹操、毛利元就、
尼子経久、織田信長、徳川家康、ナポレオン、大久保利通、
ビスマルク
【著作】「オランダのトリセツ」マンガQ第３号、随時Xにて、
コミックエッセイを発表

歴史MIND　書籍紹介

著者：伊東潤・大宰観・鈴木淳・吉田誠一・正本景造・白石ひとみ・中田学・松尾史郎・市川達也・小山森郎・村岡公司・渡邉浩一郎・興津諦

家康考

三河の一領主の家に生まれた徳川家康が今川家からの独立後、織田信長との同盟、豊臣秀吉への臣従、関ヶ原と大坂の陣に勝利して後に天下統一を果たすまでの 75 年の人生を歴史ライター達の視点で著述した中身の濃い一冊。

【掲載内容】第一章　徳川家康の三河国独立戦記／第二章　徳川家康と松平信康／第三章　徳川家康の三方ヶ原の戦い～「遠き道」を阻んだもの　本当の勝者とは～／第四章　ポスト本能寺の変と家康～小牧長久手戦役を巡って～／第五章　徳川家康と危機管理～神君伊賀越から～／第六章　徳川家康の江戸づくり／第七章　徳川家康と関ヶ原の戦い／第八章　徳川家康と大坂の陣／第九章　家康の対外政策と岡本大八事件—鎖国への途（みち）—　／第十章　家康と十八松平の活躍／第十一章　家康が眠る久能山東照宮のこと／第十二章　【家康考版・関ヶ原合戦】に関する歴史認識アンケート調査とその考察
●コラム：家康カルバリン砲／家康公の祖母／家康の本当の「宝」は何だったのか？／関室元佶／家康夏の陣に死す！～家康影武者説、その真偽と検証～／聡明な側室 お梶の方／徳川秀忠の敗北／井伊直政と松井松平周防守家／本多作左衛門重次　～秀康の恩人～／徳川家康と松下幸之助／徳川家康、終活の地

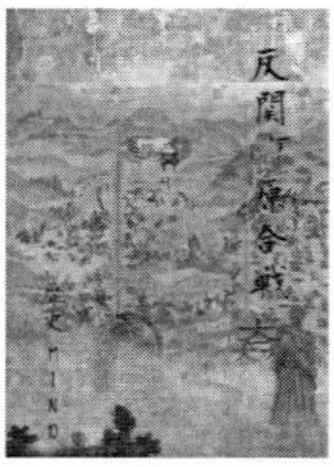

著者：大宰観・鈴木淳・吉田誠一・正本景造・白石ひとみ・斉藤文夫・首藤義貴・市川達也・村岡公司・渡邉浩一郎・伊東潤

反・関ヶ原合戦

日本史上、最大の内戦となった関ヶ原合戦について、徳川家康、石田三成、島左近、毛利輝元、島津義弘、上杉景勝、黒田如水・黒田長政・大谷吉継、京極高次、前田利長、長曾我部盛親、藤堂高虎ら戦国武将が東軍、西軍に分かれて己と家の未来を賭けて全国津々浦々で繰り広げた関ヶ原合戦の歴史を歴史ライター達が渾身の作として著述した歴史論考集。

【掲載内容】第一章　関ヶ原アンケート調査報告／第二章　なぜ伏見城の戦いは美談になったのか／第三章　上杉家と関ヶ原の戦い／第四章　三成に過ぎたるもの～嶋左近の足跡～／第五章　稀有～大谷吉継と関ヶ原～【小説】／第六章 北陸の関ケ原　大聖寺城／第七章 大津城籠城戦　京極高次／第八章　ある勝者と敗者の物語～土佐を得た男と失った男～／第九章　責任と誇りをアップデートせよ ～生涯学び続けた男・藤堂高虎～／第十章　如水戦記～天下取りへの策動～／第十一章　肥前国関ケ原～大村氏・有馬氏を中心に～
●コラム：南蛮胴具足／織田秀信と岐阜城／豊臣秀吉の埋蔵金伝説／オトチの岩窟／島津の退き口を訪ねる／陣所からみた関ヶ原～南宮山編～／陣所からみた関ヶ原 ～松尾山編～／人生の見せ場とは ～前田利長　対　丹羽長重～／泥くさく、水くさく～田中吉政伝～／島津　翔る！

著者：陶山正夫・鈴木淳・吉田誠一・正本景造・市川達也・玉木造・首藤義貴・伊東潤

反・戦国武将列伝

「享徳の乱」「応仁の乱」以降、世が乱れて群雄割拠した「戦国時代」に活躍した戦国武将達（三好長慶、浅井長政、津軽為信、徳川家康、北條氏康、豊臣秀吉、伊達政宗、立花道雪、千利休、明智光秀、長曾我部元親、木食応其、里見義弘、尼子経久、毛利元就、織田秀、立花宗茂等）。巷の歴史本では語られない彼らの栄光と滅亡の歴史を著述した門外不出の歴史論考集。

【掲載内容】第一章　【戦国時代】に関する歴史認識アンケート調査とその考察／第二章　権力への執念!～意外に面白い戦国時代の畿内／第三章　摂津擾乱／第四章　小谷城訪城記　浅井長政／第五章　「天地 人に制せられず」津軽家誕生とその背景／第六章　徳川家康の原点／第七章　勝坂～北条氏康の初陣～／第八章　北条氏滅亡に至る十のターニングポイント～滅亡へのカウントダウンは始まっていた～／第九章　太閤の広域首都構想～戦国の京阪メガロポリス～／第十章　奥州の覇権／第十一章　九州戦国義風録～常在戦場のひと　立花道雪伝～
●コラム：明智光秀と恵解山古墳～明智光秀伝～ ／「静謐」の茶（小説「茶聖」書感）～千利休伝～ ／長宗我部家の悲劇と鳥居～長曾我部元親伝～ ／「行基の再来」と呼ばれた男～木食応其伝～ ／戦国時代の白馬の騎士 ～里見義弘と青岳尼のラブロマンス／遅すぎたライバル～尼子経久と毛利元就伝～ ／「軍師」が生まれた日～戦国軍師列伝～／河内に勃興するキリシタン～伴天連列伝～／秀信と岐阜城～織田秀信伝～／名将が生まれる理由～立花宗茂伝～

歴史MIND　書籍紹介

著者：陶山正夫・鈴木淳・吉田誠一・正本景造・市川達也・玉木造・内田めぐみ・山下利栄子・伊東潤

反・太平記

日本歴史文学史上、最長作品として知られる「太平記」をテーマに、歴史ライター八名によって、太平記を彩る人物達の生き様やその時代に起きた事件を取り上げ、従来にない斬新かつ柔軟な歴史観で書物としてまとめ上げた異説・歴史書。巷の歴史本では語られないであろう「太平記」の人物像・世界観・歴史真相について、ボキャブラリーを交えて書かれた一冊。

【掲載内容】第一章　【太平記】に関する歴史認識アンケート調査とその考察／第二章　レジスタンスの旗揚げから倒幕まで／第三章　鎌倉のいちばん長い日／第四章　書言ヲ尽サズ、言意ヲ尽サズ～北畠顕家が目指したもの～ ／第五章　月ヶ瀬梅林／第六章　上杉憲顕と鎌倉府～戦国へのカウントダウンはすでに始まっていた～／第七章　平家の護人～陶山義高と一族の系譜～ ／第八章　消された名将　新田義興～矢口の渡しの悲劇から思う事～ ／第九章　楠木　正儀～誇り高き悪党の血統～／第十章　足利義満は何がしたかったのか／第十一章　赤松円心とは何者だったのか～謎多き赤松一族を肴に呑んでみたら楽しかった～

著者：陶山正夫・鈴木淳・吉田誠一・首藤義貴・市川達也・玉木造・内田めぐみ

反・吾妻鑑

平安時代後期から鎌倉時代前期までの「治承・寿永の乱 (源平合戦)」に登場する人物たちの話題を中心に鎌倉幕府によって書かれた正史「吾妻鑑」には書かれてない歴史の真相を、七人のライターによって、現代人の感覚で紐解く異説歴史書。源平合戦を彩る執権・北条氏一族（北条時政、北条義時、北条政子）、源頼朝、源範頼、源義経、木曾義仲・義高親子、山内首藤氏といったメジャー、マイナーな人物たちの人物像を専門家では書き得ない歴史観によって書かれた類書の少ない一冊。

【掲載内容】第一章 最初の武家政権の地「鎌倉」～鎌倉選定には、北条時政の思惑が働いていた！～／第二章 もうひとつの源氏の“つはもののイエ”～大和源氏 源頼親の系譜～／第三章 鎌倉と会津／第四章 真説・源範頼伝 ～政を淳素に反す～／第五章 頼朝と奥州王国／第六章 政子のき・も・ち／第七章 清水冠者・源 (木曾) 義高と大姫の悲話を巡る／第八章 承久の乱と執権北条氏の謎／第九章 まるで源氏物語絵巻を見ているよう～鎌倉の平家～『重衡と千手ちゃんのお話し』／第十章 我が友 ～源頼朝と佐奈田義忠の繋がり～／第十一章 源平時代アンケートの考察

歴史愛好家のための日本の歴史
〜平安時代〜

2024年2月29日 初版1刷発行

定　価：3,300円（本体3,000円＋税10%）
企　画：歴史MIND
発行者：陶山正夫
編集・制作：陶山正夫、金本恵子、渡邊寿美
表紙・イラスト：アマリコ
発行所：株式会社AndTech
ＵＲＬ：https://www.facebook.com/groups/rekishimind/
歴史MIND本ウェブストアURL：
https://rekishimind.thebase.in/
email：rekishimind@andtech.co.jp
印刷・製本：倉敷印刷株式会社